Histoire de France

XVII

Michelet

HISTOIRE DE FRANCE

présentée et commentée par
CLAUDE METTRA

La Révolution
5

ÉDITIONS RENCONTRE LAUSANNE

© Editions Rencontre 1967

ROBESPIERRE OU L'HISTOIRE COUPABLE

*La dramaturgie moderne a beaucoup utilisé la notion de théâtralité. Roland Barthes, dans un texte consacré au théâtre de Baudelaire, la dépeint comme « le théâtre moins le texte, une épaisseur de signes et de sensations qui s'édifie sur la scène à partir de l'argument écrit, une sorte de perception œcuménique des artifices sensuels, gestes, tons, substances, lumières, qui submerge le texte sous la plénitude de son langage extérieur... ». Elle peut aller jusqu'à la suppression de ce texte, comme l'indiquent suffisamment certains spectacles de mime, de danse, et surtout le cinéma; nulle œuvre non dramatique de la littérature française n'en est aussi chargée que celle de Michelet. Nous avons évoqué déjà la structure tragique que révèle l'ensemble de l'*Histoire de la Révolution. *Pour mieux saisir cette théâtralité en mouvement, le plus simple est de la ramener à l'un des rôles essentiels de la pièce, celui qui dans le présent volume est le* deus ex machina *tantôt visible, tantôt masqué du jeu: Robespierre.*

HÉROS MÉTAPHYSIQUES ET HÉROS TRAGIQUES

Maximilien Robespierre n'est pas le héros traditionnel de la grande galerie épique de Michelet, si l'on accorde au mot héros le sens d'un acquiescement moral, d'une identification existentielle de l'auteur et de ses personnages. Mais nous avons vu déjà combien pouvaient paraître suspects les jugements d'ordre idéologique ou éthique que l'historien fait peser sur ses créatures. Moins nous importe ici la fonction bénéfique dont se trouve comblé tel ou tel de ses acteurs que leur cohérence dramatique. Force nous est de constater que cette cohérence n'est nullement à la mesure de l'attachement ou du désaveu où Michelet place les visages privilégiés de son histoire. Dans l'ouvrage monumental qu'il a consacré à l'auteur de La Sorcière, *Jeanlouis Cornuz, se plaçant dans l'horizon affectif de son modèle, définit comme héros ceux qui sont en quelque manière les porteurs du message prophétique de Michelet, et comme faux héros ceux où l'écrivain décèle une sorte de faille fondamentale qui les conduit à fuir le mouvement de l'histoire vers la liberté. Il écrit: « Le faux héros est néfaste non seulement par ses manques mais par ses qualités, car, à dire vrai, les qualités des damnés sont encore des défauts. » Si nous voulons conserver cette opposition de Jeanlouis Cornuz entre héros et faux héros, nous dirons que le faux héros bénéficie d'une existence dramatiquement plus lourde, plus féconde que le héros: Charles le Téméraire est un plus grand acteur que Saint Louis, Charles IX est plus scénique que Luther, Robespierre est décrit dans une tension plus constante que Danton. Seul Marat peut-être, dépeint par Michelet sous les traits les plus monstrueux, semble parfois plus théâtral que l'homme du 9 Thermidor.*

« J'essaie de faire de la réalité de la pièce celle même de l'acteur, d'identifier sa personnalité et son personnage », disait Elia Kazan en évoquant la méthode de l'Actors' Studio. On pourrait parler identiquement de Robespierre: cette vie est une fidélité sans rupture au rôle qu'elle a choisi d'assumer devant l'histoire. Le portrait qu'en trace

Michelet semble être le développement méticuleux que tiendrait un metteur en scène devant un acteur désireux d'interpréter le rôle de Robespierre.

GÉNÉALOGIE

Chercher son rôle, c'est d'abord trouver sa généalogie. Celle de Robespierre se ramène à deux termes : bâtardise et prêtrise. Deux termes qui ne sont pas deux caractères, au sens que le théâtre psychologique prête à ce terme, mais plutôt deux situations naturelles, deux postulations venues de l'extérieur, deux signes de reconnaissance sociale. L'un vient de sa mère, l'autre de son père. Maximilien était le premier enfant de François Robespierre, homme instable et joueur et il avait associé sa femme à son vagabondage, son mariage n'étant intervenu que pour légaliser la naissance de son fils. Si Maximilien n'est donc pas à proprement parler un bâtard, il est du moins au regard de sa mère un irrégulier, et vraisemblablement un exclu. Il connaît dans sa petite enfance, comme le souligne Jean Rabaud, « une ambiance d'abandon affectif, de récrimination contre l'amour, la réprobation contre les parents, la pitié ambiguë et blessante de l'entourage ». Le sentiment d'abandon va être définitif, puisque la mère meurt en mettant au monde son cinquième enfant, lorsque Maximilien atteint sa sixième année. Le voilà, lui l'exilé, au sein d'une famille sans cohérence, réduit au rôle d'aîné et bientôt chef de famille, puisque le père quelque temps après quitte le foyer.

A ce père haïssable, il emprunte pourtant l'essentiel de sa démarche : la prêtrise, vocable qui sous la plume de Michelet évoque à la fois Tartuffe, Loyola et La Cadière et qui dessine non un état social mais un état de l'âme, une nature où les vertus s'arrangent à merveille avec les vices et « leur prête en quelque sorte une assistance fraternelle ». Entré au cloître au sortir de l'adolescence, François Robespierre n'en était sorti que pour créer à Arras une loge maçonnique où, en dehors de l'Eglise militante et triomphante, devaient s'épanouir des théologies confuses qui doivent toute leur richesse à leurs secrets. De Robespierre enfant, il nous reste un portrait: un enfant-chat dont le regard oblique porte à la fois la douceur magnétique et la cruauté indifférente des animaux chers à Baudelaire, un regard qui écoute, vibrant dans une sorte d'attente ironique que soulignent avec une acuité presque insupportable l'ambiguïté du sourire, l'angélisme savant des lèvres, la mollesse du menton. Portrait qui déjà annonce le visage d'archiprêtre de 1789, celui qui faisait dire à Proudhon: « Robespierre, l'éternel dénonciateur, à la cervelle vide, à la dent de vipère, et où le regard déjà se fait le complice de l'expiation. »

ROBESPIERRE CONFESSEUR

Il y a chez cet homme, dès l'origine, une volonté de confesseur. Mais qui confesser, sinon les coupables? Tout prêtre porte en lui la vocation du grand inquisiteur, du visionnaire du mal qui sait dévoiler les péchés, les mettre à nu et les dénoncer à la vindicte universelle. Lorsqu'il sera devant la France, Robespierre n'aura d'autre but que de l'accueillir auprès de lui comme une coupable, de la révéler dans ses fautes, et de la mettre en jugement; procès étrange où la France est jugée non par rapport à une certaine image de ce qu'elle aurait pu ou aurait dû être (comme ce fut le cas tout au long de notre histoire depuis le procès de Jeanne d'Arc jusqu'aux plus récentes controverses soulevées par les juridictions politiques de 1940, de 1945 ou de 1961), mais par rapport à un principe éternel de vertu dont la seule conscience du juge peut définir la nature. Justice toujours à l'œuvre dans la mesure où tout citoyen, frappé de culpabilité par son existence même, est en tout instant justiciable: ce qu'il dit le 30 mars 1794 — « Je dis que quiconque tremble en ce moment est coupable car jamais l'innocence ne redoute la surveillance publique » — est le type même de la parole de prêtre, car qui, aux yeux d'un Dieu inconnaissable, n'est en quelque façon coupable? Le grand règlement de comptes entre la Terreur et la France, c'est-à-dire entre Robespierre et la France, trouve sa source dans l'idée expiatrice du tribun révolutionnaire: la nouvelle République ne peut être que rédemptrice, mais la rédemption ne peut naître que de la pénitence.

C'est là une idée relativement familière aux théoriciens du monde nouveau: symbole de la liberté, la nation française doit aussi payer tout le prix de la liberté. Si la Révolution veut imposer une nouvelle image de l'homme, elle doit être capable aussi de montrer tout ce que suppose, en souffrance et en mortelles convulsions, cette nouvelle image. Confesseur de la Patrie, Robespierre, en même temps qu'il les lui fait expier, prend en charge ses péchés. La solitude de la France et sa misère, c'est sa propre solitude et sa propre misère. Il se proclame « seul avec son âme, esclave de la liberté, martyr de la République ». Mais cette solitude, c'est celle du prophète devant Dieu, offrant son peuple en holocauste pour l'édification des mémoires futures. Elle épouse dramatiquement le rôle du sacrificateur sacrifié, celui du roi célébré puis égorgé dans les fêtes primitives qui annoncent le retour du printemps.

PORTRAIT ALCHIMIQUE

Si la généalogie est la racine de l'être, le corps en est le miroir apparent. Prêtre, c'est-à-dire messager du secret divin, Robespierre voit son corps comme le signe de son pouvoir occulte. Tout le portrait que Michelet fait de lui n'est à aucun moment un portrait descriptif, mais toujours une figuration alchimique où l'essentiel n'est pas le trait, stable, figé, susceptible d'être dessiné, mais l'humeur, instable, insaisissable, susceptible d'être indiquée par le biais de la comparaison. Robespierre, c'est d'abord une certaine qualité du sang, une certaine mouvance interne de l'être. On voit bien qu'en lui s'affrontent les quatre éléments de la cosmologie antique: l'élément prédominant ici est l'air, symbole de la liberté supérieure, de l'agilité intellectuelle, de la prodigieuse faculté d'adaptation, de la cohérence et de la rigueur morale. Puissant aussi est en lui l'élément terre, force d'enracinement, de résistance, d'obstination, mais aussi puissante faculté d'absorption, d'indifférence à autrui. Terre et air le marquent d'un même signe de sécheresse. Robespierre est l'homme-caillou, l'être minéral, et par là typique d'une certaine manière d'être de la France, celle qui engendre les légistes et les conquérants, et dont Michelet voyait l'origine dans la préférence que les Français donnent au blé dans leur alimentation car, écrit-il, « le blé est une nourriture substantielle quoiqu'il ne donne pas, comme la viande, l'énergie du moment. Le blé, au fond, c'est du silex qui s'infiltre dans la plante en fleur et lui donne une consistance, une durée singulière d'alimentation. La France, qu'on le sache bien, est nourrie de cailloux. Ce régime lui donne, par moments, l'étincelle, et dans les os une grande force de résistance ». (On notera à ce sujet que Saint-Just, sous l'inspiration directe de Robes-

pierre, *dans ses projets pour l'institution de la République, indique que les enfants ne devront en aucun cas consommer de viande avant leur seizième année.) Le troisième élément, le feu, est, chez Robespierre, ambigu. Il est un produit mixte de la terre et de l'air, ainsi que le manifeste son talent oratoire: le tribun ne connaît pas la pure passion fulgurante du verbe, mais seulement l'utilisation audacieuse, concertée de la parole; il sait la rigueur tenace du discours, l'ironie mordante du prêche, mais il ignore la violence inspirée. Il parle par formules, non par images. Il est à l'aise dans la rhétorique, non dans l'épopée, même dans les instants de grande exaltation. La force de son langage, c'est sa propre légende, son personnage et non la puissance des mots. Quand, le 26 mai 1793, il provoque les premières mesures contre les Girondins, il ne parle au peuple qu'à travers les grands principes: « C'est quand toutes les lois sont violées, c'est quand le despotisme est à son comble, c'est quand on foule aux pieds la bonne foi et la pudeur que le peuple doit s'insurger. Ce moment est arrivé. »*

*Quant au dernier élément, l'eau, il est très faible chez Robespierre, homme de la sécheresse et par conséquent de la stérilité. Il est l'homme dont les yeux ne se mouillent jamais, ni par désespoir, ni par émotion, ni par bonheur. Son cœur vit dans un état d'irrigation fort réduit. Cette absence d'eau, qui pour Michelet est absence de sang, est également signe d'infécondité. Car c'est l'eau qui est promesse et métamorphose. Dans l'introduction de l'*Histoire universelle, *il montrait déjà la jeunesse de l'Europe comme une vaste coulée naviguant sur le sol inventif du continent, il décrivait « ce merveilleux spectacle d'une race toujours jeune et vierge qu'on aperçoit engagée comme par enchantement dans une civilisation transparente, comme un liquide vivement saisi reste fluide au centre du cristal imparfait ».*

DISTANCE DRAMATIQUE

Ces quatre éléments qui fixent la nature physiologique et psychique de Robespierre trouvent leur correspondance explicite dans son action même. Ils déterminent le rythme de cette existence, sa tension particulière, qui n'est point souterraine mais placée constamment en altitude, qui est mouvement non vers l'intérieur, mais vers l'extérieur, qui n'est pas interrogation, mais appel. Robespierre, c'est un mouvement minéralisé qui se situe au-delà du bien et du mal, au-delà de la mutation quotidienne. « A quoi tenait, se demande Michelet, le mystère de sa puissance? A l'opinion qu'il avait su imprimer à tous de sa probité incorruptible et de son immutabilité. Lui seul, avec un merveilleux esprit, une technique prodigieuse, il manœuvra de manière à soutenir le renom de cette immutabilité. » Cette permanence de l'être, qui trouve sa correspondance morale dans l'incorruptibilité, cette volonté d'être soleil dans un monde voué à la nuit, Robespierre en trouve le secret dans une stricte application de son tempérament physique: son personnage ne se réduit pas à un caractère, creuset de passions diversement dosées; c'est une nature, foyer convergent de tensions accordées. Rôle typiquement brechtien que celui qu'il assume devant ce vaste théâtre qu'est l'Assemblée révolutionnaire. Tout le jeu subtil qu'il déploya devant les révolutionnaires et qui fut si sensible à beaucoup de ses pairs (tout en cet homme est comédie) fut ressenti comme une illustration de cette distance *que l'auteur de* Mère Courage *place au centre de toute représentation dramatique. Il offrit non un spectacle auquel il demandait à la Révolution de participer, mais bien la possibilité d'une histoire qu'il invitait ou provoquait les révolutionnaires à créer avant lui. La grande fascination qu'il exerça sur son* époque ne relève pas de l'envoûtement inconscient, mais plutôt de la constante solidarité dramatique qu'il sut entretenir entre lui et le peuple. Il tend, par tous les moyens calculés que lui propose sa nature, à faire croire à ces spectateurs que ce sont eux, participants de l'échange historique, qui créent et modifient jour après jour ce personnage nommé Robespierre.

L'incorruptibilité, c'est le corps blanc des vierges et la noble patience des vieillards, c'est le mythe d'une chair délivrée du changement et de la putréfaction. Mais à cette figuration symbolique du corps, il convient d'ajouter les légendes de l'âme, et l'âme incorruptible, il faut bien l'appeler Dieu. Ce Dieu, Robespierre l'invente à sa mesure, il s'efforce d'en paraître le masque ou le double. Ainsi naît l'Etre suprême, celui qui à la nature ajoute le savoir: « Expression vide et creuse, dit Michelet. Dieu agit, engendre ou n'est pas; ce pauvre titre le dépouille, le destitue, le relègue là-haut, je ne sais où, au trône du Rien faire, où trône le dieu d'Epicure. » Mais dans la dramaturgie qu'instaure Robespierre, l'Etre suprême est au fond le seul avec lequel il accepte le dialogue, le seul qui donne véritablement un sens à la parole et au geste de l'acteur, pour qui tous les protagonistes de la Révolution ne sont que des comparses ou des figurants. D'où le côté apparemment inspiré de son rôle. Il entre, comme le souligne Michelet, dans une sorte de papauté. De héros dramatique, il devient destin, intercesseur entre l'homme et Dieu. La scène devient un temple, la nation une vaste communion des fidèles. Robespierre assume devant la Révolution le rôle que Michelet assume devant l'histoire, un rôle christique: « Une casuistique nouvelle commençait, un arbitraire infini sur les cas particuliers. Robespierre n'était pas sûr d'être pur. Et comment savoir, dès lors, qui devait vivre, qui devait mourir. » Ici Michelet juge l'homme de Thermidor, comme plus tard les historiens eux-mêmes jugeront

Michelet, lorsqu'ils lui reprocheront de n'avoir toléré sur la vaste scène de l'aventure humaine que les rôles à sa convenance.

LE VENTRE ORIGINEL

Lorsque Antigone s'en va à la recherche du cadavre d'Oreste pour lui donner une sépulture, elle veut restituer à la cité l'ordre ancien souillé par le crime d'Egisthe. Lorsque Hamlet poursuit le roi et la reine pour l'expiation de leur forfait, il veut retrouver la face pure d'un univers délivré du péché. L'un et l'autre tendent de toute leur passion à restituer aux hommes un paysage antérieur, symbole du rythme ordinaire de la vie. La même tentation habite les héros raciniens: Phèdre meurt parce qu'elle est un obstacle à la réintégration d'un monde propre, avouable. Andromaque agonise parce que, Troie détruite et Hector déchiqueté, l'ordre ancien est mort à jamais, et mort à jamais l'espoir d'en retrouver la douceur. Même une tragédie de la métamorphose comme Faust *tire toute son évidence d'une obsession du Royaume perdu, car toute grande perspective sur l'avenir repose sur la mémoire d'un passé qui a la plénitude et le mystère de l'humanité à son premier âge... Retourner aux abîmes de la primitivité, c'est acquérir la parole difficile qui fait les prophètes, dira Michelet dans* La Bible de l'Humanité.

Une telle obsession habite à la fois Robespierre et le peuple français. La rupture catastrophique, celle où va périr à la fois le peuple révolutionnaire et le maître de la Révolution, se produit au moment où cette obsession se dédouble. Après les massacres de Septembre, le souci est ici et là de même nature: conquérir au sein de l'événement pleinement vécu une nouvelle identité, une nouvelle intimité. Il y a entre la France et la Révolution un échange de nature intrinsèquement érotique. La Révolution représente un principe mâle capable de pénétrer et de féconder la France, et, en semant en elle des ferments ignorés, capable de lui révéler sa profondeur et sa richesse, capable de la ramener à sa source originelle, à ce nœud chaud et mystérieux où se forge dans le silence l'énigmatique devenir, à cette cavité parfaite où, dit D. H. Lawrence, « la lumière crépusculaire était l'essence même de la vie, l'ombre colorée, l'embryon de la lumière et du jour », où « éclatait la première aube, déclinait la dernière lueur du couchant ». L'odeur du sang, l'état d'exaltation mystique, l'échange quasi physiologique qui se produit au moment de Septembre entre les divers pôles de la nation, entre les divers centres nerveux de la France, représente un certain terme, un aboutissement, une fusion exaspérée de la conjonction France-Révolution. Et puis peu à peu tout va diverger. Le rêve de la France, au lieu d'être sollicité par les profonds abîmes où réside toute connaissance, ne se porte plus que vers les trappes les plus superficielles du passé. Ce n'est plus du monde ancien, enfoui dans les stratifications non explorées de l'histoire, mais de l'ancien régime qu'elle connaît la nostalgie. La grotte abyssale où se trouve « le secret de tout un monde en ses éléments » se transforme en cavité sans mystère.

LES PERSONNAGES DU DRAME

Quant au rêve de Robespierre, il se fige, se cristallise dans une abstraction appliquée. Son chemin, ce n'est plus le retour vers la Terre maternelle, vers la Mutter Erde, *dont les entrailles profondes recèlent le secret de la lente et magique vie, mais le détour vers les déguisements glacés de la Loi, de la sacralisation formelle, vers l'architecture morte et bâtarde où la société idéale prend la forme d'une épure. La succession des décrets de la Terreur et les aberrations ennuyeuses du culte de la Raison sont sur ce point fort éloquentes. Le labyrinthe, réservoir de l'expérience ancestrale de l'homme, s'est transformé en couloir anonyme. Entre ces deux paysages se creuse un abîme qui va être un commun tombeau. L'essentiel de la tragédie réside dans un conflit entre les hommes et les dieux, ou entre les hommes et leurs rêves, qui sont une des faces de leur part divine. Elle oppose l'ordre au désordre, ou un ordre à un ordre différent, elle établit un dialogue pathétique entre l'homme, lié à la terre, et un autre monde qui, sous de multiples formes, a valeur d'absolu, et tout le drame, comme le dit Jacques Lacarrière dans son essai sur Sophocle, c'est que « la vie du héros se heurte à l'Absolu et se trouve dès lors vécue et ressentie comme Destin ».*

Et c'est là que réside le secret de l'échec profond de Robespierre, tel que le décrit Michelet. Son destin n'est jamais parvenu à s'identifier à celui de la cité (la France entière) qu'il prétendait incarner. Comme tous les protagonistes de la tragédie grecque, il est conduit en s'attaquant à l'Absolu, dans le cas présent la France, à commettre des sacrilèges, à violer des interdits dont la transgression doit lui conférer un caractère sacré. Mais les dieux ne sauraient entendre sa voix profanatrice, son sacrifice ne saurait bouleverser l'ordre fatal de l'histoire. « Il faut que le sens de l'aventure soit nettement établi et la parole de la Divinité entendue », dit encore Jacques Lacarrière, mais ceux qui doivent se faire les intercesseurs de ce dialogue, le chœur, c'est-à-dire le Peuple dans l'épopée révolutionnaire, ceux-là restent muets car le héros, enfermé dans sa propre fatalité, n'a pas su trouver les mots et les gestes qui eussent rendu sa parole transmissible. C'est donc sur ce chœur muet, réduit à l'impuissance, qu'il s'est livré au sacrilège. Les seuls interdits qu'il ait violés sont ceux-là même que le Peuple, essence de la Révolution, avait établis pour assurer sa survie et sa liberté. Héros abstrait, il n'avait pu livrer combat qu'à des divinités abstraites où les mythes de la cité nouvelle étaient bafoués ou ignorés. Aussi son aventure ne débouche-t-elle que sur le néant: l'extermination générale est le signe annonciateur d'un suicide concerté.

A travers sa mort Robespierre ne cherche pas, comme tous les héros, le ferment d'une action dont les relais indéfiniment se prolongeront à travers les siècles. Il se dissout dans la rhétorique, goûtant « une volupté céleste dans le calme d'une conscience pure et dans le spectacle ravissant du bonheur public » avant de disparaître dans une éternité abstraite et glacée qui ne saurait peupler la mémoire future; tout au plus peut-il, dans l'évanouissement de son destin historique, recourir à de conventionnels apaisements. « Non, la mort n'est pas le sommeil éternel... La mort est le commencement de l'immortalité. » Il n'aura jamais su, par l'intermédiaire du peuple, parler à la France et jamais il n'aura su écouter la France. En cet échange aveugle pourtant, la France avait espéré par lui parvenir à l'existence, et lui, Robespierre, attendait que la France lui donnât sa vraie raison d'être.

On comprend mieux pourquoi, héros dramatique complet, il n'est jamais devenu un héros mythique. La légende ne retiendra de lui que ses travestis: son logement chez le menuisier, sa chasteté suspecte, sa raideur théologique. Mais son action, cette irruption hors des chemins quotidiens vers l'au-delà périlleux, tout ce qui donne au héros grec, à Antigone, à Œdipe ou à Médée leur fécondité posthume, cette grande fièvre qui donne aux hommes prédestinés vision et révélation, toute cette mémoire qui agit comme un ferment dans la vie des hommes lui sera refusée. Incapable de naître avec la France, il interdit à la France de naître. C'est pourquoi avec Robespierre meurt la Révolution. L'homme de Thermidor a creusé le tombeau de la révolte en creusant le sien. Au-delà recommence l'univers maudit de la fatalité.

UNE GRANDE ÉTINCELLE DIVINE

Et c'est là peut-être, à travers Robespierre, que l'on peut discerner la contradiction fondamentale qui est la clé de l'œuvre de Michelet. Si, comme on l'a cru durant un siècle, l'historien avait sa place dans la longue file des idéologues ou des philosophes du devenir, il aurait trouvé dans le petit avocat d'Arras devenu le maître de la Révolution toutes les lignes directrices d'une cohérence politique où pouvaient trouver refuge le progrès, la fraternité et la promesse des paradis socialistes. Dans les écrits de Saint-Just, frère des grandes vierges purificatrices et si proche dans ses intentions profondes de l'homme de Thermidor, il aurait découvert en filigrane les perspectives organisées des utopies contemporaines. Ce fut sa tentation consciente : il tente d'expliquer sa haine de Robespierre par son incapacité à organiser la France révolutionnaire, à apporter au peuple ces nouvelles valeurs, un instant entrevues, sur lesquelles devait se construire le monde de la justice. Mais sa sollicitation profonde a d'autres sources. Robespierre a commis un crime fatal en transformant la marée cosmique de l'esprit nouveau en juxtaposition d'individualité. Il l'a désacralisée en s'exilant lui-même du vaste chœur des fidèles, en brisant l'unité profonde de l'Église révolu-

tionnaire qui jusque-là n'avait qu'une voix, qu'une âme, qu'une pensée, en détruisant la mystique pour annoncer le calcul.

Quelle était donc l'espérance profonde de Michelet, quelle était cette semence qu'il voyait couler, à travers le sang et la nuit, dans les délires de Septembre et qui va se pourrir lentement dans les marécages de la Convention? C'était sans doute qu'au-delà des souffrances, des erreurs et des crimes de 92, dans l'état d'étrange exaltation et de suprême magie où Paris vécut comme en un feu ardent, les hommes découvriraient l'idée ou l'image d'une autre vie, d'une autre passion, où l'esprit et l'instinct, le cœur et la chair se rejoindraient. Il était, comme dit Lawrence, hanté par un monde éclairé par une mystérieuse étoile « qui unit le vaste sang de l'univers au souffle universel de l'esprit et brille entre les deux », et, comme l'auteur du Serpent à Plumes, il était à la recherche de cet homme-Dieu qui, loin de toute formulation individuelle, vit en étroite union avec les puissantes forces du Monde, « car cette chose qui règne, suprême, sur toute puissance humaine et qui en elle-même est pouvoir, cette chose qui dépasse tout savoir, cette étrange étoile entre le ciel et les eaux du cosmos, c'est l'Etre Dieu en l'homme... ». Et quand l'esprit et l'instinct de l'homme se séparent et divergent, provoquant la grande mort, la plupart des étoiles s'éteignent.

« Seul l'homme qui possède une grande étoile, une grande étincelle divine, peut rapprocher ces forces contraires et créer une nouvelle unité. »

C'est cette grande étoile qui s'obscurcit lentement chez tous ceux — prophètes et visionnaires — dont la Révolution s'était nourrie dans sa brillante aurore. Le soleil rouge qui brillait sur le peuple-Dieu s'effondre dans un crépuscule brumeux avant que vienne la grande nuit morte où le peuple retourne à ses souterrains. Danton, Marat, Robespierre, ces pauvres ombres perdues dans la grande confu-

sion des ténèbres, ne sont point à la mesure de l'épopée rêvée par Michelet. Ils n'ont pas l'énergie de leur ambition, qui était de « faire un dieu de l'homme, de repousser les symboles auxquels on avait cruellement immolé la vie, de mettre la victime elle-même sur l'autel, de diviniser le malheur et l'humanité ».

CLAUDE METTRA

PRÉFACE DE LA TERREUR

Le Tyran

France, guéris des individus

Le temps porte son fruit. Regrettons moins la vie. Elle avance, mais elle profite. Les quinze années passées depuis que j'ai donné l'histoire de la Terreur me l'éclaircissent à moi-même. Les documents nombreux que l'on a publiés ne me démentent en rien. Ils confirment au contraire ce que j'avais senti dans la palpitation de ce brûlant récit. Je sentais, et je sais. Je juge aujourd'hui et je vois.

Et voici mon verdict de juré: Sous sa forme si trouble, *ce temps fut une dictature.*

Et je ne parle pas des quatre derniers mois où, tous les pouvoirs étant dans une même main, un homme se trouva absolu, redouté, plus que Louis XIV et plus que Bonaparte. Je parle d'un temps antérieur où l'autorité semble contestée, partagée.

C'est là surtout ce qu'il faut expliquer. C'est cette grande mystification, ce grand malentendu, que nombre d'écrivains, au fond autoritaires, continuent indéfiniment. C'est le procès obscur, la ténébreuse énigme que plusieurs ont crue insoluble. Cela est difficile quand on cherche le mot de l'énigme dans la biographie, la légende d'un individu, jugé diversement, dieu pour l'un et monstre pour l'autre. Il faut l'étudier, le juger dans le milieu qui lui fut propre. Robespierre doit se prendre dans l'inquisition jacobine.

Cette tyrannie précéda la tyrannie militaire. Elles s'expliquent l'une par l'autre. Robespierre, Bonaparte, en leur destinée si diverse, eurent cela de commun, que dans le milieu qui les fit, ils eurent tout préparés leurs instruments d'action. Ils n'eurent pas à créer. La fortune obligeante leur mit sous la main les machines (terribles machines électriques) dont ils devaient user. Robespierre trouva tout d'abord l'association jacobine des trois cents, des six cents, puis des trois mille sociétés. Grande armée de police, qui par quarante mille comités gouverna, défendit et écrasa la France. Bonaparte reçut aguerries les armées de la République. D'elle il hérita l'épée enchantée, infaillible, qui permit toute faute, ne pouvant pas être vaincue. Il en a promené la terreur par le monde, tous les abus de la victoire, nous a fait et en Allemagne et partout des haines solides. L'Europe lui en garde rancune, comme la France à Robespierre.

Avec cela l'adoration de la force est chose si naturelle à l'homme, que le Dictateur, l'Empereur, ont pu garder des fanatiques.

Grave jugement sur Robespierre: les royalistes ont eu un certain faible pour lui. Ils injuriaient, conspuaient la Gironde, la Montagne, Danton, Chaumette. Ils se turent devant Robespierre. Ils virent qu'il aimait l'ordre, qu'il protégeait l'Eglise, lui supposèrent l'âme d'un roi.

Son histoire est prodigieuse bien plus que celle de Bonaparte. On voit bien moins les fils et les rouages, les forces préparées. Ce qu'on voit, c'est un homme, un petit avocat, avant tout homme de lettres (et il le fut jusqu'à la mort). C'est un homme honnête et austère, mais de piètre figure, d'un talent incolore, qui se trouve un matin soulevé, emporté par je ne sais quelle trombe. Rien de tel dans *Les Mille et Une Nuits*. En un moment il va bien plus haut que le trône. Il est mis sur l'autel. Etonnante légende! Quel triomphe de la vertu!

Beaucoup l'ont rabaissé beaucoup trop. Si l'ensemble d'un patriotisme réel et d'un certain talent, d'une suite, d'une volonté, d'un labeur soutenu, un grand instinct de conduite, de tactique des assemblées, suffisent pour faire un grand homme, ce nom est dû à Robespierre.

Il avait l'esprit peu fécond, et bien peu d'invention. Cela le servit fort. Avec plus d'idées, il aurait infiniment moins réussi. Il se trouva dans la mesure commune à un vaste public, ni au-dessus ni au-dessous.

Ce que je viens de dire est l'exacte expression du type jacobin, aux commencements. Pour juger leur esprit critique, honnête, moyen et médiocre, il ne faut pas trop regarder à Paris le brillant club, formé de députés, de l'illustre Duport, des intrigants Lameth, du spirituel Laclos (orléaniste), etc. Il faut voir bien plutôt les sociétés de province qui se formèrent en même temps, et dont le caractère durable fut celui du vrai jacobin. J'en ai donné (juillet 90) un très excellent spécimen dans un acte inédit de Rouen *(Archives impériales)*.

Le premier but des Jacobins fut d'aider le *Comité des recherches*, créé pour surveiller la Cour, peu après la prise de la Bastille. Mais, outre leurs *observateurs*, les Jacobins avaient des *lecteurs* pour instruire le peuple, des *consolateurs* pour le soulager. Comprimer les forts, soutenir les faibles, ce fut leur première mission. J'ai montré, dans mon *Louis XVI* et aux premiers volumes de *La Révolution*, quelle indigne terreur faisaient peser sur tous la classe noble, les gens d'épée, la terreur de l'escrime, du préjugé d'honneur. Les Jacobins biffèrent et supprimèrent cet honneur-là, ils se firent respecter et terrorisèrent à leur tour.

Contre les castes, alors si fortes encore, il fallait une caste, sévère, inquiète. Il fallait une police courageuse qui marquât, signalât, qui fascinât surtout ces ennemis insolents et puissants. Les Jacobins, au bout d'une année d'existence (le 26 janvier 1791), proclament leur mission *d'accuser, de dénoncer*, jurent de défendre de leur fortune et de leur vie quiconque dénoncera les conspirateurs.

On a vu comment Robespierre s'annonça et conquit la popularité. Au 6 octobre, quand les femmes affamées vinrent à la barre, accusant un représentant d'être affameur du peuple, et demandèrent enquête, un seul, Robespierre, appuya, et désigna un membre qui en avait parlé dans l'Assemblée.

Cela devait aller au cœur des Jacobins.

Peu après il demande le mariage des prêtres. Reconnaissance immense du clergé inférieur.

Du premier coup il a *les Jacobins, les prêtres*, deux grands corps, deux grandes puissances.

L'autorité énorme des Jacobins, la frayeur qu'ils inspirent par les six cents sociétés qu'ils ont déjà en février 91, peut se mesurer par ceci: que le colosse Mirabeau périt par eux, par leur censure, leur excommunication. Quel étonnant spectacle de voir au 6 avril 1791, quand Mirabeau est enterré d'hier, de voir ce Robespierre, dont on riait, parler à l'Assemblée dans une sévérité altière! D'abord accusateur, il se dit effrayé de l'esprit qui préside aux délibérations. Et il ajoute en maître: « Voici *l'instruction* que je présente à l'Assemblée. » Puis il dicte une loi. On obéit, on vote. Il est évident que c'est bien plus qu'un homme qui a parlé. La mesquine figure est l'organe, la redoutable voix d'un peuple menaçant qu'on voit dans les tribunes, et qu'on voit en esprit, des cent mille Jacobins qui existent déjà, dominent dans les grandes villes. Chacun songe au retour qu'il aura dans la sienne, et ne sait quel accueil il trouvera chez lui.

Robespierre n'est pas fort seulement à cette heure. Il est réellement admirable. Il pose constamment les principes. Ainsi que Duport, il attaque, il proscrit la peine de mort. Il veut (contre le vote de l'Assemblée) que tous, pauvres ou riches, soient de la garde nationale et qu'on donne des armes à tous. Ce que feront les Girondins.

Il suit les Jacobins pas à pas, ne va pas en avant encore. On a vu que l'idée de la République qui vint à la fuite du roi est essentiellement girondine. C'est Bonneville, Fauchet, qui en parlent d'abord.

Mais après la fameuse pétition républicaine, le massacre du Champ-de-Mars (en juillet 91), Robespierre prend la charge d'épurer les Jacobins et d'expulser les tièdes. Il fait l'armée dont il va se servir. Les provinces adhèrent. Toute la France se précipite dans les bras des Jacobins. En deux mois il se fait encore six cents nouvelles sociétés.

Cette force, dès lors, était d'un effet indicible. Robespierre, au 1er septembre, étrangle et étouffe Duport, ce créateur des Jacobins. Scène unique d'histoire naturelle. *Le boa constrictor* des mille sociétés exécute l'idée générale. Ce n'est pas Duport, c'est la royauté qu'il étouffe, si coupable et si impossible.

Quelqu'un parlant de Robespierre (à la fuite du roi) avait dit: « S'il faut un roi, pourquoi pas lui? » (1791). L'année suivante, Marat, louant fort Robespierre, disait que le salut serait d'abord un chef unique, un grand tribun. Plusieurs pensaient que la France pourrait finir par avoir un Cromwell, un protecteur, habituaient l'esprit public à cette idée.

Visait-il à la dictature? Voulait-il, à une influence si grande, à cette autorité morale joindre le pouvoir et le titre? Je ne le crois nullement. Le titre eût affaibli l'autorité morale, la papauté, qu'il sentait valoir mieux. Il eut le cœur moins roi que prêtre. Etre roi? il eût descendu!

Il avait tellement goûté la popularité et il y était si sensible, il avait tellement mordu à ce dangereux fruit, qu'il ne pouvait plus s'en passer. Lorsque la généreuse, la brillante, l'étourdie Gironde, fit invasion, pour ainsi dire, dérangea tout cela, lui arracha des dents ce qu'il tenait, horrible fut sur lui l'opération. Ce qu'on n'eût vu jamais sans cela apparut: c'est que, sans désirer précisément la tyrannie, il avait au fond l'âme si naturellement tyrannique, qu'il y allait tout droit, haïssait à mort tout obstacle. Le génie de Vergniaud, la vigueur des Roland, la facilité merveilleuse des Brissot, des Guadet, la vivacité bordelaise, provençale, lui furent intolérables. Mais ce qui fut bien pis, ce fut ce mouvement merveilleux, imprévu, la France lancée dans la croisade, l'immense fabrication des piques, les armes forgées sur les places, données à tout le peuple, l'audace, la confiance juvénile de cette Gironde. Tout cela lui fut odieux.

Comment accuser la Gironde à ce moment, dire qu'elle est liée à la Cour le jour même où elle démasque la Cour dans son *Comité autrichien*? Qu'oppose Robespierre? Un pur roman, l'entente prétendue du roi avec ceux qui le détrônent. Les Jacobins, si défiants, étaient donc une race bien crédule pour avaler un tel tas de sottises? Leur foi en Robespierre était-elle donc si idiote? Ou bien faut-il penser qu'ils avaient intérêt à croire aveuglément? Quoique très sincères patriotes, ce n'était pas sans peine qu'en cet élan universel ils voyaient s'affaiblir l'ascendant despotique des mille sociétés jacobines.

Sur cette question de la guerre, que nos robespierristes d'aujourd'hui embrouillent autant qu'ils peuvent, nous répondrons trois choses: 1º la Cour en avait peur, une effroyable peur, loin de la désirer, comme le dit faussement Robespierre. C'est ce qui est prouvé, avoué aujourd'hui par tous les royalistes; 2º une guerre de croisade pour la délivrance des peuples, guerre désintéressée de l'idée de conquête, guerre purement révolutionnaire, eût été reçue et aidée de ceux qu'on aurait envahis; 3º cette guerre, il la fallait rapide et *offensive,* il fallait qu'elle prît les devants sur les rois. Et alors, dit Cambon fort sagement, elle n'eût pas été ruineuse; elle se fût nourrie et payée. En l'ajournant, on l'eut, mais *défensive,* dit le grand financier; on l'eut à ses dépens.

Robespierre traîna tant, balança, énerva tellement le parti de la guerre, qu'enfin la Prusse entra, l'ennemi vint chez nous, *la guerre fut défensive*. De là l'affreuse panique, la fureur de Septembre contre l'ennemi du dedans, contre les prisonniers qui chantaient la victoire des Prussiens. Funeste événement qui nous aliéna l'Europe, rendit la guerre terrible au-dehors, cruelle au-dedans, où les réquisitions excessives qu'elle exigeait ne purent être levées que par la terreur jacobine.

Sous la Convention, les Jacobins déjà sont à leur troisième âge.

Aux fondateurs (Duport, Lameth) ont succédé les seconds jacobins, des écrivains en partie girondins, tels que Brissot. Les troisièmes succèdent, moins lettrés et de moindre étoffe, plusieurs artistes ou artisans, tels que le maître menuisier chez qui fort habilement Robespierre élut domicile.

Ce club, vraiment de Robespierre et sa propriété, partit de la funeste idée que son chef posa en Septembre, *que le peuple pouvait*, pendant la Convention même, *lui révoquer, lui biffer ses décrets, révoquer les représentants* et les destituer. Pauvre Assemblée! avant d'être faite, elle était défaite d'avance, destituable, placée sous la tutelle, la police des Jacobins.

Le grand coup de terreur fut d'abord sur Brissot et la tête de la Gironde. Ce fut une belle expérience. Celui qui le plus fortement avait miné, frappé le roi, on le déclare agent du roi. Acte prodigieux de la foi jacobine. On nia le soleil à midi. Et cela fut cru. L'affirmation du Moyen Age, du dogme catholique: « Ce pain n'est pas du pain: c'est Dieu », cette affirmation n'a rien de plus fort. Nous retournons dans les vieux siècles de la crédulité barbare.

« Nulle réalité n'est réelle contre le mot de Robespierre. » Voilà la foi robuste des nouveaux Jacobins.

J'ai parfois admiré la férocité des lettrés. Ils arrivent à des excès de nerveuse fureur, que les hommes moins cultivés n'atteignent pas.

Robespierre, le sincère philanthrope de 89, avait subi des choses atroces. D'abord la risée unanime des deux côtés de la Constituante, et des Lameth et des Maury. Lui, coq de sa province, lauréat de Louis-le-Grand et académicien d'Arras, il était très sensible. Cela lui fut un bain d'eau-forte, cruellement le sécha, le durcit. Et sa victoire de 91 ne le détendit pas. Il ne reprit jamais la figure (encore assez douce) qu'il avait en 89. De plus en plus il devint chat. Les lancettes de la Gironde, souvent aiguës, ardentes, piquaient, brûlaient. On est épouvanté de voir qu'au 2 Septembre, quand tout homme, même violent, eût ajourné ses haines, il va à la Commune, à côté de Marat, reprendre son roman, horrible en un tel jour: « ... qu'un parti, que certaines gens voudraient faire roi un Allemand. » Si Roland et sa femme ne périrent d'un tel mot, c'est un miracle, un pur hasard.

Mirabeau avait dit sur lui cette parole profonde: « Tout ce qu'il a dit, il le croit. » Avec cette faculté d'être si crédule à soi-même, de respecter et suivre toute ombre qui traverse l'esprit, de lui donner corps, consistance, il n'avait nul besoin de mentir et d'être hypocrite. « Il croyait tout ce qu'il disait. »

Mal très contagieux. C'est le mal jacobin. Et c'est ce qui rendit la société stérile et d'esprit négatif, moins propre à l'action. Elle n'agit guère au 10 Août, ni pour créer la République, et encore moins dans le mouvement de la guerre. Elle est toute dans l'accusation. Accuser, toujours accuser! Rien de plus triste. C'est ce qui, pour beaucoup, fit la Révolution de bonne heure ennuyeuse. En décembre 92, Marat et la Gironde gémissent déjà sur l'*absentisme* de Paris. Dans une section de quatre mille citoyens, vingt-cinq forment l'assemblée... « Et dix agita-

La légende de Robespierre

teurs font tout; le reste se tait et vote. » C'est bien pis en 93; aux plus grandes élections, même par menace et par terreur, on ne peut réunir plus de cinq mille votants dans cette ville de sept cent mille âmes. En 94, le désert serait absolu, si l'on ne salariait les comités de sections. Il est curieux de voir nos historiens robespierristes nous dire: « Il y eut un grand mouvement; Paris faisait ceci, cela. » Paris ne faisait rien. Paris restait chez lui.

Le Comité d'insurrection qui se fit contre la Gironde fut si faible, si abandonné, que rien n'eût pu se faire sans l'aide des Jacobins (31 mai, 2 juin). Ceux-ci furent obligés d'agir. Robespierre avait espéré qu'il suffirait d'une *insurrection morale,* ou, pour parler plus clairement, d'une certaine pression de terreur, qui, sans trop de violences, déciderait l'Assemblée à se mutiler, à voter contre elle-même. Il fallut davantage, l'enfermer, l'entourer de baïonnettes, d'un petit corps payé, quand tout Paris était pour elle. Cela fut irritant pour la Montagne même. Ce qui le fut bien plus, c'est que les députés n'ayant pas pu passer et rentrant pleins de honte, l'homme de Robespierre, Couthon, dit: « Maintenant que vous vous êtes *assurés de votre liberté,* délibérons, votons. »

Insolente parole qui rendit bien des cœurs implacables pour Robespierre. Vraie tyrannie de prêtre qui s'impose contre l'évidence, qui contre le réel veut un acte de foi. C'est le commencement de la froide mystification que nos robespierristes continuent avec tant d'effort, répétant le mot d'ordre du 2 juin: *Liberté!* Si l'on veut bien juger de cette liberté, qu'on lise la plate lettre que le *Moniteur* (prosterné toujours à chaque avènement) écrit le 18 juin au nouveau maître, s'excusant d'avoir imprimé les discours girondins, mais disant qu'il les mutilait, etc.

Robespierre éluda toute apparence du pouvoir, même n'entra que tard au Comité de salut public. Mais il prit la force réelle, s'assurant de trois classes: les Jacobins, les prêtres et les propriétaires. Aux Jacobins, les places. Aux prêtres, l'*Etre suprême*, écrit en tête de la Constitution. Quant aux propriétaires, il avait pu les alarmer, en disant avec un girondin *qu'eux seuls paieraient l'impôt,* que les pauvres ne paieraient rien. Il rétracta expressément cette doctrine, « ne voulant pas priver les pauvres de l'honneur de contribuer ».

Comment, penchant ainsi à droite, ce faiseur de miracles ferait-il qu'on le vît à gauche? Cette duplicité lui fit la très honteuse condition de s'appuyer d'Hébert, du populacier *Père Duchesne*, un journal ivre à froid, hurlant toujours le sang! Hébert envahit à son aise les places et les fonds de la Guerre, paralysant ce ministère en présence de l'ennemi. Il arrivait. Enfin (après trois mois d'inaction), on appela Carnot. La victoire improbable, si acharnée, de Wattignies, non seulement sauva la France, mais nous fit un réveil. Pour un moment Paris sort du sec esprit jacobin.

Ni Robespierre ni la Gironde n'eurent le moindre sens de Paris, ne comprirent la valeur de ce creuset profond de chimie sociale où tout, hommes et idées, a sa transformation. Robespierre vivait à Paris? Non, aux Jacobins, de là à l'Assemblée. Il ne connaissait qu'une rue. Le centre de Paris, ce centre actif, ingénieux qui produit pour le monde, lui fut tout à fait inconnu. Et encore plus les masses du faubourg Saint-Antoine. Jamais il ne se montra dans les foules. Sa correcte tenue de ci-devant l'eût fait paraître prodigieusement déplacé.

Il n'y a jamais eu un peuple moins violent que le vrai Parisien. Si Londres avait souffert le dixième de ce qu'on souffrit ici, il y eût eu pillage, incendie. Paris prit la Bastille, fit le 10 Août. En septembre, peu d'hommes agirent, et les vieillards m'ont dit: « Force Auvergnats, de rudes bêtes, des charabiats, des charbonniers, etc. Au 5 septembre 1793, où quelques milliers d'ouvriers affamés forcèrent Chaumette et la Commune d'aller à la Convention, ils ne voulaient *rien que du pain* (c'est Chaumette qui le dit). » L'insolence des royalistes, qui cette fois encore criaient victoire à l'approche de l'ennemi, força de faire les lois de la Terreur.

Ce pauvre peuple, au coup de Wattignies, crut tout fini, et éclata de joie. L'effet en fut très grand. Je le crois bien. La moisson était faite, le prix du pain baissait. Plus de nuit à attendre, plus de queue à la porte des boulangers. Le 20 octobre, deux nouvelles à la fois. « La victoire en chantant nous ouvre la barrière! » D'une part, cent vingt mille Autrichiens repoussés! de l'autre, la Vendée sortie de la Vendée; elle a désespéré, elle s'est jetée, dans un désordre immense, au-delà de la Loire. Enfin ce monde de ténèbres, forcé hors de ses bois, ne fait plus de miracles. Ses prêtres charlatans, qui rôtissaient des hommes, sont convaincus, chassés. Grande joie pour Paris! Le vin nouveau y fut aussi pour quelque chose. On punit la Vendée sur les statues de Notre-Dame, les saints de pierre. On leur cassa le nez.

Chaumette était bon homme au fond et trop heureux que l'on s'en tînt aux pierres, qu'il n'y eût de tué que les saints. Il n'y eut nul mouvement sérieux contre les prêtres. Lui-même, l'apôtre de Paris, prêcheur de bienfaisance, Chaumette, et avec lui Clootz, l'orateur du genre humain, deux prêtres en révolution, menèrent à l'Assemblée l'évêque de Paris et les prêtres de l'ancien culte. L'évêque fraternisa avec un pasteur protestant. Ce fut un acte édifiant de sagesse et de tolérance.

Dans les départements, plus d'un représentant en mission était charmé de détourner de ce côté les fureurs populaires. Les saints de bois étaient guillotinés. Leurs riches vêtements arrivaient chaque jour à la Convention. Les porteurs quelquefois s'en affublaient. Les étoles et chasubles du cardinal Collier et du saint cardinal Dubois n'étaient peut-être pas entourées du respect qu'on eût dû à de telles reliques. On en vêtit un âne. Enfances populaires qui rappellent assez bien nos vieux Noëls d'église, où l'âne avait sa fête aussi.

« Paris, dit Clootz, est la vraie Rome, le Vatican de la Raison. » La Raison était dès longtemps la pensée de Paris, l'enseignement de la Commune, la prédication de Chaumette dans les quartiers du centre. Les auteurs du calendrier, les mathématiciens de la Convention, Romme, entre autres, ce stoïque esprit, futur martyr de prairial, organisèrent l'autel du dieu Raison.

Le vrai point grave et fort de la prédication nouvelle, le sujet que Chaumette insatiablement traitait dans ses sermons, était l'épuration des mœurs. Parmi tant de misères, la multiplication des filles, l'énervation de l'homme, était un vrai fléau. Au nom de la Raison, au nom de la Patrie, on sommait le jeune homme de rester fier et pur, entier pour le travail, pour l'énergie civique et les nobles efforts.

L'Assemblée, la Commune s'accordaient dans le nouveau culte. L'Assemblée tout entière reçut, accueillit la Raison avec son innocent cortège de petites filles de douze ans. Elle fit plus. Elle alla tout entière la visiter à Notre-Dame (10 novembre). Le 16, un acte grave engagea la Convention. Sur la proposition de Cambon, elle décida que les églises, devenant la propriété des communes, serviraient spécialement d'asiles aux indigents. Quelle destination plus pieuse, plus conforme en réalité aux vues charitables de ceux qui firent tant d'établissements religieux? A l'entrée de ce rude hiver, couvrir le pauvre sans asile, c'était à coup sûr œuvre sainte. Mais indirectement un tel décret finissait l'ancien culte.

L'étonnement ne fut pas petit le 21 novembre d'entendre, aux Jacobins, Robespierre dire (sans égard au décret) que la Convention ne voulait point toucher au culte catholique.

Les Jacobins furent désorientés. Ils croyaient que leur chef était pour la Montagne, et ils le virent avec la droite. Ils le croyaient à gauche, et venaient de nommer président Anacharsis Clootz.

La liberté d'un culte intolérant qui proscrit tous les cultes, la liberté de cette Eglise armée qui, dans le moment même, menait la Vendée aux Anglais pour leur livrer Cherbourg! C'était une étrange thèse à soutenir. Robespierre nia l'évidence, soutint que cette Vendée (sous des généraux prêtres) n'était point une affaire de prêtres, mais chose politique, de simple royalisme.

Démenti violent pour l'Assemblée. Il rouvrait les églises fermées par le décret du 16, biffait le XVIIIe siècle, nous replongeait dans le passé.

Que font les Jacobins? Leur président, cet Anacharsis Clootz qu'ils viennent de porter au fauteuil, ils le raient, ils l'excluent de leur société! On vit là à quel point ils étaient l'instrument, la machine de Robespierre.

Ils lui avaient toujours appartenu. Mais combien plus alors! On le comprend en remontant au décret du 18 qui venait de créer la royauté des Jacobins.

Ce décret, présenté par le Comité de salut public, trouva la Montagne en partie absente pour des missions, mais la droite présente, mais le centre complet. Dans la droite, beaucoup ne croyaient vivre encore que par faveur de Robespierre. Le centre détestait, jalousait la Montagne, et fut ravi de la voir écrasée.

Le décret proposé se ramenait à deux articles:

1. Les représentants que l'Assemblée envoie en mission *ne correspondent plus avec elle*, mais avec le Comité de salut public. (L'Assemblée est brisée dans son pouvoir exécutif, ses employés, tous montagnards.)

2. Les municipalités et leurs comités révolutionnaires qui lèvent la réquisition (en hommes, argent, denrées), *ne sont comptables qu'au* district et au Comité de sûreté générale.

Ce simple tyran fit en France quarante-quatre mille tyrans.

Ces comités eurent (réellement *sans surveillance*) la disposition absolue des personnes et des fortunes.

Le district ne surveilla pas. C'était alors un simple agent recevant la réquisition et la poussant vers la frontière, sans s'occuper de la manière dont elle avait été levée.

Le Comité de sûreté ne surveilla pas. Qu'était-ce que ce comité? M. Louis Blanc s'efforce de l'obscurcir. C'était Robespierre en deux hommes, en David et Lebas; les autres étaient des gens morts d'avance, sous la guillotine, plats valets et serfs de la peur. Ils étaient à cent lieues d'oser demander des comptes à ces comités jacobins.

Le projet original de la réquisition, tel que Cambon l'avait présenté, obligeait ces comités *de regarder vers le centre,* vers l'Assemblée, qui par ses commissaires les surveillait. Mais le projet voté le 18 novembre, n'imposant qu'une unité fausse, émancipa de l'Assemblée ces quarante-quatre mille comités jacobins. Il créa une royauté sans contrôle du peuple jacobin, qui eut pouvoir, argent, terreur.

Les historiens robespierristes, qui parlent tant d'unité, ici sont vrais fédéralistes, admirent la division. Mais les grands hommes d'affaires, qui avaient les choses en main, disent que cette grande machine était très misérable, avait des frottements infinis, criait, grinçait dans ses ressorts. A l'opération nécessaire de la réquisition s'en mêlait une autre, celle d'un terrorisme irritant, local et personnel, entre voisins, concurrents, ennemis. Un proconsul sanguinaire (il y en eut deux ou trois en 93) terrorisait une ville, comme eût fait une inondation, sans laisser de rancune envenimée. Mais un voisin que l'on croyait toujours poussé de vieilles querelles de classe, de métier, de familles, exaspérait bien autrement. Les Italiens du Moyen Age étaient plus politiques. Souvent une ville en proie aux factions, pour rétablir l'ordre, voulait un bon tyran, un juge armé, un podestat. Mais elle le prenait au loin, elle voulait un étranger, et il n'entrait dans la ville qu'en jurant qu'il n'y avait ni parent ni ami, n'y connaissait personne. Au premier désordre, il frappait le coupable, sans savoir qui.

Cambon voulait que, pour l'argent du moins, ces comités fissent des comptes exacts et publics.

Chaumette demandait (pour Paris du moins) que les comités révolutionnaires des quarante-huit sections qui accusaient et arrêtaient motivassent ces arrestations, les expliquassent à la Commune, écartassent ainsi le soupçon d'agir par haine personnelle.

Mais ni Cambon ni Chaumette ne furent écoutés. Robespierre n'osa pas mécontenter ses Jacobins.

Le plus simple bon sens disait que la machine éclaterait. Le Comité demanda que l'Assemblée l'autorisât à séparer, dans les prisons, les suspects des vrais accusés, à élargir des prisonniers, à diminuer enfin l'horrible encombrement. Robespierre soutint que les comités n'avaient pas le temps. A tort. Sauf deux ou trois membres, accablés de travail, les autres avaient du temps et en perdaient beaucoup (par exemple Robespierre dissertant sur les vices du Gouvernement anglais).

Il voulait que cet examen et cet élargissement ne se fissent que par des commissaires, *lesquels resteraient inconnus.* Cela se comprenait. Ces inconnus eussent été des hommes à lui. Il eût eu la clé des prisons. La Convention recula. On ne fit rien du tout (26 décembre 1793), et le mal augmentait de minute en minute.

Le remède, disait-il, c'était *l'accélération des jugements.* Il la demanda plusieurs fois. Mais quelque extension que l'on donnât aux tribunaux, les comités entassaient aux prisons de telles masses d'hommes que les juges les plus rapides n'en pouvaient venir à bout.

On vit là ce qu'est la Terreur: un phénomène moral, que la brutalité émousse, énerve, éteint. Phénomène assez délicat. Je l'ai vu dans une ville du Rhin. Quand j'y passai en 1837, il y avait eu une chose qui faisait dresser les cheveux. C'était le vieil usage qu'on appelait le *Vent du glaive*. Le coupable était amené, les yeux bandés, agenouillé, le bourreau derrière lui, armé de l'épée germanique, une épée à deux mains et de cinq pieds de long. Sur ce cou nu, et à peu de distance, il balançait l'épée, la lançait fort adroitement. Mais point de sang versé. C'était très efficace.

Ce qu'il fallait ici, c'était et de montrer le glaive et d'illuminer la justice, de montrer à quel point elle était juste et sainte, de sorte qu'il n'y eût aucun doute.

Il fallait seulement quelques très grands coupables. L'un des funestes personnages qui firent la guerre de Sept Ans, nous vendirent à l'Autriche et firent périr un million d'hommes, vivait. Son châtiment légitime était attendu. Il n'eut aucun effet. Un jugement de cinq minutes et son audace peu commune mirent l'intérêt de son côté. Le jugement de la du Barry eut même un effet de pitié. Fait avec soin, il eût été un pilori de Louis XV. Elle-même, on l'eût exposée, enfermée ou chassée, pour ne pas salir l'échafaud.

Mais la guillotine, avilie, semblait devenir folle, travailler au hasard. David lui-même, l'agent si utile de Robespierre, David un jour disait rêveur: « Resterons-nous vingt dans la Montagne? » Il semble que Robespierre, de défiance en défiance, aurait fini par s'arrêter et se guillotiner lui-même.

Et plus que lui! Billaud-Varennes! le fantôme de la Terreur, et son véritable idéal. Il eut l'idée stupide que Billaud trahissait. Et ils se regardèrent. Billaud le comprit bien, et lui jeta Danton, royal morceau, mais de digestion difficile, qui fut mortel à Robespierre.

La situation de Carnot, de Lindet, de Prieur, de La Vicomterie, etc., dans les deux comités, était horrible. Le dernier frémissait d'y être, et avait peur de n'y pas être. Il se trouvait mal presque en voyant Robespierre. Carnot, Lindet, hommes si nécessaires, gardés par la victoire, n'étaient pas moins forcés de signer ces pièces sanglantes qu'envoyaient Couthon et Saint-Just, et que lui-même, Robespierre, le plus souvent ne signait pas. Il est frivole, et même injurieux pour eux, de dire qu'ils ont signé sans lire des pièces si importantes. Disons les choses comme elles furent. S'ils avaient refusé, s'ils s'étaient retirés, la France eût été en péril. Sans leur mortel travail, leur sage direction, l'immense bavardage n'aurait guère servi. De plus, faut-il le dire? ils étaient liés là par une affaire de cœur. Chacun alors sauvait ce qu'il pouvait. Osselin et Bazire, excellents montagnards, périrent pour avoir sauvé des femmes effrayées, éplorées, qui se cachaient chez eux. Carnot aussi avait bien son péché; il cachait des amis, très utiles à la République, l'illustre groupe d'officiers du génie qui avait renouvelé et honoré cette armée. Il les avait dans son bureau, comme petits commis anonymes. Par là il donnait prise. Lindet n'était pas moins exposé, et plus visiblement encore. Il faut lire (spécialement dans M. Boivin) la froide audace, la persévérance intrépide, la sainte hypocrisie par laquelle il sut étouffer le grand incendie de l'Ouest, calmer et rassurer, sauver la Normandie. Cette question énorme s'était posée sur un seul point, une petite municipalité. Si on la poursuivait de proche en proche, tout était poursuivi, la guillotine se remettait en route. Lindet sut profiter du renom de férocité que lui faisaient les Girondins. Il fit un acte bien hardi, arrêta la justice, défendit à Fouquier-Tinville de procéder avant que lui, Lindet, eût fait son rapport général contre les Girondins de Normandie. Il les sauva ainsi en ajournant toujours, et il atteignit Thermidor.

Ce qui a fait haïr si terriblement Robespierre, c'est, je

l'ai dit, d'avoir placé ainsi et les membres du comité et les représentants en mission sous l'imminence d'un procès, d'avoir décliné pour lui-même la responsabilité, en l'imposant aux autres, tenant sur eux le couteau suspendu. *Il n'était rien, ne faisait rien*, à en croire les robespierristes. Vraiment, c'est se moquer de nous! Qui pouvait s'y tromper? N'est-ce donc pas à lui que s'adressaient ces lettres suppliantes qu'on a trouvées? On savait bien qu'il faisait la vie ou la mort. Ne le voyait-on pas aux Jacobins le plus souvent entre Dumas et Coffinhal, etc., entre ses juges et jurés salariés? Lui-même ne vivait-il pas, ne mangeait-il pas chaque soir chez un de ces jurés, Duplay, et de son pain? Pouvait-il ignorer les grandes fournées de la journée, cette justice rapide que lui-même voulut plus rapide? A cette table de famille, il mangeait quoi? Le salaire d'un juré, et j'allais dire le prix du sang.

Ce qui a fort aidé à blanchir Robespierre, c'est que son successeur, Napoléon, a accepté, placé une foule de jacobins, gens souples et bien dressés. Ils aimaient peu à parler de ces temps. Mais si on les pressait, ils disaient finement que tout cela n'était pas éclairci, « que c'était un procès jugé, *mais non plaidé* ». C'est le mot que Cambacérès dit au maître lui-même, sachant très bien qu'il ne déplaisait pas.

Sous la Restauration, les gens de lettres s'en mêlèrent, exhumèrent Robespierre littérairement. C'était le temps de réhabilitations paradoxales. La faveur que de Maistre et bien des royalistes portaient à Robespierre ne nuisait pas. Sa sœur vivait encore, et la véhémente, l'intéressante Mme Lebas (Duplay), plusieurs octogénaires de mémoire fort confuse, qui disaient tout ce qu'on voulait. Buchez, secondé d'un jésuite, fit sa grosse compilation, mêlant tout, brouillant tout, avec sa gaucherie naturelle, sanctifiant pêle-mêle le 2 Septembre et la Saint-Barthélemy. L'immense plaidoyer de M. Louis Blanc était fini à peine que

M. Hamel fit le sien, d'effroyable longueur aussi. C'est bien plus qu'un éloge ici. C'est une légende. Comment est-elle si ennuyeuse, malgré le mérite, le travail, les recherches de l'auteur? C'est parce que ses héros sont trop parfaits. Saint-Just devient un Télémaque, un Grandisson. Robespierre est bien plus qu'un homme. Dès son enfance, c'est un saint, il fait des petites chapelles. Il n'a qu'un amour: ses colombes. On se croit dans les bollandistes. M. Hamel deux fois le compare à Jésus.

Que nous sommes mauvais! Au lieu de profiter, de nous édifier, plus cet exemple est beau et ce type accompli, plus nous entrons en défiance. Cela nous paraît fort qu'il y ait eu des saints si parfaits. Est-ce bien sûr? Songez donc que Jésus, le type de ce doux Robespierre, lui-même a eu quelque ombre en son humanité. Un jour il a pleuré, un jour désespéré. Non, rien au monde d'absolument parfait.

Tout était libre, disent-ils. La Convention était libre. Les juges et jurés étaient libres. La police... ah! grand Dieu! Robespierre n'a pas su seulement si elle existait.

Voilà, messieurs, voilà ce que nous ne pouvons avaler, c'est cette ineffable douceur; ce miel reste à la gorge et ne peut pas passer.

Je me rappelle qu'étant jeune et cherchant du travail, je fus adressé à une revue estimée, à un philanthrope connu, tout occupé d'éducation, du peuple, du bonheur des hommes. Je vis un homme fort petit, de mine triste, douce et fade. Nous étions à sa cheminée. Il regardait toujours le feu et jamais moi. Il parlait longuement, d'un ton didactique, monotone. J'étais mal à mon aise, écœuré; je partis aussitôt que je pus. J'appris plus tard que c'était lui, ce petit homme, qui fit la chasse aux girondins et les guillotina, qui eut ce succès à vingt ans. Remarquons en passant l'effroyable pouvoir que devait avoir Robespierre pour envoyer cet enfant-là, on peut dire cette petite fille, et croire que c'était assez pour faire trembler tout le Midi.

La légende de Robespierre

Tel fut le doux Couthon, tel fut le philanthrope Herman. Herman, d'Arras, camarade de Robespierre, qui dans ses notes secrètes le met au premier rang des hommes capables. Herman, dès qu'il est mort, jure qu'il le connut peu. (saint Pierre dit de Jésus: « Quel est cet homme-là? ») Mais vivant il le connaissait parfaitement. Il lui fit la mort de Danton, la mort de Fabre d'Eglantine, ayant la fausse pièce qui guillotina celui-ci. Tout cela dans les formes humaines. Au moment où Danton est le plus éloquent, fait tout frémir, pleurer: « Repose-toi, Danton, lui dit Herman (lui ôtant la parole), car tu pourrais te fatiguer. »

Admirable douceur! Pour être condamné à mort, c'est cet homme que j'aurais choisi.

Le sujet le plus tragique que l'histoire nous offre, c'est certainement Robespierre. Mais c'est aussi le plus comique. Shakespeare n'a rien de pareil. Ce sujet est tellement fort, tentant, que, même en plein péril, des hommes déjà sous le couteau voulurent en faire la comédie. Les girondins, dans les ténébreuses cavernes de Saint-Emilion, poursuivis, chassés, morts d'avance, d'avance ensevelis, firent un drame de Robespierre. Et, ce qui étonne encore plus, c'est que Fabre d'Eglantine, sous l'œil de Robespierre même et sous ses vertes lunettes qui lui regardaient dans l'âme, s'empara de ce fantôme, lui dit: « Tu seras comédie! »

Il est sûr que tout élément du vrai tartufe politique y était. Ses moralités banales, ses appels à la vertu, ses attendrissements calculés, de fréquents retours pleureurs sur lui-même, enfin les formes bâtardes d'un faux Rousseau, prêtaient fort, surtout lorsque dans cette rhétorique discordait de façon criante tel brusque élan de fureur.

Fabre, avec grande finesse, le prenait au moment critique où les fluctuations de l'immuable éclataient, où celui qui servait de règle laissait voir ses vicissitudes, ne soutenant sa fixité que de sa roide attitude et de son affirmation. Allié des furieux, d'Hébert en juin 93, clément à Lyon en octobre, puis, effrayé de ce pas, se renfonçant dans la Terreur, il offrait à l'observateur un Robespierre vacillant, disons même plusieurs Robespierre.

Saint-Just, si roide, n'est pas plus conséquent. C'est le comique épouvantable des grands discours meurtriers où il croyait systématiser l'idée même de Robespierre. Impartiale extermination des violents et des modérés, des exagérés et des indulgents, surtout *au nom de la morale*, des principes. Mais quels principes? Il flotte et va de l'un à l'autre.

Il est prodigieux que la réputation révolutionnaire de Robespierre ait survécu à la barbare exécution qu'on fit des hommes de 93, de Chaumette et de Clootz. Quelle fête pour les prêtres! comment n'y invita-t-on pas les évêques et les curés du centre et de la droite de la Convention? Déjà on avait cet égard pour eux, de défendre aux théâtres les costumes sacerdotaux. Un journal fut supprimé pour avoir pris ce titre: *La Confession*. Dans l'église de Saint-Jacques, on chantait la messe si fort qu'on l'entendait de Port-Royal. Les prisonniers de là suivaient l'office.

Robespierre eut par la mort de Danton tous les pouvoirs. Ce fut son Brumaire, son Décembre. Mais la terrible comédie l'entraînait. Elle arriva à une hauteur colossale, quand, en prairial, il dit: « Beau et rare spectacle! une Assemblée qui va se purgeant, s'épurant elle-même! » L'Assemblée, purgée de Danton, est priée de se soumettre à une purgation nouvelle, héroïque et radicale. Elle hésite. Il est indigné. Ah! méchante Convention, qui s'obstine à ne pas vouloir se guillotiner!... J'ai noté ce point terrible où on le voit qui ne veut pas enfoncer de sa main ce fer salutaire dans le cœur de l'Assemblée, veut qu'elle se l'enfonce elle-même. Pharisaïsme intérieur de lui à lui. Il se fût dit: « Elle l'a voulu ainsi. » Il se fût innocenté au fond de sa conscience, ayant trouvé le secret, en exterminant la loi, de la respecter.

Où est Marat, si naïf? Combien 94 est loin de 93! Dans quelles ténèbres sommes-nous? Ah! ce n'est pas impunément qu'on a éteint ces lumières: Danton, Fabre, Desmoulins, le pauvre Anacharsis Clootz, l'infortuné Chaumette, si inoffensif alors! Les apôtres de la Raison sont morts. Et nous voilà rentrés au scabreux de l'équivoque, du faux, de la Dé-Raison.

Où est Marat? où est Chalier? J'aimais mieux leurs folles fureurs. Tous deux étaient des malades, il est vrai, des étrangers de race étonnamment mêlée, où ces éléments confus avaient fait un chaos sanglant. Marat était hystérique; on le saignait à chaque instant. On fera un jour, je pense, la pathologie de la Terreur. Les situations extrêmes créent d'étranges maladies. Nos camisards de 1700 en eurent une contagieuse, *la prophétie*; les enfants au berceau prophétisaient. Chez les hommes de 93 (et non de 94), une maladie éclata: *la furie de la pitié*.

Qu'est-ce cela? Souvent des femmes qui voient frapper un cheval crient contre le conducteur et le frapperaient volontiers. J'ai vu des hommes aussi, sanguins, qui dans ce cas s'emportaient et rougissaient parfois jusqu'à l'apoplexie, parfois jusqu'à prendre à la gorge le charretier, l'étrangler. Cette pitié meurtrière fut dans Marat et Chalier. Dans Chalier, très éloquente. Marat eut moins de talent. Sa vanité littéraire se mêle trop à ses fureurs. Eh bien! cependant Robespierre n'eût jamais trouvé le mot attendri, qui lui échappa: « Je me suis fait anathème pour ce bon peuple de France. »

Lyon semble le cœur du cœur, comme Paris l'esprit de l'esprit. Entre la Croix-Rousse et Fourvière, dans cette vallée de travail, il y a comme un foyer profond de mysticisme social, de tendresse et de fureur. Là, après Chalier, fermentèrent le grand, l'ingénieux Fourier, le fort Proudhon, dont la main excentrique a tout remué. Chalier, négociant italien, riche dans cette mer des pauvres, devant cette terrible misère, en devint vraiment malade, délira. Les sanglants complots qu'on lui prête ne sont pas prouvés. Ce qui l'est, c'est la barbarie avec laquelle lui et les siens furent massacrés.

Ses disciples vinrent à Paris, et trouvèrent justement Chaumette en face de cent mille pauvres, les prêchant, les consolant, surtout de la vaine idée que tant de terres, alors désertes, abandonnées, seraient à eux. Qu'en aurait fait l'ouvrier, fin, délicat, de Paris? On ne retourne pas à la terre.

Un autre prédicateur excentrique et furieux est un certain Jacques Roux, apôtre des rues Saint-Martin, des Arcis, des Gravilliers. Il voulait des greniers publics où le fermier apporterait et où l'Etat seul vendrait.

Robespierre avait été, pour précipiter la Gironde, peu favorable à la propriété. Après, il changea de style; il poursuivit Roux, et à mort, l'accusant de vol. Roux, indigné, se poignarda.

Après le siège de Lyon, quand on rapporta dans Paris la tête de Chalier, quand son meilleur ami, Gaillard, arriva, on pouvait croire que Robespierre les accueillerait. Point du tout. Il fut très froid. Gaillard fut mal reçu des Jacobins, et si mal qu'il fit comme Roux. Il se brûla la cervelle.

Robespierre, comme je l'ai dit, fut antisocialiste. Même l'innocente idée des *Banquets fraternels*, où chacun, dans la disette, descendait, apportait son pain, cela même il le proscrivit.

J'ai dit avec grande clarté, d'après les procès-verbaux des quarante-huit sections, comment, au 9 Thermidor, ces sections du centre (Saint-Martin, Arcis, Gravilliers), dont Robespierre venait de guillotiner les apôtres, et Roux, et le pauvre Chaumette, furent terribles contre lui.

Les trois sections Saint-Antoine ne vinrent pas à son secours. Ni Saint-Marceau. Et la Cité, en lui fermant Notre-Dame, lui interdit le tocsin. A une heure, il se trouva seul, si seul qu'un enfant, Merda, vint à lui et tira sur lui.

Par quelle obstination donc une chose tellement éclaircie est-elle toujours mise en doute? On immole la Montagne, on immole la Commune de 93, on immole les apôtres de la Raison et Paris! Quel est donc l'individu pour lequel on tue tant de choses? Un grand homme? je le veux bien. Et je l'ai nommé ainsi. mais pas avant que je ne l'eusse enseveli près de Danton. Hélas! j'ai bien abîmé Danton dans ses lâchetés. Pouvais-je ménager Robespierre?

Je ne sais combien de peuples et d'Europe et d'Amérique, Haïti, etc., parmi leurs agitations, se posent cette question: « Quel sera le prochain tyran? »

Car c'est une maladie. Le tyran naît du tyran.

Le tyran bavard, jacobin, amène le militaire. Et le tyran militaire ramène le tyran jacobin.

Ceux qui si énergiquement nous refont l'autel jacobin sont les apôtres involontaires de la tyrannie militaire.

Beaucoup de gens disent: « Après tout, j'aime autant être fusillé. »

Heureusement le temps avance. Nous sommes un peu moins imbéciles. La manie des incarnations, inculquée soigneusement par l'éducation chrétienne, le messianisme, passe. Nous comprenons à la longue l'avis qu'Anacharsis Clootz nous a laissé en mourant: « France, guéris des individus. »

1er janvier 1869.

Livre X

LA TERREUR

CHAPITRE VII

Comité de salut public
Avril 93

Création du Comité de salut public (6 avril). La Convention en exclut les Girondins et les Jacobins. Les Jacobins machinent contre la Convention. La machine à pétitions. Les Jacobins neutralisent les dantonistes. L'histoire des brissotins, par Camille Desmoulins. Réquisitoire de Robespierre contre la Gironde. Réponse de Vergniaud (10 avril). La Révolution par l'amour. La Gironde obtient la mise en accusation de Marat (12 avril). La Montagne défend Marat. Adresse de la Commune pour la proscription des Girondins (15 avril). Fonfrède en déduit l'appel au peuple. La Montagne désavoue l'adresse. Danton à la suite de Robespierre. Il abandonne ses principes. Dévouement de Vergniaud (30 avril). Il prouve que l'appel au peuple sauverait la Gironde, mais perdrait la France. La Convention condamne la pétition de la Commune contre la Gironde.

On devine quelle terreur se répandit dans la Convention, dans Paris, quand on apprit que Dumouriez avait arrêté, livré les commissaires de la Convention. Tout le monde crut qu'il n'avait point hasardé un tel coup sans bien prendre ses mesures; qu'il était maître de l'armée, qu'il avait de grandes intelligences dans les places fortes, dans Paris, dans la Convention même.

Marat, Robespierre, pour grande mesure de défense, voulaient qu'on arrêtât Brissot.

Le Comité de défense, qu'ils appelaient outrageusement *un conseil de Dumouriez*, n'en sauva pas moins la patrie. Les Girondins, les dantonistes, y furent parfaitement d'accord, et agirent unanimement.

Ce comité, par Isnard, proposa et fit décréter la création

du *Comité d'exécution* ou *Comité de salut public*. Il se composait de neuf membres, délibérait en secret, surveillait, accélérait l'action du ministère, pouvait aussi, au besoin, en suspendre les arrêtés. En cas d'urgence, il donnait ses ordres aux ministres. C'était un roi, en réalité, mais renouvelé de mois en mois, et qui devait, chaque semaine, compte à la Convention.

Celle-ci ne gardait qu'une chose hors des mains de ce comité: les clés de la caisse publique; la trésorerie restait seule indépendante, la dictature de l'assignat, la royauté de Cambon.

Cette grande institution révolutionnaire effrayait beaucoup d'esprits. Danton les calma, demanda que, dans une si grande circonstance, « on se rapprochât fraternellement ».

La Montagne suivit cette impulsion avec un véritable patriotisme, désavouant expressément les paroles d'injurieuse défiance que lançait Marat. Elle abandonna sans difficulté Orléans aux Girondins, permit son arrestation.

Toutes les mesures urgentes de la situation furent proposées, obtenues par des membres quelconques du Comité de défense, dantonistes ou girondins.

Lasource. — Qu'on garde pour otages les familles de ceux qui suivent Dumouriez.

Fabre. — Envoyons de nouveaux commissaires aux armées. (Le premier nommé fut Carnot.)

Danton. — La justice accélérée, et le pain à bon marché. Que le Tribunal révolutionnaire puisse poursuivre sans attendre les décrets de la Convention. Que le pain (aux dépens des riches) soit maintenu à bas prix.

Barère. — Une armée à Péronne, et une armée à Paris. Pour général en chef, Dampierre; ministre, Bouchotte.

Ce fut aussi Barère, qui, par un discours admirable prononcé le 7, enleva le centre, effaça les défiances, obtint l'indispensable dictature que demandait le danger.

L'esprit jacobin

Les neuf membres furent choisis dans un sens fort remarquable, tous républicains très sûrs, ayant voté la mort du roi. La moitié à peu près était du centre ou de *la droite, mais non girondins,* des députés impartiaux qui souvent votaient à gauche: Barère, Jean Debry, Bréard et Treilhard. D'autre part, des *montagnards* dont plusieurs votaient quelquefois avec la Gironde, Cambon, Danton, Lacroix, Delmas, Guyton-Morveau.

La Montagne, en minorité dans la Convention, n'avait pas la majorité dans le comité dictateur, mais elle en avait les grandes forces, les hommes d'initiative, Danton et Cambon. Un comité mené par eux n'eût rien laissé à désirer comme énergie révolutionnaire. Ils contenaient toute la Convention, moins l'esprit de dispute, moins la Gironde, moins les Jacobins.

Cambon, maître à la Trésorerie, dans la seule administration qu'on eût soustraite à l'action du Comité de salut public, partageait en outre la toute-puissance de ce comité. Cette double part au pouvoir indiquait que, plus qu'aucun autre, il était l'homme de l'Assemblée. De la gauche où il siégeait, il agissait sur le centre (à peu près comme Barère), sans hostilité pour la droite; par quoi il représentait l'unité de la Convention, et non pas une unité molle et flottante, mais très énergique.

Le caractère remarquable du Comité de salut public, c'est que, bien que plusieurs membres fussent jacobins de titre et de nom, l'esprit jacobin y était à peine représenté. Les amis de Robespierre en étaient exclus. Un seul y entra, et encore par la démission de Jean Debry, un vrai jacobin, Lindet.

La Convention, dans sa composition du Comité dictateur, ne s'était montrée nullement girondine, mais contraire aux Jacobins.

Elle avait paru saisie d'un mot éloquent de Barère, qui, voulant la rassurer sur la dictature proposée, lui dit:

« On craint la dictature... mais nous en subissons une, *la dictature de la calomnie.* »

Les Jacobins, percés de cette flèche pénétrante, avaient été mis à l'écart. Et pourtant, en bonne foi, pouvait-on se passer d'eux? Contre tant d'ennemis coalisés, la Révolution ne devait-elle pas employer la coalition jacobine?

La société, justement parce qu'elle se répandait, entrait dans les places, dans l'administration, devenait faible à son centre. Elle n'avait plus au même degré l'initiative révolutionnaire. Elle essaya de faire de la vigueur à tout prix, frappa en différents sens. Le 1er, elle prend pour président l'apôtre de l'anarchie, Marat. Le 3, par Marat, elle improuve l'anarchie de l'Evêché. Exclue le 6 du Comité de salut public, elle emploie, du 7 au 15, ces mêmes anarchistes qu'elle vient de réprimer; elle s'en sert pour faire rédiger des pétitions furieuses; elle ne veut plus s'arrêter qu'à la ruine de ses ennemis.

On sait comment se montait cette machine de pétitions. Les délégués des Jacobins, les meneurs des sections, assuraient dans chacune d'elles que la pétition était déjà approuvée de toutes les autres. Si l'on refusait de signer, ils revenaient aux heures avancées de la nuit, où peu de gens s'y trouvaient, fatigués et endormis. Ils en avaient bon marché, leur faisaient décider que la section signerait. Refusait-on le lendemain? « Signez, mauvais citoyens, autrement vous n'aurez point de *certificat de civisme*, point de *carte* pour circuler dans Paris, point de *laissez-passer* pour aller à vos affaires. » Pour établir cette terreur, ils avaient eu la précaution de faire décider qu'on changerait les *cartes civiques*. Avec cette seule mesure, on pouvait tirer des bourgeois terrifiés toutes les signatures qu'on voulait, les résolutions les plus violentes. Les plus timides se trouvaient (au moins pour les résultats) transformés en terroristes.

La machine à pétitions joua d'abord par Bonconseil, le

quartier des halles et des cuirs, que gouvernait un cordonnier, devenu homme de loi, Lhuillier, ami de Robespierre et son candidat pour la mairie. Dans les grandes crises (on le voit par les procès-verbaux), la section ne faisait rien *sans consulter M. Lhuillier.* La pétition, dressée très probablement par Lhuillier, contre les *complices de Dumouriez, Brissot, Guadet*, etc., ne fut pas bien reçue par la Convention. L'ami même de Danton, Lacroix, somma les pétitionneurs de préciser leurs vagues accusations, de donner leurs preuves.

Les Jacobins avaient un moyen de pousser les dantonistes, de les entraîner. Ils déclarèrent qu'ils voulaient sauver la société. Ils firent éprouver à Lacroix une mortification publique. Ils parlèrent de chasser Fabre d'Eglantine, homme de plaisir et de luxe, comme Lacroix, suspect, comme lui, d'affaires d'argent. On ajourna la décision; on le tint sous la menace, non chassé, mais près de l'être.

Danton, nous l'avons déjà dit, avait deux bras, en quelque sorte, deux mains, deux plumes brillantes: Fabre d'Eglantine et Camille Desmoulins. Celui-ci, léger, colère, autant que Fabre était corruptible et corrompu. La colère perdit Camille. Censuré justement par Brissot, pour l'assistance étourdie qu'il prêtait à des gens indignes, des intrigants, des joueurs, Camille tourna tout à fait à Robespierre, écrivit pour lui le pamphlet terrible qui plus qu'aucune chose a mené les Girondins à la mort, son *Histoire des Brissotins*. Libelle affreux, roman cruel, où l'enfant colère joue sans voir qu'il joue avec la guillotine... Camille l'a pleuré, ce libelle, en octobre 93, avec des larmes de sang... En vain. C'est la vertu du style: de tels crimes du génie, une fois commis, sont immortels; l'auteur même n'y peut plus rien; ils le poursuivent à jamais de leur implacable durée. Qu'il pleure tant qu'il voudra, il ne les effacera point.

L'*Histoire des Brissotins,* bien lue et suivie, n'est que la traduction ardente, inspirée, comique, des discours de Robespierre contre la Gironde. Pour le lien des idées, le fil logique, la recherche ingénieuse des plus faux rapprochements, l'œuvre bouffonne est calquée de très près sur l'œuvre sérieuse, et parfois servilement.

C'est ainsi que les Jacobins, exclus du Comité de salut public, écartèrent momentanément Fabre et Camille de l'influence de Danton, et fixèrent celui-ci dans les voies de la violence où l'imprudente attaque du girondin Lasource l'avait jeté le 1ᵉʳ avril, et d'où, le 5 et depuis, il aurait voulu sortir.

Une seconde pétition, celle de la Halle au blé, mit tout ceci en lumière. Menaçante et furieuse, elle mettait en cause, non plus la Gironde, mais la Convention même, disant *que la majorité était corrompue*, qu'elle était ennemie du peuple, qu'en elle siégeait une ligue *qui voulait vendre la France*. Robespierre avait prévu qu'elle serait accusée, cette pétition monstrueuse, et il avait apporté, pour l'appuyer, tout un volume. Danton devança Robespierre, et, déguisant sa lâcheté sous une apparence d'audace, demanda pour l'œuvre sanglante une mention honorable (10 avril).

On lira, si l'on veut, au *Moniteur,* la prolixe diatribe de Robespierre. Elle est telle que ses partisans les plus aveugles n'ont pas eu le cœur de la rapporter. On se demande en la lisant: comment la haine peut-elle déformer le cœur à ce point, fausser tellement l'esprit? Fut-il vraiment assez haineux pour croire tout cela? pour faire accepter de sa conscience tant d'absurdités palpables? On ne sait vraiment qu'en penser.

Il accuse spécialement la Gironde de ce qui la glorifie à jamais. Premièrement, *d'avoir voulu la guerre*, c'est-à-dire d'avoir pensé ce que pensait la France: qu'elle devait étendre au monde le bienfait de la Révolution. Deuxièmement, *de n'avoir pas voulu les massacres* de Septembre, les pillages de Février. Il appelle ces massacres « la justice réactionnaire ».

Ce qui n'étonne pas moins que cette absence de cœur, c'est l'ignorance absolue des réalités. Il va accusant au hasard, et comme à tâtons, saisissant dans l'obscurité un homme quelconque; il empoigne, par exemple, Miranda pour Dumouriez, les confond, accuse ensemble le calomniateur et la victime. Il met sur la même ligne l'infortuné Miranda avec celui qui le fit presque écraser à Neerwinde, et qui, rejetant sur lui la défaite, l'envoya au Tribunal révolutionnaire, le mit à deux doigts de la mort!

La conclusion de ce plaidoyer contre la Gironde, c'est qu'il fallait juger la reine (ceci était inattendu), juger tous les Orléans, les complices de Dumouriez. Il entendait les Girondins... Arrivé là, l'émotion de sa haine fut si forte, qu'il lui échappa une chose non préparée certainement. Il rit de ce rire contracté qui était si cruel à voir. Son visage exprima son nom, le nom terrible qui fut lancé un jour: « *L'éternel dénonciateur...* La nature l'y a condamné! »

Il croyait bien tenir sa proie, et qu'elle n'échapperait pas. De là cette ironie froide: « Oserais-je nommer ici des patriotes aussi distingués que MM. Vergniaud, Guadet et autres? Je n'ose dire qu'un homme qui correspondait avec Dumouriez, que M. Gensonné doive être accusé... Ce serait un sacrilège... »

A ce réquisitoire immense, laborieusement écrit, Vergniaud répondit avec une facilité, une grandeur admirable, qui témoigne moins encore de son éloquence que de la pureté de son cœur. Partout l'accent de la vertu. Il accepte sans difficulté le reproche que méritait la France, celui d'avoir voulu la guerre, et de n'avoir pas voulu Septembre. Il écrase d'un seul mot l'accusation insensée qui représentait la Gironde comme *complice de Dumouriez dans son projet de placer les Orléans sur le trône,* lorsque tout le monde avait vu les Girondins, au contraire, demander obstinément l'expulsion, *le bannissement des Orléans*, que défendaient alors Robespierre et la Montagne.

Dans cette mémorable improvisation, Vergniaud constata d'une manière solide et durable son grand titre devant l'avenir — plus que la gloire du génie — la gloire de l'esprit de concorde, éternel piédestal où l'histoire le voit encore.

« Vous nous reprochez d'être modérés. Rendez-nous-en grâce... Lorsque, avec autant de fureur que d'imprudence, on s'est écrié: *Plus de trêve! plus de paix!* si nous eussions accepté ce cartel contre-révolutionnaire, vous auriez vu accourir des départements contre les hommes de Septembre, des hommes également ennemis de l'anarchie et des tyrans... Vous et nous, nous périssons, consumés de la guerre civile... Nous avons, par notre silence, bien mérité de la patrie... »

Ceci était pour Danton. Pour Robespierre, Vergniaud rappela qu'au Comité de défense, chargé avec Condorcet de la rédaction, il avait prié Robespierre de s'adjoindre à eux.

« Nous sommes des modérés », dit-on. Au profit de qui? Des émigrés? Nous avons voté contre eux les mesures de rigueur que commandait la justice. Au profit des conspirateurs? Nous avons appelé sur eux le glaive des lois. On parlait sans cesse de mesures terribles. Moi aussi je les voulais, mais contre les seuls ennemis de la patrie. Je voulais des punitions, et non des proscriptions. Quelques hommes font consister le patriotisme à tourmenter, à faire couler des larmes. Je voulais qu'il fît des heureux. Je n'ai pas pensé que, semblables aux prêtres, aux inquisiteurs, qui ne parlent de leur Dieu de miséricorde qu'au milieu des bûchers, nous dussions parler de liberté au milieu des poignards et des bourreaux... La Convention, ce centre de ralliement où regardent sans cesse tous les citoyens, et peut-être avec effroi, j'aurais voulu qu'elle fût le centre des affections et des espérances! On croit consommer la Révolution par la terreur, j'aurais voulu la consommer par l'amour... »

Ces admirables paroles, si loin de la situation, émurent toute l'Assemblée, l'emportèrent dans l'avenir, l'idéal et l'impossible. C'était comme un chant du ciel parmi les cris discordants de ce misérable monde. Il n'y eut plus de séance, l'Assemblée se dispersa; chacun s'en allait en silence, plein de rêve et de douleur.

La Convention, sous cette profonde impression, était de cœur à la Gironde. Celle-ci essaya sa force. Guadet lut une adresse incendiaire signée de Marat, demanda, obtint son arrestation (12 avril).

Acte grave, en plusieurs sens. L'adresse n'était point de Marat même; il ne l'avait signée que comme président des Jacobins. C'était ce grand corps qu'on frappait, c'était son meneur, directeur, inspirateur ordinaire; on allait droit à Robespierre à travers Marat.

L'adresse contenait une chose: *La Convention trahit*; et une autre chose: *Il faut exterminer les traîtres*. C'était, en réalité, un appel aux armes contre la Convention, un appel au bras du peuple. Il indiquait un revirement subit dans la politique des Jacobins, un progrès singulier dans la violence. Toutefois, était-ce un simple projet, ou un acte sérieux qu'on dût répandre, envoyer aux sociétés affiliées? C'est ce que nous ignorons.

La Convention, le 1er avril, avait abdiqué, en principe, son inviolabilité. Le 4, elle l'avait, en pratique, foulée aux pieds et détruite, en ordonnant l'arrestation de Philippe-Egalité. Marat fut le second de ses membres en qui elle se frappa elle-même.

Le 13, au soir, l'appel de Marat, des Jacobins, à la guerre civile, fut avoué, revendiqué de la Montagne furieuse, avec un aveugle emportement. Les séances du soir offraient souvent de telles scènes. De l'escrime des discours on n'était pas loin de passer aux armes, au plus honteux pugilat. On avait vu, deux jours avant, ce spectacle impie, un montagnard, un girondin, se menaçant l'un l'autre de l'épée et du pistolet.

« Eh bien! leur dit Gensonné, en réponse à votre *appel au peuple*, nous aussi, nous nous adressons à lui. Que l'on convoque les *Assemblées primaires*! »

Un mot déplorable échappa alors à Camille Desmoulins: « Voyez! dit-il; ils voient leur vaisseau submergé, et ils mettent le feu à la sainte-barbe, *parce qu'ils vont périr!...* »

De telles prophéties sont très propres à amener l'événement. Celle-ci fut saluée par les hurlements des tribunes. La Convention, indignée, ordonna qu'on envoyât à toute la France le rapport contre Marat. Elle eût voté certainement la convocation des Assemblées primaires, si la Gironde elle-même, croyant gagner encore en force, n'avait demandé, par Buzot, que la discussion fût remise au lundi suivant.

La Convention, en décrétant l'envoi aux départements, avait pris la France à témoin. Le soir même, la Société jacobine, d'accord avec la Commune, travailla fortement Paris. Une adresse fut rédigée, sous le nom de la Commune, non vaguement incendiaire contre la Convention, mais précise et dirigée contre les seuls Girondins; pièce vraiment jacobine, très artificieuse et très calculée, d'une majorité meurtrière, où la violence contenue ne reculait que pour frapper.

Elle reculait, je veux dire, retirait les paroles imprudentes qui avaient fait condamner Marat, déclarant tout au contraire « *que la majorité de la Convention était pure* », assurant « qu'on ne voulait nullement suspendre l'action de la machine politique », déclinant enfin toute idée d'anarchie.

« Mais *la révocabilité des mandataires* infidèles, n'est-ce pas pour le peuple un imprescriptible droit?... Le temple de

Les mandataires

la Liberté serait-il comme ces *asiles* d'Italie où les scélérats trouvent l'impunité dès qu'ils y mettent le pied? »

Les scélérats étaient vingt-deux représentants nommés dans l'adresse. L'énumération de leurs crimes était un abrégé fidèle du long réquisitoire prononcé par Robespierre dans la séance du 10: fédéralisme, appel à la guerre civile, calomnies contre Paris, connivence avec Dumouriez.

On évitait le reproche d'imposer à la Convention la loi de Paris: on demandait que l'Assemblée elle-même envoyât l'adresse et la liste des représentants accusés aux départements, « afin qu'aussitôt que *la majorité des départements* aurait manifesté son adhésion, ils se retirassent. »

Cet appel aux départements semble bien audacieux. Nul doute que la Gironde n'eût et la majorité des départements et même la majorité dans chaque département. Qu'eût-on fait? On eût pris dans chacun les signatures jacobines. Combien de signatures? N'importe. On eût dit: *La France le veut*; de même que l'adresse signée de quelques membres de chaque section de Paris prétendait exprimer la pensée *de toutes* les sections, et disait: *Paris le veut*.

Le maire de Paris, le cauteleux Pache, qui jusque-là, en passant aux Jacobins, avait gardé quelque dehors avec ses maîtres et patrons les Girondins, premiers auteurs de sa fortune, Pache fut forcé, cette fois, de se déclarer, de s'associer au coup que frappaient les Jacobins. Le président, rappelant que les pétitionnaires devaient, aux termes de la loi, signer leur pétition, il balbutia d'abord qu'il était seulement chargé *d'accompagner* la pétition. On insistait. Il signa.

Une sorte de stupeur avait saisi l'Assemblée. Fonfrède prit la parole: « Citoyens, dit-il, si la modestie n'était le devoir d'un homme public, je m'offenserais de ce que mon nom n'a pas été inscrit dans cette liste honorable. »

A cette généreuse parole du jeune représentant, l'Assemblée émue se lève, et les trois quarts crient: « Nous aussi! nous tous! nous tous! » Et ils demandaient l'appel nominal, personne ne voulant se cacher dans l'ombre du vote commun, tous offrant leurs noms, leurs vies...

Fonfrède reprit l'adresse avec un à-propos, une vigueur singulière. Il loua les pétitionnaires de leur attachement aux principes, de leur respect, pour la volonté des *départements*. « Qu'entendent-ils par ce mot, *les départements*? S'ils étaient aristocrates, ils entendraient par là telles administrations, *telles sociétés* des départements; mais ils sont républicains, ils entendent les *Assemblées primaires*; ils savent que là, et là seulement, réside la souveraineté... Je convertis cette pétition en motion, je demande que l'Assemblée l'adopte. »

Grand silence à la Montagne.

Un montagnard, cependant, hasardant je ne sais quelle vague explication, Fonfrède ajouta ces paroles:

« Qu'arrivera-t-il, citoyens, si vous ne légalisez la mesure que ces pétitionnaires patriotes vous ont ravi la faculté d'improuver? Dans d'autres départements, dans la Gironde, par exemple, on se rassemblera aussi, on vous demandera, de même, de rappeler d'autres députés... Par ces différents rappels, par ces listes fatales, la confiance sera perdue, l'Assemblée sera désorganisée. A l'union, si nécessaire pour repousser l'ennemi, va succéder la discorde... On dira que ces idées sont fédéralistes? Mais qui les a présentées? Ce sont les pétitionnaires. *On dira que je demande la guerre civile?* Je ne fais que développer la pétition parisienne. »

Oui, c'était *la guerre civile*. L'héroïque et brillant Fonfrède s'était répondu à lui-même. La Convention ne l'en suivait pas moins; elle allait voter pour lui. La Montagne recula; elle abandonna la Commune et l'adresse jacobine, déclara (par un membre obscur, il est vrai) que l'adresse *lui semblait mauvaise*, du moins superflue, « le procès

La question de la guerre civile

étant jugé, décidé d'avance contre ceux qui avaient voulu sauver le tyran ».

C'était tout à la fois reculer et avancer. La Commune, le soir même, saisit ce mot, déclara accepter comme sens de la pétition cette sanguinaire absurdité: *Qu'elle ne demandait pas les Assemblées primaires, mais la punition des traîtres;* c'est-à-dire point de jugement, seulement l'exécution d'un jugement non rendu.

Voilà la situation qui se dévoile toute dans un jour vraiment funèbre. Des deux côtés, *l'appel au peuple,* et demain la guerre civile. L'appel des Girondins, par le jugement des Assemblées primaires, aurait très probablement chassé de la Convention Marat, Robespierre, Danton même, les députés de Paris. Et l'appel de la Commune, ne voulant pas de jugement, mais punition sans jugement, était la mort de la Gironde. Guerre civile des deux côtés, pour sauver les uns ou venger les autres.

Il n'y avait pas un homme vraiment homme (sinon Français) qui ne pleurât des pleurs de sang... Quoi! ce grand, ce malheureux peuple allait s'égorger! La glorieuse Révolution où le monde avait son espoir, née d'hier, mourrait demain, d'un effroyable suicide! L'Europe n'y eût rien pu, la Vendée n'y eût rien pu... la Révolution seule était assez forte pour s'étrangler elle-même.

Les hommes qui ne prenaient point part aux déplorables luttes de vaniteuse éloquence qui perdaient la République sentaient tout cela. Un membre obscur de la droite, Vernier, laissa échapper un cri de douleur: « Eh! citoyens, si vous en êtes à ce point de défiance que désormais vous ne puissiez plus servir ici la patrie, partons plutôt, soyons généreux les uns et les autres... Partons; que les plus violents dans l'un et l'autre parti s'en aillent, simples soldats, qu'ils donnent à l'armée l'exemple d'une soumission courageuse, et marchent à l'ennemi!... »

C'était le 12 avril, le jour où la Montagne signa, dans sa

fureur étourdie, la folle adresse de Marat. Plusieurs montagnards furent saisis du mouvement de Vernier, et silencieusement allèrent effacer leurs signatures.

Quelle était dans tout ceci l'attitude de Danton? Déplorable, il faut le dire.

Cette grande force de Danton, que tous les partis auraient dû tant ménager, comme la seule peut-être qui eût sauvé la République, ils l'avaient détruite à l'envi.

Les Girondins l'avaient détruite, en le rendant suspect de connivence avec Dumouriez, l'abaissant aux apologies, le jetant aux Jacobins.

Les Jacobins, de leur côté, l'avaient détruite, cette force, d'une manière indirecte, n'attaquant point Danton, mais les amis de Danton, par exemple Fabre d'Eglantine.

Danton allait, entraîné au mouvement des Jacobins. Il lui donna, le 13 avril, un triste gage de dépendance, lorsque, à la suite d'une motion de Robespierre, il accepta le principe que les Jacobins, champions de la guerre défensive, avaient toujours soutenu: « Que la Convention *ne s'immiscerait point dans le gouvernement des autres puissances,* et ne souffrirait pas qu'une puissance s'immisçât dans le régime intérieur de la République... » Ce n'était pas moins qu'abdiquer le décret du 15 décembre, le décret de la croisade révolutionnaire, avoué si haut de Danton!... La Révolution promet de ne plus se mêler des affaires des autres, d'être isolée, égoïste! ridicule hypocrisie qui ne pouvait tromper l'Europe! Comment lui faire croire, en 93, que la France adoptait déjà le grand principe bourgeois: « Chacun chez soi, chacun pour soi. »

L'adresse jacobine du 15, contre la Gironde, fut lue par un dantoniste, un jeune ami de Danton. Misérable servitude d'un homme qui, le 5 avril, réclamait encore l'union dans la Convention, le rapprochement des partis, la fraternité!

La pétition de la Commune

Aussitôt que la Montagne parut improuver l'adresse, les dantonistes prirent courage, l'improuvèrent aussi. Le 16, l'un d'eux, Philippeaux, dans un discours visiblement inspiré du maître, demanda, obtint qu'on passerait à l'ordre du jour sur la pétition de la Commune. Il répéta avec chaleur ce que Danton avait dit le 10 mars, que les chefs des deux partis étaient l'obstacle de la situation, et les destructeurs de la République: « L'autre jour, dit Philippeaux, j'entendais dire: *Si Brissot et trois autres s'accordaient avec Robespierre, tout serait sauvé.* Il n'y a donc plus de République!... Si leur discorde la détruit, leur union la perdrait de même; unis, ils seraient nos maîtres... Nous n'avons pas encore la loi salutaire de l'ostracisme; mais eux-mêmes, s'ils sont généreux, qu'ils se l'imposent, qu'ils se chassent, puisqu'ils sont l'éternel tourment et la calamité de la patrie! »

La Gironde mise hors de cause et l'accusation écartée, persisterait-elle dans la demande des Assemblées primaires? Ici, elle se divisa. Le mot net et franc de Fonfrède *(N'est-ce pas la guerre civile?)* avait fait impression sur la Gironde elle-même.

La demande, reproduite le 20 par Gensonné, fut, au grand étonnement de la Convention, combattue par Vergniaud. Il mit en lumière ces deux choses: que la convocation des Assemblées primaires pourrait sauver la Gironde, mais qu'elle perdrait la France; qu'il valait mieux, après tout, que la Gironde pérît.

Grandeur immortelle de 93! temps antique, qui peut, de haut, regarder l'Antiquité!

Les belles lois humaines de 89, les attendrissantes fédérations de 90 avaient promis l'héroïsme. Mais au moment de l'épreuve, les héros seraient-ils là? On avait donné des mots, des lois, des larmes faciles; mais au jour du calice amer, au jour où la France serait appelée à boire son sang elle-même... que ferait-elle? On l'ignorait.

Un grand souffle était, il est vrai, dans les cœurs, une flamme dans les poitrines. Hélas! de quoi périssions-nous? Consumés de cette flamme.

Des villes entières, des foules, donnaient leurs enfants, leur cœur. Bordeaux, sans appel de la Convention, d'elle-même, vole à la Vendée; Marseille a déjà donné des armées; on veut dix mille hommes encore; le lendemain, dix mille hommes étaient rangés sur les quais, prêts et le sac sur le dos.

La foi nouvelle commençait à donner des hommes au monde. Un héros, un saint, un simple, La Tour d'Auvergne, partait à cinquante ans, se faisait conscrit pour former nos bataillons, nos grenadiers d'Espagne, qui devinrent l'armée d'Italie.

Irréprochable lumière de la sainteté moderne! aurore de la grande Légende! actes héroïques de nos premiers saints... Nous pouvons baiser ici le seuil sanglant du nouveau monde.

L'attendrissante lueur de la religion de Justice qui commençait à poindre au ciel avait paru dans la fête où la France glorifia la pauvre ville de Liège. Nous n'avions rien à leur donner, dans cette extrême misère, à ces Liégeois fugitifs qui s'étaient perdus pour nous. Nous leur donnâmes *l'honneur...* Ils rentrèrent reconnaissants, le soir, les larmes aux yeux. Toute la terre sut combien la France ruinée était riche et comment elle payait.

Tout cela élevait les cœurs, les montait au sacrifice: qui eût encore pensé à soi?... La Gironde aussi s'immola; elle périt résignée, et de la main de Vergniaud.

Elle ne réclama pas quand il dit ces simples paroles: « Fonfrède n'a demandé les Assemblées primaires que pour montrer le danger de la pétition de la Commune. Gensonné n'a appuyé la demande que pour prouver que les membres dénoncés n'ont rien à redouter d'un jugement national. »

20 avril 93

La Gironde baissa la tête, personne ne contredit. La Montagne elle-même frissonna d'admiration.

La Gironde, au 20 avril, était maîtresse de son sort. L'Assemblée, au milieu de toutes ses jalousies, ne lui donnait pas moins des preuves d'une confiance invariable, prenant toujours des girondins pour présidents, secrétaires (et jusqu'au 31 mai). Elle venait, le 12 avril, de se rallier solennellement à eux, en leur accordant l'accusation de Marat, avouant le rapport contre lui et l'envoyant aux départements, comme au jugement du peuple. L'appel aux départements contre la Gironde, fait le 15 par la Commune, avait été saisi vivement par l'Assemblée, indignée, en faveur des Girondins. Ceux-ci pouvaient le faire voter. Ils le pouvaient le 20 encore, en déclarant que l'opinion de Vergniaud était celle d'un seul homme, non la leur en général; que la Convention, ébranlée, ne pouvait se raffermir qu'en se soumettant d'elle-même au jugement des Assemblées primaires, en déclarant qu'elle voulait être épurée par le peuple, reprendre au grand creuset la force et la vie. Cette thèse pouvait se soutenir. Seulement, dans la circonstance, cet immense ébranlement eût été d'un grand péril.

Les Girondins hésitèrent dans leur conscience, se disant, comme Fonfrède: « N'est-ce pas la guerre civile? » Ils se turent, n'objectèrent rien, s'associèrent, par leur silence, au dévouement de Vergniaud.

« On vous accuse, dit-il, on demande un scrutin épuratoire... Ce n'est point par l'appel au peuple, c'est par le développement d'une grande énergie qu'il faut vous justifier.

« L'incendie va s'allumer... La convocation des Assemblées primaires en sera l'explosion... C'est une mesure désastreuse. Elle peut perdre la Convention, la République et la liberté. S'il faut ou décréter cette convocation, ou nous livrer aux vengeances de nos ennemis... citoyens, n'hésitez pas entre quelques hommes et la chose publique... *Jetez-nous dans le gouffre, et sauvez la Patrie!...*

« Si notre réponse ne vous a pas paru suffisante, je vous somme, au nom de la Patrie, de nous envoyer devant le Tribunal révolutionnaire... Si nous sommes coupables et que vous ne nous envoyiez pas au tribunal, vous trahissez le peuple; si nous sommes calomniés et que vous ne le déclariez pas, vous trahissez la justice. »

Le silence fut absolu. La Gironde ne réclama pas; elle accepta, en échange de la vie, cette déclaration de l'honneur.

La Convention déclara calomnieuse la pétition jacobine.

Mais, en même temps, Vergniaud avait, pour la seconde fois, ouvert pontificalement le gouffre de Curtius, le gouffre où la Patrie en péril précipite, pour son salut, tout ce qu'elle a de meilleur.

Les Girondins s'y précipitèrent, dans cette journée solennelle, pour éviter la guerre civile. Serfs de la loi, liés par elle et peu propres à l'action, ils auraient tué la République. La Convention, pénétrée de douleur, les laissa tomber, périr.

CHAPITRE VIII

*Tribunal révolutionnaire   Maximum   Réquisition
Avril-mai 93*

Les victoires de la Vendée donnent la France aux Jacobins. Le Tribunal révolutionnaire dominé par Robespierre. Fanatisme patriotique de ce tribunal. Il absout Miranda, Marat. Le triomphe de Marat (24 avril). Robespierre présente une théorie restreinte du droit de propriété (24 avril). L'enchérissement des denrées oblige la Convention de décréter le maximum (avril-mai). Cambon présente la proposition du département de l'Hérault, pour rendre la réquisition efficace (27 avril 1793). Ce projet est adopté, mais dans un sens tout contraire, par la Commune de Paris. Pétition menaçante au nom du faubourg Saint-Antoine. Il la dément, et s'offre à la Convention (1er mai 1793).

La Vendée pouvait rire à l'aise des malheurs de la Patrie. C'est elle qui tuait la France.

Ses succès, appris coup sur coup, furent l'arrêt de mort des modérés. On leur reprocha, on leur imputa les victoires des Vendéens. On crut poignarder en eux la Vendée et le royalisme, et par leur mort on souleva soixante départements.

Les succès des Vendéens sur des armées sans soldats, leurs victoires sur le néant, n'avaient rien qui pût surprendre. On les trouva inexplicables. La Révolution ne voulut jamais croire qu'elle pût être vaincue, sinon par la trahison. Elle tomba dans une maladie effroyable, celle de tout suspecter, de ne voir plus que des traîtres, de se croire traître elle-même. Une sombre nuit commence où la France, de sa main droite, va saisir, blesser la gauche, et croit blesser l'ennemi.

Voici, en deux mots d'abord, tout le mois d'avril:

La Vendée n'est plus qu'une jacquerie; une vague insurrection. Elle prend corps, devient une armée. Elle n'a plus dans son sein un seul soldat républicain; elle se ferme, elle est chez elle.

Et la France, au contraire, est ouverte à l'ennemi. Les Autrichiens, les Anglais marchent sur Dampierre.

Celui-ci, au camp de Famars, devant Valenciennes, n'a plus que vingt-quatre mille hommes... Voilà ce qui couvre la France.

La France, elle se contracte, elle s'impose et subit la plus terrible dictature qui fut jamais, celle de l'arbitraire local; cinquante mille petits comités révolutionnaires de sections se saisissent du droit absolu d'*inquisition*, de *réquisition*, du droit de requérir tout homme, tout argent, toute chose.

L'immense majorité voulait la Révolution, mais ne voulait pas assez.

Pour la faire vouloir vraiment, et persévérer, il fallut organiser, en pleine anarchie, un gouvernement violent de minorité.

C'est le fond de 93. Plût au ciel que nous puissions en rester là, sans dire les moyens qu'employa la minorité!

Elle agit par une combinaison violente d'intérêt et de fanatisme. Elle commença par prendre toutes les places pour elle-même.

La Société des Jacobins tout entière entra dans l'administration. En avril, elle avait occupé environ dix mille emplois, par elle-même ou ses créatures.

Cela commença par le Ministère de la guerre. Pache y fut mis par la Gironde, et y mit les Jacobins.

Quelques-uns de ces nouveaux venus, qui entrèrent au gouvernement, Monge, par exemple, Meunier, de l'Académie des sciences, en étaient dignes par leurs lumières autant que par leur énergie. C'étaient de rares exceptions. Tous les autres n'avaient pour eux que leur âpre patrio-

Isolement de la Gironde

tisme; ils étaient parfaitement étrangers aux choses administratives. Tels savaient à peine écrire.

La force d'ascension qui porta invinciblement la Société jacobine à toutes les places effaça en un moment l'influence girondine. Les Girondins étaient toujours forts à la Convention, honorés d'elle, présidents, secrétaires, membres de tous les comités. Ils n'avaient plus d'agents en bas. Ils restaient en haut, isolés; ils étaient comme une tête, qu'on pouvait couper d'un coup.

De tous les pouvoirs publics, celui que les Jacobins saisirent le plus avidement, ce fut la Justice.

Les fonctions périlleuses, terribles, du Tribunal révolutionnaire, qu'on frémissait d'accepter, les Jacobins les sollicitèrent. Comme juges et comme jurés, ils furent tout le tribunal. La nomination dépendant de la Convention, la Gironde eût pu partager, si elle l'avait voulu. Elle s'abstint entièrement, et par là livra d'avance sa vie à ses ennemis.

Ce tribunal ressemblait à la chambre de Robespierre, où son portrait, reproduit sous vingt formes, se voyait partout. Le président, c'était lui, dans le doux Herman, d'Arras, son ami, à qui il confia les prisons de la Terreur. Le vice-président, c'était lui, dans le Franc-Comtois Dumas, qu'il avait fait venir ici, et qui devint par lui la colonne des Jacobins. Ceux dont il refit la Commune, quand il la purgea plus tard, étaient là déjà (Payan, Coffinhal). Son fanatique admirateur, le peintre Topino-Lebrun, idolâtre de Robespierre (jusqu'à lui tuer Danton!), siégeait pour lui au tribunal. Sa maison, pour parler ainsi, ses familiers, ses ombres, qui l'escortaient, qu'on voyait toujours avec lui, son imprimeur Nicolas, son hôte Duplay, étaient jurés révolutionnaires.

On voit ici combien Robespierre (avec si peu de courage physique) eut le courage d'esprit. Le poste du plus grand danger, dans toute la République, c'était le Tribunal révolutionnaire, et il s'y mit tout entier; il en accepta, par la présence de ses amis, la responsabilité complète, se livrant, lui et eux, d'avance, aux échafauds, aux poignards, aux menaces du destin. Qui d'entre eux, partant le matin pour le Palais de Justice, ayant embrassé sa famille, était sûr de la revoir? Le sang de Lepelletier, de Basville, fumait encore.

Et c'est justement ce qui jeta au tribunal plusieurs des plus enthousiastes amants de la République. Ils demandèrent, recherchèrent ce qui faisait reculer tout le monde, ce pontificat de Tauride. Nommons en tête de ceux-ci le tribun d'Arles, Antonelle, ancien militaire, noble et riche, qui vivait heureux, retiré, en 89, livré à la philosophie, aux paisibles études grecques, lorsque les révolutions du Midi l'appelèrent à l'improviste à renouveler la violence et les dévouements de la terrible Antiquité.

L'accusateur public fut un parent éloigné de Camille Desmoulins, le trop célèbre Fouquier-Tinville. Le 20 août 1792, il écrivait à Camille: « Je suis pauvre, chargé d'enfants; nous mourons de faim. » Camille, selon toute apparence, le fit accepter de Robespierre, qui ne pouvait aimer cet homme faible et violent, emporté hors de mesure, mais qui sans doute ne refusait rien à Camille, quand celui-ci écrivait son *Histoire des Brissotins*. Fouquier entra aveuglément dans son rôle meurtrier, et devint de plus en plus exécré et exécrable.

Je ne distingue dans la liste qu'un des hommes de Septembre, Jourdeuil, devenu adjoint du ministre de la Guerre.

Le Comité insurrectionnel de l'Evêché, qui va décimer la Convention, a pris poste au tribunal par l'un de ses chefs, Dobsent.

La plupart des noms appartiennent à la petite bourgeoisie, aux professions intelligentes; plus d'artistes que d'artisans. Il y a trois chirurgiens ou médecins, un Gascon entre autres, chirurgien-dentiste, l'âpre et le rusé Souberbielle, qui a vécu jusqu'à nous et n'a pas peu contribué à

Les premières condamnations

défigurer l'histoire par ses récits intéressés. Il y a trois ou quatre peintres, autant d'*artistes* (comédiens). Nombre de menuisiers et charpentiers, métiers aimés de Robespierre, sans doute en l'honneur de l'*Emile*. Ce ne sont pas des compagnons, mais visiblement, comme Duplay, des maîtres ou entrepreneurs.

Le premier condamné à mort fut un émigré rentré; jugé le matin, il fut exécuté le soir aux flambeaux. Il avouait. La sentence n'étonna personne. Ce qui commença à surprendre, ce fut de voir le tribunal frapper de mort des gens du peuple pour de simples propos, des bavardages royalistes: l'un d'eux en état d'ivresse, l'autre, une femme, une cuisinière, qui avait, dans un café, déblatéré contre la Révolution et la République. Cet emportement de femme fut considéré comme appel à la révolte. Il devint visible que le tribunal, par cette sévérité terrible, voulait décidément faire taire la population de Paris, opposer aux divisions de la France l'apparente unanimité de la capitale, une au moins dans le silence.

Les jurés votant à haute voix, plusieurs faisaient devant le public une apologie de leurs votes, protestaient qu'ils n'avaient accepté leur odieuse mission que pour le salut de la patrie.

Ce qui porterait à croire au patriotisme fanatique, mais très réel et parfois impartial de ces hommes, c'est que, s'ils ont absous Marat qu'ils aimaient, ils n'ont pas moins absous le général Miranda, qui n'avait de patrons, de défenseurs que les Girondins, en ce moment perdus eux-mêmes. Ils accueillirent, innocentèrent, honorèrent, l'homme même de leurs ennemis, le client de Brissot et de Pétion. Ils dédommagèrent l'infortuné patriote qui s'était donné à la France des calomnies de Dumouriez.

Marat n'avait pas même daigné se laisser arrêter, ne voulant pas, disait-il, donner à ses ennemis la facilité de se débarrasser par le poison ou autrement d'une tête sur laquelle reposait le salut du peuple. L'affaire resta là douze jours. Ce fut lui qui pétitionna pour être jugé. Il l'obtint, et, pour la forme, passa une nuit en prison; plusieurs membres de la Commune s'y étaient enfermés avec lui pour veiller à sa sûreté. Ils avaient apporté de l'eau dans des carafes cachetées, et goûtaient les plats.

Le 24 avril, jour du jugement, toute la foule des faubourgs se mit en mouvement, émue et pleine de craintes pour ce pauvre *Ami du Peuple*, cruellement poursuivi par les intrigants, *les hommes d'Etat*. Tous criaient: « On veut sa vie, on veut le faire périr... Nous ne le souffrirons pas. »

Marat nageait dans les roses; une vanité délirante était épanouie sur sa large face jaune. « Vous voyez, dit-il modestement au tribunal, le martyr, l'apôtre de la liberté. » Il profita de l'accusation pour débiter une histoire de son héroïque vie, des services qu'il avait rendus au genre humain, depuis l'époque où, pratiquant la médecine à Londres, il avait publié *Les Chaînes de l'Esclavage*. Rien ne manqua à la comédie. On suivit toutes les formes. Le jury se retira, délibéra, puis, rentré, prononça l'acquittement.

A ce moment, il fut près d'être étouffé. Toute la foule voulait l'embrasser. Les soldats se mirent devant et le protégèrent. On lui jeta sur la tête je ne sais combien de couronnes. Il était petit, on le voyait peu. Plusieurs s'élancèrent, le prirent sur leurs bras, le juchèrent sur un fauteuil, le montrèrent un moment du haut du grand escalier. C'était un objet étrange. Son costume, à la fois recherché et sale, était moins d'un homme de lettres que d'un charlatan de place, d'un vendeur d'orviétan, comme il l'avait été en effet. C'était une lévite jadis verte, somptueusement relevée d'un collet d'hermine jaunie, qui sentait son vieux docteur. Heureux choix de couleurs qui s'assortissait à merveille au ton cuivré de la peau, et pouvait faire prendre de loin le docteur pour un lézard.

« Il est sauvé! Vive Marat! » Toute la foule déguenillée

l'emportait avec violence, heureuse de sa victoire. C'était une fête d'avril; échappés au long hiver, ces pauvres gens croyaient leurs maux finis par le triomphe du grand empirique qui jurait de tout guérir. Quand il eut passé le Pont-Neuf, par la rue de la Monnaie, par la rue Saint-Honoré, ce fut comme une pluie de fleurs, de couronnes et de rubans. Les femmes des halles surtout, dans l'effusion de leur cœur, noyaient de bouquets l'homme et le fauteuil, les enchaînaient de guirlandes. Marat se voyait à peine, hâve, étrange, égaré, sous ces fraîches verdures printanières; la crasse reluisait sous les fleurs. Retardé à chaque instant par des députés de métiers, des harangueurs de sections, il allait, agitant la tête d'un mouvement automatique, répondant à tout d'un fixe sourire qui semblait d'un fou. Il ouvrait les bras sans cesse comme pour embrasser le peuple. Il était fort touchant, ce peuple (quelque peu digne que fût l'objet de sa gratitude), touchant et par son bon cœur, et par l'excès de ses maux. Nul doute que cette bonté n'ait atteint Marat lui-même, qu'un éclair de sensibilité n'ait traversé cette âme, plus vaniteuse encore et furieuse que perverse. C'est à ce moment, ou jamais, qu'il trouva la belle parole qu'il a répétée souvent: « Je me suis fait *anathème* pour ce bon peuple de France. »

Tout le monde, dès le matin, prévoyait, savait le triomphe. Les chefs de la Montagne attendaient la foule et Marat, pleins de tristesse et de dégoût. Robespierre en jaunissait. Dès le matin, à l'ouverture même de la Convention, et sans à-propos, il avait lancé en hâte une théorie de la propriété, qui remontait sa popularité au moins au niveau de Marat. A l'encontre de la définition de la propriété qu'avait donnée Condorcet dans son plan de constitution (« *Un droit qui consiste en ce que tout homme est maître de disposer à son gré de ses biens.* »), Robespierre proposait celle-ci: « Le droit qu'a le citoyen de *disposer de la portion des biens qui lui est garantie par la loi.* »

On a vu, le 21 septembre, à l'ouverture de la Convention, l'opposition du girondin Lasource et du montagnard Cambon, précisément sur ce sujet. Lasource, imbu du droit romain et des vieilles superstitions juridiques du Midi, faisait de la propriété un droit antérieur supérieur à la loi, à la société, de sorte que la société en péril périrait sans pouvoir toucher à cette propriété sacro-sainte. Etrange respect pour les choses, qui leur immolerait les personnes! Par excès de ménagement pour la propriété, les propriétaires eux-mêmes périraient avec tout le reste dans le naufrage commun.

La doctrine de la Montagne, celle de Cambon et de Robespierre, n'était pas seulement recommandée par la nécessité et le danger public, elle était la plus juste en soi, la plus haute et la plus vraie, considérant la propriété comme l'accessoire de l'homme et de la société, non comme le principal, subordonnant la chose aux besoins de la personne, ne la prenant pas pour un but, cette propriété, pour un instrument exclusif de jouissances individuelles, mais pour un moyen de salut commun.

Cette théorie, juste en soi, allait recevoir toutefois une triste application, celle que Robespierre proposa aux Jacobins. Il s'agissait de salarier tout un peuple sans travail, soit en le payant pour assister aux assemblées de sections, soit en créant à Paris une armée révolutionnaire. Dans la lutte des partis, celui des deux qui prenait une telle initiative entraînait nécessairement cette foule si misérable, n'avait plus aucun besoin de discuter ni de convaincre. Des estomacs affamés, d'avance étaient convaincus.

Robespierre finit en deux mots, craignant d'être interrompu par la grande scène populaire. Saint-Just vint traîner ensuite un long discours ténébreux que personne n'écouta. Après, on jasa de l'Ouest. Cependant, une grande clameur avait commencé du dehors et dominait tout. Un homme entre, à longue barbe, une caricature de sapeur connue. Toujours ce même épouvantail qui avait frappé de la hache les portes du roi le 20 juin, qui depuis (secrètement payé par les Girondins) garda Louis XVI au Temple. Dénoncé, il s'était donné à la Montagne, à Legendre, qu'il accompagna à Lyon pour le protéger de sa hache et de sa barbe terribles. Aujourd'hui, 24 avril, le même sapeur, Rocher, s'était fait bénévolement garde du corps de Marat. Il demande d'un ton menaçant que la foule puisse défiler devant la Convention.

Elle entre, et sur ses bras Marat couronné de lauriers. Toute la salle est envahie; le peuple se mêle aux députés. Marat est à la tribune; les applaudissements l'empêchent longtemps de parler. Il ne dit que deux mots de reconnaissance et de sensibilité pour le peuple. Mais, retournant à sa place et se retrouvant en face de ses ennemis de la Gironde, sa férocité lui revint: « Je les tiens maintenant, dit-il; ils iront aussi en triomphe, mais ce sera à la guillotine. »

L'effervescence était telle que tous (la Montagne même) étaient dans l'inquiétude. Heureusement, la foule ne tenait point Marat quitte; elle le ressaisit et le remporta pour le promener dans Paris. Beaucoup néanmoins restaient dans la salle, ne défilaient point; on craignait qu'ils n'eussent des desseins sinistres. Danton, avec beaucoup d'adresse et de présence d'esprit, les fit écouler, saisissant un mot qu'avait dit Marat lui-même, s'en servant pour rappeler l'inviolabilité de la Convention: « Beau spectacle, pour tout Français, de voir les citoyens de Paris respecter tellement la Convention que c'est pour eux un jour de fête le jour où un député inculpé est rétabli dans son sein! »

La prophétie de Marat ne pouvait manquer de s'accomplir; la Gironde, d'elle-même, courait à la mort. Elle se mettait en face du torrent révolutionnaire; elle allait être emportée.

Les jours suivants, elle opposa une opiniâtre résistance à la mesure que le peuple réclamait le plus ardemment: le *maximum* sur les denrées. La multiplication effroyable de l'assignat avait porté les choses les plus nécessaires à la vie à un prix inaccessible. Dans une grande partie de la France, le pain valait dix sous la livre.

D'autre part, imposer un *maximum*, forcer le marchand de donner à bas prix ce qui lui avait coûté cher, et de le donner pour cette monnaie de papier qui descendait d'heure en heure, c'était lui faire fermer boutique. Qui voudrait être marchand à de telles conditions? Le fermier allait entasser ses grains sans les vendre, et ne plus semer peut-être. Il fallait, à l'appui de cette mesure tyrannique, d'autres plus violentes encore, une police impitoyable sur le commerce des grains, etc., etc. Les Girondins mirent tout ceci dans une admirable lumière. Ils firent valoir surtout que le *maximum* devait profiter aux riches, qui achèteraient tout à vil prix; la loi forçant tout le monde de prendre l'assignat pour sa valeur nominale, les débiteurs de mauvaise foi allaient se libérer pour rien, en ruinant leurs créanciers, etc.

Objections très fondées, auxquelles on ne répondit rien.

La réponse eût été celle-ci, personne n'osa la faire:

Le grand acheteur, c'est l'Etat; le grand débiteur, c'est l'Etat, au moment où il lui faut créer tout à coup, organiser, nourrir des armées.

La France se ruine sans doute, et elle ne peut se sauver qu'en se ruinant.

La Convention, au 1er février, a voté un milliard d'assignats; au 7 mai, elle en vote un autre. Tout cela fondé sur la vente des biens d'émigrés, qu'on ne parvient pas à vendre.

Le *maximum* est sans nul doute une mesure détestable. Mais, sans lui, comment arrêter l'enchérissement des denrées, que nous faisons monter toujours en multipliant l'assignat?

Voilà ce que la Montagne pouvait répondre à la Gironde,

ce que Cambon aurait dit, s'il eût osé ouvrir l'abîme de la ruine publique. Dans la terrible anxiété où le mettait son impuissance de satisfaire aux besoins de la situation, Cambon était l'associé naturel des sauvages exigences de la multitude. Elle criait le *maximum* parce qu'elle avait faim. Il criait le *maximum* pour donner force à l'assignat.

Misérable gardien de la fortune publique, ou plutôt de la ruine, ministre de la banqueroute, il lui fallait chaque jour inventer quelque nouveau moyen révolutionnaire de faire face aux nécessités.

Le 27 avril, il apporta à la tribune une proposition de son département (l'Hérault) pour rendre efficace la réquisition, atteindre les hommes, atteindre l'argent.

Les patriotes de l'Hérault remarquent, disait cette note, que la plupart des recrues que vient d'enlever la réquisition ne sont point des volontaires, mais des remplaçants, des hommes salariés. Il faut s'adresser au patriotisme. On ne peut s'en remettre au hasard aveugle. Il faut employer la voie de l'indication, adresser des réquisitions directes et personnelles *aux plus ardents patriotes*, aux hommes braves, aux hommes forts, en afficher la liste dans les sociétés populaires.

« Qui désignera? Un comité de salut public, tiré des corps administratifs du *chef-lieu de département* — comité *choisi par les commissaires de la Convention*. Ce comité, pour éclairer son choix, consultera les députés des sociétés populaires et des membres de chaque compagnie de vétérans.

« Pour lever ainsi cinq mille hommes par département, on formerait un fonds de cinq millions par emprunt forcé, c'est-à-dire que, si l'emprunt n'était pas fourni en deux jours par soumissions libres des capitalistes, il le serait par des réquisitions impératives adressées aux riches. Ces fonds seraient affectés aux dépenses militaires et aux secours que réclame l'indigence. »

Ce plan généralisait, systématisait les mesures que la nécessité avait imposées, dans le Nord et dans l'Ouest, sans l'aveu du gouvernement. Marseille et Bordeaux, on l'a vu, par l'élan d'un patriotisme admirable, avaient pris d'elles-mêmes des mesures analogues.

La sagesse de ce plan, c'est qu'il était à la fois, si l'on peut parler ainsi, très local et très central. Il fouillait profondément la localité, la perçait à jour pour en saisir les ressources; il voyait de l'œil local, le seul qui puisse bien voir. Mais la décision ne venait pas de l'autorité locale; elle eût semblé passionnée, faussée par les jalousies, les rancunes, les petites haines. La décision se faisait au centre départemental, et sous l'influence du centre national, je veux dire sous l'influence des commissaires de la Convention.

La réquisition, l'appel de la Patrie en péril qui saisit l'homme au foyer et lui dit: « Viens mourir pour moi », pouvait-elle être obéie, si elle avait pour organe une petite municipalité, laquelle souvent n'est qu'un individu, un procureur de village, un homme mésestimé, un voisin jaloux, un ennemi?... Non, c'est d'en haut qu'elle devait parler, commander, agir. Et plus elle tombait de haut, plus elle tombait avec poids. Nul n'avait de résistance, nul d'indignation, s'il était frappé d'une autorité qu'il croyait impartiale.

La sagesse et la noblesse du projet étaient encore en ceci, qu'on devait adresser la réquisition aux meilleurs citoyens, *aux plus ardents patriotes*, c'est-à-dire à ceux dont la volonté et le dévouement étaient prêts au sacrifice. Beaucoup voulaient, et ne faisaient rien, se donnaient de cœur, et pourtant restaient. A ceux-là la loi venait dire, par l'organe d'une haute autorité: « Tu es le meilleur, donc tu es à moi. Tu voulais partir, tu serais parti, sans ta mère ou ta maîtresse... Eh bien! pars; je viens t'affranchir, te venir en aide, trancher de mon commandement ces liens, trop chers, que tu ne peux délier... Grâce à moi, tu seras libre, tu voudras ta volonté! »

Ce mélange de nécessité et de volonté était la sagesse même, plus sage que la Gironde, qui ne s'adressait qu'à la volonté, plus sage que la Montagne, qui imposait tout par nécessité.

Ceux qui présentèrent le projet n'étaient point des égoïstes qui voulussent imposer aux autres les charges qu'ils ne partageaient pas. Ce qu'ils proposaient réellement, c'était de partir eux-mêmes. La réquisition qu'ils adressaient comme autorité, ils y répondaient comme soldats. Le département de l'Hérault s'appliqua ce beau principe qu'il posait, d'une réquisition éclairée, consentie, adressée surtout à ceux qui voulaient la réquisition, et il en sortit une des gloires de la patrie: l'immortelle 32e demi-brigade.

La note de Montpellier fut saisie avidement par la Commune de Paris, qui toutefois en changea le sens.

Du 27 avril au 1er mai, on fit courir et signer dans les sections une pétition conforme, disait-on, à cette note de Montpellier. Elle fut portée à l'Assemblée par un homme qui se dit délégué du faubourg Saint-Antoine. Une masse assez forte, qui marchait derrière, vint en même temps, le soir, heurter à la Convention.

La pétition était une caricature révolutionnaire de la note de Montpellier. Elle voulait qu'on fît partir *non les meilleurs*, mais les pires, *ceux qui avaient signé des pétitions contre-révolutionnaires*. Admirable politique! L'honneur de défendre la France devenait le supplice des mauvais citoyens. La patrie, menacée par eux, se chargeait de les aguerrir, leur confiait son épée, comptait sur eux pour son salut.

Par qui les réquisitionnaires seraient-ils désignés? Non par une autorité élevée, centrale, mais par ces passions même, *par les comités révolutionnaires de chaque section,* autorité toute locale, pleine d'emportement et de partialité, poussée souvent à son insu par des haines personnelles, ou du moins suspectes de haine, de sorte que chacun se croirait non désigné par la loi, mais proscrit par son ennemi.

Dans la pétition, comme dans la note, il y avait un emprunt forcé sur les riches, mais avec cette différence que la guerre n'était pas le premier emploi de l'argent: « *La somme sera répartie en portions égales au nombre des nécessiteux* de chaque section... »

Cet article disait tout. Il annonçait naïvement la voie où l'on entra bientôt, celle des distributions d'argent et du salaire sans travail. La proposition était claire. Un parti achetait le peuple avec ce qu'il extorquait de la Convention. Il crevait la caisse publique, rançonnait l'Assemblée aujourd'hui, pour la décimer demain.

La Convention se taisait. Le président (un Girondin) n'avait fait qu'une réponse triste et digne, nullement celle que la pétition aurait méritée. Un cri enfin révéla l'indignation de l'Assemblée; ce cri partit de la Montagne et des amis de Danton. Lacroix demanda qu'au moins les pétitionnaires ne fussent pas admis aux honneurs de la séance.

Un député de la droite constata le danger de la Convention, dit qu'elle ne devait pas quitter Paris, mais réunir ses suppléants à Bourges, afin que, si elle était égorgée, il restât une Assemblée pour gouverner la France.

Cependant on s'avisa de regarder de plus près cette terrible pétition; on vit avec étonnement qu'elle ne portait ni signatures ni pouvoirs. Les meneurs parlaient au nom du faubourg et ne l'avaient pas consulté.

Le dantoniste Philippeaux se leva alors et demanda que l'orateur fût envoyé tout droit au Tribunal révolutionnaire. Fonfrède demanda aussi son arrestation. Et, ce qui porta l'étonnement au comble, c'est que l'homme des Jacobins, l'homme de Robespierre, Couthon, appuya cette demande.

Misère du peuple

L'orateur était un tapissier du faubourg, qui avait quitté son métier pour l'état plus lucratif de commissaire de police et d'agitateur de sections. Les procès-verbaux des sections, que nous avons sous les yeux, ne font aucune mention des pouvoirs qu'il aurait reçus. Il avait l'aveu, et le simple aveu verbal, d'une douzaine de meneurs en rapport avec la Commune et les Jacobins, et comptait qu'une pétition qui demandait des secours serait toujours avouée de la masse du faubourg, réduite alors aux dernières extrémités de la misère.

Il le croyait. Il se trompait. Ces braves gens, sans trop savoir ce qu'était la pétition, croyant seulement qu'il s'agissait d'obtenir de la Convention des moyens *de sauver le peuple*, et, comme on disait, *d'en finir*, s'étaient mis à la suite, au nombre de quelques mille. Dans cette très longue colonne, la queue ignorait parfaitement ce que la tête disait. Quand ils surent la chose au vrai, il y eut un vif mouvement d'indignation et d'horreur. La basse insolence de la pétition, qui demandait de l'argent sous peine d'insurrection, présentait le grand faubourg dans l'attitude du mendiant qui mendie au pistolet. La colonne se remua, s'agita, se mit en révolte, mais contre ses meneurs mêmes. Elle fonça, par de grands efforts, jusque dans la Convention, et déclara qu'ils mentaient: « Citoyens représentants, dirent ceux qui purent pénétrer, nous demandons qu'au moins on nous lise la pétition, pour que nous puissions désavouer ce qui est contre les principes... Loin d'être en insurrection contre l'Assemblée, nous voulons la défendre jusqu'à la mort... S'il se trouvait des assassins, c'est nous, ce sont nos propres corps qui vous serviraient de remparts. »

L'arrestation des faussaires qui parlaient sans mission allait démasquer la main qui les poussait par-derrière. Les dantonistes vinrent au secours. Quoiqu'il soit assez probable, d'après le premier mouvement d'indignation qui leur était échappé, d'après les exclamations de Lacroix et de Philippeaux, que les dantonistes n'étaient pas dans la confidence complète de la fausse pétition, ils ne s'en prêtèrent pas moins à l'innocenter, à couvrir ce pas hasardé du parti le plus violent. Thuriot, puis Danton lui-même, demandèrent que la Convention se bornât à improuver la phrase (d'insurrection) que le faubourg désavouait, et passât à l'ordre du jour. Danton se surpassa lui-même en diplomatie révolutionnaire. Il avança, il recula. Il flatta la Convention, lui montrant qu'elle pouvait tout. Il flatta l'insurrection. Il rassura surtout l'Assemblée (précaution indispensable pour une assemblée française) sur la crainte de paraître craindre. Enfin, il enveloppa, embrouilla si bien les choses qu'il obtint les honneurs de la séance *pour les pétitionnaires*, sans que l'on sût seulement si c'étaient les hommes de la première pétition ou de la seconde, ceux qui avaient insulté la Convention ou ceux qui voulaient la défendre.

CHAPITRE IX

*Le modérantisme   Les comités révolutionnaires
Mai 93*

La Convention s'établit dans la salle des Tuileries (10 mai). Nos revers dans la Vendée. Dampierre tué à Famars (9 mai). La France n'a nulle ressource que la vente des biens des émigrés. Les administrations girondines entravent cette vente. Lyon, Marseille, Bordeaux contre le mouvement révolutionnaire. Les comités révolutionnaires poussent vivement la réquisition, et veulent arrêter les suspects. Lutte imminente contre la Gironde. Vues de Danton, de Marat, de Robespierre et des Jacobins. Violence de l'Evêché. L'Evêché popularisé par la mort de Lazowski. Ligue des Jacobins, de la Commune et de l'Evêché. La Convention crée le Comité des douze (18 mai). L'Evêché propose un massacre (19 mai). La Commune et les sections en repoussent l'idée. Pourquoi le Comité de salut public ne fit rien. Faibles mesures prises par les Douze. Menace de la Commune. Anathème d'Isnard contre Paris (25 mai). Arrestation d'un juge du Tribunal révolutionnaire. La Convention veut briser les comités révolutionnaires. Robespierre proclame l'insurrection (26 mai).

L'invasion libératrice du peuple, qui, le 1er mai, rassura la Convention, n'aurait pu avoir lieu le 10. Ce jour, l'Assemblée quitta les Feuillants, et vint s'enfermer dans la salle des Tuileries, salle étroite, obscure, sans accès, sans dégagement, fermée d'avance et captive, par le seul effet des localités; un cachot ou un sépulcre?

Qu'il soit fermé à jamais, ce sinistre palais de Catherine de Médicis! Malheur aux coupables fous qui croiraient pouvoir y dormir entre deux décapités: Louis XVI et Robespierre!

L'Antiquité consacrait les lieux frappés de la foudre, les dévouait à Pluton, les entourait soigneusement, de peur que quelque insensé ne mît étourdiment le pied sur la place brûlante et maudite, patrimoine du dieu des morts.

Trois dynasties sont tombées là, par un juste jugement; la noire façade en a la trace. Grâces soient rendues à Dieu!... Mais c'est aussi là qu'au 2 juin 1793 le premier coup fut porté à la religion nationale, la Convention décimée; là fut assassinée la loi.

Le palais n'avait nullement, en 93, ni les abords ni l'intérieur qu'on voit aujourd'hui. Les vastes et libres espaces du Carrousel étaient resserrés par diverses constructions. A l'intérieur, on n'allait pas, comme aujourd'hui, de plain-pied, d'une extrémité à l'autre. On montait, on descendait, et pour remonter. La salle, organisée fort bien pour un petit théâtre de cour, faite pour la nuit seulement, pour ne s'éclairer jamais que de lumière artificielle, n'avait qu'un jour pauvre et tiré d'en haut. Toute figure, à ce jour louche, paraissait douteuse, blême, *de ces visages pâles,* pour dire le mot de César, *où l'on croit lire des complots.*

Et la foule, comment entrait-elle? cette grande foule bruyante, ce monstre à mille têtes, que du dedans l'on entendait, non sans terreur, rugir au-dehors, pouvait-elle entrer, cette foule?

Elle n'arrivait que par effort, par lutte et combat, par élan désespéré. Les escaliers étroits du pavillon de l'Horloge et du pavillon Marsan, les misérables couloirs qui aboutissaient à la salle, de temps à autre, y lançaient les plus heureux dans cette lutte, des hommes forts, certainement, ceux qui avaient des épaules, des reins et des coudes pour porter la foule ou pour l'écarter. Ils arrivaient bruyants, vainqueurs, tout émus encore, fiers de leurs succès, de leur force. Le passage, spécialement vers le pavillon Marsan et la rue de Rivoli, était difficile en lui-même, difficile par les ruelles qui y amenaient. L'affreux passage Delorme, étroit, infect et immonde, entre les hautes maisons noires qui ne lui montraient que le dos, réceptacle des déjections de la rue Saint-Honoré, était le principal accès.

La Convention n'avait nulle protection militaire. La garde nationale cachée dans une espèce de cave du pavillon Marsan, quelques gendarmes logés sous la salle de l'Assemblée, ne pouvaient servir de rien. Ils le savaient parfaitement. Aux jours les plus orageux, quelque bruit qu'on fît en haut, n'ayant nul moyen d'être utiles, pas même d'entrer seulement, ils se chauffaient tranquillement et jouaient aux cartes.

On appellerait volontiers un tel lieu un piège à prendre des rois, la souricière aux tyrans.

La Convention savait parfaitement où elle allait. Mais tel était le respect de cet âge pour le peuple, telle sa confiance dans l'honnêteté de la foule, dans la religion de la loi, qu'on eût rougi de montrer une injurieuse défiance.

Convenait-il au mandataire de soupçonner le souverain, de prendre contre lui des mesures de défense?... A lui seul de s'observer, à lui de réfléchir, de ne pas se perdre lui-même.

La Convention, aux Tuileries, y fut saluée coup sur coup par les mauvaises nouvelles: la prise de Thouars, emportée d'assaut par les Vendéens le 6 mai; la mort de Dampierre, tué le 9, à la tête de l'armée du Nord; et le général en chef de l'armée de l'Est, Custine, offrait sa démission.

Pour comprendre où en était la France, il faut savoir qu'en avril la Convention envoya cinq cents vainqueurs de la Bastille; en mai, sa propre garde, deux cents grenadiers, contre cent mille Vendéens!

Il n'y eut jamais de position comparable à celle du nouveau Comité public, infortuné pilote de ce vaisseau désespéré. Peu soutenu par les partis, ni girondin, ni Jacobin, ce comité avait reçu tous les pouvoirs, qui étaient alors autant d'impuissances. Sa ressource, devant l'Assemblée, était l'adresse et la langue de Barère, incomparable menteur pour atténuer les défaites, créer des armées possibles, prophétiser des victoires.

Le comité avait tout au moins fait preuve d'une grande audace. Il avait, à ces armées désorganisées, presque anéanties, ordonné partout l'offensive, enjoint la victoire. La Révolution était l'assaillant universel; la mettre sur la défensive, c'était la livrer et l'abandonner. Cette offensive intrépide, tout étrange qu'elle parût, ne fut pas sans quelque effet. Les Autrichiens, par exemple, se confirmèrent dans l'idée qu'ils avaient du profond fanatisme révolutionnaire, dans le plan qu'ils s'étaient fait de n'avancer qu'à coup sûr, de ne pas faire un pas sans avoir bien assuré le pas qu'ils venaient de faire. « Condé d'abord et Valenciennes; puis, ces places dûment assiégées et prises, on en viendra à Dunkerque, pour terminer la campagne par la grande affaire de Lille. » Ils restèrent deux mois devant Valenciennes, et c'est ce qui nous sauva.

Nous n'avons pas le temps, ici, de faire encore le détail des petites victoires vendéennes, ni des nobles généraux qui, vers le milieu d'avril, avaient enfin accepté le commandement de l'insurrection. Nous y reviendrons plus tard.

Mais nous ne pouvons passer sans dire un mot de Dampierre, victime du système de guerre ordonné par la Convention: avancer toujours, faible ou fort, et toujours combattre.

Nous entrons dans l'âge de bronze. Dampierre, ce héros de 93, eût été guillotiné quelques mois plus tard (Couthon le dit en propres termes). Il le sentit parfaitement, et par le plus court chemin, se logea au Panthéon.

C'était une nature sombre et violente, d'une apparence un peu lourde; le dedans était de feu. Né riche, et marquis de Dampierre, il avait cruellement étouffé sous l'ancien régime, cherchant l'action, le péril, et ne trouvant rien. Il laissa tout, jeta tout en 89, et commença tout d'abord par être un furieux jacobin. Dumouriez, son ennemi, dit que

Dampierre était « un fol, audacieux jusqu'à la témérité ». C'est lui, en réalité, qui, à Jemmapes, avec le régiment de Flandre et le premier des volontaires de Paris, eut le premier et décisif succès qui enleva toute l'affaire.

Le voilà, devant Valenciennes, général en chef, mais général subordonné aux commissaires de la Convention. Il avait avec lui trente mille hommes, et, devant, au moins le double d'Autrichiens, qui venaient de faire cette campagne heureuse et facile, et pouvaient à volonté se grossir jusqu'à cent mille. Les commissaires le sommaient d'avancer, au nom de la loi. Ces patriotes intrépides, qui, pour la plupart, voyaient la guerre pour la première fois et ne connaissaient nulle difficulté, crurent qu'il fallait tout hasarder, et, à tout prix, étonner l'ennemi par cette offensive. Le sort de Dampierre était tout tracé. La Vendée avait vu déjà trois généraux en six semaines tomber du commandement à la sellette d'accusés. Tout le jour du 9, Dampierre lança ses colonnes contre l'immuable camp retranché des Autrichiens; le soir il tenta un dernier, un terrible effort, alla droit à une batterie, qui le foudroya à bout portant. Il eut la cuisse emportée, et mourut le lendemain.

Le danger était plus grand qu'en septembre 92. Il n'y avait plus l'immense mouvement populaire que trouvèrent les Prussiens. Nos discordes avaient augmenté. Nos ressources étaient amoindries. Plus de biens d'Église à vendre. On arrivait maintenant aux biens d'émigrés, que peu de gens achetaient. Ces biens restant non vendus, les deux milliards d'assignats qu'on venait de fabriquer ne représentaient plus rien, portaient sur le vide; on entrait dans la région inconnue et effrayante de la Terreur financière, dans la fabrication d'un papier immense, acceptable par la guillotine.

Toutes sortes de passions, et bonnes et mauvaises, entravaient cette vente des biens d'émigrés. La délicatesse chevaleresque luttait contre le patriotisme. Si l'on avait été sûr que ceux dont on vendait les biens fussent tous dans l'armée de Condé, on eût acheté sans scrupule. Mais comment les distinguer? Il y avait certainement deux catégories d'émigrés: les émigrés de la haine et les émigrés de la peur. Tous pourtant, ou presque tous, avaient pris les armes contre leur pays. Ils étaient précisément la classe militaire de la Monarchie; ceux qui n'eussent pas voulu combattre y étaient poussés par le préjugé, par les dérisions des autres. Il y avait, dit-on, vingt-neuf mille émigrés propriétaires, hommes la plupart; les femmes, dans les localités paisibles, restèrent avec leurs enfants. Si l'on déduit des vingt-neuf mille quelques milliers d'individus incapables de porter les armes, il restera à peu près le nombre que formait l'armée de Condé.

Ce chiffre, cette désignation des personnes des émigrés, fut donné par les municipalités. Quant aux administrations de départements, auxquelles Roland avait demandé la désignation des biens d'émigrés, elles montrèrent une extrême mauvaise volonté; presque aucune ne répondit. Il adressa alors la même demande aux districts, menaçant de nommer à la Convention les districts désobéissants. Il ne fut guère plus heureux; sur les cinq cent quarante-six districts de la République, il n'y en eut que deux cent dix-sept qui voulurent répondre.

Toutes ces administrations étaient ou se disaient girondines. Elles opposaient une force d'inertie invincible au gouvernement. Elles fermaient l'oreille au cri de la France, qui périssait sans remède, si elle ne mettait la main sur sa ressource suprême: la vente des biens des émigrés.

De même que les maratistes étaient plus violents que Marat, tous ces prétendus Girondins allaient dans le *modérantisme* (le mot fut créé pour eux) bien plus loin que les Girondins de la Convention. Ceux-ci, par Ducos, par Fonfrède, souvent par Vergniaud, se rapprochaient de la

Effondrement du commerce

Montagne, et votaient comme elle, pour toutes les grandes mesures de salut public. Les Girondins de province avaient horreur de la Montagne, l'accusaient indistinctement, la croyant gouvernée uniquement par Robespierre et Marat.

La plupart alléguaient pour excuse à leur changement d'opinion l'horreur qu'inspiraient Septembre et la création du Tribunal révolutionnaire. Ils n'osaient blâmer tout haut le jugement de Louis XVI. Mais, peu à peu, ils commençaient à haïr moins les royalistes. Plusieurs le devenaient, les marchands surtout, à mesure qu'ils faisaient de mauvaises affaires. Mille causes avaient tué le commerce : l'émigration, le bouleversement des fortunes, l'inquiétude générale, une cause plus puissante encore, la naissance d'un nouveau commerce, l'agiotage sur les assignats, la vente de l'argent. Tout le monde voulait de l'argent, et, pour en avoir, donnait le papier à vil prix. Quiconque avait de l'argent réalisait à l'instant des bénéfices faciles, prenant ce papier au rabais, et le faisant recevoir au pair, ou par ses créanciers ou par les caisses publiques. La fabrication des petits assignats de cinq francs et au-dessous répandit partout l'agiotage, dans les moindres villages même. Il n'y eut plus d'autre trafic.

Ce n'est pas tout. Le jour où la guerre est déclarée à l'Angleterre, à la Hollande, les banques étrangères se ferment à la France. Nos grandes cités commerçantes, Lyon, Bordeaux, Marseille, frappées au-dedans, sont comme murées au-dehors, ensevelies pour ainsi dire dans l'excommunication financière de l'Europe.

Tout ceci part du 1er février, jour de la déclaration de guerre ; les effets, déjà sensibles en mars, sont terribles en avril, en mai.

Bordeaux, qui avait tout perdu ; qui, surtout depuis le désastre de Saint-Domingue, avait vu tarir ce fleuve d'or qui coulait dans ses murs (près de quatre-vingt millions par an !) ; Bordeaux n'en avait pas moins été admirable, héroïque. En mars encore, on l'a vu, avant toute la France, courir dans la Vendée au secours de la République. Mais, dans ce même mois, la mer lui est fermée. La grande ville étouffe, elle pleure, elle crie à la Convention. Le cri arrive sous la forme d'une pétition girondine, sous le prétexte d'une réclamation pour l'inviolabilité des représentants girondins.

Pour Marseille, ce qui la tua, ce fut l'excès même de son patriotisme, qui fit partir pour la frontière la meilleure partie de sa population, et la plus patriote. Le haut commerce restait maître; il était toujours girondin, républicain, et néanmoins entravait les mesures révolutionnaires. Les commissaires de la Convention, Boisset et Moïse Bayle, essayèrent de dissoudre ce gouvernement marseillais, qui, sans s'étonner, leur signifia de sortir dans les vingt-quatre heures. La Convention ne soutint pas ses commissaires et suspendit leurs arrêtés (12 mai).

Elle porta une décision plus imprudente encore dans les affaires de Lyon. Du sort de cette ville dépendait celui de vingt départements, qui avaient les yeux sur elle et devaient la suivre, quoi qu'elle fît. Le salut de la France était lié étroitement à celui de Lyon. Si près de la frontière, elle était le point de départ des opérations de l'armée des Alpes, son magasin, son entrepôt. Qu'adviendrait-il de cette armée, déjà très faible, si elle avait au dos Lyon même pour ennemi? Nulle part la Révolution n'avait besoin d'être plus forte, et elle y faiblissait. Des Girondins aux royalistes, la nuance s'effaçait peu à peu. Il y parut au 29 mai, où des officiers royalistes furent tués dans les rangs girondins. Les révolutionnaires, pour contenir tant d'ennemis et lever la réquisition, n'avaient que la terreur. Ils firent un acte hardi, hautement approuvé des représentants du peuple qui allaient à l'armée des Alpes; ils créèrent un tribunal, arrêtèrent les suspects.

La chose est dénoncée le 15 mai à la Convention; le

Les difficultés financières

girondin Chasset obtint d'elle ce décret: « Ceux que l'on voudrait arrêter ont le droit de repousser la force par la force. » C'était décréter un combat; il fut livré bientôt.

On voit, par ce fait grave, comment la Gironde, dans son inintelligence de la crise où la France se trouvait, faisait, sans le vouloir, les affaires de l'ennemi, celles du royalisme, et devenait de plus en plus l'obstacle de la situation.

Elle l'était surtout aux Finances. Son ministre, Clavière, était en lutte avec la Trésorerie, c'est-à-dire avec Cambon. Les administrations girondines qui arrêtaient celui-ci dans la vente des biens d'émigrés, le mirent aussi dans l'impossibilité de suivre le beau plan du département de l'Hérault. Ce plan eût associé au pouvoir réquisitionnaire ces administrations, tellement suspectes. On ne put se fier qu'aux municipalités, à leurs comités, violemment, brutalement patriotes, mais sûrs et vrais républicains.

Instrument barbare, maladroit, le seul pourtant qu'eût la Révolution, et qui la fit haïr, la rendant plus odieuse encore par la violence de la forme et la tyrannie du procédé que par la grandeur des sacrifices qu'elle exigeait. C'était avec des cris, des menaces, des injures, de brusques invasions de domicile, à faire évanouir les femmes, qu'on exigeait le tribut, légitime en réalité, que demandait la patrie en péril. L'emprunt, levé ainsi, donna plusieurs mois à la France l'aspect d'une ville prise d'assaut.

Notez pourtant que cet emprunt n'était levé qu'avec une bonne garantie. On vous donnait en échange une reconnaissance que vous pouviez faire payer en biens d'émigrés.

Telle est la combinaison qu'avait imaginée Cambon pour faire accepter ces biens.

Une autre chose, non moins nécessaire, et qui pourtant sembla fort odieuse, ce fut la réquisition personnelle dont les comités frappèrent tout un monde de jeunes gens qui ne voulaient pas partir, des oisifs, des *agréables,* commis, clercs, etc., une jeunesse bourgeoise qui comptait éluder le service militaire ou bien se faire remplacer. Ces jeunes gens s'attroupèrent, opposèrent résistance. Ils furent soutenus par la majorité des sections, qui ne pouvaient supporter la violence de leurs comités révolutionnaires, surtout leurs demandes d'argent.

Ce conflit eut lieu à Paris, le 3 et le 4 mai. Et les comités révolutionnaires l'emportèrent sur leurs sections, dont les assemblées furent dès lors subjuguées ou presque désertes.

Le résultat fut tout contraire à Lyon; pendant tout le mois de mai, les *modérés*, à main armée, se maintinrent contre la Municipalité. Il en résulta, comme on verra, une guerre civile, où, derrière les modérés, derrière les Girondins vrais ou faux, se démasqua le royalisme.

La réquisition personnelle adressée par les comités à tel individu choisi, désigné, avait l'inconvénient de laisser croire à chacun qu'on le désignait par haine. La section des Gravilliers et beaucoup de gens de bon sens auraient préféré le sort. Tel était aussi l'avis de Danton, qui se hasarda de le proposer. Un girondin malheureusement applaudit la proposition. Elle devint impopulaire, suspecte. Danton n'osa insister.

La situation était si pressante, que la Convention, (le 8) « approuva les mesures adoptées par chacune des sections », sans s'inquiéter si ces mesures étaient différentes. De quelque main que vînt le secours, par quelque bras que se fît la violente exécution, on se résigna.

Fortifier les patriotes, les armer, les solder, s'il le fallait effrayer les contre-révolutionnaires et les égoïstes, ce fut toute la politique du moment.

Le 8 au soir, Robespierre proposa aux Jacobins, comme chose naturelle et facile, d'arrêter *tous les suspects*.

Le 13, il demanda qu'on soldât une *armée révolutionnaire*, formée de sans-culottes, et qu'on salariât ceux qui assisteraient aux assemblées de sections. La première proposition fut votée, le même jour, par la Commune.

Loi sur les étrangers

La loi donnait aux comités de sections un droit de surveillance *sur les étrangers* suspects. Le 16, ils hasardèrent le premier essai d'un nouveau pouvoir, celui d'arrêter tout suspect, étranger ou citoyen. Ils arrêtèrent un magistrat, un juge de paix, et cela la nuit.

Le matin, sa section le réclame à la Convention, qui ordonne son élargissement. Le jour même, l'Assemblée, pour mieux faire sentir son mécontentement, nomme président le plus violent des girondins, Isnard. Choix malheureux. La violence d'Isnard était provocante, colérique, malencontreuse, sans adresse ni mesure.

C'était la guerre.

On pouvait prévoir aisément, avec un tel président, qu'un conflit aurait bientôt lieu, que la Gironde ou la Montagne serait infailliblement brisée.

Cependant la situation n'était pas telle qu'on pût hésiter dans ses vœux. La Gironde était pleine de talents, éloquente, elle comptait beaucoup d'hommes honorables, qu'on était forcé d'aimer; mais enfin elle ne proposait nul remède, nul secours. La France périssait avec elle. Elle était le centre, l'appui du fatal *modérantisme* qui entravait l'action, empêchait spécialement l'action financière, la vente des biens de l'émigration.

Comment écarter la Gironde, si elle ne donnait pas elle-même sa démission? Comment l'écarter, sans armer la vengeance des départements, commencer la guerre civile?

Danton désirait qu'intimidée, ou s'avouant qu'elle était l'obstacle au salut de la patrie, la Gironde se retirât. Il eût voulu que la Convention sanctionnât provisoirement le vœu de Paris à ce sujet, que sa décision fût communiquée aux départements. S'ils adhéraient, la retraite des vingt-deux deviendrait définitive. Il fit présenter la chose sous cet aspect aux Jacobins par son ami Fabre d'Eglantine (séance du 1ᵉʳ mai). Cet expédient, quel qu'il fût, avait du moins l'avantage de débarrasser la Convention des Girondins pendant la crise du printemps. C'est tout ce que voulait Danton.

Robespierre ne voulait pas que la Gironde donnât sa démission. Il voulait qu'elle fût jugée. Il croyait qu'elle était coupable, exigeait une justice. Sincère en cela, sans nul doute, il montrait bien peu de sens politique. Quel danger immense de commencer un tel procès dans la situation où était la France! Les Girondins eussent-ils été coupables, il y avait à parier qu'on n'aurait contre eux que des preuves morales, de simples présomptions. Et quand même on aurait trouvé des preuves très certaines et très convaincantes, quel moyen de les démontrer telles aux départements, qui feraient de tout cela une affaire d'orgueil ou d'honneur, et se croiraient toujours offensés dans leurs députés?

Robespierre voulait la mort des Girondins! Non, à cette époque. Il ne les voulait pas morts, mais démasqués, déshonorés.

Tel était aussi l'avis de Marat, plus modéré au fond que ses paroles sanguinaires ne l'auraient fait soupçonner. Je croirais même qu'il désirait peu un procès en règle. Que les Girondins fussent écartés, arrêtés, mis hors d'état de conspirer, il ne désirait rien de plus.

La majorité des Jacobins n'avait nulle autre pensée que celle de Robespierre. On serait injuste envers eux, si on les jugeait sur le mot que l'un d'eux, un misérable, Desfieux, écrivait, le 6 avril, aux Jacobins de Bordeaux: « Qu'heureusement les Girondins allaient être assassinés. »

Ce n'était qu'aux Cordeliers, ou dans la réunion de l'Evêché, que quelques hommes soutenaient la thèse, très peu populaire, de la nécessité d'un massacre.

Nous avons vu la violence insensée de l'Evêché combattue en octobre 92, en avril 93, par Robespierre et Marat. L'Evêché ne fut nullement soutenu par le peuple dans sa tentative meurtrière du 10 mars. Au 1er avril, les Jacobins, le frappant d'une vive désapprobation par leur président Marat, l'empêchèrent de s'emparer des armes de la Commune, que l'Evêché voulait, disait-il, distribuer aux sections.

A la fin d'avril, un hasard, une circonstance imprévue, lui donna tout à coup une grande popularité. Ce fut la mort de Lazowski, l'un de ses membres, capitaine des canonniers du faubourg Saint-Marceau. Nous avons parlé de ce réfugié polonais, qui avait brillé au 10 août, et qui, depuis, vivait dans ce faubourg, avec la population la plus indigente de Paris. Envoyé avec Fournier pour escorter les prisonniers d'Orléans, il n'empêcha pas le massacre; l'eût-il pu? la chose est douteuse. Nous le retrouvons au 10 mars. Le faubourg ne voyait en lui que le vainqueur du 10 août. Ces pauvres gens avaient pour leur Polonais un engouement extraordinaire; ils le pleurèrent sincèrement, prétendirent qu'il était empoisonné. La Commune s'associa à ce soupçon, à ce deuil; elle adopta la fille du mort, ordonna qu'il aurait l'honneur insigne, unique, d'être enterré sur la place même du Carrousel, en face du palais qu'il avait foudroyé. Lazowski, l'homme de l'Evêché, l'homme du mouvement du 10 mars, placé à perpétuité devant la Convention, n'était-ce pas pour celle-ci comme une menace muette? une attente d'insurrection?

L'Evêché fut singulièrement fortifié par cet événement populaire. Les Jacobins, qui avaient souvent condamné sa violence, lui donnèrent la main sans hésitation. Robespierre fit, au sein de la société, un éloge funèbre du grand patriote.

La Commune, à son tour, voyant cette union nouvelle des Jacobins et de l'Evêché, se confia à celui-ci. Elle en fit le centre des comités qui se chargeaient, au nom des sections, de lever l'emprunt forcé. Les comités qui devaient répartir les secours promis aux nécessiteux s'y réunissaient aussi.

Le premier essai de violence contre la Convention fut une émeute de femmes (18 mai). On leur fit croire que la rareté du pain était l'œuvre de la Gironde; elle voulait, disait-on, affamer le peuple, le mater et le dompter par l'excès de la misère; *les Girondins accaparaient le pain pour le jeter dans la Seine.* Les femmes assiégèrent l'Assemblée; on se battit à la porte et dans les tribunes.

« Vous le voyez, dit Isnard, on veut la dissolution de l'Assemblée... Ceci est un complot de Pitt... » Marat, à cette folie, répond par une autre; il soutient que la Gironde est amie de la Vendée.

Guadet hasarda alors deux propositions très graves. L'une reproduisait l'idée dangereuse, déjà émise plusieurs fois, de réunir à Bourges les suppléants de l'Assemblée. L'autre demandait que la Convention *cassât toutes les autorités de Paris.*

Il eût fallu, du moins, avant tout, que la Convention désarmât ces autorités, qu'elle leur ôtât le droit de requérir la force armée, qu'elle reprît elle-même ce droit, le mît entre les mains de son Comité de salut public.

C'était évidemment sur le courage du Comité de salut public ou d'*exécution* que toute la révolution, proposée par Guadet, allait reposer. S'il y avait bataille dans Paris, le comité se trouvait être, en quelque sorte, le général de la Convention. Eût-il accepté un tel rôle? L'idée seule faisait frissonner Barère. Le comité n'avait pas d'ailleurs l'unité indispensable pour une telle *exécution.*

Barère s'élance à la tribune, écarte du comité la responsabilité qui allait tomber sur lui. Le svelte et agile orateur y donne l'étonnant spectacle d'une évolution légère qui met tous les chiens en défaut. Il frappe à gauche, déplore les excès de la Commune... La droite commençait d'applaudir. Barère, alors, sans perdre de temps, se rejette contre la droite: « Casser les autorités de Paris! dit-il; si je voulais l'anarchie, j'appuierais cette proposition. *(Applaudissements de la gauche.)* Il faut créer une commission de douze membres qui examine les arrêtés de la Commune, qui entende les ministres, et *prenne des mesures* pour la tranquillité publique. » Décrété à l'instant même.

Le comité d'*exécution* avait ainsi, par Barère, décliné l'*exécution*. Que faisait ce nouveau Comité des douze, chargé de *prendre des mesures*? Que voulait dire un mot si vague? Etait-ce un mot de confiance? Il fallait alors remettre ce pouvoir de confiance à des hommes imposants par le caractère. Ceux qu'on nommait (sauf deux, Rabaut et Fonfrède) n'avaient nullement le poids nécessaire pour une mission si grave; c'étaient généralement de jeunes députés de la droite, qu'on aurait pu appeler une Gironde inférieure. Vigié, par exemple, Henri Larivière, étaient des jeunes gens hasardeux, aux paroles hardies et légères, qu'on croyait (sans qu'ils eussent fait leurs preuves) gens d'exécution.

Le dimanche 19 au soir, une assemblée des comités révolutionnaires eut lieu, non à l'Evêché, mais à la Mairie. Elle fut présidée par les administrateurs de police de la Commune; on devait y examiner les moyens de saisir et d'arrêter les *suspects*. L'administrateur Marino, peintre en porcelaine (le même qui devint plus tard effroyablement célèbre par les jugements de Lyon), dit qu'il ne connaissait de *suspects* que dans la Convention, qu'il fallait saisir les 22 (plus 8 qu'il désignerait), les mettre en lieu sûr, les *septembriser*, les faire disparaître: « Nous dirons ensuite, dit-il, qu'ils ont émigré. » Tout cela froidement, posément; c'était un homme sérieux, calme, qui semblait rassis. Il y eut quelque silence; très peu approuvèrent. Quelques-uns dirent qu'on n'avait pas de local où l'on pût faire secrètement une telle exécution. Un autre, qu'il fallait attendre le plan d'insurrection que Robespierre et Marat présentaient aux Jacobins. Alors, un des violents, prenant l'air d'un homme d'Etat et se posant dans la gravité d'un Machiavel, dit qu'il fallait des mesures promptes: « Coligny, dit-il, était à minuit près du roi; à une heure, il était mort. »

Cette exaltation à froid fut encore plus odieuse et plus ridicule les jours suivants aux Cordeliers. Le jeune Varlet, jaloux de Marino, qui lui volait son massacre, en proposa un, infiniment plus beau, plus complet, d'un effet plus dramatique. « Il faut faire, dit-il, une insurrection d'un genre absolument neuf... Nous entrerons dans l'Assemblée avec les Droits de l'Homme voilés de noir, nous enlèverons toute la Plaine, tout ce qu'il y a d'ex-constituants, de nobles, prêtres, robins... Nous exterminerons cette engeance, avec les Bourbons, etc. » Legendre, qui était là, réclama pour qu'on respectât du moins l'enceinte de la Convention.

Il ne faut pas croire que toutes ces belles choses fussent bien prises dans les sections. La nuit du dimanche au lundi, tous ceux de leurs membres qui étaient en permanence, apprenant la proposition de Marino, témoignèrent une vive horreur. Le maire Pache, qui, le lundi soir, vint présider l'assemblée des comités révolutionnaires, ne permit pas qu'on mît en discussion aucune violence: « Si vous tuez les vingt-deux, dit-il, vous aurez la guerre civile. » Quelques-uns lui reprochant sa tiédeur: « En tout cas, dit-il, ce n'est pas ici qu'on doit discuter de telles choses. » Il les mit ainsi tout doucement à la porte, les laissant parfaitement libres de conspirer partout ailleurs qu'à la Mairie.

Dans la réalité, personne ne croyait sérieusement au massacre. Le Paris de 93 ne ressemblait pas à celui de 92. Le sang s'était bien calmé. Les provinces, plus tardives, étaient jeunes encore dans la Révolution, mais Paris y était vieux. Il pouvait être témoin de grandes barbaries juridiques, que tout le monde laisserait faire. L'assassinat était possible; le massacre populaire avait peu de chance.

L'enlèvement, l'arrestation de plusieurs représentants étaient bien plus vraisemblables. Un rapport de police apprit au Comité de salut public la nouvelle (vraie ou fausse) que Robespierre, Danton et autres, réunis à Charenton, avaient comploté la chose. Le Comité était alors doublement embarrassé. Il n'éprouvait que revers (au nord et dans la Vendée), il n'avait que de tristes, d'humiliantes nouvelles à donner à l'Assemblée, et il allait lui faire des demandes énormes, réclamer d'elle des votes d'importance infinie, de confiance sans limites. Le 20 mai, Cambon fit proposer par un de ses collègues l'établissement de l'impôt progressif, réglé par les municipalités. Puis, au milieu de la discussion, il introduisit lui-même (comme en parenthèse) une bien autre demande: *l'emprunt forcé d'un milliard* à lever immédiatement *sur les égoïstes et les indifférents* (impôt remboursable en biens d'émigrés). Il emporta la chose de haute lutte, et ce fut seulement après (le 23) qu'il annonça le complot d'enlèvement. L'Assemblée l'écouta assez froidement. Elle fit plus d'attention aux harangues des sections qui dénoncèrent les propositions de massacre faites dans les assemblées de la mairie le dimanche et le lundi. La Commune eut peur; elle désavoua ce qui s'était dit le dimanche. Sur la proposition de Chaumette, elle arrêta qu'on inviterait les dénonciateurs à venir lui donner des renseignements, *pour qu'elle pût découvrir les traîtres*, et, dès le soir même, les livrer aux tribunaux. »

A toutes ces révélations, l'Assemblée ne remuait pas. Elle se faisait lire les lettres rassurantes du maire, et dormait à ce doux bruit. Le 19, le 24, le 27 même, quand la Convention était assiégée, Pache écrivait: « Il n'y aura rien... Il n'y a pas de complot... L'habitude fâcheuse, répandue dans les sections, de parler à tout propos de carnage, n'a point d'effet jusqu'ici au-delà du langage et de l'imagination. Le cœur est encore humain et sensible. »

La Convention avait mis deux jours pour nommer les Douze, et les Douze mirent trois jours à faire leur rapport, rapport tout à fait ridicule. Vigié, qui en était chargé, commençait par dire que le danger était extrême: « Encore quelques jours, dit-il, et vous n'étiez plus. » Puis, pour obvier à ce grand péril, il proposait seulement *de fortifier le poste de la Convention;* chaque compagnie était tenue d'y envoyer deux hommes. Du reste, rien de changé. La Commune restait investie du droit de requérir la force militaire, c'est-à-dire, quand elle voudrait, d'assiéger la Convention.

Le rapport fut adopté, malgré l'opposition de Danton, qui dit: « C'est décréter la peur. »

Quelque insignifiante et molle que fût la mesure proposée par les Douze, elle avait ceci de bon qu'elle respectait Paris, qu'elle se fiait à lui de la sûreté de l'Assemblée. Cette ligne était la seule qu'on pût suivre; la Convention devait y persévérer. Une fatale imprudence de son président Isnard l'en sortit le lendemain.

Le 24, les Douze avaient ordonné l'arrestation de Varlet, de Marino, l'auteur des propositions sanguinaires faites le soir du dimanche, et celle du substitut Hébert, le trop fameux *Père Duchesne,* qui, dans son dernier numéro (N° 239), disait que les Girondins, achetés par Pitt, avaient fait faire en février le pillage des épiciers, et depuis, *« à plusieurs reprises, enlevaient le pain des boulangers, pour occasionner la disette ».*

Le 25, de bon matin, la Commune était aux portes de la Convention pour réclamer la liberté de ce grand citoyen, Hébert, de cet estimable magistrat. L'adresse de la Commune, récrimination furieuse, *demandait la mort pour les calomniateurs de Paris,* pour ceux qui avaient dénoncé la proposition de massacre faite à la mairie.

Un frémissement d'indignation parcourut toute l'Assemblée.

Isnard ne se possédait plus. De son siège de président, il laissa tomber un mot déplorable, de ces mots qui lancent les révolutions...

« Vous aurez prompte justice, dit-il aux orateurs de la Commune. Mais écoutez les vérités que je vais vous dire.

Les Girondins et la disette

La France a mis dans Paris le dépôt de la représentation nationale. Il faut que Paris le respecte. Si jamais la Convention était avilie, je vous le déclare, au nom de la France entière... » Et là, il leva la main et suspendit l'anathème...

« Non! non! » cria la gauche.

Mais toute l'Assemblée se lève: « Oui! oui! au nom de la France!... »

Isnard alors continua: « Paris serait anéanti!... »

Marat: « Lâche, trembleur, descendez du fauteuil... Vous voulez sauver *les hommes d'Etat*. »

Isnard, d'une voix lugubre: « On chercherait sur les rives de la Seine si Paris a existé... »

A ce blasphème, plusieurs rugissent d'indignation, et plusieurs de joie, voyant la prise terrible que venait de donner sur lui le malencontreux président. Danton s'élance à la tribune, et sans abuser contre Isnard de son avantage (il le voyait soutenu de la grande majorité), il défendit Paris avec infiniment d'adresse, de sens et de raison, de modération. Il y rappela tout le monde, et finit par emporter les applaudissements de tous les partis.

Isnard avait fait une faute, une grande faute. Il avait été maladroit et injuste. Paris était, en réalité, très favorable à la Convention.

Il n'y avait pas un quart d'heure qu'Isnard avait dit le mot fatal, et déjà il était répandu dans le faubourg Saint-Antoine. On se disait avec horreur: « Le président a demandé l'anéantissement de Paris. »

Ce qu'avait dit Isnard le 25 mai, Barère l'avait dit le 10 mars (sauf la solennité de la forme, sauf le ton lugubre, l'air sinistrement prophétique). Personne n'y avait pris garde.

Ce mot répété, commenté à grand bruit par tout Paris, fit l'effet d'une tempête. On montrait dans le lointain les armées des départements venant démolir la capitale, en disputer les débris. Le 25 au soir, les comités révolutionnaires, se prévalant du mot d'Isnard, du sinistre effet qu'il eut dans Paris, firent un essai de leurs forces. L'essai se fit dans la Cité, dont le comité avait près de lui l'assemblée de l'Evêché et le Tribunal révolutionnaire. On y arrêta cinq personnes, « qui avaient parlé mal de Robespierre et de Marat ». L'ordre était signé du président de la section Dobsent, juge du Tribunal révolutionnaire, et qui semblait, à ce titre, à peu près inviolable.

Le choix d'un tel homme pour faire l'essai dangereux de la tyrannie nouvelle était fort habile. Le tribunal était le centre, le point de ralliement des hommes de 93, le temple, le lieu sacro-saint des croyants de la Terreur. Elle y siégeait elle-même, et qui y siégeait avec elle se sentait inattaquable, bien plus que la Convention. Quelque opinion qu'on eût en réalité de ce tribunal, on ne pouvait contester qu'il ne fût le glaive de la République, et que toucher à ce glaive, risquer d'en émousser la pointe, c'était donner aux royalistes une incalculable audace.

A ce moment même, on amenait de Bretagne les royalistes qui avaient recelé chez eux tous les actes du complot, les listes des conjurés. Ces prisonniers qui arrivaient au Tribunal révolutionnaire, allaient-ils trouver leurs juges poursuivis, prisonniers eux-mêmes? Cela était impossible. Ces juges, en un tel moment, se trouvaient inviolables, impeccables, quoi qu'ils fissent.

Cela n'arrêta pas les Douze. Ils ordonnèrent à Dobsent de leur apporter les registres de la section, et, sur son refus, le firent arrêter.

La Convention suivait les Douze; elle paraissait résolue. Le même jour, 26 mai, sans discussion, sans phrases, elle vota non seulement l'élargissement des cinq personnes emprisonnées sur l'ordre de Dobsent et du comité, mais *la suppression même du comité, la défense à tout comité de s'appeler révolutionnaire, l'ordre général aux comités de se renfermer dans les pouvoirs que la loi leur donnait sur les étrangers.*

D'un vote se trouvait brisée toute la grande machine de la Terreur.

Qu'y substituait la Convention? Rien. Organisait-elle un nouveau pouvoir, efficace et énergique, pour la répression du royalisme? Nullement. La fin du décret le rendait ridicule. L'Assemblée se remettait de tout au ministre de l'Intérieur, le faible, le timide, l'impuissant Garat.

Le décret fut rendu le matin. En réponse, les violents essayèrent l'insurrection. Les fonds accordés aux femmes et mères de ceux qui partaient se distribuant généralement sous leur influence, ils avaient nombre de femmes à leur disposition. Ils les promenèrent dans Paris, par bandes, armées de piques. Ces femmes, avec des tambours, proclamaient l'insurrection. Elle se réalisait déjà dans plus d'une section; les violents y luttèrent contre les modérés, à coups de bâtons, de chaises, les chassèrent des assemblées. Peu nombreux, ils s'entendaient mieux, s'aidaient d'une section à l'autre. Eussent-ils été les moins forts, ils étaient toujours à même d'appeler la force armée, qui, dépendant de la Commune, était à leurs ordres.

Toutefois, la singularité d'un très petit nombre agissant ainsi en présence d'un peuple de cent mille gardes nationaux, qui semblaient dormir, rendait l'affaire hasardeuse. Cette épuration à coups de bâton pouvait réveiller Paris. Il eût suffi qu'il fît un signe pour changer la face des choses. Les furieux de l'Evêché avaient eu l'imprudence de mettre en avant, de prendre même pour président, dans ces jours de crise, un homme trop connu de la population parisienne, dont le nom seul disait beaucoup, qui ne se montrait jamais que dans les jours les plus sinistres, l'homme noir du 5 octobre, la lugubre figure du juge de l'Abbaye.

Les Jacobins ne pouvaient plus rester inactifs. Il fallait

qu'ils sauvassent les violents de leur propre violence qui les eût perdus, amenant non un massacre, mais peut-être quelque assassinat. Robespierre devait d'ailleurs se hâter de rendre à la société l'avant-garde de la Révolution qu'elle se laissait ravir. Lui-même, peu de jours auparavant, il s'était quelque peu compromis par sa modération, défendant la Convention contre l'amère invective d'un juge révolutionnaire qui était venu dénoncer l'Assemblée aux Jacobins. Il fit, le 26 au soir, à la société le discours le plus belliqueux qu'il eût fait jamais. Dans la nécessité de regagner par la violence des paroles le terrain qu'il avait perdu, il sortit de son caractère, dit des choses étonnantes qui confondirent ses amis. Ce fut la colère d'Achille. Il déclara que si le peuple n'était pas en insurrection contre les députés corrompus, « il s'y mettrait à lui seul ». La société ne rit point; elle se leva tout entière contre les députés corrompus, et se déclara en insurrection.

Dans ce discours colérique, parfaitement calculé pour la foule des Jacobins, Robespierre trouvait pourtant moyen d'indiquer ses vues véritables, de menacer et d'ajourner. Il s'adressait à l'arme la plus menaçante, à la partie la plus révolutionnaire de la garde nationale, l'artillerie, disant que, « *si les canonniers qui tenaient la foudre* ne s'en servaient pas *à l'approche de l'ennemi,* il se chargerait lui-même de punir les traîtres, regarderait tout conspirateur comme son ennemi et le traiterait comme tel ».

A l'approche de l'ennemi, ce mot ajournait les choses. Il déclara, en effet, aux principaux jacobins que, pour le moment, il suffisait d'une *insurrection morale.*

Toute la difficulté était d'amener l'Evêché, des hommes comme Maillard, Varlet, Fournier, à l'idée d'une *insurrection morale.* Le capucin Chabot se chargea de les prêcher, avec Dufourny et autres, et de les amener aux vues plus sages et plus efficaces de la Société jacobine.

CHAPITRE X

Le 31 Mai   Impuissance de l'insurrection

Quelle place nous aurions prise dans la Convention. Pourquoi la Gironde devait être abandonnée. Elle ne proposait rien. Elle subissait un mélange royaliste. Fausses accusations dont la Gironde fut victime. Comment elle a été justifiée par ses ennemis. Le mystère du 31 Mai révélé pour la première fois. Mouvement préalable du 27 mai 1793. La Convention envahie (nuit du 27 mai). Progrès de la Montagne (28 mai). Faiblesse des deux partis. Il n'y avait pas cinq mille votants aux élections de Paris. L'insurrection morale et l'insurrection brutale. Robespierre craint l'insurrection brutale. Les sections opposées à l'insurrection brutale. L'Evêché oblige les sections à lui envoyer leurs délégués. Résistance directe ou indirecte des sections (29-31 mai). L'Evêché procède à l'insurrection. Les Jacobins organisent leur insurrection morale, réunissent le département et les délégués des sections (30-31 mai). L'Evêché nomme un Comité de salut public et s'empare de la Commune (31 mai). Indécision du nouveau pouvoir. Inaction de l'Assemblée. Discours ambigu de Danton. L'insurrection a peine à aboutir. Les Jacobins créent un Comité de salut public et l'envoient à la Commune. L'Evêché s'adresse au faubourg Saint-Antoine et le pousse à une collision. Les Jacobins envahissent l'Assemblée et réclament le décret d'accusation. Le faubourg et les sections réconciliées entrent dans l'Assemblée et la rassurent.
L'insurrection est sans résultat.

La justice scrupuleuse que nous avons essayé de rendre également à la Gironde, à la Montagne, les louant ou les blâmant selon leurs différents actes, jour par jour et heure par heure, ne doit pas néanmoins laisser incertaine pour nos lecteurs la voie que nous aurions suivie, si nous eussions siégé nous-même à la Convention.

S'ils nous demandent quel banc et quelle place nous aurions choisis, nous répondrons sans hésiter: entre Cambon et Carnot.

C'est-à-dire que nous aurions été montagnard, et non jacobin.

On oublie trop fréquemment qu'une grande partie de la Montagne, les Grégoire, les Thibaudeau, beaucoup de députés militaires, restèrent étrangers à la Société jacobine. Les dantonistes, spécialement Camille Desmoulins, quoiqu'ils y aient été de nom, lui furent très contraires d'esprit.

L'esprit inquisitorial, l'esprit de corps, *l'esprit-prêtre*, le violent machiavélisme de la grande société, aidèrent sans doute puissamment à comprimer nos ennemis, mais ils les multiplièrent. Les Jacobins entreprirent l'épuration complète de la nation, *en arrêtant tous les suspects*. Mais au bout de quinze mois du règne des Jacobins, la France entière était suspecte.

La Gironde, d'autre part, eut le défaut tout contraire, défaut grave en révolution, je veux dire *la tolérance*. La tolérance du mal, n'est-ce pas le mal encore? La tolérance de l'ennemi est-elle loin de la trahison? La Gironde, il est vrai, vota des lois sévères, mais elle refusait les moyens de les faire exécuter.

Elle proclama la guerre universelle, la croisade révolutionnaire et l'affranchissement du monde; elle fut en ceci le légitime interprète de la France, et se montra et plus généreuse que les Jacobins et plus politique. Mais en même temps, elle refusait les moyens de cette guerre. Par ses résistances éloquentes, elle encourageait la résistance muette et l'inertie calculée des administrations de départements qui entravaient toute chose (la vente spécialement des biens de l'émigration). Oui, malgré notre admiration pour le talent des Girondins, notre sympathie pour l'esprit de clémence magnanime qu'ils voulaient conserver à la Révolution, nous aurions voté contre elle.

Pourquoi? *Ils ne proposaient rien.* Dans la crise la plus terrible et qui demandait les plus prompts remèdes, ils ne donnaient nul expédient, seulement des objections.

La Gironde se royalise

Leur politique se résume par un mot, un seul mot: *Attendre*.

S'agit-il des nécessités financières, de la baisse de l'assignat: « *Il faut attendre,* dit Ducos. A la longue, les choses ne peuvent manquer de prendre leur niveau. »

S'agit-il du recrutement, de l'urgence de la réquisition: « *Il faut attendre,* dit Brissot dans son journal, attendre les enrôlements volontaires. Ce mode de recrutement est le seul qui soit digne des hommes libres. »

Attendre? La Vendée n'attend pas. Elle gagne une bataille le 24... Elle avance, elle vient à nous; tout à l'heure elle est à Saumur.

Les Anglais n'attendent pas. Leur armée joint l'autrichienne, leur flotte est devant Dunkerque.

Les Autrichiens n'attendent pas. Les voilà maîtres des camps qui couvraient Valenciennes. Vont-ils assiéger cette ville ou bien marcher sur Paris? On ne voit pas ce qui les empêche d'y venir en quinze jours.

Dans une telle situation, toute entrave, toute objection aux moyens de défense que l'on proposait était une sorte de crime. Les Girondins, n'offrant nul expédient, devaient prendre, les yeux fermés, ce qu'offraient leurs adversaires. Ceux-ci en donnèrent plus d'un détestable, mais enfin ils en donnaient.

Les Girondins devaient faire attention à une chose qui, pour d'excellents républicains comme ils l'étaient, eût dû trancher la question, faire taire tout esprit de parti et les décider à se retirer: *leur parti se royalisait*.

Fondateurs de la République, ils devenaient et le bouclier et le masque des royalistes. S'ils n'étaient pas éclairés par leurs ennemis sur la situation, ils devaient l'être par leurs amis, par ces étranges et perfides amis, qui s'avançaient dans leur ombre pour frapper le cœur de la France.

L'aveuglement des Girondins de la Convention est une chose triste à observer. Restés nets, purs et loyaux, ils s'obstinèrent à ne pas voir les mélanges déplorables que subissait leur parti. Ils croyaient Lyon girondin; dans leur fuite, en juin, juillet, ils le trouvèrent royaliste. Il en fut de même de la Normandie, de même encore de Bordeaux. Ils se virent avec étonnement, avec horreur et désespoir, l'instrument du royalisme.

Aussi, quoique la Gironde ait été expulsée de la Convention par des moyens ignobles, indignes, nous nous serions borné à protester contre cette expulsion, nous n'aurions pas déserté la Convention violée, nous n'aurions pas brisé l'unité de la Montagne. Nous lui serions resté fidèle, car là était le drapeau. Nous aurions protesté contre le 31 Mai, comme firent Cambon, Merlin, plusieurs montagnards et les soixante-treize. Mais enfin nous serions resté. Les royalistes se mêlant aux Girondins, on ne pouvait plus défendre ceux-ci qu'en fortifiant ceux-là; tout acte pour les Girondins eût été un coup porté à la République.

Ce mélange fut le crime de la Gironde, son seul crime, il faut le dire — et non le fédéralisme, le démembrement de la France, auquel elle ne pensa jamais — et non la double accusation qu'on lui lançait follement de s'entendre avec Dumouriez pour la branche cadette, avec la Vendée pour la branche aînée!...

Les autres accusations n'étaient pas moins insensées, absurdes. Que dire de celles de Marat: « C'est Pétion, Brissot, Gorsas, qu'il faut accuser des massacres de Septembre. »

Et du mensonge d'Hébert: « Les Girondins prennent la nuit tout le pain chez les boulangers. »

Autres que Marat: « Le scélérat Brissot a mis tout exprès des prêtres auprès de Louis, pour le fanatiser, le faire passer pour saint et martyr. »

« C'est Roland et les Girondins qui ont volé le Garde-Meuble, Brissot a placé sa part sur les fonds étrangers. L'hypocrite rit maintenant, il loge *dans le palais des rois*. »

Effectivement, Brissot s'était fait donner un grenier du château désert de Saint-Cloud. Il possédait trois chemises; sa femme les blanchissait et les étendait tour à tour aux fenêtres du *palais des rois*.

Les Girondins avaient demandé que l'on constatât la fortune de tous les représentants. L'Assemblée ne le permit pas. Tous étaient désintéressés, et tous s'indignèrent d'une telle inquisition.

Dans leur dernière et funèbre nuit du 30 octobre 93, ce qui troublait le plus les Girondins condamnés, ce n'était pas la mort qu'ils devaient subir le lendemain, mais la profonde misère où ils laissaient leurs familles. Les femmes de Brissot, Pétion, Gensonné, seraient mortes de faim avec leurs enfants, sans les aumônes de quelques amis.

Ce qui reste des lettres inédites de Vergniaud témoigne de l'inquiétude singulière du grand orateur: c'était la difficulté de payer sa blanchisseuse.

Au jour même de leur mort, ou le lendemain, la lumière s'est faite. Danton, Camille Desmoulins, les ont amèrement pleurés. Dumouriez, leur prétendu complice, les honore de ses injures dès 94. Il en est de même de Mallet-Dupan (voyez plus haut) et de tous les royalistes; tous exècrent la Gironde, comme la République elle-même. Garat, le faible Garat, après le 9 Thermidor, avoue tardivement dans ses Mémoires l'innocence de la Gironde.

Le cœur de la France elle-même s'est échappé dans les paroles douloureuses de Chénier, lorsqu'il répondit en 95 aux hommes impitoyables qui fermaient encore l'Assemblée aux girondins survivants: « Ils ont fui, dites-vous? ils se sont cachés, ils ont enseveli leur existence au fond des cavernes?... Eh! plût aux destinées de la République que ce crime eût été celui de tous!... Pourquoi ne s'est-il pas trouvé de caveaux assez profonds pour conserver à la patrie les méditations de Condorcet et l'éloquence de Vergniaud? Condorcet, Vergniaud, Rabaut Saint-Etienne, Camille Desmoulins ne veulent point d'holocaustes sanglants. Les républicains pardonnent leur mort, si la République est immortelle. Union, Liberté, République, voilà le ralliement de la France, le vœu des morts, le cri qui sort des tombeaux! »

L'unité sous peine de mort, telle avait été la condition de la France, en mai 93; c'est ce que purent alléguer les membres de cette Assemblée qui avaient eu le malheur de voir cette tragédie du 31 mai, d'en boire le honteux calice... Ils virent tout, surent tout, souffrirent tout, gardant jusqu'au jour du salut le déplorable *secret qu'il leur fallait ensevelir*. C'est le mot même de Cambon, lorsqu'en 94 il rendit témoignage à la mémoire des infortunés girondins.

Il est révélé, ce secret. Il l'est complètement ici, pour la première fois; il est mis en pleine lumière d'après les actes authentiques. Nous qui venons enfin, après soixante ans, le tirer du fond de la terre, nous n'en justifions pas moins l'illustre et malheureuse Assemblée. Il lui fallut laisser périr ou la Gironde ou la France. La Gironde même avait choisi. La Convention ne fit qu'accomplir ce qu'avait conseillé Vergniaud:

« N'hésitez pas entre quelques hommes et la chose publique... Jetez-nous dans le gouffre, et sauvez la Patrie! »

Le mouvement, annoncé le 26, eut lieu le 27. Dans plusieurs sections, on compléta les compagnies de canonniers. On empêcha les volontaires de partir pour la Vendée. La section des Gravilliers se déclara en insurrection. Le faubourg Montmartre, en masse, partit avec plusieurs autres sections, le matin du 27, pour présenter à l'Assemblée une pétition menaçante, *au bout d'une pique*.

De quels moyens de défense disposait la Convention? La réquisition de la force armée appartenait au maire, à la Commune, puissance incertaine et flottante, que l'insurrection dominait.

Le peuple envahit l'Assemblée

Les Douze, il est vrai, avaient reçu de l'Assemblée un vague pouvoir *de prendre des mesures.* Ce pouvoir contenait-il celui d'appeler la force armée?

Ils l'appelèrent dans la nuit, et malgré les réclamations du maire; trois sections voisines de l'Assemblée (la Butte-des-Moulins et deux autres) envoyèrent chacune trois cents hommes à son secours, de sorte que les bandes armées, qui de bonne heure s'étaient saisies des abords des Tuileries, virent derrière elles ce corps d'environ mille hommes en bataille sur le Carrousel; les assiégeants furent assiégés.

Cela dérangeait fort le plan. La Convention, irritée, reçut, comme émollient, une sentimentale épître du maire de Paris. Rien de grave. Nulle violence à craindre, nulle effusion de sang.

Cependant la section de la Cité, fidèle aux projets de la nuit, et sans doute n'étant pas avertie de la protection armée qu'avait la Convention, vint à grand bruit réclamer la liberté de son président, demandant avec menace « que les Douze fussent traduits au Tribunal révolutionnaire ».

Isnard dit que l'ordre du jour était la Constitution, et refusa obstinément la parole à Robespierre. Un tumulte affreux s'élève, une tempête de cris de la Montagne et des tribunes. Il y eut des mots incroyables. Bourdon (de l'Oise) menaçait d'*égorger le président*. Thuriot, dépassant Marat dans l'absurdité de la calomnie, criait qu'*Isnard s'était avoué le chef de l'armée chrétienne, le général de la Vendée!*...

Cependant, la foule armée qui remplissait les couloirs se rapprochait de plus en plus. Un député essaya de sortir, et on lui mit le sabre sur la poitrine. Isnard réussit à faire passer à la garde nationale l'ordre de faire évacuer les portes et de rétablir la circulation.

Nouveaux cris, réclamations furieuses. La Montagne force le commandant de la garde nationale de comparaître à la barre, de produire ses ordres. L'Assemblée, loin de le blâmer, décide qu'il est admis aux honneurs de la séance.

La Convention, à ce moment, était encore maîtresse de son sort; elle pouvait encore assurer sa liberté. Elle pouvait décréter que la réquisition de la force armée n'appartenait qu'à elle seule.

Mais voilà que le maire arrive, et, devant lui, l'honnête et sensible Garat, ministre de l'Intérieur, que le maire pousse à la tribune. Ce pauvre homme, dans un long discours philanthropique et pleureur, jure qu'il parle « comme s'il était aux pieds même de l'Eternel ». La Convention n'a rien à craindre; elle peut s'en assurer, se porter elle-même dans les flots du peuple... « En parlant ainsi, dit-il, je ferais tomber sur moi l'horreur d'un attentat qui serait commis. » On peut se confier au maire: « Je l'avais cru froid, mais si vous aviez pu voir avec quelle chaleur, quelle indignation il a repoussé l'idée d'arrêter les représentants!... »

La Convention, détrempée de l'homélie de Garat, écouta ensuite le maire, qui redit les mêmes choses. Il était tard, on s'en allait: le président partit aussi. Avait-il levé la séance? On l'ignore, dans l'état de mutilation où le procès-verbal nous est parvenu.

Ce qui est sûr, c'est que la Montagne, restée seule, continua la séance. Hérault de Séchelles prit le fauteuil. Il reçut deux députations, l'une *au nom de vingt-huit sections*, l'autre *au nom du peuple*, qui venaient demander la liberté d'Hébert, Marino, Dobsent, la suppression des Douze et le procès de Roland.

Hérault, avocat général du Parlement, était un bel homme, noble et riche, un philanthrope connu, qui avait fait son chemin par la faveur de la reine et de Mme de Polignac, dont il était un peu parent. Il avait à expier; plus qu'un autre, il était forcé d'aller loin dans la violence. Homme de plaisir, il était ami de Danton.

Victoire de la Montagne

La Montagne mettait volontiers en avant cette belle tête creuse et vide, qui posait et trouvait des phrases. La phrase fut celle-ci, pour la première députation: « La force de la raison et la force du peuple sont la même chose. » Et à la seconde: « Quand les droits de l'homme sont violés, il faut dire: « La réparation ou la mort. »

Tonnerre d'applaudissements. Il était minuit; une centaine de députés, au plus, restaient dans la salle. Les pétitionnaires s'étaient sans façon emparés des places vides, et siégeaient comme en famille avec la Convention. Cette bizarre Assemblée décréta que les prisonniers étaient élargis, que les Douze étaient cassés et que le Comité de sûreté aurait à examiner leur conduite.

Le tumulte était si grand, qu'un député placé à dix pas du président ne put seulement entendre si le décret était mis aux voix ou était rendu. La salle était assiégée; Meillan et Chappe voulurent sortir; Pétion et Lasource voulurent rentrer: deux choses également impossibles.

La Convention ne pouvait siéger dans cette salle profanée qu'en votant des lois de force pour garder sa liberté. Rentrer sans défense, sans appui, sans garantie, c'était se livrer soi-même à de nouvelles violences et tenter le crime.

Un homme que rien n'effrayait, le Breton Lanjuinais, proclame, le 28 au matin, la nullité du décret. Nul cri ne peut le faire taire, nulle menace; le boucher Legendre beuglait qu'il allait le jeter en bas de la tribune. Lanjuinais persista.

Il eut seulement le tort de juger trop du courage de tous par le sien. Il voulut l'appel nominal. Tous y consentirent bravement, mais tous ne votèrent pas de même. Leur faiblesse ou leur prudence révéla un grand changement dans l'esprit de l'Assemblée, une prostration inattendue de volonté et de force.

La Montagne eut presque la majorité. Elle qui, primitivement, n'avait pas cent voix, qui, vers le 15 mai, en eut cent cinquante, elle a pour elle, le 28, *deux cent trente-huit voix!*

La Gironde en obtient deux cent soixante-dix-neuf, c'est-à-dire qu'elle n'a plus que *quarante et une voix* de majorité.

Fonfrère sentit très bien que la Commission des douze, dont il était membre, rétablie par cette faible majorité, devait céder quelque chose. Il demanda lui-même l'élargissement provisoire d'Hébert, Dobsent et autres détenus.

Les deux partis, à vrai dire, apercevaient leur faiblesse. Tous deux perdaient, tous deux gagnaient.

La droite avait gagné de refaire les Douze.

La gauche avait gagné cent quarante voix nouvelles et l'élargissement d'Hébert.

Pour faire un coup violent, ni l'une ni l'autre n'eût trouvé des hommes d'exécution.

On en pleurait à l'Evêché: « Hélas! il n'y aurait plus trois cents hommes seulement pour faire le coup de Septembre. » Mais on enrôlait des femmes.

D'autre part, le gouvernement, ayant reçu avis qu'on voulait se porter à la caisse du Domaine, ordonna de rassembler des hommes dans la section du Mail. On n'en put trouver que vingt-cinq, et encore, sur les vingt-cinq, deux seulement avaient des fusils.

Ce qui frappe et qui surprend dans les actes de l'époque, c'est l'éclipse à peu près complète de la population de Paris. Le nombre des votants, aux élections de sections, est vraiment imperceptible. Sauf trois (des plus riches, la Butte-des-Moulins, le Muséum et les Tuileries) qui, dans un jour de crise, apparaissent assez nombreuses, les autres n'ont guère plus de *cent votants*, et presque toujours le nombre est bien au-dessous. Celle du Temple, pour une élection importante, n'en a que trente-huit.

On peut affirmer hardiment, en forçant même les chiffres, et comptant cent hommes pour chacune des quarante-huit sections, que toute la population active politiquement (dans cette ville de sept cent mille âmes) *ne faisait pas cinq mille hommes.*

Dans les questions de subsistances ou autres d'intérêt populaire, on pouvait faire descendre beaucoup de monde des faubourgs. Mais *les votants*, nous le répétons, n'étaient pas plus de cinq mille. En novembre 92, Lhuillier, candidat jacobin à la mairie, que tous les républicains soutinrent contre un royaliste, n'avait eu que quatre mille neuf cents voix. En juin 93, les Jacobins vainqueurs, maîtres de Paris, dans une élection semblable, par ruse, par force ou par terreur, ne purent faire donner à leur commandant Henriot que quatre mille six cents voix. On cassa deux fois l'élection. On força de voter à haute voix, pour faire bien voter les faibles. Cela ne suffisant pas, après avoir affiché l'audace d'une publicité courageuse, on se réfugia dans le secret; on dispensa les votants de montrer leurs cartes, ce qui permit aux mêmes hommes de voter successivement dans plusieurs sections.

Paris, en réalité, avait donné sa démission des affaires publiques. Et c'est ce qui encourageait singulièrement l'audace des violents. Rien n'était plus aisé que de surprendre, dans ces assemblées désertes, des décisions contraires aux vœux de la population. C'est ainsi qu'au 10 février 1793 on fit signer la nuit, dans trente sections, la pétition atroce qui fit horreur à Marat.

L'*insurrection morale* de Robespierre, présentée à des assassins, à des femmes furieuses qui trônaient à l'Evêché, dut produire dans un tel public un effet d'hilarité. Les femmes, à l'Evêché, avaient le pas sur les hommes; il y en avait une centaine qui prétendaient gouverner, protéger même les hommes, et qui les dépassaient beaucoup en violence. Elles en avaient pitié, elles leur faisaient honte de leurs ménagements. Maillard, Fournier, Varlet, les plus violents cordeliers, rentraient dans un humble silence quand Rose Lacombe tenait la tribune. Elle se moquait d'eux tous, ne demandait que des piques et des poignards pour les femmes, qui feraient l'exécution, pendant que les hommes coudraient à leur place.

Les Jacobins expliquaient en vain leur *insurrection morale*. L'idée était ingénieuse. Il s'agissait de pousser doucement la Convention à se mutiler elle-même, de peser, mais à distance, sans mettre la main sur elle, d'agir, sans qu'on vît l'action, par une sorte d'asphyxie. Si les départements criaient, on leur dirait: « Vous vous trompez. La Convention fut toujours libre. Demandez-lui à elle-même! Elle ne dira pas non. » Et elle, courbée et domptée, elle dirait oui, en effet, aimant mieux dire: « J'étais libre », que de dire: « J'ai été lâche ».

Tout cela était trop subtil pour les gens de l'Evêché. Ils résolurent d'aller en avant, avec ou sans les Jacobins.

Robespierre en fut un moment singulièrement abattu. Il voyait que les violents, en brusquant le mouvement, allaient probablement tout perdre. Il s'effaça, s'aplatit (et pendant que les Jacobins travaillaient les sections), il s'annula en public. Il était exténué, disait-il, ne pouvait se faire entendre. Sa voix, si forte et si perçante le 26 au soir, fut tout à coup, le 28, pulmonique, asthmatique, éteinte: « Je réclame votre indulgence, dans l'*impossibilité physique* où je suis de dire tout ce que m'inspire *ma sensibilité* pour les dangers de ma patrie. » Et le 29, aux Jacobins: « Je suis incapable de prescrire au peuple les moyens de se sauver. Cela n'est pas donné à un seul homme, *à moi qui suis épuisé* par quatre ans de Révolution. Ce n'est pas à moi d'indiquer ces mesures, *à moi qui suis consumé* par une fièvre lente, par la fièvre du patriotisme. »

L'Evêché allait trop vite. Par sa violence imprudente, il rendit force aux Jacobins.

A Saint-Paul, rue Saint-Antoine, les violents, pour mettre un des leurs à la présidence, avaient fait pleuvoir sur le dos de la section toutes les chaises de l'église. Ils chassèrent la moitié de l'assemblée pour gouverner l'autre.

A Saint-Roch, où s'assemblait la section de la Butte-des-Moulins, Maillard fit un singulier essai de terreur. Le 27, dans ce jour de crise où la section envoya des forces à la Convention, il vint voir si sa figure, bien connue, paralyserait l'ennemi. Le fanatique voulait aussi probablement être insulté; il ne l'obtint pas. Le président dit simplement que Maillard, étant membre du Département, aurait dû, dans un tel jour, ne pas abandonner son poste. Exaspéré de cette modération, il sortit de l'assemblée, ceignit son écharpe, comme s'il eût été en péril et qu'il eût eu besoin de se couvrir de ses insignes; on le vit reparaître en haut dans une tribune, et de là, furieux, il dit au président (en vrai juge de Septembre) « qu'il le ferait arrêter ».

Ces fureurs ne réussirent pas. Le Département, où Lhuillier (c'est-à-dire Robespierre) avait la grande influence, rendit un règlement fort sage pour assurer la police des sections. On devait y entrer sans armes ni bâtons, et donner par écrit, à la porte, ses nom, surnom, profession.

Plusieurs sections comprirent qu'elles pouvaient, contre l'Evêché, les Cordeliers et les hommes de Septembre, s'appuyer des Jacobins. La section du Mont-Blanc (Chaussée-d'Antin) prit Lhuillier pour vice-président, et, forte de ce patronage, elle ne fit nulle attention aux invitations de l'Evêché, qui la priait de lui envoyer des commissaires; elle passa sèchement à l'ordre du jour.

La répulsion des sections pour l'Evêché fut plus claire encore quand (le 28 et le 29) elles rejetèrent généralement trois de ses hommes que la Commune présentait comme candidats au Conseil général.

Les sections jacobines (Bonconseil, par exemple) ne voulaient voir dans l'Evêché *qu'un simple club*, rien de plus. Sa prétention était bien autre; il se croyait un corps constitué, représentant et fondé de pouvoir du peuple souverain.

Tout cela sur une équivoque. Les délégués de sections y avaient été envoyés avec des pouvoirs *non définis*, parce qu'ils traitaient d'affaires diverses. *Indéfinis* et *illimités*, n'était-ce pas la même chose? L'Evêché ne demandait pas mieux qu'on le crût ainsi.

Les procès-verbaux indiquent naïvement l'incertitude et l'embarras où se trouvaient les sections.

La scène la plus curieuse est celle qui se passe, le 29, aux Droits de l'Homme. Cette section, l'une des plus violentes, hésite pourtant quand on veut lui faire nommer des commissaires avec pouvoir illimité: « Encore, disent quelques-uns, serait-il bon de savoir ce qu'on veut en faire. » Mais Varlet entre dans la salle, Varlet récemment délivré, Varlet le héros, la victime, se glorifiant lui-même et célébrant son triomphe. Le trop modeste martyr se donnait lui-même la palme civique. Une fille portait derrière lui une branche de chêne. L'Assemblée, enthousiaste, la lui fit poser à côté du buste de Lepelletier. L'émotion emporte tout; on nomme les commissaires, et le premier est Varlet, avec pouvoir illimité.

La plupart des autres sections (si j'en crois leurs procès-verbaux) montraient moins d'entraînement. L'Evêché comprit que seul il n'était pas assez fort. Les meilleures têtes disaient qu'on ne pouvait pas ainsi agir à part des Jacobins. On résolut de les payer au moins de paroles. On fit semblant de revenir à leur *insurrection morale*. On arbora même, le 30, à la salle de l'Evêché, un drapeau tout jacobin, qui portait cette devise: « L'instruction et *les bonnes mœurs* rendent les hommes égaux. »

Sur cette assurance, Lhuillier, mandé le 30 avec Pache au Comité de salut public, assura « qu'il n'y avait rien à craindre, qu'il s'agissait seulement d'une *insurrection morale* ».

Cependant, l'Evêché contenait des hommes trop pétulants pour pouvoir jusqu'au bout mystifier les Jacobins.

Varlet ne se contenait point: « Nous avons, disait-il, des pouvoirs illimités; nous sommes le Souverain. Nous cassons l'autorité, nous la refaisons et nous lui donnons la souveraineté. Elle brise la Convention; quoi de plus légal?... » Tout cela fort applaudi. Un magistrat de la Commune, Hébert, qui était présent, approuva lui-même. La tumultueuse assemblée arrêta *que Paris se mettait en insurrection pour l'arrestation des traîtres*. Le désordre était si grand qu'on ne s'aperçut pas qu'un de ceux qu'on appelait traîtres, Lanjuinais, était là intrépidement au milieu de ses ennemis.

L'insurrection toutefois ne fut pas votée sans opposition, et cette opposition vint d'où on ne l'attendait guère, des délégués du faubourg Saint-Antoine. Ceux de la section de Montreuil (section de jardiniers et de travailleurs fort simples) dirent qu'ils n'iraient pas plus avant, qu'il leur fallait d'autres pouvoirs. Ils n'eurent pas assez d'esprit pour se prêter à l'équivoque, et ne voulurent jamais croire que, pour être *indéfinis*, leurs pouvoirs fussent *illimités*.

Même résistance de la part des délégués de Popincourt, autre section du faubourg; ils ne voulaient rien faire sans avoir de nouveaux pouvoirs. Notez que cette section, présidée par Herman, d'Arras (du Tribunal révolutionnaire), intime ami de Robespierre, devait être entièrement dans la main des Jacobins.

Dans le faubourg Saint-Marceau, la section du Finistère ou des Gobelins se montra encore plus contraire à la violence, fidèle à la Convention.

Pendant que *l'insurrection brutale*, celle de l'Evêché, s'organisait péniblement, *l'insurrection morale*, celle des Jacobins, avait procédé avec plus de lenteur encore.

Le principal meneur, Lhuillier, procureur-syndic, avait convoqué le 29 les membres du département, et dominant par son influence, comme agent de Robespierre, la violence de Maillard (qui était aussi membre du Département), il en

Insurrection du 31 mai

avait tiré un arrêté: *Le 31 mai, à neuf heures du matin, les sections enverront des commissaires à la salle des Jacobins, où doivent se trouver les autorités constituées.* Robespierre, néanmoins, hésitait encore le 29. Cet arrêté, principe de son *insurrection morale*, ne fut envoyé que le 30 au soir, lorsque l'insurrection brutale fut déchaînée par l'Evêché.

La convocation jacobine, tombant le soir dans les sections, les tira d'un grand embarras. La plupart venaient de recevoir une dernière et violente sommation de l'Evêché pour envoyer leurs commissaires. La chose se discutait. La discussion s'interrompt, on l'abandonne, on l'oublie; on décide qu'on ira de préférence aux Jacobins. Telle section, qui devait envoyer à l'Evêché, désigna le même homme pour aller aux Jacobins et à la même heure; auquel des deux ordres obéirait-il? Au second certainement, l'assemblée des Jacobins étant celle des autorités du Département réunies en corps, tandis que l'Evêché n'avait que l'appui furtif, indirect, de la Commune.

L'Evêché vit qu'il n'avait plus à attendre aucun accroissement de forces, et il agit dans la nuit. Il avait du temps encore; la réunion des Jacobins ne devait avoir lieu que le matin à neuf heures.

Entre minuit et une heure, l'Evêché dépouilla, vérifia les pouvoirs qu'il avait des sections. Etaient-ils illimités? C'est le sujet d'un grand doute. J'ai sous les yeux quarante et un des quarante-huit procès-verbaux des sections de Paris. *Cinq seulement mentionnent des pouvoirs illimités. Trois les donnent d'une manière douteuse ou après l'événement.* Quatre refusent positivement. Quatorze refusent poliment, n'accordant de pouvoirs que pour délibérer ou pétitionner. Tous les autres sont muets.

Ce qui étonne, c'est la diversité du chiffre que l'Evêché affirma. Il dit le matin avoir les pouvoirs illimités de trente-trois sections. Vers deux heures, ses envoyés dirent eux-mêmes à la Convention qu'ils n'en avaient que vingt-six. Et le soir ils soutinrent qu'ils en avaient quarante-quatre.

Quoi qu'il en soit, le nouveau pouvoir, constitué vers une heure après minuit, nomma, entre deux et trois, neuf commissaires de salut public: Dobsent, Gusman, etc. On proclama commandant général de la garde nationale un capitaine, Henriot. On décréta, pour première mesure, l'arrestation des suspects. Le tocsin de Notre-Dame sonna à trois heures.

Le maire Pache, fort inquiet de voir l'Evêché aller en avant sans souci des Jacobins, terrifié de l'idée d'une collision possible entre les deux autorités de Paris, le Département et la Commune, court à l'Evêché, mais il n'obtient rien. Il écrit, au nom du Conseil général, une adresse aux sections pour rappeler qu'on se doit réunir aux Jacobins: « Toute autre mesure est funeste. »

L'Evêché va son chemin. A six heures, ses commissaires, Dobsent en tête, sont à la Commune. Ils sont reçus à merveille d'Hébert, de Chaumette, de Pache même, qui venait d'écrire contre eux. Dobsent montre les pouvoirs, on les vérifie, on les trouve tout à fait en règle: *pouvoirs illimités de la majorité des sections, pouvoirs du Peuple souverain.*

Donc, au nom du Peuple, Dobsent requiert que la Municipalité et le Conseil général soient cassés et renouvelés. Le Peuple les destitue, mais le Peuple les recrée, *en leur communiquant les pouvoirs illimités de ses commissaires.* Ils sortent par une porte et rentrent par l'autre.

Ils rentrent, mais transformés. Ils sont sortis magistrats de Paris, dépendants de la Convention. Ils rentrent comme Peuple souverain.

Cette souveraineté fut sur-le-champ mise à l'épreuve. La Convention mande le maire. Que fera-t-on! Varlet et les plus violents *ne voulaient pas qu'on obéît*; ils prétendaient que le maire fût consigné, comme le fut Pétion pendant le combat du 10 août. D'autres, plus sages (Dobsent en tête, d'accord avec la Commune), pensèrent que rien après tout n'était organisé encore, qu'on ne savait pas seulement si le nouveau commandant serait reconnu de la garde nationale; ils décidèrent *qu'on obéirait* et que Pache irait rendre compte à la Convention.

Tel fut le premier dissentiment. Le second fut la question de savoir si l'on tirerait le canon d'alarme. Depuis les jours de Septembre, ce canon était resté l'horreur de la population parisienne; une panique terrible pouvait avoir lieu dans Paris, des scènes incalculables de peur et de peur furieuse. Il y avait peine de mort pour quiconque le tirerait. Les violents de l'Evêché, Henriot, en donnaient l'ordre. Ici encore la Commune décida contre eux *qu'on obéirait* à la loi, et qu'il ne fût point tiré. Chaumette donna même l'ordre qu'on fît taire le beffroi de l'Hôtel de Ville, que les autres s'étaient mis à sonner sans permission.

Tout le jour, la Commune flotta ainsi, comme une mer dans l'orage, des modérés aux furieux. Le Comité révolutionnaire (en grande partie maratiste) et le Conseil général (généralement jacobin) donnaient des ordres contraires. Les premiers disant: « Tirez! » Les autres: « Ne tirez pas! » La section du Pont-Neuf, où se trouvait le canon, ne voulait pas reconnaître les ordres du nouveau commandant, ni permettre de tirer. Elle résista jusqu'à une heure, et l'aurait fait davantage, pour peu qu'elle eût été soutenue de la Convention.

La nouvelle autorité, peu d'accord avec elle-même, ne s'entendit que sur deux points. Ce fut d'exiger le serment de tous les fonctionnaires et de créer une force armée. *Les patriotes armés auront quarante sols par jour.* Que ferait-on de cette force? C'est ce qu'on ne disait pas.

Du reste, les uns et les autres voyaient bien que rien ne

pouvait se décider dans la Commune. Déjà ils agissaient ailleurs, les violents aux faubourgs, les modérés aux Jacobins.

Que faisait la Convention? Rien. Et encore? Rien.

Dès le matin, son ministre Garat, tout pâle et défait, lui avait expliqué le tocsin qu'elle entendait, avouant à la pauvre Assemblée que, pendant qu'elle avait dormi, le pouvoir changeait de main. Pache vint dire la même chose, simplement, naturellement, nullement embarrassé, sous son froid visage suisse. L'insurrection tant niée par lui, il la déclarait réelle. Cela fait, il descendit, retourna à la Commune.

Garat et Pache avaient dit tous les deux la même chose: « Que la cause de l'insurrection était le rétablissement de la Commission des douze. »

Cassera-t-on la commission? Punira-t-on Henriot, qui, au mépris de la loi, a voulu faire tirer le canon d'alarme? Voilà la discussion.

« Il faut, dit Vergniaud, que la Convention prouve qu'elle est libre; il ne faut pas qu'elle casse aujourd'hui la commission... Il faut qu'elle sache qui a donné l'ordre de tirer le canon d'alarme... S'il y a un combat, il sera, quel qu'en soit le succès, la perte de la République... Jurons tous de mourir à notre poste! »

L'Assemblée presque entière jura.

A ce moment même elle entendait avec indignation le canon d'alarme. Les violents étaient enfin parvenus à faire tirer.

Cette audacieuse violation de la loi, ce signe solennel du mépris qu'on faisait de l'Assemblée pouvait jeter celle-ci dans quelque résolution forte. Cela rendait difficile la réponse que Danton allait adresser à Vergniaud. Il la fallait modérée pour retenir l'Assemblée; il la fallait violente pour satisfaire les tribunes, qui attendaient haletantes le mot de Danton. Il donna à celles-ci quelques paroles à leur guise; mais en général, il fut très prudent, très politique, déclara ne préjuger rien, ni dans un sens ni dans l'autre, demanda, *non la cassation, mais seulement la suppression* de la Commission des douze, comme mesure d'utilité. « Cette commission, dit-il, a eu le tort de frapper ceux qui attaquaient le *modérantisme*; et ce modérantisme, il faut que la France le tue, pour sauver la République... Nous devons faire justice au peuple... Si Paris n'a voulu donner qu'un grand signal, avertir les citoyens par une convocation, trop retentissante, il est vrai, il a encore cette fois bien mérité de la patrie... Si quelques hommes dangereux, de quelque parti qu'ils fussent, voulaient prolonger le mouvement quand il ne sera plus utile, Paris lui-même les fera rentrer dans le néant... »

« Mais au moins, disait la Gironde, avant de supprimer les Douze, vous devez entendre leur rapport... » Le rapporteur, Rabaut, était là à la tribune, prêt à lire, autorisé à lire par la Convention; mais toujours les cris l'empêchaient. Des heures se passèrent ainsi: « Vous avez peur de m'entendre, disait-il à la Montagne. Vous nous accusez; pourquoi? Parce que vous savez trop bien que nous allons accuser. »

L'embarras de la Montagne, c'est que cette situation risquait de se prolonger indéfiniment. L'insurrection n'arrivait pas. La Commune, divisée, ne pouvait se résoudre à rien. Le jour s'écoulait. Tard, bien tard dans la matinée, arrive enfin une députation, qui se prétend envoyée par le Conseil général: « On a découvert un complot; les commissaires des quarante-huit sections en feront saisir les auteurs. Le Conseil général envoie *pour communiquer* les mesures qu'il a prises à la Convention », etc. Ils parlaient à l'Assemblée comme à un pouvoir inférieur. Guadet dit intrépidement: « Ils vous parlent d'un complot... Qu'ils changent un mot seulement. Ils disent qu'ils l'ont *découvert*; qu'ils disent qu'ils l'ont *exécuté*... La Convention doit décréter qu'elle ne délibérera sur nulle question que celle de sa liberté même... »

Ici, autre députation, mais du maire et de la Municipalité, députation pacifique qui dément la précédente. La Municipalité ne désire rien que de se rapprocher de la Convention, d'établir une correspondance directe avec elle. Elle demande un local pour ses commissaires auprès de la Convention.

Voilà un style bien différent. Que s'était-il donc passé?

En réalité, rien ne se passait, et rien ne pouvait se faire. Voilà pourquoi la Commune délaissait l'émeute impuissante et se rapprochait de la Convention.

La voix immense du tocsin sonné dans toutes les églises, le terrible fracas du canon, c'était une grande préface, une annonce vraiment solennelle. Mais rien ne se faisait encore. On s'habituait au bruit. Le temps était magnifique, l'été déjà dans sa splendeur. Les femmes étaient sur leurs portes *pour voir passer l'insurrection*; mais elle ne passait pas.

Bonconseil et autres sections avaient battu deux fois le rappel, toujours inutilement. L'Evêché avait de bonne heure distribué aux siens ce qu'il y avait d'armes à l'Hôtel de Ville, et cette force imperceptible était comme perdue dans l'océan de Paris. Des particuliers zélés couraient, s'agitaient dans les rues avec de petits groupes armés; Léonard Bourdon, par exemple, qui était maître de pension, avait armé de fusils, empruntés à sa section, six hommes de sa maison, ses régents probablement ou maîtres d'étude. Faibles moyens, petits mouvements isolés, individuels, qui ne faisaient que mieux ressortir l'impuissance du mouvement général, et lui donnaient trop l'apparence d'une insurrection d'amateurs.

A deux heures et demie, le Conseil général avait fait taire le tocsin, qui devenait ridicule, personne n'y prenant plus garde. Il recevait une solennelle députation des Jacobins. Ceux-ci se portant héritiers de la défunte insurrection, la reprenant dans les termes primitifs de la pensée jacobine (une insurrection *morale*), vinrent déclarer à la Commune qu'*une assemblée des commissaires des sections s'était organisée chez eux, de concert avec les autorités du Département*, et qu'elle avait formé *un comité de salut public* pour toutes mesures nécessaires *que les quarante-huit sections seraient tenues d'exécuter*: « C'est ce comité qui vous parle, dirent-ils aux gens de la Commune; nous venons siéger au milieu de vous. »

L'Evêché eût bien voulu rester seul maître à la Commune. Le matin, lorsqu'il était fort, redouté, irrésistible, il en avait tiré un ordre qu'on placarda dans Paris, *de n'obéir qu'au Comité révolutionnaire et au Conseil général* assemblés à l'Hôtel de Ville, c'est-à-dire de ne pas obéir au Département et aux délégués, assemblés aux Jacobins. Mais, arrivés à deux heures et demie, une heure si avancée de la journée, sans pouvoir faire la moindre chose, il fallut bien que ces terribles dictateurs de l'Evêché s'humanisassent et reçussent au partage du pouvoir le Département de Paris et l'autorité jacobine.

Ces circonstances toutes nouvelles, inconnues à la Convention, expliquent le doucereux discours par lequel Couthon l'amusait à la même heure: il était impartial, *ni de Marat, ni de Brissot*; il n'était qu'à sa conscience. Personne n'était plus que lui affecté des mouvements, des interruptions des tribunes. « On parle d'insurrection; mais où est l'insurrection? C'est insulter le peuple de Paris que de le dire en insurrection. » Couthon poussait la douceur jusqu'à croire que ses collègues *n'étaient que trompés*, qu'une faction infernale les retenait *dans l'erreur*: « Rallions-nous, supprimons les Douze, la liberté est sauvée. »

« Oui, rallions-nous, dit Vergniaud. Je suis bien loin d'accuser la population de Paris. Il suffit de voir l'ordre et le calme qu'elle maintient dans les rues pour décréter *que Paris a bien mérité de la patrie.* »

Ce mot fut avidement saisi de la Montagne, décrété unanimement.

La droite reprenait avantage; un député peu connu demanda qu'on fît recherche de ceux qui avaient sonné le tocsin, tiré le canon.

Des députations arrivent pour désavouer l'émeute; une spécialement, qui résume toutes les demandes du peuple, spécifie que, si les vingt-deux sont mis en accusation, les citoyens de Paris *donneront autant d'otages.*

Tous reprirent si bien courage, que Barère devint lui-même téméraire et hasardeux. Il lança la proposition décisive que personne ne faisait et qui eût changé la face des choses: Que la Convention casse sa Commission des douze, mais *qu'elle prenne pour elle-même la réquisition de la force armée.*

Dirons-nous ici une chose que l'on voudra croire à peine, et qui montre combien l'esprit de dispute dominait le sens politique? Les réclamations s'élevèrent de quel côté? De la droite, que la proposition sauvait!...

La droite tenait tellement à ce point de vanité de garder sa Commission des douze (brisée, détruite, impuissante), qu'elle repoussa en même temps la disposition de la force armée que Barère voulait placer aux mains de la Convention!

Pendant que la droite dispute contre elle-même, fait la difficile et la dédaigneuse, ne veut pas de la victoire, l'insurrection accouche; deux noirs orages se forment enfin et vont fondre sur l'Assemblée.

L'insurrection *morale* des amis de Robespierre a dressé l'acte d'accusation de la Gironde, et va venir, avec une masse de sans-culottes armés, étouffer *moralement* les libertés de l'Assemblée.

L'insurrection maratiste travaille le faubourg Saint-Antoine, employant cette dernière arme, infâme et désespérée, d'aller criant par les rues *que la Butte-des-Moulins a pris la cocarde blanche,* a proclamé la contre-révolution. Tout le faubourg est en branle. A cinq heures, un noir torrent roule par la rue Saint-Antoine, par la Grève, par la rue Saint-Honoré.

Effroyable situation de l'Assemblée de Paris! Si l'Assemblée n'est pas étouffée du premier flot, n'est-elle pas en danger d'être abîmée du second? Asservie par les Jacobins, massacrée par les maratistes, quel sera son sort tout à l'heure? S'il se fait, au cœur de Paris, une grande mêlée sanglante, les meneurs ne pourront-ils pas détourner ce peuple docile sur la Convention même?

L'insurrection jacobine fit, la première, son apparition. Les Jacobins, qui avaient par leur Comité de salut public pris possession de la Commune, se présentent à l'Assemblée, se disent la Commune même; Lhuillier portait la parole. Le discours, écrit avec soin, était une pièce littéraire, de rhétorique jacobine, sentimentale et violente. La virulente accusation commençait par une élégie: Etait-il donc bien vrai qu'on eût formé le projet d'anéantir Paris?... Quoi! détruire tant de richesses, détruire les sciences et les arts! le dépôt sacré des connaissances humaines! etc., etc. Pour sauver les sciences et les arts, il fallait mettre en accusation Vergniaud, Isnard, les Girondins, champions du royalisme et fauteurs de la Vendée.

Le cordonnier homme de loi, à l'appui de son aigre plaidoirie pour la civilisation, laissait voir à ses côtés une masse de sauvages armés de bâtons, de piques. Il avait à peine fini que cette foule bruyante força la barre de l'Assemblée, inonda la salle. Il semble pourtant que ce fut moins un acte d'hostilité qu'une sorte de bonhomie barbare; ils envahirent non la droite, mais le côté qu'ils aimaient, le côté des montagnards; ils se précipitèrent sur eux *pour fraterniser.* Un dantoniste cria que le président devait les inviter à se retirer. Levasseur, avec plus de présence d'esprit, engagea les montagnards à se réfugier aux bancs peu garnis de la droite, et toute la Montagne y passa.

Personne, ni les dantonistes, ni les girondins, ni le centre, ne voulait plus délibérer. Le groupe seul des robespierristes paraissait se résigner à l'invasion populaire.

Vergniaud proposa que la Convention abandonnât la salle et se mît sous la protection de la force armée qui était au Carrousel. Lui-même descendit de sa place; il sortit... mais presque seul...

Le centre resta cloué à ses bancs. Le mouvement du jeune orateur appelant la Convention à s'affranchir elle-même, quittant ce lieu de servitude, secouant la poussière de ses souliers et cherchant la liberté sous le ciel, n'eut aucun effet sur le centre; il renouvela, irrita l'envie sournoise des meneurs muets, des Sieyès et autres. Ils comprirent que, comme *il n'est qu'un pas du sublime au ridicule*, il leur suffisait de rester, de ne rien entendre, ne rien voir, ne rien faire, pour briser Vergniaud. Ils repoussèrent cette royauté morale du génie. Ils préférèrent, en ce jour, la royauté de la force.

Robespierre avait vaincu. Pour la première fois depuis le matin, au bout d'une séance si longue, il prit la parole. Il se sentait bien fort, ayant pour lui non seulement la fureur de la Montagne et la brutalité de l'invasion populaire, mais la trahison du centre, le suicide volontaire de l'Assemblée elle-même.

« Je n'occupe pas l'Assemblée de la fuite de ceux qui désertent ses séances (Vergniaud rentrait à ce moment)... Supprimer les Douze, ce n'est pas assez; il faut les poursuivre... Quant à remettre la force armée aux mains de la Convention, je n'admets pas cette mesure. Cette force est armée contre les traîtres, sans doute; mais les traîtres où sont-ils? Dans la Convention même. Quant aux autres propositions... »

Vergniaud : « Concluez... »

Robespierre: « Je conclus, et contre vous... Contre vous qui, après la révolution du 10 août, vouliez mener à l'échafaud ceux qui l'avaient faite; contre vous qui provoquez la destruction de Paris, vous, complices de Dumouriez... »

Sa fureur était si grande qu'il ne s'apercevait pas que ce torrent d'invectives pouvait avoir un résultat immédiat et tragique. Lancé sur un homme déjà en péril et sous le couteau, l'issue pouvait être non pas de le mettre en accusation (comme le demandait Robespierre), mais de le faire mettre en pièces.

La chose eût eu lieu peut-être. Mais la salle, déjà si pleine, allait s'emplissant encore d'une invasion nouvelle, d'une foule animée de sentiments différents. Ces nouveaux venus, mêlés de sans-culottes aux bras nus et de gardes nationaux, avaient cela de commun que leurs visages brillaient d'une allégresse singulière.

La sombre Assemblée robespierrisée qui s'affaissait sur elle-même fut, tout à coup, malgré l'heure avancée du soir (il était neuf heures), illuminée d'un joyeux rayon du matin.

Cette fois, c'était le peuple.

Contons cette belle histoire.

Nous avons dit comment les honnêtes maratistes avaient trouvé moyen de faire que Paris s'égorgeât. Ils avaient dénoncé au faubourg Saint-Antoine la section de la Butte-des-Moulins *comme ayant pris la cocarde blanche,* calomnie perfide qui contenait un appât ignoble. La section dénoncée était celle des marchands du Palais-Royal, du quartier Saint-Honoré, des orfèvres, horlogers, bijoutiers et joailliers. C'était à la fois un appel et au meurtre et au pillage.

Le faubourg hésita un moment de croire les meneurs. Le procès-verbal des Quinze-Vingts témoigne que le peuple disait: « Nous voudrions savoir du moins pourquoi nous allons marcher... » La crédulité gagna néanmoins; le faubourg descendit en armes, ému et très décidé à mettre les royalistes à la raison. La colonne était énorme; le seul nom du royalisme relevant la tête avait mis dans ce brave peuple l'unanimité terrible de la prise de la Bastille. Ils descendirent tous, et la masse grossissait encore sur la route; arrivés au Palais-Royal, ils étaient, dit-on, vingt mille.

Ceux de la Butte-des-Moulins, effrayés, mais résolus à vendre leur vie, s'étaient mis en bataille dans le jardin du Palais-Royal. Portes, grilles, tout était fermé: mesure de défense, mais fort dangereuse. Toute communication était interdite; on allait se massacrer sans savoir seulement si l'on était ennemi. Les canons, des deux côtés, étaient chargés, prêts à tirer. Il y eut heureusement quelques hommes de bon sens dans ceux du faubourg, qui dirent qu'avant tout il fallait pourtant aller voir s'ils avaient vraiment la cocarde blanche.

Ils demandèrent à entrer, franchirent les grilles, ne virent que le bonnet de la liberté et les trois couleurs. Tous criaient le même cri, celui de la République: les grilles et les portes s'ouvrent, la place est prise d'un élan, l'élan de la fraternité. On s'explique, on s'excuse, on s'embrasse. La violence des émotions contraires, le passage si rapide de la fureur à l'amitié furent tels que plusieurs n'eurent pas assez de force pour y tenir; ils y succombèrent. Un commandant s'évanouit; il est frappé d'un coup de sang; la stupeur succède à la joie, on court chercher un chirurgien, on le saigne, il est sauvé... Joie nouvelle, et des cris immenses de: « Vive la République! »

Le Palais-Royal, galeries, jardins, les rues d'alentour et tout le quartier, prirent en un moment un aspect de fête; on but, on dansa. Puis, se remettant en colonne, les gens du Palais-Royal reconduisirent fraternellement leurs amis du grand faubourg.

Mais auparavant les uns et les autres avaient voulu donner à la Convention la bonne nouvelle de paix. Pour cela, ils l'envahirent, et cette pression nouvelle arrivant par-dessus l'autre, tout le monde faillit étouffer.

« Législateurs, dit l'un d'eux plein d'enthousiasme, la réunion vient de s'opérer! La réunion du faubourg, de la Butte-des-Moulins et des sections voisines. On voulait qu'ils s'égorgeassent, ils viennent de s'embrasser... »

Ce fut un coup de théâtre. Tout fut fini pour ce jour. Plus d'accusation. Tout ce que Robespierre obtint, ce fut la suppression des Douze, déjà supprimés par le fait. Barère, rédacteur du décret, y mit un article ambigu, à double entente: « Qu'on poursuivrait les complots. »

Lesquels? ceux de l'Evêché? ou bien ceux des Girondins? On pouvait choisir.

Un dantoniste proposa que la Convention, levant la séance, fraternisât avec le peuple. Elle sortit en effet, descendit sur la terrasse des Feuillants, et parcourut, aux flambeaux, les Tuileries, puis le Carrousel. Paris fut illuminé.

CHAPITRE XI

2 juin   Arrestation des Girondins

Victoire des Vendéens à Fontenay (24 mai). La Vendée s'organise. Fatalité de la situation. L'Assemblée fatiguée de défendre les Girondins. Les prêtres conventionnels haïssent la Gironde. Pourquoi les Girondins ne se retirèrent pas. Courage de Mme Roland. Le Comité de salut public complimente l'insurrection et croit la lasser (1er juin). Il lui oppose une faible résistance. L'Evêché accuse et repousse les Jacobins. La nuit du 1er au 2 juin. Comment on force la garde nationale de s'armer. Les Girondins accablés par la nouvelle du massacre de Lyon, qui arrive le 2 juin au matin. Dernier effort du Comité de salut public. Dévouement de Danton. La Convention résiste à la Commune. L'insurrection concentrée dans les mains des Jacobins, qui arrêtent un des chefs de l'insurrection. La Montagne elle-même défend la droite. Les Jacobins abandonnent leur plan d'insurrection morale. Démission de quatre représentants. La Convention prisonnière. Indignation de la Montagne. Réclamation des dantonistes. Les Jacobins ont consigné l'Assemblée. La Convention sort de son enceinte et passe dans la cour du Carrousel. Le général Henriot. Il fait pointer ses canons sur la Convention. Fluctuation de Danton. La Convention au jardin des Tuileries. Elle est arrêtée par Marat. La Montagne seule décrète l'arrestation des Girondins. Paris le soir du 2 juin. Pourquoi ces faits ont été ignorés jusqu'ici. Caractère contradictoire de cette époque: grandeur morale dans la violence même.

Le Comité de salut public, pendant ces lugubres jours, était comme anéanti sous la grêle effroyable des désastres dont la nouvelle lui venait coup sur coup. Il osait à peine en parler. Le peu de mots qu'il aurait dits eût fait égorger la Gironde.

Toute une armée investie dans Mayence, et là, comme prisonnière, Valenciennes, notre unique et dernière barrière, assiégée, livrée peut-être, l'armée du Midi en retraite, la France ouverte aux Espagnols, une Vendée commençant dans les monts de la Lozère, la Savoie, naguère si française, tournée contre nous par les prêtres, affamant notre armée des Alpes (un œuf s'y vendait cinq francs), Lyon, derrière, en pleine révolte contre sa municipalité, contre les commissaires de la Convention, marchant contre eux sous le drapeau girondin, le 27, tirant à mitraille sur les représentants du peuple...

Ce jour même, le 29, Cambon et Barère vinrent avouer à l'Assemblée une nouvelle terrible, mais tellement importante qu'on ne pouvait la cacher: la bataille de Fontenay et la prise de cette ville par les Vendéens.

Evénement grave en lui-même, mais bien autrement grave par les suites, ayant été pour la Vendée le principe d'une nouvelle organisation.

La Vendée, en trois mois, avait traversé trois âges. En mars eut lieu la première explosion, toute populaire, où les chefs ne comptaient pour rien. Après Pâques, au mois d'avril, les nobles, voyant les paysans revenir aux armes et persévérer, acceptèrent le rôle de généraux. Ces nobles étaient généralement des officiers inférieurs fort braves, mais sans expérience, qui n'avaient jamais commandé; leur présence n'en donna pas moins un élan nouveau à l'insurrection; le paysan les suivait volontiers; il aimait surtout l'audace, la jeune figure héroïque de M. Henri (de La Rochejaquelein).

Toutefois, ces brillants cavaliers, n'ayant ni science ni génie, n'étant ni généraux ni organisateurs, révélèrent, dès le mois de mai, leur incapacité. Dans une première attaque sur Fontenay, ils ne purent, avec trente mille hommes, venir à bout du républicain Chalbos, qui n'en avait que trois mille. Fortifiés d'une nouvelle division vendéenne, conduits plus habilement par un homme de grand sens et de froid courage, le général paysan Cathelineau, ils défièrent enfin Chalbos et prirent Fontenay. La supériorité de Cathelineau ayant éclaté ainsi, il prit le plus grand ascendant. Il était l'homme du clergé. Un conseil supérieur d'administration fut organisé dès lors, moitié prêtres et moitié nobles; mais les prêtres eurent l'avantage.

Le Comité de salut public, en annonçant la nouvelle, l'atténua tant qu'il put, prétendit qu'une armée de soixante mille hommes allait cerner les Vendéens. Il savait parfaitement que cette armée n'existait pas.

L'état de ce comité n'était pas loin du désespoir. Trois de ses membres étaient malades. Mais ce qui effrayait le plus, c'était l'état singulier où l'on voyait Danton pour la première fois. Si fier en 92 devant l'invasion, la tête haute encore en mars, faisant montre d'insouciance, on le vit, aux journées de mai, sombre, inquiet, profondément troublé. Chose contraire à ses habitudes, il semblait rêveur, distrait. Un jeune homme de la droite, Meillan, qui sympathisait avec cette grande nature, qui le croyait mobile bien plus que pervers, et pensait « que, selon l'intérêt de sa sûreté, il aurait été indifféremment Cromwell ou Caton », l'alla trouver le 1er juin au Comité de salut public et le pressa de prendre le gouvernail, de diriger le comité... « Ils n'ont pas de confiance », dit-il en le regardant. Et comme Meillan insistait, il le regarda encore, en disant: « Ils n'ont pas de confiance. » Le comité était dans une autre pièce, où il écoutait Marat. Danton était resté seul avec Treilhard. Il semblait tout absorbé, tout entier à ses idées; il se parlait à lui-même: « Il faut absolument, disait-il, que l'un des deux côtés donne sa démission... Les choses ne peuvent plus aller... Nous avons envoyé chercher la Commune. Que veut-elle, cette Commune? »

La fatalité de la situation était celle-ci: que si la Convention, pour défendre la Gironde, avait brisé la Commune (ce qui était au fond moins facile qu'on a dit), elle eût été obligée de reprendre, dans les points les plus odieux, le rôle même de la Commune: la réquisition brusquée par les plus violents moyens, la levée immédiate de l'emprunt forcé, etc. La tyrannie des communes, par toute la France, la terreur municipale, étaient infaillibles, fatales, au point où les choses en étaient venues; c'était le seul instrument qui restât à la Révolution. On ne pouvait briser cet instrument qu'en brisant la République, en relevant les royalistes et dans le Midi, et dans Lyon, et dans Valenciennes assiégé, où, du haut de leurs maisons, ils appelaient par des signaux l'émigré et l'Autrichien.

L'affaire de Lyon eût dû surtout éclairer les Girondins et les décider à se retirer. Ils ne pouvaient guère s'obstiner à siéger dans la Convention, lorsque les Girondins (vrais ou faux) de Lyon faisaient la guerre aux commissaires de la Convention. Il en était à peu près de même à Marseille, où les Girondins chassèrent de la ville les représentants du peuple.

Ces embarras croissants avaient lassé la Convention, excédé sa patience. Elle était fort aliénée de la Gironde, avait hâte d'être quitte de ce parti compromettant. Il l'était de deux manières opposées et toutes contraires: d'un côté, *parce que le royalisme se cachait derrière*; et de l'autre, *parce que la République légale réclamait par son organe*. La Gironde, c'était la liberté de la presse, la liberté personnelle, toutes les choses inconciliables avec les terribles réalités d'une situation qui créait la dictature.

Beaucoup de tristes passions se mêlaient encore à ceci. La masse des députés qui ne parlaient point n'était nullement amie de ceux-là qui parlaient toujours et avec de si grands effets. On a vu, au 31 mai, le bonheur qu'eurent ces muets à rendre inutile, ridicule, le mouvement de Vergniaud.

A ces malveillances explicables, il s'en joignait une obscure et secrète, peu observée, mais réelle, profonde, qui créait à la Gironde des ennemis sur tous les bancs de l'Assemblée, à la gauche, au centre, à la droite même. La

Gironde, parti fort mêlé et qui contenait des chrétiens (même intolérants), n'en avait pas moins dans son sein les représentants de toutes les écoles philosophiques du XVIIIe siècle; tel procédait de Voltaire, tel autre de Diderot; tous étaient ennemis des prêtres. Or, les prêtres étaient fort nombreux à la Convention; il y avait à la Montagne tout un banc d'évêques, ceux de Blois, de Beauvais, d'Evreux, de Limoges, de Vannes. Ce dernier, Audrein, avait été professeur de Robespierre.

Entre les prêtres conventionnels, les uns étaient croyants, comme Grégoire, d'autres incrédules, comme Sieyès. Mais, quel que fût leur peu de foi, ils ne trouvaient nullement bon qu'on se moquât du clergé et de leurs anciennes croyances.

La suppression du dimanche dans les administrations, quoiqu'elle n'ait pas été provoquée par la Gironde, fut observée soigneusement dans les administrations girondines, dans celles du protestant Clavière, du philosophe Roland.

Quand Isnard, quand Jacob Dupont se disaient athées (ce qui, du reste, en ce siècle ne signifiait qu'une violente haine des prêtres), la Gironde ne réclamait pas. Quelques-uns dirent même: « Qu'importe? vous êtes honnête homme... » Un cri partit de la Montagne; l'évêque Audrein dit: « On n'y tient pas. » Et il sortit de la salle.

Nous avons vu plus haut la prudence de Durand-Maillane, député de la droite. Robespierre lui avait fait dire: « La sûreté est à gauche. » Durand, qui est dans ses Mémoires plus girondin que la Gironde (jusqu'à louer le blasphème d'Isnard contre Paris), Durand n'en suivit pas moins le conseil de Robespierre; il siégea à droite, mais vota à gauche. On l'a vu dans la question de l'instruction publique, où, se séparant bravement des impies (fort en danger), il parla avec force contre la philosophie, fit profession d'être *un bon jacobin*.

Arrestation des Girondins

Dans la discussion de la Constitution (dont nous parlerons plus tard), les prêtres conventionnels saisirent une occasion nouvelle de haïr les Girondins, pour pouvoir les abandonner. La Convention décidant (du reste à tort, selon nous), d'un avis presque unanime, que la Déclaration des droits ne commencerait pas par attester le nom de l'Etre suprême, les prêtres s'en prirent à la Gironde, qui ne fut pourtant que l'organe de l'opinion commune. Durand rattache à ceci une parole dite par Vergniaud dans une autre occasion: « La raison seule nous suffit. Nous n'avons nul besoin de fraude, ni de la nymphe de Numa, *ni du pigeon de Mahomet...* » Ce pigeon les mit en fureur: « Je vis bien, dit Durand-Maillane, que le Parti girondin était plus impie même que le parti de Robespierre. » Il le vit, et put sans scrupule pourvoir à sa sûreté, en laissant périr les impies.

Il avoue, dans tous ses Mémoires, qu'il n'a jamais rien voulu ni cherché *que sa sûreté*. Jamais on n'a raconté, professé, glorifié à ce point la lâcheté. Il a dit un mot sublime, en ce genre, la veille du 9 Thermidor, quand les montagnards ennemis de Robespierre vinrent demander à ceux de la droite: « Serez-vous pour nous? » — « Oui, si vous êtes les plus forts. »

Les plus purs, les plus loyaux, Grégoire, par exemple, étaient-ils entièrement étrangers à ces malveillances de prêtres contre les Girondins? J'ai peine à le croire. Grégoire garde dans ses Mémoires un profond silence sur eux.

Le secrétaire du 2 juin, le rédacteur du honteux procès-verbal et qui le laissa falsifier, fut Durand-Maillane; il le dit lui-même.

Les Girondins, en vérité, auraient pu prévoir tout ceci. La situation voulait qu'ils se retirassent. La lassitude de la Convention le voulait aussi. La haine politique, la malveillance religieuse devaient concourir également à ce

Le sacrifice girondin

qu'ils n'eussent plus d'appui en personne. C'était par un faible fil qu'ils tenaient à l'Assemblée.

Qui donc les empêcha d'accomplir leur sacrifice, de se retirer? Est-ce le désintéressement, la magnanimité qui leur manquèrent? Non; on le vit au 20 avril, quand ils souscrivirent par leur silence au généreux abandon que faisait Vergniaud de leur dernier moyen de salut.

Qui les fit rester? — Le péril.

Leur danger les exalta, et, tant ferme que fût leur cœur, leur tête en gagna cette ivresse qu'éprouvent les plus braves en présence de la mort. Le sombre bonheur du martyre, une sorte de joie virile de donner leur sang pour la France, les ramenait chaque matin sur ces bancs si menacés, sous les injures des tribunes, sous la pointe des poignards, à la bouche des pistolets dirigés sur eux d'en haut. Tous n'étaient pas intrépides; avocats ou gens de lettres, nourris dans les douces habitudes de la paix, quelques-uns (comme les Rabaut) ministres de l'Evangile, ils étaient peu préparés à braver ces scènes terribles; plusieurs tremblaient, et néanmoins venaient, conduits par le devoir, apportaient leur tête en disant: « C'est ici le dernier jour. »

Les plus braves, sans comparaison, ce furent les Roland, qui jamais ne daignèrent découcher ni changer d'asile. Mme Roland ne craignait ni la prison ni la mort; elle ne redoutait rien qu'un outrage personnel, et, pour rester toujours maîtresse de son sort, elle ne s'endormait pas sans mettre un pistolet sous son chevet. Sur l'avis que la Commune avait lancé contre Roland un décret d'arrestation, elle courut aux Tuileries, dans l'idée héroïque (plus que raisonnable) d'écraser les accusateurs, de foudroyer la Montagne de son éloquence et de son courage, d'arracher à l'Assemblée la liberté de son époux. Elle fut elle-même arrêtée dans la nuit.

Il faut lire toute la scène dans ses Mémoires admirables,

qu'on croirait souvent moins écrits d'une plume de femme que du poignard de Caton. Mais tel mot, arraché des entrailles maternelles, telle allusion touchante à l'irréprochable amitié, font trop sentir, par moments, que ce grand homme est une femme, que cette âme, pour être forte, hélas! n'en était pas moins tendre.

Ce qui touche le plus dans cette cruelle tragédie, ce qui fera pleurer la France éternellement, c'est que les victimes périssant ainsi n'accusèrent jamais le peuple. Jamais les Girondins ne purent croire que le peuple fût contre eux. *L'infaillibilité du peuple*, ce grand dogme de Rousseau, où ils avaient été nourris, resta leur foi jusqu'à la mort.

En réalité, la population de Paris n'avait pris presque aucune part au 31 Mai. Le faubourg Saint-Antoine, un moment trompé, s'était montré décidément favorable à la Convention. Les sections, forcées d'agir, préféraient visiblement, entre les deux insurrections, la modérée, la *morale*, c'est-à-dire la jacobine. Les Jacobins, arrivés à la Commune, en étaient devenus les maîtres. L'Evêché portait tête basse. Hébert, dont l'approbation avait enhardi, décidé le mouvement de l'Evêché, était devenu un sage, un modéré, un jacobin. Tous paraissaient convertis. Ils repoussèrent avec indignation les propositions violentes d'attaquer les Tuileries, d'arrêter des députés. Pache dit: « Arrêter les vingt-deux, c'est armer les départements, commencer la guerre civile. » Chaumette, entendant renouveler les mêmes propositions, dit qu'il les dénonçait au peuple. Mais l'assistance, loin de les blâmer, les applaudissait. « Voyez, dit Chaumette, ils ne sentent pas qu'ils applaudissent leur ruine. » Le plus fort, c'est que Dobsent, l'homme de l'Evêché, tenait le même langage et prêchait la modération.

Les Jacobins voyaient très bien qu'il ne s'agissait pas d'employer une force déjà existante, mais d'en créer une. Ils décrétèrent la nuit *la levée immédiate de l'emprunt forcé, dont le produit serait distribué* aux familles de ceux qui partaient, *la création de l'armée révolutionnaire à quarante sols par jour.* Ce fut à qui enchérirait sur ces générosités. Tel voulait donner six francs aux ouvriers sans ouvrage; tel faire des rentes aux volontaires qui partaient pour la Vendée. Chaumette eut pourtant le courage de faire une objection à cette débauche d'argent: « Et tout cela, dit-il, où le prendrons-nous? » Ceux qu'on croyait corrompre en rougirent eux-mêmes. Il y eut des ouvriers qui dirent: « Nous ne demandons rien que d'être nourris sous les armes; un peu de pain et de vin. »

Les Jacobins s'étaient bornés à répandre dans la nuit ces simples mots: « Que la Convention avait reçu froidement l'adresse de la Commune. Que la majorité de l'Assemblée était incapable de sauver le peuple. »

Les violents ajoutaient, dans l'espoir d'échauffer la foule, ce mensonge hardi: « Que l'on avait rétabli la Commission des douze. »

Bien loin de la rétablir, le Comité de salut public la fit désavouer à la tribune par Barère, par celui même qui en avait provoqué la création. Barère, dans une adresse au peuple, complimentait l'insurrection, louait cette douceur admirable d'une insurrection pacifique. Il louait, admirait Paris, félicitait tout le monde. Il croyait, à bon marché, endormir l'insurrection, en achever l'avortement, l'enterrer honorablement. L'adresse lue, adoptée, la Convention brusquement leva sa séance, se sépara, pensant que, si elle gagnait un jour sans entendre les demandes de la Commune, tout finirait de soi-même.

Il était sept heures du soir. Henriot, depuis deux heures, traînait ses canons dans Paris. Mais la Commune n'avait pu encore s'accorder sur la pétition, plus ou moins menaçante, que l'on porterait à l'Assemblée. On apprend que celle-ci s'est esquivée pour ne rien entendre. Marat prend le maire avec lui, court au Comité de salut public, crie, menace, exige qu'on réunisse l'Assemblée pour une séance du soir. Cambon et Barère promirent, bien décidés à n'en rien faire. Marat, avec cette parole, revient vite à la Commune, calme les scrupules que quelques-uns laissaient voir sur l'inviolabilité des représentants, fait clore l'adresse. On prépare le siège de la Convention, on décide que les troupes qui camperont ce soir auront des vivres avec elles. Plusieurs ajoutèrent qu'il fallait de nouveau sonner le tocsin, tirer le canon d'alarme, et ils le firent en effet, sans l'autorisation de la Commune.

Le Comité de salut public s'était bien gardé de tenir parole à Marat; il n'avait point convoqué l'Assemblée, Cambon l'avoua intrépidement. Mais, au bruit du tocsin, elle se rassembla d'elle-même, vers neuf heures du soir. Le côté droit était désert. La Montagne était venue et une partie du centre. Le Département et la Municipalité se présentent à la barre. La pétition, lue par Hassenfratz, était mêlée du double esprit de ses rédacteurs: les Jacobins y étaient pour la *demande d'accusation*; l'Evêché y avait mis quelques paroles de mort, *les conspirateurs mordront la poussière*; de plus, un ordre sec et dur: *C'est assez, il faut en finir.*

Le *Moniteur*, toujours corrigé, falsifié par le pouvoir vainqueur dans les jours de crise, n'a garde de mentionner les faits vraiment importants de cette séance du soir. Il ne dit pas un mot de la résistance du Comité de salut public. Durand-Maillane y supplée dans ses Mémoires.

Legendre ayant dit qu'on devait arrêter ceux qui avaient demandé l'appel au peuple, Cambon s'écria: « Si, pour avoir émis une opinion, on faisait sauter la tête à un député, nous n'oserions plus parler! Il faut le dire hautement, il y a deux partis ici, et tous les deux ont des torts. »

Barère, enhardi par Cambon, reprit avec beaucoup de force: « Vous ne fonderez jamais la liberté qu'avec des représentants qui émettent librement leurs opinions. Quelle

Appel à la dénonciation

nation pourrait être assez avilie pour recevoir une constitution dictée par la force?... Vous ne pouvez poursuivre les députés dénoncés pour leurs opinions; vous ne le pouvez *que pour des faits*. Le Comité de salut public ne fera aucun rapport, si les dénonciateurs ne donnent *la preuve des faits* qu'ils allèguent. »

L'Assemblée soutiendrait-elle son Comité de salut public dans cette défense de la Gironde? Il y avait lieu d'en douter. Plusieurs semblaient impatients d'être quittes des Girondins; ils disaient: « S'ils étaient honnêtes, ils se retireraient d'eux-mêmes. » On vota néanmoins que la Commune et tous ceux *qui auraient des pièces* contre les membres dénoncés étaient tenus de les présenter, et que, *sous trois jours,* le Comité de salut public ferait son rapport sur la pétition et proposerait des mesures.

Ce long délai, cette nécessité de donner des preuves de faits, qu'imposait la Convention, disaient assez à la Commune qu'elle n'aurait rien que par la force. Les deux partis insurrectionnels qui siégeaient à la Commune, les Jacobins et l'Evêché, furent obligés d'agir ensemble. Les Jacobins auraient voulu reculer qu'ils ne l'auraient pu. L'Evêché prêchait contre eux dans les sections, et n'était pas loin de les dénoncer comme traîtres. Gusman l'avait déjà fait, le soir du 31 mai, à la section des Piques. Il s'emporta jusqu'à dire: « Jamais on ne s'est joué plus indécemment de la majesté du Peuple... Ceux qui l'ont poussé à l'insurrection s'entendent avec ses ennemis. La Commune, recréée par la générosité du Peuple, a déjà l'ingratitude d'oublier son créateur. Je propose de déclarer que le Comité révolutionnaire est indigne de la confiance de la section des Piques. »

L'Evêché alla plus loin, et, dans le jour même, Varlet, au Conseil général, accusa la modération de son collègue Dobsent. En laissant subsister une autorité légale, celle du maire, on avait entravé, disait-il, les opérations de l'autorité révolutionnaire. A plus forte raison accusait-il la mollesse et l'indécision de l'insurrection jacobine.

L'Evêché poussant ainsi et stimulant les Jacobins, il fut décidé d'un commun accord que, dans la nuit (du 1ᵉʳ au 2), les officiers municipaux, à la lumière des flambeaux, escortés de la force armée, iraient par toute la ville proclamer les décrets du 31 mai, et « inviteraient les citoyens à reconquérir leurs droits, à les garder par les armes ».

Cette proclamation bruyante, au bruit des tambours, ne fut nullement agréable aux habitants de Paris. Plusieurs, qui se levèrent au bruit et qui virent que les envoyés ne portaient pas leurs insignes, demandaient: « Qui sont ces gens-là? » et s'obstinaient à douter qu'ils fussent véritablement envoyés de la Commune.

Le mensonge indigne au moyen duquel les hommes de l'Evêché avaient essayé de pousser au meurtre les gens du faubourg Saint-Antoine avait créé dans les esprits de légitimes défiances. Deux sections du faubourg se montrèrent, le 1ᵉʳ juin, très contraires aux violents. Celle des Quinze-Vingts accueillit en amis des députés de la Butte-des-Moulins qui venaient fraterniser. Celle de Montreuil fit dire à la Commune « qu'elle se fiait *aux Jacobins* »; ce qui voulait dire poliment qu'elle ne se fiait pas aux autres, aux hommes de l'Evêché.

La section de Grenelle s'était prononcée de même, déclarant qu'elle ne suivrait *que les Jacobins*, l'insurrection modérée ou *insurrection morale*.

Visiblement, le mouvement, au lieu de s'échauffer, se refroidissait. La population, armée à grand-peine au 31 mai, et au 1ᵉʳ juin encore, était décidément rentrée et ne pouvait plus sortir. La Révolution se faisait au nom du peuple souverain. Mais, ce peuple, où était-il? Il ne voulait pas se montrer. C'était l'insurrection du néant, du désert, contre le gré de la foule.

Plusieurs sections prévoyaient que personne ne répon-

L'hydre de la fiscalité

drait au rappel, et craignaient d'être suspectes. Aux Lombards, on imagina de décider que les absents *seraient amenés par quatre fusiliers.*

Tels furent les moyens violents par lesquels on réunit la garde nationale, dans la matinée du dimanche 2 juin. On employa aussi la ruse. A la section de l'Observatoire, les canonniers assurèrent qu'ils ne menaient les canons qu'à la place du Panthéon, et, contre l'ordre précis de la section, les menèrent au Carrousel.

Dans plusieurs sections on ne mit en mouvement la garde nationale qu'en lui disant qu'il y avait aux Champs-Elysées un rassemblement royaliste contre la Convention. A la section des Halles, et ailleurs, on fit croire aux pauvres gens qu'il s'agissait d'obtenir un tarif des denrées *et d'abattre à jamais l'hydre de la fiscalité.*

Ces dispositions modérées du peuple, très bien connues des Girondins, étaient précisément ce qui mettait le comble à leur incertitude. Ils dînèrent ensemble le 1er juin, et Louvet les pressa vivement de fuir dans leurs départements, et de revenir en armes délivrer la Convention. Il fut tout seul de son avis. Ce retour aurait-il lieu sans effusion de sang? N'était-ce pas la guerre civile? Plusieurs d'entre eux, qui plus tard ne repoussèrent plus ce moyen cruel, en avaient horreur encore. Plusieurs disaient (et dirent toujours) le mot qu'ils ont gravé sur les murs de leur prison: *La mort, et non le crime! (Potius mori quam foedari!)* Ils aimaient mieux rester, et boire, quelle qu'elle fût, toute la coupe du destin. Fuir? lorsqu'on sentait qu'on avait le peuple pour soi, lorsque la plus grande partie des quatre-vingt mille hommes de la garde nationale ne venait en réalité que défendre la Convention... était-ce raisonnable? était-ce possible?... Mais n'eussent-ils personne avec eux, ils croyaient le droit avec eux... Ils dirent, laissant la Force aux autres: « Restons, nous sommes la Loi. »

S'ils restaient, ils devaient rester par-devant la foule, se montrer, aller s'asseoir sur leurs bancs, pour vivre ou mourir. De là, ils seraient forts encore. Leur courage contiendrait celui de la droite. En présence de leur danger, sous leurs fermes et tristes regards, le centre aurait-il le courage de les abandonner et de les livrer? Beaucoup de chances étaient pour eux.

Telle était, toute la nuit, leur résolution, et c'était la bonne. Leurs amis de la droite vinrent les trouver le matin, les firent changer, les perdirent.

La nuit avait été terrible. Les lumières, le bruit des tambours, les proclamations de la Commune, le rappel, au jour tout avait dû affaiblir, énerver des esprits inquiets. Ils se réunirent rue des Moulins, dans un vaste hôtel désert, où logeait Meillan, le jeune député de la droite, esprit doux, mobile, qui aurait accepté la dictature de Danton, et plus tard fut royaliste. Il fit les plus grands efforts pour retenir les Girondins. Parlait-il en son nom seul? Il exprimait sans nul doute le sentiment de la droite, qui craignait extrêmement une scène sanglante sur ses propres bancs. La droite croyait d'ailleurs sincèrement que la présence irritante des Girondins leur nuirait plutôt à eux-mêmes; elle pensait résister pour eux aussi bien et mieux qu'ils n'eussent su faire.

Comment ces hommes intrépides se décidèrent-ils à suivre ce déplorable conseil? Nul historien ne l'a dit. Mais il n'est pas besoin qu'on le dise. Le vrai coup qui les vainquit, les anéantit, ce fut l'affreuse nouvelle arrivée le 2 au matin, le massacre de huit cents hommes à Lyon... Par qui? Par les mains girondines, par les mains de ceux qui du moins se déguisaient sous ce nom. La Gironde fut écrasée... Hélas! elle était jusqu'ici le parti de l'humanité, et voilà qu'à son dernier jour, comparaissant devant le peuple, elle arrivait souillée de sang!...

L'un d'eux, Buzot, qui de cœur était à Mme Roland, qui la savait arrêtée, s'élança des bras de ses amis. Luttant avec eux, il disait: « Je veux mourir à la tribune. » Ils le retinrent. Barbaroux fut plus heureux; il échappa. Il couvrit glorieusement d'une superbe intrépidité le banc désert de la Gironde. Les autres restèrent chez Meillan, qui promit de les avertir d'heure en heure. Ils restèrent muets, immobiles, perdus sous la fatalité.

L'innocence de Barbaroux éclatait, à ce moment même, au Comité de salut public. On avait saisi à la poste les lettres que lui écrivaient ses correspondants de Marseille. Nous les avons sous les yeux. Elles ne contiennent rien qui puisse, de près ou de loin, indiquer la moindre pensée royaliste ni contre-révolutionnaire. Ces lettres, spécialement celles de Granet, l'un des principaux vainqueurs du 10 Août, sont visiblement écrites par d'ardents républicains, qui se trompent, il est vrai, sur l'esprit de la Montagne, qui suivent l'erreur girondine et s'imaginent que les Montagnards sont la faction d'Orléans.

Le Comité de salut public fut saisi, en lisant ces lettres, de la plus amère douleur. Que faire? et comment les défendre? Le ministre Garat, qui était présent, rappela le mot d'Aristide dans ses querelles acharnées avec Thémistocle: « O Athéniens, vous ne serez jamais tranquilles que vous ne nous jetiez tous deux au gouffre où l'on jette les condamnés! » Il fit souvenir encore de l'expédient proposé par une section: « Que la Gironde se retirât, et que la Montagne envoyât des otages, en même nombre, aux départements. » Cambon, Barère, Delmas saisirent avidement cette idée. Danton se leva, les larmes aux yeux: « Je m'offre le premier, dit-il, pour aller en otage à Bordeaux. Proposons-le à la Convention. » Barère sortit à l'instant même. Il parla, non à la tribune, mais de banc en banc, pour tâter les chefs, surtout Robespierre. Tout fut manqué. D'un mot amer, d'un seul mot dit en ricanant, il rendit suspect, impossible, le dévouement de Danton: « Ce n'est, dit-il, qu'un piège que l'on tend aux patriotes. »

L'expédient était hasardeux, sans nul doute. Mais enfin, que faire? Par quel autre moyen empêcher la guerre civile? Robespierre n'en disait aucun. Il croyait sans doute encore à l'efficacité de son *insurrection morale*, qui, n'agissant que par la peur, sans acte matériel, étoufferait décemment la liberté de l'Assemblée et permettrait de soutenir qu'elle avait toujours été libre.

La séance ouverte, sous la présidence du montagnard Mallarmé, commença par un coup terrible qui semblait tomber d'aplomb sur le Comité de salut public, l'humiliait, le désarmait pour les résistances du jour. On lut la lettre désespérée des magistrats de la Vendée, vaincus, en fuite, dépouillés, ayant tout perdu dans leur fuite; une lettre de cris et de larmes, d'amères accusations sur les divisions de l'Assemblée...

Puis, sans respirer, la révolte de la Lozère et de la Haute-Loire, des sombres contrées volcaniques qui nourrissent le peuple le plus barbare de la France.

Jean Bon Saint-André reprit. Sa jaune et bilieuse figure (où la flamme intérieure perçait, comme une lampe ardente) terrifia l'Assemblée quand il donna la nouvelle: « Huit cents patriotes ont été égorgés dans Lyon... Il faut envoyer partout des commissaires avec pleins pouvoirs, qui frappent de mort quiconque fait obstacle à la liberté... »

L'implacable, l'infatigable Commune était là qui attendait à la barre avec sa nouvelle pétition contre la Gironde. La générale, qui battait encore dans toutes les rues, s'entendait dans l'Assemblée. Lanjuinais monte à la tribune: « C'est sur la générale que je veux parler. »

Et alors, avec l'obstiné courage de sa dure tête bretonne, sans faire la moindre attention aux cris de fureur, aux menaces, qu'on lui jette à chaque mot, il dit à la Convention son avilissement, sa misère... Prisonnière depuis trois jours, serve d'une puissance rivale qui la tient au-dedans par ses salariés, au-dehors par ses canons, qu'a-t-elle fait pour sa dignité, pour l'intégralité de la représentation nationale? « Quand l'autorité usurpatrice venait vous reproduire cette pétition traînée dans la boue des rues de Paris... (*Cris violents:* « Il a insulté le peuple!... ») Non, je n'accuse point Paris! Paris est pur! Paris est bon! mais enfin il est opprimé, il est l'instrument des tyrans... »

« Misérable, dit Legendre, tu conspires à la tribune! » Et il courut à lui, faisant le geste du merlin pour assommer.

Lanjuinais (dans son récit du 2 juin) dit qu'il lui jeta ce mot: « Fais décréter que je suis bœuf; alors tu m'assommeras. »

Legendre, Thureau, Drouet, Chabot et Robespierre jeune lui appliquèrent à la poitrine le canon de leurs pistolets. Plusieurs députés de la droite accoururent, armés aussi, et le dégagèrent.

Il reprit intrépidement, conclut que la Convention devait casser les autorités révolutionnaires, mettre hors la loi ceux qui s'arrogeraient un tel pouvoir et permettre de leur courir sus.

Elles entrent, ces autorités, à ce moment même avec leur pétition; elles parlent en souveraines. Elles demandent l'*arrestation provisoire* des factieux de la Convention.

La réponse du président Mallarmé fut plus ferme qu'on ne l'attendait. Montagnard, mais voyant très bien que la Montagne même était divisée, il ne fit nulle difficulté de répondre conformément au sentiment répulsif que la presque totalité de l'Assemblée montrait pour la pétition: « S'il y a des traîtres parmi nous, dit-il, *il faut qu'ils soient découverts et jugés*. Avant de les punir, *il faut prouver* leurs crimes. »

On décréta le renvoi au Comité de salut public, qui dut faire un rapport séance tenante.

La Convention, alarmée d'abord de se voir entourée d'une armée entière, commençait à se rassurer. Plusieurs députés qui étaient sortis avaient vu les dispositions de la garde nationale. Ils l'avaient trouvée très favorable à la Convention. « Tout Paris est armé, dirent-ils en rentrant, armé pour vous, si vous êtes fermes; contre vous, si vous mollissez. »

Le Comité de salut public, partageant cette confiance, fit une démarche hardie: il fit dire à l'Hôtel de Ville que le Comité révolutionnaire devait être renouvelé. Il espérait qu'épurée des hommes de l'Evêché, concentrée aux mains jacobines, l'autorité insurrectionnelle deviendrait plus raisonnable, qu'elle hésiterait à exiger l'avilissement de l'Assemblée.

L'argument que le Comité de salut public pouvait faire valoir à l'Hôtel de Ville (et qu'il présenta peu après à la Convention), c'est que ce *comité révolutionnaire* se composait en partie d'étrangers, des Gusman, *Proly*, etc. Ce mot *étrangers*, qui sonnait alors comme celui d'*agents de Pitt*, eut un effet miraculeux. Le maire Pache, qui était Suisse, avait à craindre pour lui-même. Il était naturel qu'il fît bon marché des hommes de l'Evêché, et se rangeât aisément du côté des Jacobins.

Donc, l'Hôtel de Ville obéit. Le Conseil général arrête *que le Comité révolutionnaire ne comprendra que les neuf nommés par le Département à la salle des Jacobins.* Le Département, c'était Lhuillier, et Lhuillier, c'était Robespierre. Les neuf pouvaient, *s'ils voulaient*, se donner quelques adjoints.

Loin de prendre pour adjoints les hommes de l'Evêché, les Jacobins tout d'abord mirent Gusman en arrestation. Ce fait étrange est attesté dans le procès-verbal de la section de Gusman (celle de la place Vendôme), qui, vers une heure, apprit qu'il venait d'être arrêté.

Lui-même dit qu'on l'arrêta *pour avoir présenté une grande mesure de salut public.* Quelle mesure? le massacre d'une partie de la Convention? l'expulsion et l'arrestation de l'Assemblée tout entière, à laquelle on substituerait comme assemblée souveraine la Commune de Paris? On peut soupçonner l'une ou l'autre. Ce qui n'est pas moins vraisemblable, c'est qu'il répéta le 2 juin ce qu'il avait dit le 31 mai à la section: *Que l'insurrection était trahie par ceux qui l'avaient préparée.* Que serait-il arrivé s'il eût été sur la place, au milieu de la force armée, répétant les mêmes injures?

Ce pas, véritablement hardi, de l'arrestation d'un chef de l'Evêché par les Jacobins (un des deux partis de l'insurrection emprisonnant l'autre!) fut-il hasardé par eux sans l'aveu de Robespierre? Nous ne pouvons le penser. Il n'y a pas dix minutes pour un courrier à cheval, de l'Hôtel de Ville aux Tuileries. Lhuillier, dans ce moment, dictateur à l'Hôtel de Ville, comme chef des Jacobins, consulta certainement son maître sur l'arrestation de Gusman, et il en reçut, pour Henriot qu'il dirigeait, la consigne que paraissait nécessiter l'attitude imprévue de la Convention.

Au moment où le président, le montagnard Mallarmé, avait fait cette réponse ferme: « Il faut prouver; il faut juger », on avait essayé assez maladroitement de terroriser l'Assemblée; quelques hommes dans les tribunes s'étaient avisés de crier: « Aux armes! » Puis, un député de la droite, ou effrayé, ou gagné, avait dit sur un ton pleureur: « Sauvez le peuple de lui-même! sauvez vos collègues! décrétez leur arrestation provisoire! »

Cette faiblesse, ou cette momerie, arracha à l'Assemblée un vif mouvement d'indignation. Non seulement le centre et la droite, mais *une partie de la gauche*, la Convention presque entière se leva, poussa ce cri: *« Non! »*

Spectacle étrange! il n'y eut qu'une trentaine de représentants qui restèrent assis, les montagnards jacobins, les amis de Robespierre, et les maratistes.

La Montagne non jacobine (comme Cambon et Grégoire),

la Montagne dantoniste, s'étaient levées avec la droite, et comme celle-ci, elles avaient dit: « *Non!* »

Le rôle des Jacobins devenait bien difficile. Ils avaient cru faire l'insurrection par la Montagne contre la droite. Mais voilà que la Montagne, repoussant, comme la droite, la violation de l'Assemblée, il fallait que l'insurrection se fît contre la Montagne elle-même!

Que devenait le plan de *l'insurrection morale*? Les Jacobins, à l'Hôtel de Ville, avaient supplanté l'Evêché, étaient accusés eux-mêmes par les hommes de l'Evêché; garderaient-ils pour l'Assemblée les ménagements qu'ils avaient voulu observer? S'ils l'eussent fait, le 2 Juin aurait échoué, comme avait manqué le 31 Mai. L'Evêché alors aurait dit: « Nous avons fait l'insurrection; les Jacobins l'ont reprise et arrachée de nos mains, mais c'était pour la trahir. » Les Jacobins seraient tombés juste au rang de la Gironde.

Les robespierristes furent poussés ainsi. *L'insurrection morale* étant impossible, ils firent ce que l'Evêché voulait faire, *l'insurrection brutale*, la violation ouverte, publique de la Convention.

Les allées et venues de l'Hôtel de Ville aux Tuileries, des Tuileries à l'Hôtel de Ville, demandèrent une heure environ. L'heure fut remplie, la scène occupée par des incidents divers. Les commissaires envoyés à Marseille vinrent faire leur rapport. Levasseur fit un discours violent contre la Gironde, demandant l'arrestation, non provisoire, mais définitive. Montagnard honnête, héroïque, homme d'élan et d'avant-garde, du reste simple et crédule en proportion de son fanatisme, il chargea sur la Gironde, comme il aurait fait à l'armée du Nord sur les hussards autrichiens.

Enfin, Barère arriva et lut le rapport du Comité de salut public: « Le comité, dit-il, *par respect pour la situation de la Convention*, n'a pas cru devoir proposer l'arrestation; il s'adresse au patriotisme, à la générosité, et demande aux membres accusés la suspension volontaire de leurs pouvoirs pour un temps déterminé. »

Isnard se leva immédiatement, et, sans hésiter, s'immola comme victime expiatoire. Sa violence, son anathème insensé contre Paris, avaient, plus qu'aucune chose, servi de prétexte à l'insurrection. Plus qu'à nul autre, il lui appartenait d'expier, de s'humilier. Esprit faible, autant que sombre, hier athée, demain mystique, il entrait, dès ce jour, dans l'affaissement et le repentir, dans le suicide moral.

Fauchet, qui fut toujours chrétien, qui se confessa et communia à la mort, accepta aussi sa dégradation.

Le bon vieux Dusaulx, qui, depuis Septembre, avait le cœur brisé, saignant, offrit sa démission.

Lanthenas, l'ami de Roland, montra plus que de la faiblesse; il eut le tort de parler, non pour lui seulement, mais pour les vingt-deux, qui ne l'en chargaient nullement; il dit en leur nom: « Précipitons-nous; comblons, s'il se peut, l'abîme... »

Barbaroux fut admirable de courage et de résignation: « Comment me croirais-je suspect, quand je reçois de trente départements, de cent sociétés populaires, des témoignages de confiance?... N'importe, si la Convention croit ma suspicion nécessaire, j'obéirai au décret. »

« Pour moi, dit Lanjuinais, j'ai montré assez de courage et d'énergie pour que vous n'attendiez de moi ni démission ni suspicion. »

Des cris de mort partaient des tribunes et d'un coin de la Montagne. L'aigre voix du capucin Chabot s'entendait par-dessus les autres, avec de sales injures contre Barbaroux. L'indignation éleva Lanjuinais au-dessus de sa nature; il rencontra le sublime; il dit ces propres paroles: « Je dis au prêtre Chabot: « On a vu, dans l'Antiquité, orner les victimes de bandelettes et de fleurs; mais le prêtre qui les immolait ne les insultait pas... »

Marat désapprouva la mesure proposée par le comité : « C'est donner aux conspirateurs les honneurs du dévouement. Il faut être pur pour sacrifier... A moi de me dévouer, à moi, vrai martyr de la liberté! Suspendez-moi, pourvu que vous arrêtiez les conspirateurs. Seulement, il faut ajouter à la liste Valazé et Fermont, rayer Ducos qui n'a eu que quelques erreurs, le vieux radoteur Dusaulx, Lanthenas, un pauvre d'esprit... »

Billault-Varennes : « La Convention n'a pas le droit de provoquer la suspension. S'ils sont coupables, qu'ils soient décrétés d'accusation, *et par appel nominal...* »

Il fut interrompu par une violente rumeur qui se fit aux portes. Déjà un peu auparavant, pendant que Levasseur parlait, quelques membres avaient voulu sortir, et ne l'avaient pu. On avait fait venir le commandant du poste : « Ce ne sont que des femmes, dit-il; *elles témoignaient le désir qu'aucun député ne sortît...* Mais elles ont entendu raison. »

L'Assemblée s'était contentée de cette première explication. Mais cette fois, il n'y eut plus moyen de douter; elle était vraiment prisonnière. C'était l'heure ordinaire du dîner, à cette époque. Les députés, enfermés dès le matin, éprouvaient tous le besoin de prendre quelque nourriture. Le girondin Duperret voulut sortir, et ne le put. Des représentants de la droite, le vénérable Dusaulx fut repoussé, durement heurté; il rentra, avec l'indignation d'un vieux militaire sur qui on a mis la main. Boissy d'Anglas, plus jeune, insista, essaya la force et fut saisi à la gorge, eut ses vêtements déchirés; il rentra, monta à la tribune, et montra sa cravate et sa chemise en lambeaux.

La Montagne ne put elle-même supporter ce honteux spectacle. Lacroix s'élança de sa place, alla vérifier le fait, fut repoussé comme les autres.

Grégoire descend de la Montagne, se présente aux portes,

allègue un pressant besoin naturel. On lui répond: « Volontiers; seulement on va vous donner quatre fusiliers pour escorte. » Il accepte, et sort ainsi... constatant, par ce fait ignoble et par ce comble d'affront, l'état honteux et misérable où était la Convention... Mais la Convention n'était plus.

La Montagne suffoquait d'indignation et de fureur. Barère vit qu'elle appuierait le Comité de salut public. Il accusa hautement la tyrannie de la Commune. « C'est Londres qui agit ici. C'est Berlin, Madrid... Il y a un Espagnol au Comité révolutionnaire; un étranger siège là comme représentant de Paris; je l'ai fait dire au maire, et on l'a fait disparaître... Les Anglais sont à Famars, mais ils sont aussi au milieu de vous. En ce moment, sous mes yeux, on distribue aux soldats des assignats de cinq livres... »

Le fait était vrai. Les Jacobins, en lutte à la fois contre l'Evêché et contre la Convention, avaient employé sur-le-champ l'argument irrésistible. Ils se firent livrer par le maire la caisse des secours destinés aux colons de Saint-Domingue réfugiés à Paris; leur messager, à cheval, dans la cour du Carrousel, dans le jardin des Tuileries, distribua, à compte, cent cinquante mille francs.

« Il faut qu'il meure, dit Barère, l'audacieux qui ose attenter à la liberté des représentants du peuple. »

On fait venir le commandant de la deuxième légion qui était de garde aux Tuileries. « Je n'ai point le poste de l'Assemblée, dit-il; je n'ai donné nulle consigne. »

Le commandant du poste, appelé ensuite, dit: « Mes factionnaires ont été remplacés par un bataillon de gardes extraordinaires... Loin d'avoir consigné personne, je suis consigné moi-même. »

Lacroix, d'une voix tonnante: « Ordonnons à la force armée de s'éloigner du lieu de nos séances. »

Et Danton enfin (si tard!): « Afin que le mouvement qui

Arrestation des Girondins

se prépare ne tourne pas au profit de l'aristocratie, je demande que l'Assemblée charge son Comité de salut public de remonter à la source de cet ordre. Comptez sur son zèle pour venger la majesté nationale. »

Renvoyé au Comité de salut public.

Alors le député Saurine: « L'officier qui a donné la consigne est le capitaine de la force armée de Bonconseil. »

La foudre n'eût fait pas moins... Bonconseil, Lhuillier, Robespierre, trois mots synonymes.

Barère et le Comité de salut public avaient agi à la Commune, parlé à la Convention, uniquement contre l'Evêché, contre Gusman et les partisans de l'insurrection brutale. Ils avaient vu volontiers la force insurrectionnelle passer aux partisans de *l'insurrection morale*, aux politiques, aux Jacobins. Ils les supposaient assez sages pour garder des ménagements envers l'Assemblée, pour redouter la guerre civile, infaillible résultat d'une violation directe des libertés de la Convention.

Ils le croyaient, ils se trompaient... A ce mot de Bonconseil, on vit que tout était perdu...

« Mandons l'homme de Bonconseil », criaient plusieurs membres. Ordre embarrassant pour les Jacobins. S'il eût paru, ce capitaine, on eût aisément remonté par lui et à Henriot et à Lhuillier, chef ordinaire de Bonconseil, qui, de plus, ce jour du 2 juin, maître absolu de la Commune, donnait l'ordre à Henriot, à toute la force armée.

Barère s'élance à la tribune, brisé, défait, pâle: « Prouvons que nous sommes libres, dit-il d'une voix éteinte. Allons délibérer au milieu de la force armée; elle protégera sans doute la Convention... »

Quelle était l'intention du personnage à double face? Crut-il que décidément les Jacobins étaient vainqueurs, et voulut-il les regagner en rompant brusquement l'enquête qui allait montrer la main jacobine? On peut le croire. Peut-être aussi, connaissant les dispositions de la garde nationale très favorables à la Convention, il pensa que, si l'Assemblée perçait jusqu'à elle, elle était sauvée.

Quelque parti qui triomphât, Barère pouvait toujours dire qu'il avait aidé au triomphe, et s'associer aux vainqueurs.

Mallarmé avait quitté la présidence, quand il vit l'Assemblée prisonnière. On y poussa Grégoire, qui refusa, alléguant qu'il était malade, et peut-être se souciant peu, comme prêtre et comme montagnard, de se mettre au fauteuil pour défendre les Girondins. A son défaut, on y porta le dantoniste Hérault de Séchelles, l'homme de la nuit du 27 mai, l'homme faible, le pompeux acteur qui servait aux lâchetés. Il descend majestueusement, se met à la tête de la Convention; le centre le suit. Le jeune Meillan, qui le matin conseilla si mal la Gironde, descend le premier de la droite; elle suit, au nombre d'environ cent députés. La Montagne restait immobile. Des tribunes, on lui criait (les femmes surtout, avec les prières les plus instantes et s'élançant à mi-corps): « Il y a danger, ne bougez pas. » Les montagnards jacobins et les maratistes, une trentaine de députés, suivirent cet avis, restèrent. Mais la masse des montagnards, honnêtes et loyaux ennemis, ne purent voir leurs adversaires, les députés de la droite, s'en aller ainsi tout seuls à la bouche des canons. Ils quittèrent aussi leur place, allèrent se ranger près d'eux, résolus de partager leur sort.

Il y avait péril en réalité. La garde nationale, immense et paisible, se voyait de loin, à perte de vue. Quatre-vingt mille baïonnettes, armées pour la Convention. Mais il n'y avait pas moyen d'entrer en communication avec cette grande armée d'amis. La cour, dans son étroite enceinte de planches, le jardin, spécialement du côté du Pont-Tournant, étaient soigneusement fermés; on n'y voyait qu'environ trois ou quatre mille hommes choisis tout exprès; une partie, canonniers, engagés la plupart depuis deux jours et par l'insurrection même: une partie, volontaires, non de ceux qui gratuitement couraient d'eux-mêmes aux armées, mais des volontaires achetés par les sections à tant par tête, mauvais sujets pour la plupart, insatiables d'argent (les procès-verbaux en témoignent) et tirant à chaque instant le sabre pour être payés. On leur avait donné du cœur en leur distribuant sur place cet assignat de cinq livres, qui commençait aussi sur place à s'écouler en eau-de-vie. Le général de ces ivrognes avait bu plus que les autres.

Le général Henriot, laquais et mouchard sous l'ancien régime, avait fait maintes campagnes dans les foires et les marchés, en costume de général, comme les charlatans en portent et les arracheurs de dents. Il avait de longue date paradé sur les tréteaux avec l'épaulette, l'épée, le panache. Il n'y avait pas un homme qui s'entendît de si loin; c'était (il faut dire le mot) *une gueule* terrible, à faire taire toute une place. Ses campagnes n'avaient pas été sans revers; quel capitaine n'en a pas? Fait prisonnier (par la police), il avait passé du temps à Bicêtre. Et c'est justement ce qui fit sa fortune révolutionnaire. On le prit pour une victime; on le jugea sur l'habit un vrai militaire. Le pauvre peuple du faubourg Saint-Marceau, qui, dans ses grandes misères, a toujours besoin d'un amour, avait perdu Lazowski; il adopta Henriot. Le quartier de la rue Mouffetard (section des Sans-Culottes) l'avait pris pour capitaine. Dans la nuit du 31 mai, l'Evêché le fit général, pour cette seule considération que c'était, en quelque sorte, le successeur de Lazowski, un homme dont le quartier le plus pauvre était engoué.

Il y avait cependant à cela un inconvénient, c'est que ce grand aboyeur n'était qu'une voix, en réalité. Du reste, une tête de bois, absolument vide; l'eau-de-vie seule lui donnait l'attitude et les paroles. Aux grands jours qui demandaient de la présence d'esprit, Henriot avait soin d'être ivre; il fut presque ivre au 2 juin, ivre au 9 thermidor.

Dans cet état, le général devenait vraiment dangereux; disant indifféremment *non* pour *oui* et *oui* pour *non*, il pouvait faire des malheurs sur ses amis même. Au 2 juin, sa section, qui lui était fort dévouée, lui envoyant un orateur, il l'insulta grossièrement. Un tel homme, à la tête de cent cinquante bouches à feu, pouvait, en se trompant d'ordre, foudroyer impartialement la Montagne et la Gironde.

Hérault et la Convention sortent en masse du pavillon de l'Horloge, et, tournant un peu à leur droite, se trouvent en face d'Henriot. La troupe de celui-ci, quoique choisie tout exprès, était loin d'être unanime; plusieurs criaient: *Vive la Montagne!* Mais plusieurs, sans distinguer, criaient: *Vive la Convention!*

Le pourparler s'engage entre les deux mannequins, le président et le général.

Le président, noblement: « Que demande le peuple?... La Convention n'est occupée que de lui et de son bonheur... »

Le général, branlant la tête: « Hérault, le peuple n'est pas levé pour écouter des phrases, mais pour donner ses ordres... Il lui faut trente-quatre victimes. » — « Des victimes? crient les députés, nous le serons tous! » — « A vos pièces! canonniers! » crie le général. La comédie était prévue. On commence la manœuvre, on pointe six pièces de canon sur trois cents hommes sans armes. En même temps, une vingtaine de vauriens sortent des rangs et présentent la pointe des sabres et des baïonnettes...

Ce n'eût été que ridicule si ces gens n'avaient été ivres. Henriot, d'ailleurs, savait-il que la Montagne fût sortie pour accompagner la droite? Il pouvait croire que la droite seule était devant lui... Le canon pouvait aussi tirer au hasard; les idiots qui manœuvraient étaient, pour la plupart, canonniers depuis deux jours. Quelqu'un saisit fortement le président par le bras, et le fit tourner à gauche, vers le pavillon Marsan. Il se laissa faire, et il entraîna à gauche toute la Convention. Elle ne trouva de ce côté que respect et que silence. Si Hérault eût sérieusement voulu ouvrir les rangs à l'Assemblée, lui faire percer ce rideau d'hommes armés qui visiblement hésitaient, il est probable qu'il l'eût pu, et que la Convention se fût réfugiée dans les rangs de la garde nationale.

La mollesse d'Hérault de Séchelles venait, en réalité, de l'incertitude de son chef et ami Danton. Celui-ci hésitait misérablement. Si même on en croit son procès (conduit, il est vrai, arrangé par ses mortels ennemis), il aurait montré la duplicité honteuse du plus triste comédien. Il aurait dit, au moment où l'Assemblée fut prisonnière : « Il nous faut la tête d'Henriot. » Puis voyant que décidément l'Assemblée avait reculé, Danton, se promenant dans la cour, aurait dit hypocritement au général : « N'aie pas peur, va toujours ton train. »

Cependant la Convention, repassant par le vestibule, sous le pavillon de l'Horloge, descendait dans le jardin. Elle le traverse, elle avance vers le Pont-Tournant. Quelques jeunes députés la quittèrent pour un moment, coururent, montèrent sur la terrasse qui domine le quai. Là, ils virent des légions entières de la garde nationale, qui, soigneusement isolées de la Convention et n'en ayant nulle nouvelle, s'inquiétaient de savoir ce qu'elle était devenue. Ils faisaient signe aux députés de venir les joindre. « Nous allons vous joindre aussi », leur répondirent-ils. Descendant rapidement et rentrant dans le jardin, ils joignirent la Convention près du grand bassin, non loin de la place. Le passage était fermé, gardé. Le long du bassin courait Marat, avec une vingtaine d'enfants en guenilles, après la Convention. « Que les députés fidèles retournent à leur poste ! » crie Marat d'une voix aiguë. La queue, qui était la Montagne dantoniste ou indépendante, n'étant point soutenue de Danton, écouta la voix de Marat, retourna vers le palais, alla docilement rejoindre les trente montagnards jacobins ou maratistes qui étaient restés dans la salle. La droite, qui avait fait la tête de la procession, devint la queue à son tour, et rentra triste, vaincue.

Du banc des *trente*, sans quitter sa place, le cul-de-jatte Couthon parla d'une voix fort douce: « Maintenant, dit-il, vous voilà bien sûrs de votre liberté; vous avez marché vers le peuple; vous l'avez trouvé partout bon, généreux et sensible... Je demande, non pas encore un décret d'accusation... Non, seulement que les vingt-deux soient en état d'arrestation chez eux, et avec eux le Comité des douze, les ministres Clavière et Lebrun... »

Legendre demanda une exception dans les Douze, et Marat deux ou trois autres. Pendant qu'on lisait le décret, il disait: « Ajoutez ceci, retranchez cela... » Le lecteur ajoutait ou retranchait, sans consulter l'Assemblée. Le côté droit demandait qu'on votât, en faisant l'appel nominal, dans la pensée que plusieurs craindraient de se déshonorer. Cependant, quelques-uns disaient: « Après tout, pour rester chez eux, ils ne seront pas fort à plaindre. » Et d'autres: « Un petit mal vaut mieux, pour éviter de grands maux. » Un autre, d'un air stoïque: « *Vaut-il mieux ne pas voter que de trahir son devoir.* » Cette ouverture fut saisie. L'Assemblée ne vota point. La Montagne vota seule, pêle-mêle avec des gens du peuple qui s'étaient amicalement assis dans ses rangs.

Le décret prononcé à peine, un grand nombre de députés entourèrent le secrétaire, Durand-Maillane, rédacteur du procès-verbal, pour lui faire consigner leurs protestations contre la violence exercée sur l'Assemblée. Le très prudent secrétaire les fit signer, mais sur une feuille volante, « ce qui fit plaisir à plusieurs, dit-il malicieusement; quand ils virent le parti de Robespierre prendre plus de consistance et de force, ils me prièrent de brûler la feuille où étaient leurs signatures ». Durand fit plaisir à tous: aux vaincus, en détruisant leur protestation: aux vainqueurs, en les laissant falsifier son procès-verbal, effacer toute trace de violence subie par la Convention.

Avant la fin de la séance, une députation, qui prétendait être l'organe *du peuple entier de Paris*, vint remercier l'Assemblée, et offrit *de constituer des otages* en nombre égal à celui des députés arrêtés. « J'accepte, dit Lanjuinais, pour empêcher la guerre civile. » Mais Barbaroux refusa, se remettant généreusement à la loyauté de Paris.

Il était dix heures du soir. Hérault avait disparu. Mallarmé fut obligé de reprendre le fauteuil pour lever la séance. La Montagne s'écoula. La droite voulait en faire autant par la porte qui était de son côté. Cette porte était consignée. Les représentants, repoussés dans la salle, s'adressèrent au président, qui, abîmé dans la honte et le nez dans ses papiers, dit au hasard: « Je ne me mêle pas de cela. » Un huissier effectivement indiqua l'autorité supérieure qui tenait l'Assemblée captive: « On est allé, dit-il, chercher à la Commune l'ordre de lever la consigne. » On attendit un quart d'heure.

Rien n'avait manqué à la laideur du triste événement; on ne devait désirer nulle preuve plus manifeste de la violence subie par la Convention. Les ineptes instruments de cette violence en faisaient gloire et parade. Tout le jour, aux Champs-Élysées, on vit les apprêts d'un siège, tout le matériel de l'artillerie, des grils à rougir les boulets et autres machines semblables. Tel était le bon sens du général Henriot!

Le soir, au Théâtre-Français (Odéon), et dans d'autres sections sans doute, on fit des récits indignés des scènes du jour. Bonneville, celui qui le premier proposa la République, fit une protestation contre le 2 Juin, et le Théâtre-Français voulait l'envoyer à toutes les autres sections. Cette décision n'eut pas de suite.

La lassitude était extrême; on se soumit, et généralement on fut satisfait de voir la fin de la crise. La garde nationale, depuis quatre jours, était constamment appelée et des jours entiers sous les armes. Les hussards de l'Ecole Militaire, qui étaient restés soixante-douze heures à cheval, n'avaient plus la force de retourner à leur quartier; ils restèrent mourants de faim aux Quatre-Nations, où la section leur donna à manger.

Le soir et toute la nuit, pour étouffer les résistances possibles, on employa divers moyens. Le Comité révolutionnaire de l'Hôtel de Ville demanda aux sections voisines que chacune lui envoyât huit commissaires *pour aider au désarmement et à l'arrestation des suspects*. Aux Droits de l'Homme (le plus pauvre quartier du Marais), on fit faire la liste des sans-culottes armés, *pour les payer* sur-le-champ. A la section de Grenelle, on démentit d'abord l'arrestation des députés; puis on dit qu'ils n'étaient arrêtés que *jusqu'au rapport du Comité de salut public*. Ailleurs, on racontait avec emphase *la dignité* avec laquelle le peuple souverain avait accompli le mouvement. La Convention avait promis, pour le 10 août, *une fédération générale*. Ce seul mot, qui rappelait un temps de paix et d'espérance, ne manquait pas d'être accueilli avec applaudissements.

On colporta aussi de section en section une parole qu'on trouvait sublime. Un sans-culotte aurait dit à un député effrayé qui tenait un pistolet: « Tu as beau faire, tu n'auras pas seulement une égratignure. » Plusieurs trouvaient en effet quelque consolation à songer qu'après tout, dans ce grand mouvement de quatre jours, le sang n'avait pas coulé. On en concluait que Septembre était désormais impossible, on admirait l'adoucissement des mœurs et l'on s'efforçait d'espérer.

Avec tout cela, les Jacobins n'étaient nullement rassurés. Sortis malgré eux du plan de l'*insurrection morale*, obligés de recourir à la brutalité des moyens de l'Evêché, ils étaient inquiets et tristes. Les sections jacobines allèrent tâter les autres, les raffermir, leur conter l'événement, « comment la Convention *avait été au jardin prendre quelques moments de repos*, puis, *invitée par le peuple,* était rentrée en séance ». La section de Bonconseil se montra infatigable. Toute la nuit, par ses députés, elle visita les quarante-sept autres sections de Paris, et leur offrit à chacune « le baiser de fraternité ».

Que le lecteur nous excuse d'avoir raconté dans un si grand détail ces tristes événements.
Nous le devions. Aucun fait n'a eu une portée si grave. Le 2 juin 1793 contient en lui et Fructidor et Brumaire, tous les coups d'Etat qui suivirent.
Nous le devions. Ce grand fait, conté tant de fois, écrit par des mains éloquentes, objet (aujourd'hui et toujours) d'une controverse de partis, n'en était pas moins resté, osons le dire, vraiment ignoré, incompris.
Et c'est ce qui permettait une controverse éternelle. On copiait plus ou moins habilement les journaux, les mémoires, qui donnent très inexactement quelques traits extérieurs de l'événement, et qui ne disent pas un mot des faits décisifs, du drame intérieur, qui se jouait en dessous.
Un témoignage irrécusable subsistait pourtant de ce drame, et dans des actes authentiques, spécialement dans les procès-verbaux des quarante-huit sections. Chacun de ces actes est très court, obscur pour qui n'en voit qu'un seul. Tous ensemble, ils se complètent, s'éclaircissent, se contrôlent les uns les autres; ils portent sur l'événement une lumière concentrée qui permet de le voir à jour, de part en part. Jamais peut-être sur aucun fait historique on n'a pu réunir un tel faisceau de rayons.
Il sort, dès aujourd'hui, ce grand fait, des vaines disputes; il entre dans la lumière de l'histoire et de la justice.
Deux choses resteront établies par ces derniers chapitres et par tout ce volume:

Innocence et aveuglement de la Gironde

La politique girondine, aux premiers mois de 93, *était impuissante, aveugle*; elle eût perdu la France.
Les Girondins, personnellement, furent innocents. Jamais ils ne songèrent à démembrer la France. Ils n'eurent aucune intelligence avec l'ennemi.

En terminant ce dur travail, ce livre amer où nous avons laissé, des larmes? non, mais des lambeaux du cœur, un regret nous saisit, une crainte: d'avoir été injuste, à force de justice.

Acharné à ce grand procès, le suivant pied à pied, craignant de l'obscurcir, nous avons écarté les nobles et grandes discussions qui s'y mêlaient sans cesse. La face sombre du temps apparaît seule, et la lumière est ajournée.

Proclamons-le ici, et que personne ne s'y trompe. Les monuments de cette époque, quelle qu'en soit la violence barbare ou la forme grossière, témoignent tous d'un caractère élevé, digne de ce grand siècle: *le culte de l'idée, la foi vive à la Loi*. Qu'on l'écrive cette loi, et tout sera sauvé, c'est leur croyance à tous. Au milieu même des mouvements terribles des derniers jours de mai, les Jacobins à Bonconseil, les Cordeliers à leur club, ne rêvent qu'à la Constitution.

Montez plus haut, lisez les minutes informes du Comité de salut public; l'idée y domine tout; la situation ne vient qu'après. C'est, le 30 mai, entre l'insurrection de Paris et la nouvelle de la victoire des Vendéens que le comité présente, fait décréter sa grande fondation des écoles. Foi superbe dans la lumière, noble et fière réponse aux victoires de la barbarie!

Ah! ce n'est rien encore d'avoir vu dans ce livre les violentes disputes de la Convention! il faudrait voir aussi la noblesse, la force héroïque, qui maintenait au cœur de ses grands hommes, parmi les disputes même, une base profonde de paix. En telles circonstances, Danton loua

Arrestation des Girondins

Vergniaud, Vergniaud loua Saint-Just. Sur les points les plus élevés, leur foi était la même. Plus d'une fois, entre eux, brillèrent de sublimes éclairs de fraternité, des lueurs anticipées de la réconciliation, qu'ils ont tous aujourd'hui dans le cœur de la France.

Livre XI

L'ÉTAT ET LE PEUPLE EN JUIN 93

CHAPITRE PREMIER

Paris et la Convention

Misère et grandeur de la Convention. Danger suprême de la France. Le crime de la Gironde. Y avait-il un gouvernement? La seule force organisée est dans les Jacobins. Aspects nouveaux de la Révolution. La « Terra incognita ». La Montagne ne veut pas donner le gouvernement à Robespierre. La Convention ne veut rien faire que la Constitution. Absence de tout gouvernement. L'armée révolutionnaire. Comment on demanda l'armée révolutionnaire. Comment on éluda l'armée révolutionnaire. Robespierre et Marat gardiens de l'ordre.

1. La Montagne craint la dictature
Misère et grandeur de la Convention   Juin 93

La Convention revint le 3 dans sa prison de la veille, dans la sombre petite salle de spectacle des Tuileries, où elle avait joué un si triste rôle. La Montagne rentrait frémissante d'une fureur étouffée; elle retrouvait ces bancs, où elle s'était vue captive, aussi bien que la Gironde; là, Grégoire avait crié; là, Lacroix avait pleuré, là, sous les risées des tribunes, un montagnard, forcé de sortir, avait obtenu par grâce d'être conduit, gardé à vue par quatre fusiliers...

Les royalistes se frottaient les mains. « Le roi a été forcé de mettre le bonnet rouge; cette fois, c'est la Convention... Elle prendra le bonnet vert, et cette royauté nouvelle ne sera qu'un soliveau. » *(Révolution de Paris.)*

Est-ce à dire que la Convention fut une assemblée de lâches, qu'elle n'ait eu que des Sieyès?

Soyons justes. Serrée des tenailles de la nécessité, pressée, qu'on pardonne le mot, sous l'épouvantable pressoir de la fatalité, elle a rendu, en bien, en mal, ce que contenait la nature humaine. Incroyablement patiente avant thermidor, et après faible et furieuse, emportée à la débâcle d'une triste réaction, elle n'en a pas moins étonné le monde, et par l'héroïsme individuel de ses membres et par l'admirable fécondité de ses créations.

Voilà ce que lui doit l'histoire.

Non, quoi qu'on veuille ou puisse dire, nulle assemblée ne contint jamais tant de forces vives, tant d'hommes résolus à mourir pour le devoir. Ces députés, hier avocats, médecins, gens de lettres, étonnèrent de leur courage les Kléber et les Desaix. Souvent, quand les militaires renonçaient, ils avancèrent, et comme Fabre, de l'Aude, se firent tuer à la place où ils plantaient le drapeau. Il n'y aura jamais au monde des hommes plus intrépides que les Merlin de Thionville, les Bourbotte, les Lacoste, les Romme, les Philippeaux; jamais de volonté plus forte que celle des Jean Bon Saint-André, des Baudot, des Levasseur.

« Avez-vous donc, disait un homme de la droite, fait un pacte avec la victoire? » — « Non, mais bien avec la mort », répondit le jeune Bazire, assis à côté de Danton.

Grande assemblée, toujours féconde, à travers ses misères mêmes, invincible aux événements; mutilée au 31 mai, elle fait les plus grandes choses; mutilée en thermidor, elle continue d'enfanter. Avant, après, elle dote la France d'une foule d'institutions. Tous les gouvernements qui suivent s'appuient d'elle en la maudissant, ils citent docilement ses lois, profitent de ce qu'elle a créé, reconnaissant malgré eux la majesté souveraine de l'Assemblée, entre toutes, fondatrice, organisatrice, qui, plus qu'aucune force humaine, représenta l'inépuisable fécondité de la Nature.

Indiquons au moins quelques-unes de ses grandes créations:

Avant le 9 thermidor. — Les premières parties du Code civil. Le grand-livre. Le partage des biens communaux. Le nouveau calendrier (astronomique et raisonnable). Le système décimal. L'uniformité des poids et mesures. Le Musée du Louvre. Le Musée des monuments français. Le Conservatoire de musique. L'extension du Muséum d'histoire naturelle, le grand enseignement des sciences de la nature. L'Administration du télégraphe. Le Conseil des mines. La fabrication de l'acier, les nouvelles fabriques de poudre.

Après le 9 thermidor. — L'Ecole normale, les écoles centrales et primaires, c'est-à-dire le seul système complet d'instruction qui ait existé en France. L'Ecole polytechnique. L'Institut. Le Bureau des longitudes, etc.

Mais ce qui recommande à jamais la Convention, c'est sa bienfaisance infinie, l'effort immense qu'elle fit, spécialement en 93, pour réaliser dans les lois la fraternité. Elle vote des retraites aux soldats, des secours aux réfugiés. Elle adopte les enfants trouvés, ceux des condamnés à mort, les relève et les appelle enfants de la patrie. Elle soulage les familles chargées d'enfants. Elle crée les écoles de santé. Elle se charge elle-même d'administrer les hospices. Elle donne aux hôpitaux de Paris une si grande extension, qu'il faut l'en dire la fondatrice. Elle crée Beaujon et Saint-Antoine. Elle étend l'Hôtel-Dieu, *ordonnant que, dans chaque lit, il n'y aura qu'un malade* (on en mettait jusqu'à six).

Pauvre homme qui es gisant sur le grabat de l'hospice, si, dans tes nuits de douleur, tu peux du moins gémir seul, seul étendre librement tes membres endoloris, souviens-toi de la Convention, de la grande assemblée humaine et bienfaisante, de celle qui entreprit d'ouvrir l'ère de fraternité, de celle qui d'un si grand cœur prodigua son sang pour toi!

Qu'on ne demande pas maintenant pourquoi la Convention vint se rasseoir le 3 juin sur ses bancs déshonorés. Elle revint pour deux causes.

Elle se sentait comptable au genre humain, ayant ces grandes choses à faire.

Elle ne pouvait se retirer, dans l'horrible péril où était la France, sans lui donner le coup de grâce. La retraite eût été un crime.

La France, désorganisée et quasi dissoute, ouverte par toutes ses frontières, sans gouvernement, sans défense, au centre, frappée par la Vendée (qui, le 10, devint maîtresse de la route de Paris), avait encore une force, une seule, son Assemblée. Elle était tout entière suspendue à ce faible fil que l'on pouvait croire brisé.

Malheur à qui eût compté avec l'honneur personnel dans une telle situation! Il fallait tout endurer, ne rien voir et ne rien sentir, avaler l'outrage et les larmes, et se rasseoir dans la honte, la nier si l'on pouvait, soutenir qu'on avait été libre, et que toujours on était libre. C'est ce que fit la Montagne, et elle sauva la France, dont la seule et dernière ressource était dans l'autorité de la Convention.

Le procès-verbal du 2 juin, rédigé et arrangé par l'homme le plus timide de l'Assemblée, Durand-Maillane, homme de droite qui votait à gauche, fut indéfiniment ajourné et ne parut que longtemps après. Lorsque Grégoire demanda en rentrant que le procès-verbal constatât l'insulte faite à l'Assemblée, l'équivoque rédacteur dit: « J'ai rendu compte *de la généralité* des faits, de sorte qu'on voie *dans quel état* la Convention a délibéré. » L'Assemblée s'en contenta; muette et sombre, elle passa brusquement à l'ordre du jour. Elle était déterminée à ne point se croire insultée, à s'occuper de la France et non d'elle-même.

La situation était presque désespérée en avril. Or, qu'était-ce donc en juin?... On ne marchait pas vers l'abîme; on y était, on y plongeait. Un mot suffit pour en juger. Il fallait au moins six mois pour retrouver des ressources, créer un gouvernement, réorganiser les armées. Et il fallait trois jours à la cavalerie hongroise pour venir à Valenciennes, et faire manger ses chevaux dans la Convention.

Pourquoi l'armée anglo-autrichienne, qui était à cinquante lieues, ne vint-elle pas à Paris? Il n'y en a qu'une raison, c'est qu'elle ne le voulut pas. Elle voulait prendre des places, et non refaire un roi de France.

Là apparut dans sa grandeur le crime de la Gironde, le crime d'avoir disputé trois mois en présence de l'ennemi! On ose à peine sonder des yeux le profond néant où elle laissait le pays. Elle n'avait rien elle-même, ni rien laissé faire.

Elle n'avait pas su exiger l'impôt. L'arriéré montait toujours; on revint aux temps barbares; il fallut demander l'impôt en denrées (septembre).

Elle n'avait su vendre les biens d'émigrés. Les administrations girondines résistèrent invinciblement aux ordres de leur ministre Roland, et ne surent point résister aux familles d'émigrés, qui, par de faux certificats, obtenaient sans difficulté la mainlevée des saisies, rentraient dans leurs biens.

Elle ne soutint pas l'assignat, n'osant punir les mauvais citoyens qui refusaient la signature de la France en péril. De là un double fait contraire, cruel, meurtrier pour le peuple. Le salaire ne montait pas, les denrées montaient. En juillet un misérable litron de haricots secs se vendait près de trente sols.

Elle ne saisit pas, du moins, la ressource de l'emprunt forcé, dans l'heureuse combinaison qu'avait proposée Cambon, et laissa tomber la chose aux mains des comités révolutionnaires.

La Montagne, pour ressource contre l'Europe conjurée,

contre un ennemi si près, qui d'un moment à l'autre pouvait tomber sur Paris, la Montagne avait en caisse deux projets! et deux feuilles de papier... Le décret du milliard de l'emprunt forcé et le décret d'une fabrication nouvelle d'un milliard d'assignats.

Mais pour lever cet emprunt, pour réorganiser les armées, pour remettre quelque unité dans ce chaos immense, pour imposer aux départements, cruellement irrités de l'injure qu'on leur faisait, il fallait un gouvernement.

Et là s'ouvrait, aux yeux de la Montagne, un abîme sous l'abîme... C'est que les remèdes semblaient aussi cruels que les maux.

Les quarante mille comités révolutionnaires seraient-ils un gouvernement? Très ardents, très patriotes, mais en même temps inhabiles, maladroits et furieux, il n'y avait pas de pire instrument. Ils criaient, ils dénonçaient, ils arrêtaient, n'agissaient pas. La Révolution, dans leurs mains, avait l'air de ces bêtes à mille pieds, qui s'agitent et n'avancent pas.

Les représentants eux-mêmes seraient-ils un gouvernement? Leur dévouement fut admirable, leurs efforts prodigieux; ils donnèrent leur vie, leur sang. Mais ce n'était pas assez de mourir; le difficile était de vivre et d'agir utilement, d'agir d'ensemble et de s'entendre, de se subordonner à une direction commune. La violence de leur passion patriotique, l'ardeur de leur altier courage étaient un obstacle à cela. Tous s'empressaient, tous se nuisaient. Dans le concours discordant des représentants en mission, et des agents que la Commune, les ministres, les sections envoyaient aussi, il y avait juste le contraire d'un gouvernement; c'était comme une tempête de disputes et d'accusations, un combat d'actions contraires qui s'annulaient elles-mêmes.

Le désordre, l'excès du péril, demandaient la dictature. Je

ne dis pas un dictateur. Une assemblée qui venait de couper la tête à un roi n'avait hâte d'en refaire un.

Les Girondins, dans leurs romans, supposaient un triumvirat de Marat, Danton et Robespierre — du roi de la Presse, du roi de l'Assemblée et du roi des Jacobins.

Ingénieuse fiction, mais sans base. Ces hommes étaient inassociables, de plus, tous trois impossibles.

Danton avait tergiversé au 2 juin, comme en janvier. Il n'inspirait aucune confiance.

Robespierre, avec son insurrection *morale,* avait paru trop délié; il n'avait pas la rude énergie que demandait l'imagination populaire. Beaucoup l'estimaient, l'admiraient, mais le croyaient un philosophe, un pauvre homme de bien.

Le plus possible était Marat, qui avait au moins le mérite, dans son excentricité, de n'avoir pas tergiversé. Il avait dit franchement, brutalement: « Il faut un chef. » Et il ne l'avait pas dit seulement. Il avait été ce chef au 2 juin. Il fit *grâce et justice.* Etre roi n'est pas autre chose. Mais dès ce jour aussi il fut marqué pour la mort. Non seulement il devint le but du poignard girondin, mais il fut tacitement mis au ban de la Montagne, qui n'écoutait plus ses paroles et ne daignait lire ses lettres. Il y fut infiniment sensible. Déjà malade, il s'alita. Il écrivit, le 20, aux Jacobins, pour expliquer le mot fatal. Mais l'acte, comment l'expliquer, comment prouver à la Montagne qu'elle n'avait pas été captive, et qu'il n'avait pas été roi?

Marat, du reste, avec sa grande puissance de la Presse populaire, n'avait de force qu'à Paris. Pour une force commune à la France, il n'y en avait qu'une à peu près organisée, la Société jacobine. Ceci ramenait à Robespierre, qui semblait l'homme fatal et menaçait l'avenir.

Mais, justement, cette fatalité indignait la grande majorité de la Montagne.

De tempérament, d'instinct, de nature, elle était contraire

à Robespierre, bien plus qu'à Danton, à Marat. Le tempérament dantonique, le génie de Diderot dans son dithyrambe de l'*Orgie de la Liberté*, fut plus commun dans la Montagne. Elle haïssait tout pédagogue. Autant elle était ravie d'être quitte de la volubilité magistrale et pédantesque du grand *faiseur* Brissot, autant elle frémissait de tomber sous la férule de l'*irréprochable* Robespierre. Elle détestait la Gironde, en qui elle voyait la dissolution de la République, mais n'avait pas moins horreur de voir la Révolution, immense et féconde, débordante et regorgeante de sentiments, d'idées, de vie, se resserrer tout à coup, se châtier et faire pénitence, prendre cette sagesse moyenne qui supprime les jets vivants les plus vigoureux au profit de la discipline et de l'unité d'organisation.

Les Jacobins contenaient-ils la Révolution? Non. Ils n'étaient pas même la Montagne tout entière.

Sans parler des montagnards neutralistes, Barère, Grégoire et autres, les montagnards dantonistes, hommes d'élan, de passion, Desmoulins, Fabre d'Eglantine, Legendre, Philippeaux, Thuriot, qu'ils eussent ou qu'ils n'eussent pas le diplôme jacobin, étaient opposés à l'esprit de la Société jacobine.

Il faut en dire autant des montagnards illustres par leurs spécialités (militaire, financière, administrative), Cambon, Carnot, Prieur, Lindet, qui étaient généralement peu amis des Jacobins, et n'y mirent jamais les pieds.

Dans les deux sens, comme passion et comme spécialité, la Montagne débordait la Société jacobine. Mais la Montagne elle-même était bien loin de contenir la Révolution.

Dès le lendemain du 2 juin, on commence à voir des horizons nouveaux, immenses. La Révolution semblait grande. Elle apparaît infinie.

« Au-delà de Marat, avait dit Desmoulins, il faut dire ce que les anciens géographes mettaient sur leurs cartes, pour les terres non visitées: *« Terra incognita. »*

C'est cette *Terra incognita* qui commence à apparaître.

Du côté de Lyon, on voit poindre le mysticisme révolutionnaire de Chalier.

Vers le nord, en Picardie, se remarque le grand partageur Babeuf, qui imprime dès 90, et qui en 92 et 93 est fort maltraité par les Montagnards.

Au centre, un monde surgit sous nos pieds, une tentative hardie de religion nouvelle, l'essai de donner à la Révolution (non française seulement, mais universelle) son organe universel, le culte de la Raison. Qui fait cela? C'est Paris. Paris déborde la France, la dépasse et suit sa route dans la voie du genre humain.

A toutes ces grandes choses, que fera la Société jacobine? Il ne suffirait pas de les nier, de vouloir les tuer en n'en parlant pas.

La Révolution politique pourrait-elle subsister sans devenir une Révolution sociale et religieuse?

La Révolution classique de Rousseau et de Robespierre vivra-t-elle en sûreté dans la sombre salle de la rue Saint-Honoré, sans tenir compte de l'autre, la Révolution romantique, qui mugit, confuse, hors des murs, comme une voix de l'Océan?

Sans bien s'expliquer tout cela, la Montagne sentait d'instinct que mettre la Révolution dans la main pure et patriote, mais exclusive et serrée de la dictature jacobine, c'était rejeter une infinité de forces vives qu'on n'étoufferait jamais, et qui, si on les étouffait, de leur mort ou de leur absence, dessécheraient, stériliseraient la République, la laissant sans sève et sans vie.

Voilà pourquoi la Montagne, trois mois durant, au risque de tout perdre, recula avec une sorte d'horreur devant la nécessité de faire un gouvernement. Il n'y en avait qu'un possible, le gouvernement jacobin. Elle estimait les Jacobins, elle admirait Robespierre, et elle frémissait de la pente fatale qui emportait tout vers lui. Elle croyait (je pense, à tort) qu'il désirait le pouvoir. Il ne voulait rien que l'autorité.

C'était moins, et c'était plus. Il avait le tempérament prêtre, et, comme tel, ambitionnait, avant tout, la domination des esprits.

La Convention, très éloignée de deviner ce caractère, crut n'avoir pas un moment à perdre, en rentrant le 3 juin pour lui fermer le pouvoir.

Un montagnard modéré, Cambacérès, collègue de Cambon dans le département de l'Hérault, et qui, sans être dantoniste, avait deux fois, dans deux grandes circonstances, exprimé la pensée de Danton et celle de l'Assemblée, cette fois encore, sans phrases, sans passion, formula en une seule ligne le sentiment de la Convention: « L'Assemblée change ses comités, *moins* son Comité de salut public. » Voté unanimement.

Ce qui voulait dire:

1º la Convention subira le fait accompli; elle ouvre à la Montagne ses comités que remplissait la Gironde;

2º elle n'ouvre pas son comité de gouvernement à l'homme qui couvre l'insurrection de son autorité morale;

3º ce comité qui, presque uniquement, a protesté d'avance contre le 31 Mai, qui a entravé, tant qu'il a pu, le 2 Juin, elle le maintient et le défend pour avoir défendu la loi.

Ce vote était très propre à calmer les départements, conforme aux paroles que leur portèrent ou leur firent porter les conciliateurs Danton, Cambon, Barère et Lindet.

Trois autres décrets solennels marquent les journées du 3 et du 4:

Commencement *des travaux du Code civil* par une section spéciale de législation.

L'instruction nationale basée sur de bons livres élémentaires dont on encourage la composition.

Le partage des biens communaux, ordonné en août 92

par la Législative, est réglé par la Convention. Tout habitant, homme, femme, enfant, les absents et les présents, tous ont droit d'avoir une part; si le tiers des voix dans la commune est pour le partage, il est décidé.

Grandes mesures et habiles. Cependant la question d'urgence restait tout entière: comment faire un gouvernement?

La Convention ajourna cette question. Elle ne se préoccupa que de la réconciliation de la France. Elle jugea qu'il fallait avant tout détromper les Girondins de bonne foi, finir le malentendu. On leur disait que la Montagne voulait refaire la royauté. « Présentons-leur, en réponse, dit-elle, une constitution fortement républicaine, solidement démocratique. Jusque-là rien n'est possible. Il faut éclairer la France, lui rendre son unité. Unie, elle peut braver le monde. »

L'ennemi attendrait-il? Il y avait bien lieu d'en douter.

Quoi qu'il en soit, l'Assemblée et son Comité de salut public ne firent rien de sérieux qu'en vue de la France seule et de la question intérieure. Ils ne tinrent compte du monde.

Surprenant spectacle! objet d'admiration pour les uns, pour les autres de dérision?... Un peuple cerné de partout, ayant à la gorge cinq cent mille épées, mordu au cœur par la Vendée, au moment d'avoir de plus une seconde guerre civile, s'occupe impassiblement d'une idée abstraite, d'une forme inapplicable et des lois de l'avenir.

« L'armée du Rhin se retire, celle du Nord se désorganise, l'Autrichien est à Valenciennes... — Préparons la Constitution. — Les Pyrénées sont franchies, les Alpes vont l'être, Lyon fait signe aux Piémontais... — Dressons plus haut que les Alpes le drapeau, la Constitution! — Mais si les Vendéens arrivent?... Les voici déjà à Saumur... — Avec la Constitution, nous les attendrons de pied ferme. »

Qui refuserait à ce siècle le titre qu'un Allemand illustre lui donna: *l'Empire de l'esprit*, en le voyant finir par cet acte étonnant de foi à l'idée? Et qui lui disputerait ce que Saint-Just réclame pour lui: « *Le XVIIIe siècle au Panthéon!* »

La Constitution de 93, comme le monde, fut faite en six jours. Présentée le 10, votée le 24, elle fut acceptée en juillet de toute la France, montagnarde et girondine (avec peu d'exceptions). On sentait parfaitement qu'elle était inexécutable, mais on n'en croyait pas moins que cette puissante formule, par une sorte de vertu magique, opérerait le salut.

La population parisienne, section par section, venait, avec des musiciens, au sein de la Convention, apporter son acceptation, jeter des fleurs, chanter des hymnes, comme les Israélites qui chantaient, dansaient devant l'Arche.

Le plus merveilleux, c'est que l'ennemi ne profita pas de cette absorption de la France, uniquement occupée d'elle-même, de sa dispute intérieure et de sa réconciliation.

Elle resta ainsi trois mois sans gouvernement ni défense, à la garde d'une idée, ferme dans sa foi scolastique, n'opposant rien aux dangers, au menaçant accord du monde, que la formule abstraite de la démocratie.

2. *Absence de tout gouvernement   Juin 93*

Un meneur du 31 Mai avait dit avant l'événement:
« Rappelez-vous le 10 Août; le coup fait, tout s'est tu... Eh bien! cette fois encore, la France subira les faits accomplis. » Inexact rapprochement entre deux faits si dissemblables: au 10 Août, la France prit un mouvement immense, le plus grand qui fut jamais; au 2 Juin, elle resta frappée d'une fatale inertie.

Les mesures révolutionnaires que la Gironde entravait ne furent prises que trois mois après son expulsion.

Le premier Comité de salut public existait à peine. Le

second commença le 10 juillet, n'agit qu'en septembre, ne se compléta qu'en novembre. Il fut très longtemps inactif. C'est ce que témoignent ses registres que j'ai sous les yeux. Notre situation militaire particulièrement alla empirant jusqu'à la fin d'août.

Le 2 Juin avait offert un spectacle singulier: une victoire sans vainqueur.

Où était la force?

Elle n'était pas dans la Convention, qui faisait des lois pour la France, mais qui n'eût osé donner un ordre au général Henriot.

Elle n'était pas dans Robespierre qui, le 2, s'était vu un moment réduit à trente fidèles, lorsque toute l'Assemblée sortit de la salle.

Etait-elle dans la Commune? Généralement on le croyait. La Montagne le croyait. Le soir du 3, des montagnards, rencontrant aux Jacobins un homme de la Commune, lui dirent avec amertume: « C'est donc vous qui êtes rois? »

Il était visible pourtant, et très positif, que la Commune était traînée plutôt qu'elle ne marchait, qu'elle suivait, bon gré mal gré, le Comité d'insurrection.

La force était donc dans ce comité? Il se composait de neuf jeunes gens, alors inconnus, Rousselin, Auvray, etc. Ces rois imberbes étaient-ils réellement reconnus et obéis, comme les vrais vainqueurs du 2 Juin? On en jugera tout à l'heure.

Rappelons d'abord les autorités régulières de la capitale. Elles étaient divisées d'esprit, et ne siégeaient pas au même lieu. Sans parler du Département qui siégeait à la place Vendôme, sans parler du maire Pache qui siégeait à la Police — à l'Hôtel de Ville siégeait la Commune proprement dite, c'est-à-dire le Conseil général, Chaumette, procureur de la Commune, et son substitut Hébert. Tous deux étaient cordeliers. Sous leur accord apparent, il était aisé pourtant de saisir leurs dissidences. Hébert alla à l'Evêché, la nuit du 31 mai, lorsqu'on sonna le tocsin. Et Chaumette, l'entendant de l'Hôtel de Ville, se mit à pleurer: « Nous avons préparé, dit-il, la contre-révolution. » Chaumette essaya d'empêcher qu'on ne tirât le canon d'alarme.

Voilà l'ancienne Commune, modérée relativement, et qui n'inspirait aucune confiance aux hommes de l'insurrection, aux meneurs de l'Evêché. Ceux-ci ne pardonnèrent pas à leur président d'avoir pactisé avec la Commune et consenti de siéger avec Pache et Chaumette. On a vu comment la Commune écarta les hommes de l'Evêché, et reconnut pour *Comité central révolutionnaire* ces Neuf, que les autorités du Département avaient nommés dans la salle des Jacobins, sous l'influence jacobine.

Mais pourquoi des inconnus? Sans doute parce que les Jacobins n'y voulaient aucun jacobin marquant. Ils laissèrent cette besogne à des jeunes gens sans conséquence, et, quoique décidés à la violation de l'Assemblée, ils n'y voulurent pas compromettre directement la grande société, amie de l'ordre et des lois.

Il en résulta une chose, c'est que, les Cordeliers étant écartés, les Jacobins s'effaçant, la Convention étant brisée, la Commune dominée, le jeune *Comité central* n'ayant aucun poids, l'autorité ne fut nulle part.

Etait-elle rentrée dans le peuple, à sa source naturelle? Nullement: les sections étaient muettes et bridées. Leurs comités révolutionnaires les avaient domptées, subjuguées.

A vrai dire, qu'auraient-elles fait? Comme le Parti girondin, auquel elles appartenaient en grande majorité, elles résistaient, voilà tout; mais elles ne voulaient rien. Elles n'auraient rien fait que prolonger l'impuissance et l'inertie qui étaient la mort de la France.

Ces comités révolutionnaires, minorité si minime, imperceptible dans l'océan des sections qu'ils menaient et terrorisaient, étaient violents en proportion de leur extrême faiblesse, prodigieusement défiants; décidés à sauver eux-mêmes la patrie sans se remettre à personne, ni consulter le pouvoir central, ils traitaient fort légèrement le Comité insurrectionnel.

Tout ceci est parfaitement mis en lumière par un fait, l'arrestation de Prudhomme, le célèbre imprimeur des *Révolutions de Paris*.

Prudhomme, véritable marchand, avait regardé toute sa vie la girouette de l'esprit public et s'y conformait à merveille, payant toujours des auteurs qui suivaient le mouvement. Avant la Révolution, il fit *Les Crimes des Rois,* et après *Les Crimes révolutionnaires*. On a vu son succès énorme quand il employait Loustalot et qu'il tira parfois jusqu'à deux cent mille. Prudhomme, en 93, avait été très violent pour demander la mort du roi. Il avait défendu Marat en avril, Hébert en mai, s'était prononcé avec force contre la Gironde, qui arrêtait le *Père Duchesne*. Il est vrai qu'obéissant à la masse de ses abonnés, il avait parlé avec indignation des violences qui précédèrent le 2 juin. Ce jour même, à onze heures du matin, il fut arrêté.

Spectacle étrange! le défenseur de Marat et d'Hébert traité comme un royaliste!

C'était le Comité révolutionnaire de sa section qui l'arrêtait, si l'on en croit Prudhomme, sur la dénonciation d'un ennemi personnel. Il fait avertir la Commune, c'est-à-dire Chaumette, qui ordonne sur-le-champ son élargissement.

Une heure après, sous un prétexte, on le rappelle au comité de sa section, et là on lui déclare qu'il est de nouveau arrêté. Par quel ordre? Par celui du *Comité central* des Neuf. On le lui montre et il lit: « Considérant que la liberté accordée au citoyen Prudhomme lui a été donnée *sans réfléchir,* etc. »

Le lundi 3, à dix heures, le *Comité central,* sans doute à la prière de Chaumette, élargit Prudhomme. Mais cette mesure particulière est contrariée par une mesure générale;

le même *Comité central* avait donné ordre au général Henriot d'arrêter les journalistes non patriotes. A midi, on vient encore chez Prudhomme pour l'emprisonner de nouveau; on ne trouve que son commis; n'importe, le commis est de bonne prise.

Le malentendu s'explique. Nouvel ordre du *Comité central* pour élargir l'imprimeur. Mais violente réclamation du comité de section, qui proteste que le prisonnier est coupable et déclare d'un ton menaçant *que le Comité central est responsable des suites de cette démarche.*

Ce ne fut que le 4, à midi et demi, après trois emprisonnements et trois élargissements en trois jours, que Prudhomme fut définitivement élargi.

Nous avons donné ce fait tout au long pour faire comprendre la lutte des trois autorités rivales: de la Commune, du Comité central d'insurrection et des comités révolutionnaires de sections.

Le *Comité central,* isolé, sans force ni base, ne pouvait tarder de se retirer. Sa retraite le délivrait lui-même, le dispensant de tenir au peuple la grande promesse de l'insurrection, celle de le nourrir et le solder, de lui créer l'*armée révolutionnaire.*

3. *L'armée révolutionnaire Juin 93*

Cet épouvantail des riches et de la propriété, cette terrible machine à ouvrir les coffres, desserrer les bourses, dans un grand besoin public, paraît avoir été surtout une idée des Cordeliers.

Le premier essai fut fait par un dantoniste, Dubois-Crancé, à Lyon. Il a très bien dit lui-même comment, abandonné du centre et n'en ayant plus nouvelle, serré entre trois dangers, Lyon, Marseille et le Piémont, qui allait passer les Alpes, ne sachant qui invoquer, l'enfer ou le ciel, il prit son parti, s'unit fortement à Chalier et aux enragés de Lyon et leur mit en main cette épée, l'*armée révolutionnaire*. Que voulait-il? Contenir Lyon, repousser l'invasion, et, au défaut d'autres ressources, faire manger Lyon, s'il le fallait, par l'armée des Alpes.

A Paris, il y eut une autre raison, bien forte pour solder le peuple, c'est qu'on ne savait plus comment le nourrir. L'*armée révolutionnaire* en ferait vivre une partie, ferait financer les riches, contiendrait les pauvres.

Dès 90, il y avait cent vingt mille pauvres à Paris, et à Versailles, quarante mille (sur soixante mille habitants).

La récolte de 92, bonne en froment, avait été nulle pour tout le reste. Tout fut épuisé de bonne heure et il y eut une sorte de disette au printemps de 93.

Ce terrible problème: comment nourrir le peuple? se présenta de mars en mai, en juin et jusqu'en septembre comme un sphinx effrayant, à dévorer tous les partis!

La Commune fut ainsi poussée par la nécessité et par le péril à faire ce qu'on faisait à Lyon, une *armée révolutionnaire*. Les patriotes lyonnais, huit jours avant de commencer, avaient envoyé à Paris un des leurs, le jeune Leclerc, éloquent et violent, amant de Rose Lacombe, qui couchait chez elle, courait Paris avec elle, jurait sang, mort et ruines. Ce frénétique raviva les fureurs des Cordeliers. Le 13 (au jour même où Crancé accordait à ceux de Lyon leur armée révolutionnaire), les Cordeliers, par l'organe de l'administration de police, qui dépendait d'eux, en firent la proposition au Conseil général de la Commune, qui décida que la demande serait faite à la Convention.

Le même jour, Robespierre, ne voulant pas sans doute rester en arrière des Lyonnais et des Cordeliers, fit la même proposition dans la Société des Jacobins, enchérissant et demandant qu'on salariât les patriotes qui assisteraient aux séances des sections.

Les Cordeliers, les Jacobins, entendaient-ils de même ce mot d'*armée révolutionnaire*? Voulaient-ils la même chose?

Nullement. Les Jacobins, Robespierre, voulaient seulement se créer une arme contre la Gironde, et, d'autre part, lever l'emprunt, les réquisitions par une voix expéditive, par le bras du peuple.

Mais les Chalier, les Gaillard, les Leclerc, de Lyon; les Gusman, les Jacques Roux, les Varlet, de Paris; les Cordeliers extrêmes, ceux que Marat appela *enragés,* imaginaient autrement la chose. Poètes furieux de la Révolution, ils voulaient, de cette armée, faire un apostolat, celui de la guillotine. L'*armée révolutionnaire* devait, selon eux, le bourreau en tête, courir toute la France, jugeant et exécutant, fanatisant par le vertige, convertissant par la terreur. Dès lors, le pain à bon marché; les laboureurs tremblants ouvriraient tous leurs greniers, les riches leurs coffres. La France, mise en possession de toutes ses ressources, se trouverait tout à coup une incalculable force; elle serait, sans difficulté, nourrie, défendue.

Les politiques de la Montagne étaient très opposés à cette idée sauvage. Robert Lindet, surtout, affirmait que c'était un sûr moyen d'organiser la famine, et peut-être la guerre civile, par les furieuses résistances qu'on trouverait chez le paysan.

Ce terrible mot d'*armée révolutionnaire* est répété avec un accroissement alarmant de chiffres par les différents partis, comme une espèce d'enchère, à mesure que le flot monte dans les derniers jours de mai.

Au 31 mai, le dantoniste Lacroix désarme les *enragés,* en s'emparant de leur proposition, et demandant lui-même cette armée pour *six mille* hommes.

Dans la nuit du 1ᵉʳ juin, le Comité d'insurrection, voyant le mouvement languir, veut réveiller l'enthousiasme, et dit au Conseil général que l'*armée révolution-*

naire sera portée à *vingt mille* hommes, à deux francs par jour.

Le 2 juin, Lacroix essaie d'étouffer le mouvement en faisant accorder aux insurgés l'*armée* pour *seize mille* hommes. La chose est décrétée ainsi.

Elle n'était pas embarrassante pour le Comité d'insurrection, autorité transitoire, qui pouvait partir et laisser à d'autres le soin d'accomplir ses promesses.

Elle restait un grand embarras pour la Commune, pour Robespierre, qui en avaient fait les premières propositions, et qui avaient vu la chose croître et grossir à un point où personne ne pouvait plus satisfaire les espérances du peuple.

« Où trouverez-vous tant d'argent? » avait dit Chaumette. Donnerait-on à seize mille hommes la solde de deux francs pour rester tranquillement à Paris, quand nos soldats du Rhin, du Nord, en présence de l'ennemi, exténués, à peine nourris, depuis si longtemps ne recevaient rien?

Si l'on créait cette armée, on la donnait aux *enragés,* un poignard dans la main d'un fou! et si on ne la créait pas, on risquait une insurrection, mais celle-ci très sérieuse, celle de la misère et de la faim.

On vit alors un spectacle curieux: Chaumette et le *Père Duchesne*, effrayés et dépassés, prêchaient la modération. Ils avaient arrêté Gusman; ils tâchaient de faire taire Leclerc: « Qui veut le sang, disait Hébert, n'est pas un bon citoyen. »

On composa. Le Comité d'insurrection exigea qu'au moins l'*armée* fût votée pour *six mille* hommes. Il en fut ainsi, et le comité, à ce prix, se déclara dissous (6 juin).

Mais une circonstance imprévue permit d'éluder ce vote. Les canonniers de Paris, corps d'élite, de grand courage (on le vit à Nantes et partout), mais de grandes prétentions, formaient déjà une espèce d'*armée révolutionnaire*. Ils s'opposèrent hardiment à ce qu'il en fût créé une, dont ils n'eussent été qu'un corps accessoire. Ils jurèrent de ne pas se dissoudre, de rester serrés ensemble et de s'aider les uns les autres.

Cela rendit du courage à tous ceux qui craignaient l'*armée révolutionnaire*, aux ennemis des *enragés*, à Robespierre, aux Jacobins, à la Commune, à Chaumette.

Le 11 juin, la section des Piques (ou de la place Vendôme), section de Robespierre, entraîna quelques autres sections. Elles allèrent à l'Evêché, au centre des *enragés*. Sans doute la salle était vacante. Elles siégèrent à leur aise, et votèrent, au nom de l'Evêché, une demande d'ajourner l'*armée révolutionnaire*. Les Cordeliers furent furieux; le soir même ils signalèrent cette surprise, et accusèrent violemment la section de Robespierre.

L'armée n'en resta pas moins ajournée.

Déjà depuis quelque temps, avant même la chute de la Gironde, l'instinct prévoyant des riches, éclairé par la terreur, leur disait que Robespierre, Marat même, se trouveraient, par leur opposition naturelle aux *enragés,* les modérateurs de la situation et les défenseurs de l'ordre. Sans se piquer de fidélité à la Gironde, qui manifestement enfonçait, sans scrupule d'opinion, ils s'adressaient à la Montagne, au plus haut de la Montagne, tout droit à Marat; Marat, cruel en paroles, était vaniteux, sensible aux caresses, à la confiance.

Il raconte lui-même un fait significatif:

Quelque temps avant le 31 mai, un banquier estimé, M. Perregaux (prédécesseur de M. Laffite), l'invita à dîner chez lui.

Marat ne refusa pas. Mais, avec beaucoup de prudence, il voulut avoir un témoin de ses paroles, et il emmena Saint-Just. Il y avait à table deux ou trois banquiers ou négociants. Au dessert, timidement, ils se hasardèrent à demander au grand patriote ce qu'il pensait qu'on dût croire des projets de loi agraire, de partage des propriétés, etc. Marat haussa les épaules, les rassura pleinement, renvoyant ces utopies à des époques tout autres et des sociétés différentes. Ils se relevèrent rassurés, et pleins de confiance dans ce bon M. Marat.

CHAPITRE II

La Constitution de 93

Mérites de cette Constitution. Comment se fit la Constitution. Elle menait à la dictature. Attaques dont elle est l'objet. Du parti prêtre à la Convention. Du parti contraire. Robespierre blesse le parti contraire.

1. Mérites de cette Constitution; attaques dont elle est l'objet

La Constitution de 93, ébauche improvisée pour le besoin d'une crise politique, a toutefois le caractère de répondre par quelques traits originaux et forts au cœur du genre humain.

Elle répond d'abord à l'antique, à l'invariable besoin de ce cœur. *Elle parle de Dieu.*

Elle en parle, il est vrai, en terme abstrait, vague, équivoque. Mais par cela seul qu'elle le nomme, elle se sacre elle-même dans la pensée du peuple, et devient une loi populaire. Ce n'est plus une œuvre fortuite de savants ou de philosophes. Elle se fonde et s'harmonise dans la tradition, dans le sens commun de l'humanité.

Le second point original, c'est que cette Constitution, écrite pour un grand empire, prétend réaliser ce qui est si difficile dans les plus petites sociétés: *l'exercice universel et constant de la souveraineté populaire.*

Noble utopie d'un gouvernement simple, où, ne se remettant à personne, le peuple commande et n'obéit, comme Dieu, qu'à ce qu'il a voulu.

Le troisième point, très grave, et par lequel cette Constitution, telle quelle, efface celles qui l'ont précédée, c'est la pensée indiquée pour la première fois que la loi n'est pas seulement une machine à gouverner l'homme, mais qu'elle s'inquiète de lui, *qu'elle veut garantir sa vie*, qu'elle ne veut pas que le peuple meure.

A quoi reconnaîtrons-nous la Loi? Au trait touchant qui distingue la vraie mère de la fausse, dans le jugement de Salomon, et lui fait adjuger l'enfant. La vraie mère s'écria: « Qu'il vive! »

« Les secours publics sont une dette sacrée. *La société doit la subsistance aux citoyens malheureux*, soit en leur procurant du travail, soit en assurant les moyens d'existence à ceux qui sont hors d'état de travailler. »

Enoncé faible encore du premier devoir de la fraternité. Ce n'en est pas moins l'ouverture première des âges meilleurs, l'aurore du nouveau monde.

Remontez à 92, au projet de constitution girondine écrit par Condorcet; rien de pareil encore. L'auteur, il est vrai, promettait la loi *sur les secours publics*, mais une loi à part, comme si cette loi, ce devoir de fraternité, ne doit pas figurer en tête de la Constitution.

C'est bien pis si vous remontez à l'Assemblée constituante. L'école anglo-américaine y règne sans partage. Les rapports, les discours de La Rochefoucauld et autres philanthropes, sortis de l'école égoïste du *laissez faire* et *laissez passer*, sont peu philanthropiques, si vous les comparez au grand cœur de 93, à son amour du peuple, à ses fondations innombrables, qui font de cette année maudite une grande ère de la fraternité sociale.

Voilà les trois points capitaux qui caractérisent la Constitution de 93. On voudrait seulement que ces grandes choses fécondes, Dieu, la Fraternité, n'apparussent pas seulement en deux articles isolés, sans liaison avec l'ensemble, comme des ornements ajoutés. Il faudrait au contraire qu'ils en fissent la tête et le cœur; bien plus, le sang, la vie, le fluide vital, qui eût circulé partout, et fait de l'œuvre entière une création vivante.

Le malheur, trop visible, c'est que les rédacteurs, obligés de répondre immédiatement au besoin de la circonstance, mirent sur la table, devant eux, un mauvais projet de constitution, celui de la Gironde. Ils l'abrègent, le corrigent, l'améliorent. Infaillible moyen de ne rien faire de bon. Il eût fallu le laisser entièrement de côté et donner, d'un seul jet, une œuvre née d'elle-même.

Les changements néanmoins, souvent heureux, témoignent d'un meilleur esprit.

J'aime, par exemple, qu'en parlant de la Propriété, du droit que l'homme a d'en jouir, la Constitution de 93 substitue au mot *capitaux,* qu'on lit dans l'œuvre girondine, *le fruit de son travail.*

Un mot très beau est celui-ci. Dans l'énumération des moyens par lesquels on acquiert le droit de citoyen, la loi ajoute: « En adoptant un enfant, en nourrissant un vieillard. »

La Constitution girondine, par une insigne imprudence, donnait la même influence à la France des campagnes et à celle des villes, c'est-à-dire qu'elle donnait aux barbares aveugles, serfs d'une servitude invétérée, aux tourbes fanatiques, jouet des prêtres et des nobles, les moyens de se perdre eux-mêmes et de perdre la République. La Constitution jacobine proportionne l'influence aux lumières et donne l'ascendant aux villes.

Comment se fit cette œuvre si rapide?

Toutes les sociétés populaires la demandaient, la voulaient à l'instant. Personne ne voulait l'anarchie, pas même ceux qui la faisaient. Tous avaient faim et soif des lois.

Tous, dans la foi naïve de cet âge, croyaient que la vérité n'avait qu'à paraître pour vaincre; ils faisaient cet honneur à leurs ennemis de croire qu'en présence de la Liberté et de la Justice, nettement formulées dans la Constitution, ils jetteraient les armes, que tout céderait, passions, intérêts et partis.

L'organisation de l'Etat

Cette impatience semblait rendre la tâche des rédacteurs facile. Un peuple si pressé d'avoir des lois devait les prendre de confiance et chicaner peu le législateur.

D'autre part, la Constitution rencontrait une difficulté bien grave dans la situation. Elle devait répondre à deux conditions absolument contraires:

Née du 31 mai, elle avait à se justifier en faisant oublier le projet girondin, en se montrant plus populaire. Il lui fallait *primer la Gironde en démocratie*.

Et elle devait en même temps faire la chose opposée: *organiser un gouvernement fort*. La France périssait faute de gouvernement.

On s'en remit à Robespierre. La Montagne, qui venait de lui refuser le pouvoir, lui remit en réalité la Constitution.

Elle fut faite, sous son influence, par cinq représentants qu'on adjoignit au Comité de salut public. Ce comité, usé, brisé, n'avait qu'un mois à vivre. Il laissa faire. Les adjoints furent les deux hommes de Robespierre, Couthon et Saint-Just, plus trois insignifiants pour faire nombre: un dantoniste fort léger, Hérault de Séchelles, le bel homme à tête vide, qui avait fait, sans le savoir, la révolution du 2 juin; enfin deux légistes de profession, nullement politiques, Berlier et Ramel; trois voix acquises à Couthon et Saint-Just, c'est-à-dire à Robespierre.

On n'osait, on ne pouvait demander la dictature, sans laquelle tout périssait. On essaya de la faire sortir de la Constitution même, et de la plus démocratique qui fut jamais.

Etrange dérision du sort! Robespierre avait au cœur l'idéal de la démocratie; il voulait moins le pouvoir que l'autorité morale, au profit de l'égalité. Ce qu'il ambitionna réellement toute sa vie, ce fut d'être le dictateur des âmes et le roi des esprits par une triomphante formule qui résumerait la foi jacobine, et devant laquelle Girondins, Cordeliers, la France, le monde, tomberaient à genoux... Le jour arrive, et Robespierre est à même de dicter les lois, mais c'est au moment où la situation ne comporte plus les lois. Ce grand œuvre lui vient quand une nécessité suprême de situation ne permet plus de le faire dans la vérité!

Organiser le pouvoir, c'était la chose nécessaire, et de nécessité suprême. Mais comment le hasarder, quand le 10 mai, Robespierre lui-même, un mois juste avant le 10 juin, où fut présentée sa Constitution, venait de prononcer un discours infiniment défiant, hostile au pouvoir, qui faisait de la vie publique une guerre contre le magistrat?

Rien n'étonna l'audace de Saint-Just et de Couthon. Ce pouvoir qu'on ne pouvait constituer expressément, ils le firent en n'en parlant pas. Ils prirent tout simplement le médiocre projet girondin que Condorcet avait déjà présenté, découpèrent, supprimèrent les articles de garanties, de barrières au pouvoir. Celui-ci fut ainsi créé par omissions et par coups de ciseaux.

1. La *censure universelle* de l'individu et du peuple, sur les abus de l'administration, est effacée dans la Constitution jacobine.

2. Ainsi que le *grand jury national* pour juger les crimes de trahison, le Corps législatif, dit-on, peut accuser les ministres; mais devant quel tribunal? On ne le dit pas.

3. Les ministres nommés par le peuple, dans le projet de 92, sont, dans la Constitution de 93, nommés par une double élection, *par un corps d'électeurs* que le peuple nommera.

4. Les commissaires de la trésorerie, auxquels les agents de finances doivent rendre compte, étaient nommés par le peuple dans le projet girondin; *ils sont nommés par les ministres* dans le projet jacobin, *surveillés non plus par des membres du corps législatif* (comme Cambon, etc.), mais par des employés que nomme le corps législatif.

Ce qui étonna le plus les hommes de tous les partis, ce fut cette création de *corps électoraux*.

Les corps électoraux

Tout le monde crut reconnaître ceux de la Constituante; on craignit la fondation d'une nouvelle aristocratie.

En vain, le rapporteur Hérault de Séchelles dit que, si le pouvoir exécutif n'était point nommé par le peuple, c'était *pour diminuer son importance*. On répondait « que ces corps électoraux, perpétués aisément par l'ascendant des Jacobins, donneraient au pouvoir exécutif l'appui fixe d'une caste. La Constitution de 91 appuyait sa royauté sur ses corps électoraux de notables. La Constitution de 93 appuiera sa dictature sur des corps électoraux de Jacobins, aristocratie sans-culotte, non moins redoutable que l'autre. »

Il aurait fallu pouvoir être franc, pouvoir dire que, dans la mobilité infinie des partis, on ne reconnaissait de sol ferme où l'on pût mettre le pied que la Société jacobine; qu'en ce moment tout, excepté elle, fuyait et fondait.

Pour faire avaler au peuple cette résurrection du pouvoir exécutif, la Constitution de 93 lui fait une belle, grande et magnifique promesse, celle de le faire *voter lui-même sur toutes les lois*. Le corps législatif ne fait *que les proposer*.

C'est le plus complet hommage qu'on ait jamais rendu au peuple, la concession la plus large qu'on ait faite nulle part à l'instinct des masses illettrées. On suppose que, sur les sujets les plus délicats, les plus spéciaux, les plus difficiles, la simple lumière naturelle suppléera à tous les secours de la science.

Mais ce magnifique don fait à peine au peuple, on le lui reprend en réalité. Ce vote sur toutes les lois devient illusoire « quarante jours après la proposition de la loi, si dans la moitié des départements, le dixième des Assemblées primaires *n'a pas réclamé,* le projet devient loi ».

Ainsi : *Qui ne dit rien consent.* Il est indubitable que pour les lois qui règlent des questions difficiles (telles sont la plupart des lois dans une société telle que la nôtre, d'intérêts si compliqués), les masses n'auront ni le temps ni la volonté, ni le pouvoir de se mettre à l'étude; elles ne feront la loi que par leur silence.

Pour dire le vrai, les deux Constitutions, la girondine et la jacobine, étaient ou peu applicables ou très dangereuses.

La girondine est uniquement une machine de résistance contre l'autorité qui n'est pas encore et qui, avec elle, ne pourrait pas commencer; elle n'est que liens, barrières, entraves de toutes sortes: si bien qu'une telle machine resterait immobile et ne bougerait. C'est la paralysie constituée.

La Constitution jacobine, toute démocratique qu'elle est, mène droit à la dictature. C'est son défaut, et c'était son mérite, au moment où elle fut faite et dans la crise terrible dont la dictature semblait le remède.

Elle fut lue le 10 et patiemment écoutée à la Convention. Mais, le soir même, on put voir qu'elle était peu acceptée, même des hommes du 2 Juin. Ce fut précisément au sein de la Société jacobine, à qui cette Constitution remettait la France, qu'eut lieu la vive explosion des critiques.

Chabot, l'impudent, le cynique, qui plus que personne avait conspué la Gironde, fut presque aussi injurieux pour la Constitution de Robespierre. Sans nulle attention au lieu, aux personnes, il dit crûment, sans embarras, « que la nouvelle Constitution était un piège, qu'elle surprenait la dictature, qu'elle recréait un monstre de pouvoir exécutif, indépendant de l'Assemblée, un pouvoir colossal et liberticide, qu'elle recommençait la royauté... ».

Robespierre, saisi, surpris, ne trouva que cette réponse: « Que lui-même proposerait d'ajouter à la Constitution des articles populaires. »

Mais Chabot ne s'arrêtait pas ainsi, une fois en verve. Il demanda où étaient les articles qui touchaient vraiment le bonheur du peuple. Un seul, qui fait « des secours publics une dette sacrée », faible et sec énoncé du principe, sans rien dire des voies et moyens. « Est-ce là, dit Chabot, tout ce que le peuple vainqueur devait s'attendre à recueillir le lendemain de sa victoire? »

Le silence fut terrible, Chabot s'épouvanta lui-même de voir qu'on ne répondait pas. Il se crut un homme perdu. Et il le crut bien plus encore quand il vit, aux jours suivants, les *enragés* s'emparer de ses arguments et en faire la base d'une pétition insolente à la Convention. Désespéré alors d'avoir eu tellement raison, décidé à se laver par une lâcheté quelconque, il prit l'occasion d'une brochure anonyme de Condorcet contre la Constitution. Chabot le dénonça, fit décider son arrestation et poursuivit sa mort, croyant se sauver lui-même.

L'homme, du reste, importait peu. Chabot, quelque Chabot qu'il fût, sur le dernier point avait touché juste. La Constitution de 93 était, comme tant d'autres, une machine sans vie, une roue sans moteur; il y manquait justement ce qui l'eût mise en mouvement.

En vain, le rapporteur Hérault avait dit que les lois sociales viendraient après la Constitution, suivant la vieille méthode qui pose d'abord un mécanisme, le met à terre et puis regarde s'il va tourner. Il faut créer le moteur, en déduire le mécanisme, celui-ci n'a de valeur qu'autant qu'il peut obéir à l'autre et le seconder. Religion, éducation, moralité fraternelle, lois de charitable équité et de mutuelle tendresse, voilà ce qu'il faut organiser d'abord, mettre dans la loi et aux cœurs; tout cela est antérieur, supérieur au mécanisme politique.

2. *Suite de la Constitution — L'Etre suprême*

Chabot avait été bien loin et pourtant il n'avait pas dit ce qui blessait le plus les cœurs du plus grand nombre des révolutionnaires, et même des modérés, de la majorité de la Montagne.

On a vu que l'une des causes principales qui isolèrent les Girondins, c'est qu'attachés généralement à la tradition philosophique du XVIIIe siècle, ils blessèrent ceux des conventionnels qui ménageaient l'ancien culte. Leur suppression du dimanche dans les administrations fut un crime impardonnable.

Le prêtre Sieyès au centre, Durand-Maillane et autres à la droite, dans leur mutisme habituel, n'en exerçaient pas moins une assez grande influence à la Convention. Les prêtres y étaient fort nombreux, et il y avait quatorze évêques, dont moitié à la Montagne. L'un de ces évêques montagnards avait été professeur de Robespierre. Tous se retrouvaient confrères et votaient ensemble dans les circonstances où leur robe était intéressée. La Révolution avait pu briser tout un monde; elle n'avait pas brisé le rapport du prêtre au prêtre.

L'œil clairvoyant de Robespierre n'avait pas été sans remarquer qu'indépendamment de la division locale des partis en côtés droit, gauche et centre, il y avait aussi comme un parti épars sur tous les bancs de l'Assemblée, celui de tous les membres plus ou moins attachés aux idées religieuses.

S'il s'attachait ce parti, assez fort, surtout à droite, il pouvait y trouver un appui, et même, au besoin, contre la Montagne, contre cette variable, cette indisciplinable Montagne, qui l'avait laissé au 2 juin réduit à trente fidèles. Qu'arriverait-il si, un jour, emportée par Danton ou quelque autre des Cordeliers, elle désertait encore?... Donc, il défendit la droite, la garda précieusement et l'augmenta, comme une réserve future, de tous ceux qui, à gauche, au centre, voulaient conserver quelque chose de l'ancienne religion.

Dans la discussion récente où l'on avait examiné si l'on

mettrait le nom de l'*Etre suprême* en tête de la Constitution, l'Assemblée avait ajourné, c'est-à-dire écarté indéfiniment la proposition. Robespierre, sans en tenir compte, écrit à la première ligne de sa Déclaration des droits: « *En présence de l'Etre suprême.* »

C'est ce mot spécialement qui signe la Constitution du nom de Robespierre. Nul des rédacteurs, sans son influence, n'aurait songé à l'y mettre. Il avouait ainsi cet acte et défiait les haines d'une grande partie de la Montagne.

Un résultat naturel de la lutte que l'esprit moderne a soutenue si longtemps dans les supplices et les bûchers contre les *hommes de Dieu,* c'est que le nom de Dieu était suspect; il ne rappelait aux esprits que la tyrannie du clergé qu'on avait brisée à peine.

Un mot éclaircira ceci.

A l'époque où Diderot décrivait les procédés des arts dans l'*Encyclopédie,* il se trouvait un jour chez un tourneur et le regardait tourner. Un de ses amis survint, et Diderot, s'élevant de cet art inférieur à l'idée de l'art éternel, se mit à parler de la création et du Créateur avec une éloquence extraordinaire. L'autre, cependant, changeait de visage. Enfin les larmes lui viennent. Il se jette à genoux devant Diderot, lui prenant les mains et sanglotant: « Ah! mon ami! ah! mon ami, de grâce, ne parlez pas ainsi... Je vous en prie, je vous conjure... oh! plus de Dieu, plus de Dieu! »

Il voulait dire évidemment: « Plus de clergé, plus de moines, plus d'inquisition, plus de bûchers, etc., etc. »

Une scène tout analogue se passa au temps dont nous écrivons l'histoire. Un de ces fougueux disciples de Diderot, un soir de 93, arrive défait et pâle dans la petite rue Serpente, dans une famille dont il était ami, celle du libraire Debure... On s'étonne: « Qu'avez-vous? auriez-vous été dénoncé? » — « Non. » — « C'est donc un de vos amis qui est en péril? » Enfin, répandant des larmes et faisant effort pour répondre: « Rien de tout cela... Ce scélérat de Robespierre fait décréter l'*Etre suprême!* »

Ce fanatisme d'athéisme se trouvait particulièrement chez les Cordeliers. La plupart se croyaient athées et ne l'étaient pas. Comme leur maître Diderot, c'étaient des sceptiques pleins de foi. Les uns, comme Danton, sentaient Dieu dans les énergies créatrices de la Nature, dans la femme et dans l'amour. Les autres, comme le pauvre Clootz, l'orateur du genre humain, le sentaient dans l'âme du peuple, dans l'Humanité, dans la Raison universelle. L'unité de la Grande Cause put leur échapper sans doute, mais par l'instinct et le cœur, ils virent, ils reconnurent plusieurs des faces de Dieu.

Les Cordeliers furent bien mêlés. Ils eurent des hommes d'une sève, d'un cœur admirable, comme Desmoulins et Clootz, des intrigants comme Hébert et Ronsin. Mais ils n'eurent point d'hypocrites.

Ils crurent que la Révolution ne devait point s'arrêter devant la question religieuse, mais l'embrasser et l'envelopper, qu'elle n'avait aucune sûreté, tant qu'elle laissait cette question hors d'elle-même. Ils n'éludèrent pas la Religion en lui accordant un mot. Ils proposèrent leur symbole contre celui du Moyen Age. Les Jacobins, pour l'avoir ménagé par une équivoque, ont vu revenir celui-ci, tout mort qu'il était, et ce revenant étrangler la Révolution.

On ne fonde rien sur l'équivoque. Rien n'était plus vague, plus trouble que ce mot: l'Etre suprême.

Rousseau, auquel il appartient, y avait trouvé son succès. Robespierre y chercha le sien.

Ce mot, d'un sens indécis, est ce qui recommanda l'*Emile* aux croyants comme aux philosophes. Les uns y virent l'ancien Dieu et les autres le nouveau.

Tous ceux qui, par sentiment, sans souci de la logique,

tenaient à l'ancienne religion et qui la sentaient enfoncer sous eux, passèrent avec empressement sur la planche mal assurée que Rousseau tendait à tous.

Cette formule convenait à tous, parce qu'elle disait très peu. *Suprême!* expression vide et creuse (pardonnez-moi, grand homme, le mot qui m'est échappé). Elle est bien pauvre, du moins, pour dire le Tout-puissant Générateur des globes, disons mieux, la Grande Mère, la Toute-féconde, qui, par minutes, enfante les mondes et les cœurs. Omettre l'efficacité de Dieu, pour dire seulement qu'il est *Suprême,* au fond, c'est l'anéantir. Dieu agit, engendre, ou n'est pas. Ce pauvre titre le dépouille, le destitue, le relègue là-haut, je ne sais où, au trône du Rien faire, où siégeait le dieu d'Epicure.

Il ne faut pas parler de Dieu, ou en parler clairement.

Telle est la force féconde de ce seul nom, que, mal dit, il sera horriblement fécond de maux et d'erreurs.

Que signifie l'*Etre suprême?* Est-ce le Dieu du Moyen Age, l'injuste Dieu qui sauve les élus, ceux qu'il aime et qu'il préfère, les favoris de la Grâce? ou bien le Dieu de justice, le Dieu de la Révolution?... Prenez garde. Mortelle est l'équivoque. Vous rouvrez la porte au passé. Il faut choisir. Car des deux sens vont dériver deux politiques tout à fait contraires. Du Dieu juste dérive une société juste, démocratique, égale. Et du Dieu de la Grâce, qui ne sauve que ses élus, vous n'arriverez jamais qu'à une société d'élus et de privilégiés.

Trente ans s'étaient écoulés depuis Rousseau. L'équivoque n'est plus permise. Il ne fallait pas s'en servir. Au lieu de l'*Etre suprême,* qui n'est qu'une neutralité entre le Dieu juste et le Dieu injuste, il fallait confesser l'une ou l'autre foi, ou reculer dans le passé, comme l'Empire a fait franchement, ou suivre la voie révolutionnaire contre la théologie arbitraire de la Grâce et du privilège, et mettre en tête de la Loi le nom du Dieu nouveau: Justice.

Cette première ligne écrite et la religion fondée, la Constitution de 93 n'aurait pas pu faire la chute qu'elle fait à la seconde ligne, où, pour but à la société elle assigne « *le bonheur* » (le bonheur commun).

La Constitution girondine donnait à la société pour but *le maintien des droits.* Et Robespierre lui-même indiquait ce but dans sa première Déclaration présentée aux Jacobins. Solution plus élevée sans doute que le bonheur, mais toutefois incomplète, négative plus que possible, de défense plus que d'action, plutôt privative de mal que créatrice de bien.

Ni la Constitution girondine, ni la jacobine, ne partent de la Justice et du Devoir. De là leur stérilité.

Rapprochons de la Constitution une loi fort importante (22 juin). Sur la proposition de Robespierre, la Convention *exempta de l'emprunt forcé ceux qui avaient moins de dix mille livres de rentes,* c'est-à-dire à peu près tous les propriétaires. Il n'y avait guère au-dessus que des fortunes d'émigrés, qui, devenues biens nationaux, étaient hors de la question, où des fortunes de banquiers, la plupart étrangers, et partant insaisissables. Il n'y avait plus alors cette foule de grandes fortunes qui se sont faites depuis par l'industrie, le commerce ou l'usure.

Cette proposition d'excepter véritablement tout le monde était un ménagement habile et politique, mais véritablement excessif pour la propriété. Car enfin, dix mille livres de ce temps-là font quinze aujourd'hui. Nombre de ces exemptés qui avaient moins de dix mille livres de rentes étaient cependant des gens fort aisés. Et il était à craindre qu'en n'exigeant rien que des gens plus riches, on ne trouvât personne sur qui lever le milliard.

Du reste, rien n'était plus capable de ramener la bourgeoisie, de la rallier à la Constitution, de briser et dissoudre le Parti girondin, composé en parti des gens aisés que l'on épargnait.

Les nouvelles classes

Résumons: par sa constitution, par cette loi favorable à la propriété, par l'ajournement du grand épouvantail (l'armée révolutionnaire), Robespierre devenait l'espoir de trois classes absolument différentes, jusque-là divisées de vues:

1º des Jacobins, qu'il appelait au pouvoir;

2º des propriétaires, qui virent en lui leur défenseur;

3º des amis du passé, des prêtres même, qui, dans sa formule de l'Etre suprême, dans cette neutralité philosophique entre le christianisme et la Révolution, voyaient avec juste raison que les institutions antiques, toujours subsistantes en dessous, reparaîtraient un matin, pour étouffer, faire avorter la création nouvelle.

CHAPITRE III

La Constitution de 93 (suite)

Opinion des Montagnards en mission. Efforts de conciliation. Les Girondins se perdent eux-mêmes. La Convention pouvait-elle traiter avec les départements. Les Girondins confondus avec les royalistes. Les robespierristes au Comité de salut public. Stratégie de Robespierre.

1. *Les Girondins   Juin 93*

Avons-nous oublié la Gironde? On pourrait le croire.

Elle est déjà reculée dans le temps. Elle enfonce d'heure en heure. Elle précipite encore sa chute en la méritant, par l'appel à la guerre civile.

Les réclamations de la droite pour obtenir qu'on juge les membres détenus reviennent de moment en moment, toujours moins entendues, comme une voix tardive, un impuissant écho des abîmes du passé.

Peu de jours après le 2 juin, la Convention reçut une lettre de deux montagnards arrêtés par les Girondins du Calvados, Romme et Prieur, de la Côte-d'Or: « Confirmez notre arrestation, et constituez-nous otages pour la sûreté des députés détenus à Paris. »

Admirable abnégation, qui montre tout ce qu'il y eut de dévouement et de ferme douceur d'âmes dans ces hommes héroïques, dignes de l'Antiquité.

Remarquez que cette arrestation avait cela d'odieux que les deux représentants, envoyés à l'armée des côtes, étaient là pour assurer la défense du pays, pour protéger contre les flottes anglaises la population égarée qui les arrêtait.

Quand on lut la lettre à la Convention, quelqu'un fit observer que peut-être « ils avaient été forcés... ». « Vous vous trompez, dit Couthon, Romme serait libre au milieu de tous les canons de l'Europe. »

L'Auvergnat Romme, esprit roide, âpre et fort, portait dans la liberté l'esprit rigoureux des mathématiques. Libre en Russie, libre au Calvados, comme dans la Convention, il crut à la Révolution quand personne n'y croyait plus. Dans la réaction qui suivit thermidor, il défendit les furieux dont il n'avait pas imité les excès, et jusqu'à se perdre lui-même. L'émeute de Prairial, qui tuait la République, tua Romme aussi. Condamné pour avoir pris le parti du peuple affamé, il prévint l'échafaud et se perça le cœur.

Dans cette cruelle circonstance du 2 juin et de son arrestation par les Girondins, Romme ne tergiversa pas. Inflexible contre lui-même dans la théorie du droit révolutionnaire, il dit froidement aux insurgés (comme plus tard en Prairial) : « Persuadés qu'on vous opprime, vous usez légitimement du *droit de résistance à l'oppression.* »

L'autre député, Prieur, mathématicien, comme Romme, et officier de génie, illustre comme fondateur de l'Ecole polytechnique, fut le second de Carnot dans la défense de la France. Comme lui, il était député de la Côte-d'Or; comme lui, il avait l'âme généreuse du pays des bons vins, des cœurs chaleureux. Je croirais volontiers reconnaître sa main dans une adresse touchante que la Côte-d'Or adressa aux départements girondins: « Non, vous ne prendrez pas les armes! vous ne persisterez pas dans l'aveugle mouvement où vous pousse le délire de la liberté... Tremblez des crimes où l'amour même de la patrie peut porter la vertu... S'il était vrai que les paroles fraternelles de vos amis de la Côte-d'Or ne pussent arrêter cet élan de guerre, ils iront au-devant de vous, sans armes, et vous diront: « Frappez!... Avant d'immoler la patrie, immolez-nous... Si nous apaisons votre fureur, nous aurons assez vécu. »

Cet appel de fraternité partait de Dijon, du pays le plus montagnard de la France. Et c'était le cri de la France même. Les Cordeliers, si violents, mais sensibles aux grandes choses, avaient vivement applaudi la motion suivante que fit un des leurs: « Je propose que trois mille des nôtres marchent à la rencontre de nos frères des départements qui viennent contre Paris, mais sans armes, pour les embrasser! »

La section de Bondy déclara qu'elle irait aussi, mais avec un juge de paix et une branche d'olivier.

Rien ne fut plus touchant que de voir à une fête des Champs-Elysées les canonniers de Paris, ce corps montagnard s'il en fut, verser des larmes au moment de partir pour le Calvados: « En vain, disaient-ils, on voudrait nous inspirer la haine contre les autres citoyens de la France... Ce sont nos frères, ils sont républicains, ils sont patriotes... S'ils marchent vers Paris, nous irons au-devant d'eux, non pour les combattre, mais pour les embrasser, pour jurer avec eux la perte des tyrans et le salut de la patrie. »

Les montagnards en mission, qui voyaient l'état des départements, furent accablés de la nouvelle du 2 juin.

Carnot protesta.

Le jurisconsulte Merlin, de Douai, écrivit à la Convention son opinion sur cette violation du droit national et sur le danger où elle mettait la France. Cette adresse fut signée de Gilet, Sevestre, Cavaignac.

Lindet à Lyon, Treilhard à Bordeaux, n'essayèrent pas de justifier l'événement; ils dirent seulement que, dans la situation de la France, il fallait accepter le fait accompli, et se rallier au seul centre possible, à la Convention.

Beaucoup de citoyens de Paris s'offraient comme otages pour rassurer, calmer les départements.

Danton s'offrait de nouveau, et d'autres. Couthon même s'offrit.

Deforgues, agent de Danton, avait été de bonne heure

dans le Calvados s'entendre avec Prieur et Romme. Les bonnes paroles, l'argent, les promesses, rien ne fut épargné pour calmer la Normandie. La voie fut ainsi ouverte à la sagesse de Lindet, qui, Normand lui-même, ménagea habilement ses compatriotes.

Les Girondins, il faut le dire, contribuèrent beaucoup à leur perte.

Le sentiment de leur honneur, de leur innocence, poussa Vergniaud et Valazé à repousser tout compromis. Ils déclarèrent ne vouloir que justice. Très mal gardés dans les commencements, ils pouvaient échapper, comme d'autres. Ils restèrent à Paris, prisonniers volontaires avec une douzaine de leurs amis, résignés à périr, s'ils n'obtenaient leur réintégration et la victoire du droit. Loin de se laisser oublier, de moment en moment ils écrivaient à la Convention des paroles violentes, lui lançaient un remords. Ils ne demandaient rien que ce qu'elle avait décrété elle-même; ils s'en tenaient à sa décision du 2 juin: la Commune fournira les pièces, et le rapport sera fait sous trois jours. « Qu'ils prouvent, disait Vergniaud, qu'ils prouvent que nous sommes coupables; sinon qu'*ils portent eux-mêmes leur tête sur l'échafaud.* »

Quand Barère, le 6 juin, vint au nom du Comité de salut public demander à la Montagne de donner des otages aux départements, les girondins qui restaient à la Convention, Ducos, Fonfrède, s'y opposèrent: « Cette mesure, dirent-ils, *est mesquine et pusillanime.* » Ils soutinrent, avec Robespierre, qu'*il fallait un jugement.* Ils prétendaient être jugés par la Convention; Robespierre entendait qu'ils fussent envoyés au Tribunal révolutionnaire.

Le soir même du 6, soixante-treize députés de la droite firent une protestation secrète contre le 2 juin. Quelques-uns étaient royalistes ou le devinrent; mais la plupart, comme Daunou, Blanqui, etc., étaient républicains sincères et crurent devoir protester pour le droit.

Le jugement, en réalité, était impossible et le devenait de plus en plus.

Vouloir que la Convention réformât le 2 juin, c'était vouloir qu'elle s'avilît, qu'elle avouât avoir succombé à la crainte, à la violence, qu'elle annulât tout ce qu'elle avait fait depuis ce jour.

Non coupables de trahison, les Girondins n'étaient pourtant pas innocents. Leur faiblesse avait encouragé tous les ennemis de la République. Leur lutte obstinée avait tout entravé et désarmé la France au moment du péril. Manquant de faits précis contre eux, la Convention eût bien été obligée de les recevoir, et ils l'auraient forcée de poursuivre leurs ennemis, de faire un autre 2 Juin en sens inverse.

Tout accabla les Girondins, et la fuite de plusieurs des leurs et l'appel de ces fugitifs à la guerre civile. Les violences, les fureurs de la Gironde départementale, la guillotine dressée à Marseille et à Lyon contre les Montagnards, les outrages subis en Provence par les représentants du peuple, c'étaient autant de coups sur les Girondins de Paris. On s'en prenait à eux de tout ce qui se faisait par les leurs aux extrémités de la France, des crimes mêmes que les royalistes faisaient en leur nom.

L'expédient des otages refusé par eux-mêmes n'était plus acceptable. L'imposer à la Montagne, c'était humilier l'Assemblée devant les départements, c'était relever, enhardir, non seulement les Girondins, mais la détestable queue de la Gironde, le royalisme masqué; c'était confirmer la dissolution de la République, déjà tellement avancée par la mollesse du gouvernement des parleurs.

L'Assemblée aurait traité avec les départements d'égal à égal! Mais traiter avec qui? C'est ce qu'on ne savait même pas. Ce qu'on appelait très mal, très vaguement *Parti girondin* était un mélange hétérogène de nuances diverses. Les réunions qui se formèrent pour organiser la résistance girondine, à Rennes par exemple, furent des monstres et de vrais chaos.

Robespierre s'opposa à tout compromis, et sans nul doute il eut raison.

Les événements accusaient la Gironde. Les mauvaises nouvelles des victoires royalistes, des résistances girondines tombaient pêle-mêle et comme une grêle sur la Convention.

On apprit en même temps et les mouvements royalistes de la Lozère et la formation du Comité girondin des départements de l'Ouest, à Rennes.

On apprit en même temps et la victoire des Vendéens à Saumur et l'organisation militaire des forces girondines de Bordeaux, d'Evreux, de Marseille, les décisions menaçantes de plusieurs départements contre la Convention, etc.

La Montagne, les Jacobins, les meilleurs patriotes, se trouvèrent ainsi dans ce qu'on peut appeler un cas d'ignorance invincible. Il était presque impossible de ne pas croire que les faits qui arrivaient en même temps fussent sans liaison entre eux. Le soir du 12, quand Robespierre annonça aux Jacobins la défaite de Saumur, qui mettait les Vendéens sur la route de Paris, la fureur fut extrême, mais contre les Girondins, contre la droite de la Convention. L'honnête et aveugle Legendre dit qu'il fallait arrêter, détenir comme otage, jusqu'à l'extinction de la Vendée, les membres du côté droit.

Un montagnard très loyal, et franc comme son épée, le vaillant Bourbotte, envoya de l'Ouest une preuve qu'un des girondins était royaliste. On conclut que tous l'étaient.

Les girondins retirés dans le Calvados, Pétion, Buzot, etc., brisés par les événements, usés, blasés et finis, se laissèrent dominer par les gens du Calvados. Ceux-ci avaient pris pour chef militaire un royaliste constitutionnel, le général Wimpfen. Louvet plus clairvoyant, avertit Buzot, Pétion, leur dit que cet homme était un traître et un royaliste. Ils répondirent mollement qu'il était homme d'honneur et que, seul, il avait la confiance des troupes et des Normands. Wimpfen se démasqua bientôt, parla d'appeler les Anglais. Les Girondins refusèrent, mais ils n'en furent pas moins perdus, et parurent avoir mérité leur sort.

Tout ceci fit donc décidément croire une chose très fausse: *que la Gironde était l'alliée de la Vendée.*

Le 13, l'Assemblée recevant à la fois cette terrible nouvelle de Saumur, et d'autre part une lettre insolente où Wimpfen lui annonçait qu'il avait arrêté deux de ses membres, le nœud fut tranché.

Danton, déjà accusé aux Cordeliers, aux Jacobins, crut ne plus pouvoir se taire sans se perdre, dans la vive émotion où paraissait l'Assemblée. Il invectiva contre la Gironde, loua le 31 mai, et dit qu'il l'avait préparé.

Couthon saisit ce moment où la Montagne semblait décidément une par cette explosion de Danton. Il proposa et fit décréter la déclaration suivante: « Au 31 mai et au 2 juin, le Conseil révolutionnaire de la Commune et le peuple ont puissamment concouru à sauver la liberté, l'unité, l'indivisibilité de la République. »

2. *Robespierre entre les Girondins et les enragés*
Juin 93

Robespierre avait vaincu, et le même jour, 13 juin, il entra réellement au comité par ses hommes, Couthon et Saint-Just.

Delmas, qui en était membre, ayant hasardé de défendre une des administrations inculpées, était lui-même l'objet des accusations jacobines. Il se créa un moyen de salut en ouvrant la porte du comité aux robespierristes. Le 13, il proposa une distribution du comité en sections, et dans cette division on leur fit la meilleure part.

La section principale, celle qui donnait tout le maniement des affaires *(correspondance générale)*, se composa de Couthon et de Saint-Just, de plus, du juriste Berlier, homme spécial, nullement politique, qui ne gênait guère ses collègues. Le quatrième membre enfin fut Cambon, fort attaqué et inquiet, absorbé et englouti dans l'enfer de nos finances, vivant, mangeant et couchant à la Trésorerie; tiraillé de cent côtés, dévoré par les mille besoins de l'Intérieur et de la Guerre, poursuivant dans le chaos sa création nouvelle, comme une île volcanique sur la mer de feu où la Révolution devait jeter l'ancre: c'est la création du *grand-livre*.

Donc, la section principale du comité gouvernant fut en deux hommes seulement. Cette section de correspondance générale ne correspondait pas seulement par écrit; elle répondait de vive voix aux membres de la Convention, aux députations, aux particuliers. Tous ceux enfin qui avaient affaire au Comité de salut public étaient reçus par Couthon et Saint-Just *dans la salle à deux colonnes*. Tout le grand mouvement du dehors venait se heurter aux deux immobiles. Couthon l'était de nature et de volonté; le paralytique Auvergnat, dans sa douceur apparente, avait le poli, le froid, la dureté du silex de ses montagnes. Le chevalier de Saint-Just (comme l'appelle Desmoulins), dans son étonnante roideur jacobine, le cou fortement serré d'une cravate empesée, ne tournait qu'en entier et tout à la fois; immobile en soi lors même qu'il se transportait d'un point à un autre. Certes, dans le tourbillonnement d'une situation si confuse on n'eût jamais pu trouver une image plus arrêtée d'un gouvernement immuable.

Cette fixité draconienne et terrible des deux hommes de Robespierre l'autorisait singulièrement. Si tels sont les disciples, disait-on, quel est donc le maître? La force de son autorité morale parut spécialement dans le coup qu'il frappa sur les Cordeliers, sur les *enragés* qui, à ce moment, s'étaient emparés de leur club. Ils avaient repris le rôle de Marat, ses thèses les plus violentes; ils les mêlaient d'attaques contre la Constitution, c'est-à-dire contre Robespierre.

Le 24, l'enragé des *enragés,* le cordelier Jacques Roux, au nom de sa section, celle des Gravilliers, apporta à la barre une violente pétition, qu'il rendit plus violente en l'ornant d'additions improvisées. Tout n'était pas absurde dans cette furieuse remontrance à la Convention. Il reprochait à la Montagne *de rester immobile* « sur son immortel rocher », et de ne rien faire.

Avec un impitoyable bon sens, les tribunes applaudirent. La Montagne, furieuse, ne se connaissait plus. Elle se leva tout entière, Thuriot en tête, contre le malencontreux orateur, et Legendre le fit chasser de la barre.

Qu'était-ce au fond que Jacques Roux? Ses discours, visiblement mutilés, sa vie violemment étouffée par un surprenant accord de tous les partis, ne le font pas deviner.

Nous le voyons accouplé dans les malédictions du temps avec le jeune Varlet, hardi prêcheur de carrefour; d'autre part avec Leclerc, le jeune Lyonnais, ami de Chalier, qui en mai était venu s'établir à Paris chez sa maîtresse, Rose Lacombe, chef et centre des *femmes révolutionnaires.* Quelles étaient les doctrines de Roux? jusqu'à quel point était-il en rapport avec Lyon, avec Chalier, son apôtre? ou bien avec Gracchus Babeuf, qui avait publié, dès 90, son *Cadastre perpétuel,* et s'agitait fort à Paris?

Nous ne pouvons malheureusement répondre à ces questions.

Les registres des Cordeliers nous manquent pour cette époque; ceux de la section des Gravilliers, le grand centre industriel de Paris, mentionnent Roux, en bien, en mal, fréquemment, mais brièvement.

Je croirais volontiers que la Montagne n'en savait guère plus que nous, et n'en voulait pas savoir davantage sur *ce monstre,* objet d'horreur. Les *républicains classiques* avaient déjà derrière eux un spectre qui marchait vite et les eût gagnés de vitesse: *le républicanisme romantique* aux cent têtes, aux mille écoles, que nous appelons aujourd'hui le socialisme. Entre les uns et les autres, il y avait un abîme qu'on croyait infranchissable: l'idée très différente qu'ils avaient de la propriété. Marat, Hébert, quoique parfois dans leur violence étourdie ils aient paru autoriser le pillage, n'en étaient pas moins défenseurs du droit de la propriété.

Que feraient les Cordeliers? Ils avaient d'abord ordonné l'impression de la pétition de Jacques Roux. Roux, Leclerc, à ce moment, c'étaient leurs apôtres. Les *femmes révolutionnaires* venaient à cet ardent foyer mêler la dissolution, l'ivresse et l'extase. Si la chose eût suivi le cours qu'elle eût eu à d'autres époques, les Cordeliers auraient abouti à un communisme barbare, anarchique, au vertige orgiastique dont tant de fois furent saisies les démagogies antiques et celles du Moyen Age.

Ces pensées, confusément entrevues, faisaient horreur à Robespierre, au plus sage des Jacobins. Ami des idées nettes et claires, arrêté dans ses principes, il frémissait de voir la Révolution subir cette transformation fantastique. Il craignait aussi, non sans apparence, les tentations de la misère, *la faim mauvaise conseillère,* les démangeaisons de pillage, qui, commençant une fois à gagner dans une ville de sept cent mille âmes (où il y avait cent mille indigents), ne pourraient être arrêtées. Le 26 et le 27 juin, des femmes saisirent un bateau de savon et se l'adjugèrent au prix qu'elles fixaient elles-mêmes. On supposa que ces violences étaient l'effet de la pétition de Jacques Roux. Robespierre, le 28 au soir, lança l'excommunication contre lui aux Jacobins. Roux voulut se justifier à la Commune; mais là Hébert et Chaumette l'accablèrent et l'écrasèrent. Une autorité souveraine le frappa enfin, celle de Marat.

Tout cela paraissait fort. Cependant Robespierre comprit

que ce serait d'un effet passager, si Roux n'était frappé par les siens mêmes, par les Cordeliers; s'il n'était abandonné, renié d'eux et condamné. Robespierre n'avait jamais été aux Cordeliers, et il n'en parlait jamais. Il avait pour eux une profonde antipathie de nature. Il la surmonta pour cette grande et décisive occasion. Il prit avec lui celui de tous les Jacobins qui avait au plus haut degré le tempérament cordelier, le puissant acteur des clubs, Collot-d'Herbois, et de plus Hébert, délégué de la Commune, et tous trois, associés dans cette croisade jacobine du maintien de l'ordre, ils se présentèrent le soir du 30 juin aux portes du club des Cordeliers. Ceux-ci ne s'y attendaient pas. Ils furent frappés d'une visite si imposante, si inusitée. Ils le furent bien plus encore, lorsqu'une de ces *femmes révolutionnaires,* alliées ordinaires de Jacques Roux et de Leclerc, demanda la parole contre Jacques Roux, l'accabla de moqueries, conta ironiquement ses excentricités bizarres sur son théâtre ordinaire, la section des Gravilliers. Cette violente sortie d'une femme, qui, devant Robespierre et les Jacobins, traitait l'apôtre comme un fou, humilia les Cordeliers; un seul hasarda quelque défense pour Roux et Leclerc.

La société faiblit, les raya de la liste de ses membres et promit de désavouer Roux à la barre de la Convention.

Les Cordeliers, en réalité, abdiquaient leur rôle nouveau. La plupart se jetèrent aux places, aux missions lucratives. Momoro, Vincent, Ronsin, se serrèrent tous près d'Hébert et tous ensemble fondirent sur une proie riche et grasse, le Ministère de la guerre. Le ministre, le faible Bouchotte, serf des clubs et du *Père Duchesne,* fut absorbé tout entier. Le petit furieux Vincent fut secrétaire général de la Guerre. Hébert, pour son *Père Duchesne,* suça effrontément Bouchotte, en tira des sommes énormes. Ronsin, ex-vaudevilliste, bas flatteur de La Fayette, eut de tous la plus large part: nommé général-ministre, il eut en propre la grande place du pillage, celle où tout était permis, la dictature de la Vendée. L'avancement de Ronsin rappelle les plus tristes histoires des favoris de la Monarchie; capitaine le 1ᵉʳ juillet, il fut le 2 chef de brigade, et le 4 général. Trois mois après, en récompense de deux trahisons qui méritaient l'échafaud, il reçoit le poste de suprême confiance, il est nommé général de l'armée révolutionnaire!

Ces scélérats étaient parfaitement connus de Robespierre. Il les fit périr dès qu'il put. Ils lui étaient nécessaires cependant. Maîtres de la Commune, des Cordeliers de la presse populaire et successeurs de Marat, ils paraissaient être l'avant-garde de la Révolution. Si Robespierre eût eu la force de les démasquer, qu'eût-il fait? Il eût ouvert la porte à Jacques Roux, à Leclerc, aux *enragés*, qui les suivaient par-derrière.

Il craignait encore moins les hébertistes que les *enragés*. Pourquoi? Les hébertistes ne représentaient nulle idée, ils n'avaient nulle prétention de doctrine, rien que des convoitises et des intérêts; c'étaient des fripons qui ne pouvaient manquer un matin d'être pris la main dans le sac, et mis à la porte. Les *enragés,* au contraire, étaient des fanatiques d'une portée inconnue, d'un fanatisme redoutable, emportés par un souffle, vague encore, mais qui allait se fixer peut-être, prendre forme et poser une révolution en face de la Révolution.

Cette nécessité violente de frapper les *enragés,* d'humilier et mutiler les Cordeliers dans leur partie la plus vitale, entraînait pour la Montagne, spécialement pour Robespierre, une nécessité de bascule, celle de frapper sur la Gironde.

Le jour même où parla Jacques Roux, l'Assemblée, émue de quelques paroles attendrissantes du jeune Ducos, avait décidé que le rapport sur les Girondins se ferait enfin le lendemain 26. Après le discours de Jacques Roux, elle annula son décret sur la proposition de Robespierre.

Le rapporteur était Saint-Just. Il avait montré d'abord des sentiments fort modérés, offrant d'aller avec Garat pacifier le Calvados. Son rapport, lu le 2 juillet au Comité de salut public, fut atroce de violence. Les Girondins de Caen étaient déclarés traîtres, ceux de Paris complices.

Personne n'objecta rien. Et Danton était présent. Sa signature se trouve au registre.

Ce fut la fin du comité; il fut comme guillotiné moralement. On le refit, le 10 juillet, sous l'influence jacobine.

CHAPITRE IV

*Immobilité, ennui   Second mariage de Danton
Juin 93*

Abattement de Marat. Découragement général. Danton se remarie dans une famille royaliste et devant un prêtre réfractaire.

La singularité bizarre de la situation en juin, c'est que les vainqueurs, les maîtres de la situation, se trouvèrent précisément condamnés à l'inertie de ceux qu'ils avaient remplacés. La fureur des *enragés* forçait les Jacobins d'enrayer. Ne frappant un coup à droite qu'en frappant un coup à gauche, n'avançant, ne reculant, Robespierre et Marat se trouvaient immobilisés dans un misérable équilibre. Situation imprévue! Marat était constitué gardien de la société.

C'est, selon toute apparence, de quoi il est mort. Fatigué avant le 2 juin, il n'était pas encore malade. Dès le 3, il ne vient plus; il attendra, dit-il, le jugement des Girondins. L'Assemblée écoute à peine sa lettre et passe à l'ordre du jour. Sans cause, il revient le 17. Absent, présent, il s'agite. L'inattention dédaigneuse de la Convention lui faisait sentir durement qu'il avait perdu l'avant-garde. La nécessité quotidienne d'arrêter les *enragés* l'attristait et l'annulait. Marat modéré! Qu'était-ce, sinon la mort de Marat?

Marat n'était pas seul malade... Eh! qui ne l'était? Il y avait un grand sentiment de découragement et de douleur.

Cette douleur avait mille causes. La plus forte, peut-être, c'était la contradiction fatale des discours et des pensées. On couvrait tant qu'on pouvait sous la violence des paroles la diminution de la foi, l'attiédissement intérieur.

« Hélas! disait Ducos, le défenseur de la Gironde, aux

montagnards modérés, quand je vous prends un à un, je vous vois pénétrés de respect pour la justice; réunis, vous votez contre. » (Séance du 24 juin.)

« Les séances de l'Assemblée sont maintenant, disent les journaux, d'une décence extraordinaire. » Elles étaient silencieuses et courtes; on décrétait à la course; on partait dès qu'on pouvait. La nécessité du mensonge et de l'exagération était trop pesante.

On était obligé de redire tout le jour ce que généralement on ne croyait pas: que la Gironde avait trahi. Ce qu'on croyait, et qui était vrai, c'est qu'elle était inhabile, faible et molle, dangereuse, qu'elle eût perdu le pays.

Sur ce funèbre radeau de sauvetage où flottait la France naufragée, elle se voyait obligée de jeter à la mer les incapables pilotes qui l'auraient fait chavirer. Elle tâchait de les croire coupables; pour le croire, elle le disait, et le répétait sans cesse. On jurait qu'ils étaient les amis de la Vendée! qu'ils voulaient démembrer la France!...

Le sacrifice de la Gironde nous sauvait-il pour le moment? On était tenté de le croire. Qu'en serait-il pour l'avenir? La loi une fois tuée ainsi de la main du législateur, n'était-ce pas pour toujours? Cette flagrante illégalité n'allait-elle pas fonder l'illégalité éternelle?... Que sont les lois d'une Assemblée brisée? Qu'elle appelle une autre Assemblée; celle-ci, née d'un appel sans droit, n'apportera-t-elle pas la tache originelle de sa naissance?... Que prévoir, sinon une succession monstrueuse de coups d'État alternatifs? La France, ne sentant plus le droit, n'ayant nulle prise où s'arrêter, n'ira-t-elle pas roulant comme roule un corps mort sur la vague, dont ne veut ni la mer ni la terre, et qui flotte éternellement?...

La tristesse était la même dans les hommes des trois partis: dans les vainqueurs, comme Marat, dans les vaincus comme Vergniaud, dans les neutres, comme Danton.

Nous expliquerons tout à l'heure les secrets efforts de

Immobilité dans les partis

Danton pour pacifier la France. Ces tentatives, difficiles et périlleuses pour tous les conciliateurs, l'étaient infiniment pour lui. Il agissait pour rallier la Gironde départementale, mais toujours en parlant contre elle. Ses déclamations, habilement préparées, lancées dans la Convention avec un désordre apparent, un hasard plein de calcul, n'en étaient pas moins suspectes aux yeux clairvoyants. La haine ne s'y trompait pas. Les Cordeliers l'accusèrent le 4, et les Jacobins le 7. Robespierre le défendit et l'enfonça d'autant plus. Au Comité de salut public, relégué à la section diplomatique, où il n'y avait rien à faire, à la section militaire à laquelle il était étranger, il subit, le 2 juillet, l'atroce rapport de Saint-Just... Danton, où était ton âme?

La mort venait à lui, rapide... Le dévorant Saturne, affamé de ses enfants, en avait fini avec la Gironde: de qui donc avait-il faim maintenant, sinon de Danton?

Un homme si pénétrant ne se méprenait pas sur son sort. Que la mort vînt et vînt vite, c'était le meilleur pour lui.

Chose étrange! Vergniaud et Danton mouraient de la même mort.

Le pauvre Vergniaud, prisonnier rue de Clichy, dans ce quartier alors désert et tout en jardins, prisonnier moins de la Convention que de Mlle Candeille, flottait dans l'amour et le doute. Lui resterait-il, cet amour d'une brillante femme de théâtre, dans l'anéantissement de toutes choses? Ce qu'il gardait de lui-même passait dans ses âpres lettres lancées contre la Montagne. La fatalité l'avait dispensé d'agir, et il ne le regrettait guère, trouvant doux de mourir ainsi, savourant les belles larmes qu'une femme donne si aisément, voulant croire qu'il était aimé.

Danton, aux mêmes moments, s'arrangeait le même suicide.

Nous nous arrêterions moins ici, si c'était une chose individuelle; mais malheureusement alors, c'est le cas d'un grand nombre d'hommes. Au moment où l'affaire publique devient une affaire privée, une question de vie et de mort, ils disent: « A demain les affaires. » Ils se renferment chez eux, se réfugient au foyer, à l'amour, à la nature. La nature est bonne mère, elle les reprendra bientôt, les absorbera dans son sein.

Danton se mariait en deuil. Sa première femme, tant aimée, venait de mourir le 10 février. Et il l'avait exhumée le 17, pour la voir encore. Il y avait, au 17 juin, quatre mois, jour pour jour, qu'éperdu, rugissant de douleur, il avait rouvert la terre pour embrasser dans l'horreur du drap mortuaire celle en qui fut sa jeunesse, son bonheur et sa fortune. Que vit-il, que sera-t-il dans ses bras? (Au bout de sept jours!) Ce qui est sûr, c'est qu'en réalité elle l'emporta avec elle.

Mourante, elle avait préparé, voulu son second mariage qui contribua tant à le perdre. L'aimant avec passion, elle devina qu'il aimait et voulut le rendre heureux. Elle laissait aussi deux petits enfants, et croyait leur donner une mère dans une jeune fille qui n'avait que seize ans, mais qui était pleine de charme moral, pieuse comme Mme Danton, et de famille royaliste. La pauvre femme, qui se mourrait des émotions de Septembre et de la terrible réputation de son mari, crut, sans doute, en le remariant ainsi, le tirer de la Révolution, préparer sa conversion, en faire peut-être le secret défenseur de la reine, de l'enfant du Temple, de tous les persécutés.

Danton avait connu au Parlement le père de la jeune fille, qui était huissier-audiencier. Devenu ministre, il lui fit avoir une bonne place à la Marine. Mais tout obligée que la famille était à Danton, elle ne se montra point facile à ses vues de mariage. La mère, nullement dominée par la terreur de son nom, lui reprocha sèchement et Septembre qu'il n'avait pas fait, et la mort du roi qu'il eût voulu sauver.

Danton se garda bien de plaider. Il fit ce qu'on fait en

Second mariage de Danton

pareil cas, quand on veut gagner son procès, qu'on est amoureux et pressé: il se repentit. Il avoua, ce qui était vrai, que les excès de l'anarchie lui étaient chaque jour plus difficiles à supporter, qu'il se sentait déjà bien las de la Révolution, etc.

S'il répugnait tant à la mère, il ne plaisait guère à la fille. Mlle Louise Gély, délicate et jolie personne, élevée dans cette famille bourgeoise de vieille roche, d'honnêtes gens médiocres, était toute dans la tradition de l'ancien régime. Elle éprouvait près de Danton de l'étonnement et un peu de peur, bien plus que d'amour. Cet étrange personnage, tout ensemble lion et homme, lui restait incompréhensible. Il avait beau limer ses dents, accourcir ses griffes, elle n'était nullement rassurée devant ce monstre sublime.

Le monstre était pourtant bon homme; mais tout ce qu'il avait de grand se tournait contre lui. Ce mystère d'énergie sauvage, cette poétique laideur illuminée d'éclairs, cette force du puissant mâle d'où jaillissait un flot vivant d'idées, de paroles éternelles, tout cela intimidait, peut-être serrait le cœur de l'enfant.

La famille crut l'arrêter court en lui présentant un obstacle qu'elle croyait insurmontable, la nécessité de se soumettre aux cérémonies catholiques. Tout le monde savait que Danton, le vrai fils de Diderot, ne voyait que superstition dans le christianisme, et n'adorait que la Nature.

Mais pour cela justement, ce fils, ce serf de la Nature, obéit sans difficulté. Quelque autel, ou quelque idole qu'on y présentât, il y courut, il y jura... Telle était la tyrannie de son aveugle désir. La nature était complice; elle déployait tout à coup toutes ses énergies contenues; le printemps, un peu retardé, éclatait en été brûlant; c'était l'éruption des roses. Il n'y eut jamais un tel contraste d'une si triomphante saison et d'une situation si trouble. Dans l'abattement moral pesait d'autant plus la puissance d'une nature ardente, exigeante, passionnée. Danton, sous cette impulsion, ne livra pas de grands combats quand on lui dit que c'était d'un prêtre réfractaire qu'il fallait avoir la bénédiction. Il aurait passé dans la flamme. Ce prêtre, enfin, dans son grenier, consciencieux et fanatique, ne tint pas quitte Danton pour un billet acheté. Il fallut, dit-on, qu'il s'agenouillât, simulât la confession, profanant dans un seul acte deux religions à la fois: la nôtre et celle du passé.

Où donc était-il, cet autel consacré par nos assemblées à la religion de la Loi, sur les ruines du vieil autel de l'arbitraire et de la Grâce? Où était-il, l'autel de la Révolution où le bon Camille, l'ami de Danton, avait porté son nouveau-né, donnant le premier l'exemple aux générations à venir?

Ceux qui connaissent les portraits de Danton, spécialement les esquisses qu'en surprit David dans les nuits de la Convention, n'ignorent pas comment l'homme peut descendre du lion au taureau, que dis-je? tomber au sanglier, type sombre, abaissé, désolant de sensualité sauvage.

Voilà une force nouvelle qui va régner toute-puissante dans la sanguinaire époque que nous devons raconter; force molle, force terrible, qui dissout, brise en dessous le nerf de la Révolution. Sous l'apparente austérité des mœurs républicaines, parmi la terreur et les tragédies de l'échafaud, la femme et l'amour physique sont les rois de 93.

On y voit des condamnés qui s'en vont sur la charrette, insouciants, la rose à la bouche. C'est la vraie image du temps. Elles mènent l'homme à la mort, ces roses sanglantes.

Danton, mené, traîné ainsi, l'avouait avec une naïveté cynique et douloureuse dont il faut bien modifier l'expression. On l'accusait de conspirer. « Moi! dit-il, c'est impossible!... Que voulez-vous que fasse un homme qui, chaque nuit, s'acharne à l'amour? »

Dans des chants mélancoliques qu'on répète encore, Fabre d'Eglantine et d'autres ont laissé *La Marseillaise* des voluptés funèbres, chantée bien des fois aux prisons, au tribunal même, jusqu'au pied de l'échafaud. L'Amour, en 93, parut ce qu'il est: le frère de la Mort.

CHAPITRE V

Les Vendéens   Leur appel à l'étranger
Mars-juin 93

Le salut de Nantes fut celui de la France. Machines employées pour armer la Vendée. Henri de La Rochejaquelein. Bataille de Saumur (10 juin). Rapports des Vendéens avec l'étranger (avril 93). Ils marchent vers Nantes. Ils essaient de s'entendre avec Charette.

Deux phénomènes inattendus se virent à la fin de juin, l'un qui faillit perdre la France, et l'autre qui la sauva.

Les trois Vendées (de l'Anjou, du Bocage et du Marais), essentiellement discordantes entre elles et communiquant très mal, s'unirent un moment, formèrent une même masse d'une grande armée barbare, et sur la Loire roulèrent ensemble, à Saumur, à Angers, à Nantes, leur épouvantable flot.

Mais voici l'autre phénomène: les Girondins, proscrits à Paris comme royalistes, organisèrent dans l'Ouest, délaissé et sans secours, la plus vigoureuse défense contre les royalistes. Ils votèrent des troupes contre la Convention, et les envoyèrent contre la Vendée. Sauf quelques centaines de Bretons qui allèrent au Calvados, la Bretagne girondine resta dans son rôle héroïque; elle fut le vrai roc de la résistance et contre le royalisme breton qu'elle portait dans son sein, et contre l'émigration qui la menaçait de Jersey, enfin contre l'invasion vendéenne qu'elle brisa devant Nantes.

L'attaque de Nantes, fait minime si l'on considérait le nombre des morts, est un fait immense pour les résultats. L'empereur Napoléon a dit avec raison que le salut de cette ville avait été le salut de la France.

Cathelineau

Nantes présenta de mars en juin un spectacle d'unanimité rare et formidable. Les mesures sévères, terribles, qu'exigeait la situation, furent prises par l'administration girondine et, sur la demande des modérés, exécutées énergiquement par les Girondins et les Montagnards, sans distinction. Ce fut le Club girondin qui, le 13 mars, par l'organe du jeune Villenave, demanda le Tribunal révolutionnaire et l'exécution immédiate des traîtres, la guillotine sur la place, de plus une cour martiale ambulante qui, parcourant le département avec la force armée, jugerait et exécuterait.

On entrevoit par ceci (et l'on verra mieux plus tard) que la France républicaine, parmi tant de dissidences extérieures et bruyantes, tant de cris, tant de menaces, conservait un fonds d'unité.

Il est curieux de voir, en opposition, combien la Coalition, si parfaitement une dans ses manifestes, était discordante, combien les Vendées, qui pour frapper Nantes prennent une apparence d'unité si terrible, combien elles étaient divisées, hostiles pour elles-mêmes.

Nous ignorions encore, en 1850, quand nous écrivîmes le tome XVI de cette histoire, une partie des moyens tout artificiels qu'on employa pour lancer ce malheureux peuple, ignorant, aveugle, contre ses propres intérêts. Nous ne connaissions non plus que très imparfaitement les mésintelligences des chefs, la rivalité intérieure des nobles et du clergé.

La première machine, on l'a vu, fut l'emploi d'un paysan ignorant, intelligent, héroïque, Cathelineau, que d'Elbée et le clergé opposèrent aux nobles. D'Elbée, Saxon de naissance, était haï et jalousé des autres chefs, officiers inférieurs et gentilshommes campagnards, généralement de peu de tête. Il n'eût pu dans les commencements commander lui-même. Le clergé, après les affaires de Fontenay, fit parler Cathelineau. Il menaça les nobles poitevins d'emmener ses compatriotes, les paysans de l'Anjou. Lescure, le *saint du Poitou,* qui appartenait aux prêtres, appuya. Et tout dès lors fut sous une même influence, qui fut celle du clergé.

La seconde machine employée entre les deux combats de Fontenay, lorsque les Vendéens étaient abattus de leur échec, vint à point les relever. On leur fabriqua un évêque. Un soldat républicain pris par eux, et depuis secrétaire de Lescure, déclara que, sous l'habit laïque, il était en réalité un des quatre vicaires apostoliques envoyés par le pape en France, de plus évêque d'Agra. Les fameuses sœurs de la Sagesse, mêlées à toutes les intrigues; Brin, leur curé de Saint-Laurent; le curé de Saint-Laud d'Angers, le curé Bernier, tous tombent à genoux, demandent la bénédiction du fourbe. Le peuple est ivre de joie, il sonne les cloches à toute volée.

Le but de Lescure et des autres chefs était de faire de la Vendée une force unique, sous une même direction, et pour cela de soumettre les curés à ce prétendu évêque. Dans un acte du 1er juin, signé du nom de Lescure, on dit « que les curés qui n'ont pas reçu encore les pouvoirs de leurs évêques, et qui ne s'adresseront pas à M. l'évêque d'Agra, *pour qu'il règle leur conduite,* seront arrêtés ».

D'Elbée, Lescure et le clergé firent Cathelineau général en chef. On nomma général de cavalerie un séminariste de dix-sept ans, le jeune Forestier, fils d'un cordonnier de Caudron, aventureux, intrépide et d'une jolie figure.

A l'avant-garde marchait le plus souvent un autre jeune homme, cousin de Lescure, Henri de La Rochejaquelein, *M. Henri,* comme l'appelaient les paysans. Il portait au col un mouchoir rouge; toute l'armée en porta. C'était un jeune homme de vingt et un ans, qui avait déjà six ans de service, étant entré à quinze ans dans la cavalerie. Son père était colonel de Royal-Pologne. Le jeune homme n'avait pas émigré; on l'avait fait capitaine dans la garde constitutionnelle de Louis XVI. Ni le séjour de Paris, ni ce détestable corps, école d'escrime et d'insolence, n'avaient changé le Vendéen. Il était resté un vrai gentilhomme de campagne, grand chasseur, toujours à cheval, fort connu des paysans.

C'était une grande figure svelte, anglaise plutôt que française, cheveux blonds, l'air à la fois timide et hautain, comme sont souvent les Anglais. Il avait, au plus haut degré, une chose bonne pour l'attaque: le mépris de l'ennemi.

Ces braves, qui nous méprisaient tant, ignoraient que chez les *patauds,* dans les armées républicaines, il y avait les plus grands hommes de guerre du siècle (et de tous les siècles), des hommes d'un tout autre ordre qu'eux, les Masséna, les Hoche, les Bonaparte.

Les masses vendéennes, qui suivaient ces chefs, éparses et confuses, eurent ce bonheur à Saumur de trouver les républicains moins organisés encore. Ceux-ci avaient avec eux cependant un organisateur habile, Berthier, le célèbre chef de l'état-major de l'Empereur. Mais Berthier, Menou, Coustard, Santerre, les généraux républicains, n'arrivèrent qu'au moment de la bataille. Ils ne purent rien que payer vaillamment de leur personne; les deux premiers furent blessés et eurent plusieurs chevaux tués sous eux. Ils avaient contre eux à la fois l'indiscipline et la trahison. La veille même, La Rochejaquelein, déguisé, avait dîné dans Saumur. Un garde d'artillerie fut surpris enclouant une pièce de canon. Dans le combat même, deux bataillons à qui Coustard ordonnait de garder le pont de Saumur crièrent qu'il les trahissait, et le mirent lui-même à la bouche d'un canon.

Avec tout cela, les Vendéens eurent peine à emporter l'affaire. La Rochejaquelein chargeait obstinément sur la droite sans voir que, toujours resserré entre le coteau et la rivière, il ne pouvait se déployer avec avantage. Ce fut à sept heures du soir que Cathelineau, montant sur une hauteur, vit nettement la difficulté. Il donna à la bataille une meilleure direction. On tourna les républicains. Les bataillons, de formation nouvelle, s'effrayèrent, se débandèrent, s'enfuirent par la ville en désordre, puis par les ponts de la Loire.

A huit heures, Coustard, voyant que la gauche était perdue et l'ennemi déjà dans la ville, entreprit de la reprendre. Il ordonna aux cuirassiers commandés par Weissen de nettoyer la chaussée qui y conduisait en prenant une batterie qu'établissaient les Vendéens: « Où m'envoies-tu? » dit Weissen. « A la mort! » lui dit Coustard. Weissen obéit bravement, mais il ne fut point soutenu, et revint couvert de blessures.

Le représentant Bourbotte se battit aussi comme un lion. Son cheval fut tué, et il était pris, si un jeune lieutenant, en pleine mêlée, ne fût descendu et ne lui eût donné le sien. Bourbotte admira le jeune homme, et fut plus préoccupé de lui que de son péril. Il le trouva intelligent autant qu'héroïque. Dès ce jour, il ne le perdit pas de vue qu'il ne l'eût fait général. Six mois après, ce général, le jeune Marceau, gagnait la bataille décisive du Mans, où s'ensevelit la Vendée.

Cinq mille hommes se rendirent dans Saumur et mirent bas les armes. Mais ceux qui restaient dans les redoutes extérieures ne se rendirent pas. En vain Stofflet les attaqua avec vingt pièces de canon.

La route de Paris était ouverte. Qui empêchait de remonter la Loire, de montrer le drapeau blanc aux provinces du Centre? Henri de La Rochejaquelein voulait qu'on allât au moins jusqu'à Tours.

Les Vendéens n'avaient qu'une cavalerie misérable; s'il en eût été autrement, rien n'eût empêché certainement mille hommes bien montés et déterminés de percer jusqu'à Paris.

Pour se faire suivre de la masse vendéenne, il n'y fallait

L'appel à l'étranger

pas songer. Le paysan avait fait un prodigieux effort, en restant si longtemps sous le drapeau. Parti (la seconde fois) le 9 avril, il avait à peine, en passant de Fontenay à Saumur, revu ses foyers. Plusieurs au 9 juin se trouvaient absents de chez eux depuis deux mois! Or, telles sont les habitudes du paysan vendéen, comme l'observe très bien Bourniseau, que, « quand il eût été question de prendre Paris, on n'eût pu l'empêcher, au bout de six jours, d'aller revoir sa femme et de prendre une chemise blanche ». Aussi Cathelineau était d'avis qu'on ne s'écartât pas beaucoup et qu'on se contentât d'Angers.

Mais les chefs généralement voulaient aller à la mer.

Lescure voulait y aller à gauche, prendre Niort et La Rochelle.

Bonchamp voulait y aller à droite, par la Bretagne, étendre la chouannerie qui déjà avait commencé, tâter les côtes normandes, savoir si elles étaient vraiment royalistes ou girondines.

D'Elbée allait à la mer par Nantes, par l'entrée de la Loire, cette grande porte de la France. C'est l'avis qui prévalut.

Ils attendaient impatiemment les secours de l'Angleterre, et ils savaient qu'ils n'en recevraient rien tant qu'ils n'apparaîtraient pas en force sur la côte et ne pourraient pas offrir un port aux Anglais.

Dès le lendemain de l'insurrection, les Vendéens avaient imploré les secours de l'étranger.

Le 6 avril, d'Elbée et Sapinaud chargent un certain Guerry de Tiffauges de demander de la poudre à Noirmoutier, ou, si Noirmoutier n'en a pas, de prendre tous les moyens de s'en procurer d'Espagne ou d'Angleterre.

Le 8 avril, ce n'est plus de la poudre seulement, ce sont des hommes: « Nous prions M. le commandant au premier port d'Angleterre de vouloir bien s'intéresser auprès des puissances anglaises pour nous procurer des munitions et des forces imposantes de troupes de ligne. *D'Elbée, Sapinaud, quartier général de Saint-Fulgent.* »

Sur un autre point de la Vendée, le chevalier de La Roche Saint-André écrit, dans une lettre du 8 avril, « que les comités royalistes ont décidé qu'il irait demander *secours* en Espagne ».

Nous ne faisons aucun doute qu'en retour de ces demandes, les Vendéens n'aient reçu ce qui passait le plus aisément, de l'or et de faux assignats.

M. Pitt ne se souciait nullement d'envoyer des hommes. Il croyait, non sans raison, que la vue des habits rouges pouvait produire d'étranges effets sur l'esprit des Vendéens, créer entre eux de grandes mésintelligences, les préparer peut-être à se rapprocher des républicains.

On s'ignorait tellement les uns les autres que, par un double malentendu, Pitt croyait la Vendée girondine, et la Convention croyait que Nantes était royaliste.

Pitt s'obstinait donc. Ses messagers, à la fin d'août, puis en novembre, disaient: « Si vous êtes royalistes, si le pays est royaliste, qu'on nous donne un port comme gage et facilité de descente. »

Si les Vendéens eussent pris Nantes, ils devenaient, en réalité, les maîtres de la situation. Un si grand événement leur eût donné à la fois la mer, la Loire, plusieurs départements, un vrai royaume d'Ouest. La Bretagne royaliste eût secoué la girondine, qui la comprimait, et la Normandie peut-être eût suivi. Les Anglais arrivaient alors, mais comme un accessoire utile, comme auxiliaires subordonnés.

Telles sont très probablement les raisons que fit valoir d'Elbée. Il croyait avoir dans Nantes de grandes intelligences. Le paysan connaissait Nantes. Il se portait de lui-même à cette expédition peu éloignée bien mieux qu'à une course sur la route de Paris. Paris, si loin, si inconnu, ne disait rien à sa pensée. Mais son vrai Paris, c'était Nantes, la ville riche, la ville brillante du commerce des colonies, le Pérou et le Potose de l'imagination vendéenne.

La prise facile d'Angers, évacuée par les républicains, l'arrivée du jeune prince de Talmont à l'armée vendéenne, tout confirma celle-ci dans son projet d'attaquer Nantes. Talmont, second fils du duc de La Trémouille, avait des biens immenses dans l'Ouest, trois cents paroisses d'un seul côté de la Loire et peut-être autant de l'autre. Les chefs vendéens, la plupart vassaux de Talmont, furent joyeux et fiers d'avoir un prince avec eux. Ils ne doutaient plus de rien. Un prince! un évêque! Maintenant qu'ils avaient tout cela, qui pouvait leur résister?

Cependant, pour attaquer de tous côtés à la fois cette grande ville de Nantes, il fallait que l'armée d'Anjou fût aidée de la Vendée maritime, des hommes du Marais, de leur chef principal, Charette. Celui-ci n'avait nullement à se louer des nobles de la Haute-Vendée, qui ne parlaient de lui qu'avec mépris, et le prenaient jusque-là pour un simple chef de brigands, en quoi ils ne se trompaient guère.

Ceux qui voudront comprendre à fond ce singulier personnage doivent lire préalablement nos anciennes histoires des boucaniers et des flibustiers, celles de nos premiers colons du Canada et d'ailleurs, qui vivaient avec les sauvages et leur devenaient tout à fait semblables. Les Hurons leur donnaient volontiers leurs filles, pour avoir de cette race singulièrement intrépide, celle qui poussait le plus loin le mépris de la vie. Nos joyeux compatriotes passaient le temps au désert à faire danser les sauvages. Nouveau trait de ressemblance avec l'armée de Charette, où l'on dansait toutes les nuits.

Cette armée tenait beaucoup d'une bande de voleurs et d'un carnaval. Ces joyeux danseurs étaient très féroces. Le combat, le bal, la messe et l'égorgement, tout allait ensemble.

Charette était un homme sec, d'une trentaine d'années,

étonnamment leste et agile. Souvent, dans les moments pressés, il passait par la fenêtre. Il avait la poitrine étroite (on l'avait cru poitrinaire), une main brûlée dans son enfance, de petits yeux noirs perçants, la tête haute, le nez retroussé, menton saillant, bouche plate, bandée comme un arc... Ce nez au vent, cette bouche, lui donnaient l'air audacieux, l'air d'un déterminé bandit.

Ce qui étonnait le plus les républicains, c'était de voir au col de cette singulière figure une coquette écharpe noire à paillettes d'or, ornement fantasque qu'il portait en souvenir de quelque dame. Non certes par fidélité. Il changeait toutes les nuits. Il n'y eut jamais un pareil homme. Les grandes dames du pays, les petites filles de village, tout lui était bon. Des dames le suivaient à cheval, quelques-unes vaillantes, parfois sanguinaires. Elles passaient des nuits avec Charette, puis rentraient chez leurs maris, résignés et satisfaits, pour l'amour de l'autel et du trône.

Charette croyait être très noble. Il se faisait venir de certains Caretti du Piémont. Il y avait cependant des Charette dans la robe. Un d'eux se fit condamner à mort dans l'affaire de La Chalotais. La mère de Charette était des Cévennes. Son père, officier, et deux autres, passaient dans un bourg près d'Uzès; ils voient au balcon trois gentilles Languedociennes. « Ce seront nos femmes », disent-ils; ils montent, demandent, obtiennent. Charette naquit de ce caprice en 1765.

Il avait vingt-huit ans en 93. Il était lieutenant de marine, avait fait plusieurs campagnes de guerre, avait donné sa démission et vivait dans son petit manoir de Fonteclause avec une vieille femme riche qu'il avait épousée pour accommoder ses affaires.

Il ne tint pas aux nobles qu'il ne se dégoûtât bientôt de la guerre, ne les laissât là. Ils disaient qu'il n'était pas *noble*; ils l'appelaient *le petit cadet* ou *le Savoyard*; ils assuraient qu'il était lâche, ne savait que fuir. Personne en effet n'en eut plus souvent occasion avec les bandes qu'il menait. Il les aguerrit à force de fuir et en fuyant avec eux.

L'armée de Charette se battait pour la proie et le pillage, mais lui, pour se battre. Il leur laissait ce qu'on prenait. De même pour les guinées; il les distribuait dès qu'il en venait. Il n'avait ni gîte ni table, mangeait chez ses officiers, couchait où et comme il pouvait.

La France a tué Charette, qui a tant répandu son sang, mais elle ne l'a point haï. Pourquoi? Ce brigand du moins n'était point du tout hypocrite. Il n'affectait nul fanatisme, pas même celui du royalisme. Il aimait peu les émigrés, jugeait parfaitement les princes. Ils ne lui pardonnèrent jamais sa fameuse lettre au Prétendant: « La lâcheté de votre frère a tout perdu. » Pour les prêtres, il n'en usait guère, et détestait spécialement ceux de l'armée d'Anjou. Un jour que l'abbé Bernier lui faisait demander ce qui l'empêchait de se réunir à la grande armée, Charette, qui connaissait les secrètes galanteries de l'intrigant hypocrite, répondit plaisamment: « Vos mœurs. »

Toute la crainte des gens de Charette, c'était qu'il ne les laissât là, qu'il ne désertât pour aller se joindre aux gens de la Haute-Vendée. Une fois dans cette crainte, ils étaient près de le tuer. Lui, sans se déconcerter, il fondit sur eux le sabre à la main.

En réalité, Charette n'avait ni intérêt ni désir d'entrer en rapport intime avec la Vendée dévote. Quand celle-ci lui proposa de coopérer au siège, il venait de reprendre Machecoul, la porte de Nantes, et il eût fort aimé à prendre Nantes, mais seul et non avec les autres.

Nantes était la Jérusalem pour laquelle les bandes de Charette avaient une vraie dévotion. Ils la jugeaient sur les profits que donnait chaque combat, sur l'argent, sur les assignats qu'ils trouvaient en retournant les poches des *culottes de soie* (ils appelaient ainsi les Nantais). Ce que devait renfermer une telle ville, ce que la traite et le commerce des îles y entassait depuis deux siècles, c'est ce qu'on ne pouvait calculer. Les *bravi* de Charette y entraient, y rôdaient sous mille déguisements, regardant insatiablement ces sérieuses maisons, qui, sans avoir le faste de celles de Bordeaux, n'en cachaient pas moins, entassés à cinq étages, les trésors des deux mondes.

CHAPITRE VI

Siège de Nantes

Noble hospitalité de Nantes. Férocité vendéenne. Nantes appelle à son secours. Anarchie du Ministère de la guerre. Les héros à cinq cents livres. Difficulté de défendre Nantes. Le maire Baco. Le ferblantier Meuris. Le club de Vincent-la-Montagne. Jalousie des Girondins. Union des deux partis. Arrivée des Vendéens. Les représentants et les militaires ne croient pas pouvoir défendre la ville. La mort de Cathelineau. La guerre change de caractère.

1. Danger et abandon de Nantes. Mars-juin 93

La défense de Nantes était une grande affaire, non seulement de patriotisme, mais d'humanité. Elle était l'asile général des fugitifs de l'Ouest, des pauvres gens qui n'osaient plus rester dans les campagnes, qui fuyaient leurs maisons, leurs biens, abandonnés aux brigands. C'était tout autour comme une mer de flammes et de sang. On arrivait, comme on pouvait, ruiné, dépouillé, souvent en chemise, les hommes blessés, sanglants, les femmes éplorées, ayant vu tuer leurs maris, écraser leurs petits enfants. Pour tout ce peuple naufragé, le port de salut était Nantes.

Néanmoins, Charette sentait que, s'il entrait dans la ville avec la grande armée d'Anjou, sa bande ne viendrait qu'en sous-ordre, qu'il aurait petite part.

Il vint au siège pour la forme, ne pouvant s'en dispenser, comme à un rendez-vous d'honneur. Le soir du 28 juin, il était avec son monde au pont Rousseau, à l'embouchure de la Sèvre. Pendant qu'on dressait sa batterie, ses gens, selon leur usage, se mirent à faire une ronde, et dansèrent joyeusement. Les canonniers parisiens, qui sur l'autre bord de la Loire les voyaient des hauteurs de Nantes, se piquèrent, et d'un boulet leur tuèrent trois ou quatre danseurs.

Nous pouvons en connaissance de cause rendre ce témoignage aux hommes de l'Ouest: ils sont économes, ils sont généreux. La simplicité antique des mœurs, la sobriété habituelle, la parcimonie même, qui est leur caractère, leur permet dans les grandes circonstances une munificence héroïque, une noble prodigalité; quand le cœur s'ouvre, la main s'ouvre aussi, large et grande.

Nantes alors nourrit tout un monde; elle devint la maison de tous ceux qui n'en avaient plus; la grande cité ouvrit à ce pauvre troupeau fugitif de la guerre civile des bras maternels. Elle logea, solda ce peuple, remplit ses couvents déserts des habitants légitimes pour qui ils furent fondés, des pauvres.

Que telle ville, comme Valenciennes, fût prise par les Autrichiens — ou Nantes par les Vendéens, ce n'était pas la même chose. Le droit des gens, dans le premier cas, protégeait les habitants; qu'avaient-ils à craindre? Mais, Nantes pris, les Nantais allaient se trouver en face d'un peuple aveugle et furieux qui abhorrait la ville du gouvernement comme la République elle-même, qui connaissait par leur nom pour les détester ses magistrats, ses notables. Les réfugiés surtout se retrouvaient sous la main des meurtriers dont la poursuite les avait chassés de leurs maisons; la fureur des haines locales, les vengeances particulières allaient se lâcher, sans bride ni frein. Ce n'était pas la mort qu'on avait le plus à craindre, mais bien les supplices. Les Vendéens en avaient inventé d'étranges, et vraiment effroyables. Quand les Nantais arrivèrent, en avril 93, à Challans, ils virent cloué à une porte je ne sais quoi qui ressemblait à une grande chauve-souris; c'était un soldat républicain qui depuis plusieurs heures restait piqué là, dans une effroyable agonie, et qui ne pouvait mourir.

On a souvent discuté la triste question de savoir qui

avait eu l'initiative de ces barbaries, et lequel des deux partis alla plus loin dans le crime. On a parlé, on parle insatiablement des noyades de Carrier; mais pourquoi parle-t-on moins des massacres de Charette? L'entente des *honnêtes gens* pour réveiller sans cesse certains souvenirs, étouffer les autres, est chose admirable. D'anciens officiers vendéens, rudes et féroces paysans, avouaient naguère à leur médecin, qui nous l'a redit, que jamais ils ne prirent un soldat (surtout de l'armée de Mayence) sans le faire périr, et dans les tortures, quand on en avait le temps. Quand on n'aurait pas ces aveux, la logique seule dirait que le plus cruel des deux partis était celui qui croyait venger Dieu, qui cherchait à égaler par l'infini des souffrances l'infini du crime. Les républicains, en versant le sang, n'avaient pas une vue si haute. Ils voulaient supprimer l'ennemi, rien de plus; leurs fusillades, leurs noyades étaient des moyens d'abréger la mort, et non des sacrifices humains. Les Vendéens, au contraire, dans les puits, les fours comblés de soldats républicains, dans les hommes enterrés vifs, dans leurs horribles *chapelets*, croyaient faire une œuvre agréable à Dieu.

La terreur trop légitime que l'attente de ces barbares répandait dans Nantes respire dans les lettres, les adresses suppliantes et désespérées que l'administration nantaise envoie coup sur coup aux départements voisins. Le président du département écrivait au Morbihan: « Nos maux sont extrêmes. Demain, Nantes sera livrée au pillage. Une troupe immense de brigands nous enveloppe; ils sont maîtres de la rivière. Tous les chemins sont fermés; aucun courrier n'arrive à nous. Nos subsistances sont pillées; la famine va nous saisir. Au nom de l'humanité, donnez-nous de vos nouvelles. Adieu, frères, cet adieu est peut-être le dernier. »

On peut dire que, ni avant ni après le 2 juin, ni les Girondins ni les Montagnards ne firent rien pour Nantes.

Six cents hommes furent envoyés, en avril, à une ville noyée d'un déluge de cent mille barbares! Le 13 juin, le Comité de salut public proposa d'envoyer mille hommes qu'offrait la ville de Paris. Ils n'y allèrent point, sauf quatre compagnies de canonniers parisiens. Nantes écrivait des adresses furieuses à la Convention. Le 22, elle lui apporta son dernier appel et comme son testament de mort. L'Assemblée vota un secours de cinq cent mille francs et l'envoi de représentants qui devaient essayer de ramasser quelques forces dans les départements voisins. Les Nantais, indignés, s'écrièrent en quittant la barre: « Vous nous abandonnez... eh bien! le torrent vous emportera! »

La Convention, à vrai dire, croyait Nantes garantie par une armée. Le Comité de salut public n'avait jamais osé lui dévoiler franchement l'horreur de la situation; à chaque mauvaise nouvelle, il amusait l'Assemblée de quelques mensonges. En annonçant la défaite du 24 mai, il dit qu'on allait envoyer une armée de soixante mille hommes! L'Assemblée se rendormit. Au dernier appel de Nantes, au 22 juin, le Comité assura que le général Biron allait faire une diversion avec son armée de trente-cinq mille hommes. Or, la revue de cette armée, faite avec soin un mois après par deux envoyés montagnards, donna ce chiffre précis: neuf mille hommes, dont trois mille ne sont pas armés et trois mille sont des recrues qui arrivent et ne savent pas tenir un fusil. Biron, en réalité, n'avait que trois mille soldats. Cette misérable troupe était cachée dans Niort, plutôt que logée; elle n'avait pas de pain en avance pour un jour. On comptait sur elle pour couvrir, non pas Nantes seulement, mais Paris! On voulait que Biron, avec cette triste bande, traversât un quart de la France, passât sur le corps de la grande armée victorieuse des Vendéens, et vînt se poster à Tours pour couvrir la capitale!

Tout ceci ne tenait pas seulement à la désorganisation générale, mais très spécialement à l'anarchie du Ministère de la guerre. Il était, depuis le 4 avril, dans les mains du montagnard Bouchotte, patriote, mais très faible, et qui, par un effet naturel de la situation, était le jouet des clubs. Nul ministre n'existait qu'à condition de leur obéir, et Bouchotte avait pour premiers commis les principaux meneurs des sociétés populaires. La défiance maladive de ces sociétés, légitimée, il est vrai, par d'innombrables trahisons, leur faisait demander sans cesse d'autres généraux et dicter de nouveaux choix.

Encore le Rhin et le Nord gardaient une espèce d'ordre. L'horreur du chaos, c'était la Vendée. Là les généraux changeaient d'heure en heure. « On faisait généraux des hommes qui n'avaient jamais monté la garde. » Le vaudevilliste Ronsin devint général en trois jours. Bouchotte eut la faiblesse de le faire son adjoint, en sorte qu'il se faisait appeler général-ministre.

Robespierre et les Jacobins, maîtres du Comité de salut public à partir du 13 juin (par Saint-Just, Couthon, Jean Bon Saint-André), ne pouvaient-ils faire quelque chose pour la réforme du Ministère de la guerre, misérablement abandonné aux derniers des Cordeliers? La difficulté était celle-ci: Robespierre, comme on l'a vu à la fin de juin, avait humilié, divisé les Cordeliers. Fortifié d'une partie des Cordeliers (Marat, Legendre, Hébert, Chaumette) qui se rattachèrent à lui en cette circonstance, il avait arraché Paris aux cordeliers *enragés* (Roux, Leclerc, etc.). Ce grand résultat fut acheté par l'influence qu'on laissa prendre aux hébertistes au Ministère de la guerre, surtout pour l'affaire vendéenne.

Paris les vomit en Vendée; Ronsin s'y gorgea à plaisir, paradant en voiture découverte devant le front de l'armée, avec des filles publiques, avec un monde d'épaulettes, de jeunes polissons à moustaches qui n'avaient jamais fait la guerre que dans les cafés de Paris.

Ces braves avaient une excuse pour ne pas voir l'ennemi.

Leurs troupes n'étaient pas formées. Les *héros à cinq cents livres* que l'on avait engagés étaient généralement des ivrognes indisciplinables qui commandaient à leurs chefs, et, colorant leurs frayeurs de défiances fausses ou vraies, criaient aux moindres rencontres: « On nous vend... Nous sommes trahis! » La plupart restaient à Tours, s'obstinant à attendre les canons qu'on leur promettait de Paris, protestant que, sans canons, ils ne pouvaient faire un pas.

Mais si Nantes ne recevait point de secours, elle recevait du moins des conseils. Il lui en venait de tous côtés, des conseils impérieux, car tout le monde commandait. Toute autorité avait ses agents dans l'Ouest, et le ministre de la Guerre, et le ministre des Relations extérieures, et la Commune de Paris, non seulement la Commune, mais le Département, mais les sections, mais les sociétés populaires. Ronsin y vint avec ses dix aides de camp, et l'effet fut tel dans Nantes, qu'on prit le parti de chasser indistinctement tous les agents du pouvoir exécutif et de leur fermer les portes. On alla jusqu'à leur dire qu'on les ferait arrêter.

Il est curieux de savoir ce que Ronsin et Santerre proposaient pour sauver Nantes. Santerre voulait qu'on fît venir six mille hommes de Dunkerque! Ronsin douze mille hommes de Metz! Inventions admirables dans un danger si pressant! J'aime mieux une autre idée de Rossignol et de Santerre: « Envoyez-nous un bon chimiste... Fourcroy, par exemple. Par des mines, des fumigations ou autres moyens, on pourrait détruire, endormir, asphyxier l'armée ennemie. »

2. La résistance de Nantes   Le ferblantier Meuris
Juin 93

Nantes étant ainsi abandonnée, que pouvait-elle pour elle-même?

Le peuple de Nantes

Les gens du métier prononçaient qu'on ne pouvait la défendre. Et leur avis malheureusement ne semblait que trop fondé en raison.

Les motifs qu'ils faisaient valoir, c'était l'immensité du circuit d'une telle ville, l'absence de barrières naturelles au nord. Point de murs, point de fossés, seulement un vieux château qui couvre tout au plus la route de Paris.

Les motifs non avoués pour abandonner la défense, c'est qu'on croyait que le royalisme avait de fortes intelligences dans Nantes, qu'elle avait dans son sein une invisible Vendée.

Tout ce qui habitait les bas quartiers, le long de la Loire, les trois mille hommes de port, les quatre mille ouvriers de la corderie, des cotons, etc., beaucoup de petit commerce, tout cela était patriote. Les armateurs de corsaires l'étaient ou le paraissaient. Mais MM. les spéculateurs, MM. les négriers enrichis, qui regrettaient amèrement les bons temps de Saint-Domingue, ne pouvaient être bienveillants pour la République. La noblesse avait émigré, et le clergé se cachait; la queue de tout cela restait, remuait, inquiète, intrigante, livrant la ville jour par jour. Les Vendéens savaient mieux que les Nantais ce qui se passait à Nantes. Si les bords boisés de la Sèvre couvraient les approches hardies des éclaireurs de Charette, les longs jardins murés des hauts quartiers de Nantes, les ruelles infinies qui font des deux côtés de l'Erdre d'inextricables labyrinthes ne couvraient pas moins bien, au sein de la ville, les sourdes pratiques du monde royaliste et dévot qui appelait l'ennemi. Des tours de Saint-Pierre, où l'on avait établi un observatoire, on distinguait avec des longues-vues les bonnes femmes de Nantes, qui, sous mille prétextes, allaient, venaient de la ville aux brigands, des brigands à la ville, les renseignant parfaitement, portant et reportant leurs lettres, leur indiquant les lieux, les heures, les occasions où ils pourraient à leur aise massacrer les patriotes.

Siège de Nantes

Nantes, sans murs ni remparts, vaguement répandue entre ses trois fleuves, pouvait assez bien se garder encore vers la Sèvre par ses ponts, sur la Loire par son château, mais infiniment peu sur l'Erdre. La jaune rivière des tourbières, par ces labyrinthes de jardins murés qui couvrent ses bords, par ces sinistres ruelles de vieux couvents abandonnés, de maisons nobles, devenues biens nationaux, et sans habitants, donnait un trop facile accès aux loups, aux renards, qui, de nuit, venaient de près flairer la ville.

Nantes ne manquait pas de chefs militaires. La population aimait beaucoup le général des dragons rouges de Bretagne, l'ex-chirurgien Beysser. C'était un Alsacien très brave, buveur et rieur, l'un des beaux hommes de France. Il avait fait la guerre aux Indes. Il avait une confiance incroyable qui souvent le faisait battre. Il chansonnait l'ennemi, et fit des chansons jusque sous la guillotine. Inconséquent et léger, il n'était pas au niveau d'une affaire aussi grave que la défense de Nantes.

Un homme fort aimé aussi était le girondin Coustard, créole intrépide qui se fit Nantais, et représenta Nantes à la Convention. Nous l'avons vu héroïque à la bataille de Saumur. Lui, il voulait défendre Nantes, ou bien y périr. Sans nul doute il avait senti que Nantes abandonnée serait l'opprobre éternel du Parti girondin, la confirmation de tout ce qu'on disait de ses liaisons avec la Vendée. Nantes sauvée, au contraire, la Gironde était sauvée, du moins dans l'histoire.

Le maire de Nantes, Baco, autre girondin, ex-procureur du roi, était un homme de robe fait pour les choses d'épée. Il voulait, le 13 mars, que, par toutes ses issues, Nantes sortît en armes et tombât sur l'ennemi. C'était un homme sanguin, violent, impérieux, aristocrate de caractère, républicain de principes. Il plaisait au peuple par sa vigueur, par une sorte d'emphase héroïque qu'il avait dans le commandement, par sa blanche crinière de lion qu'il secouait orgueilleusement. On l'appelait le *roi Baco*. Personne n'a eu plus d'aventures. Maire de Nantes, il sauva la ville, brava insolemment la Convention, qui faillit le guillotiner. Commissaire à l'Ile-de-France, directeur de l'Opéra, à Paris, définitivement il alla mourir à la Guadeloupe.

Les beaux registres de Nantes, admirablement conservés, restent à la gloire de cette vigoureuse dictature. On peut y voir la prévoyance universelle, l'activité infatigable, la forte décision, par lesquelles une seule ville intimida tout un monde. Ce gouvernement girondin fit précisément ce que les Montagnards auraient fait. Il convainquit les Vendéens qu'on ne mollirait jamais devant eux. Le 21 mars, on en eut la preuve. Le jury, qui venait de condamner des insurgés, fit savoir à l'administration que, si l'on exécutait, l'ennemi mettrait à mort cent soixante patriotes qu'il avait entre les mains: l'administration donna ordre d'exécuter sur-le-champ.

Avec tout cela, la résistance aurait été fort douteuse, si elle n'avait pris un caractère entièrement populaire, si la question ne se fût posée dans ses véritables termes entre le Nantais et le Vendéen, l'ouvrier et le paysan, les souliers et les sabots.

Si la défense eût été toute militaire, Nantes était perdue. Si elle eût été bourgeoise seulement et par la garde nationale où dominaient les marchands, négociants, gens aisés, etc., Nantes était perdue. Il fallait que *les bras nus,* les hommes rudes, les travailleurs, prissent violemment parti contre les brigands, et devinssent une avant-garde. Les bourgeois ne manqueraient pas d'agir également par émulation. C'est précisément ce qui arriva et ce qui sauva la ville.

Le 15 mars, le lendemain de ces terribles nouvelles d'assassinats, de massacres, d'hommes enterrés vifs, il y avait une grande panique. Les femmes, dans une sorte d'agonie de peur et de défaillance, s'accrochaient à leurs maris et les retenaient. Baco et les magistrats firent une chose insolite;

ils parcoururent la ville à pied, s'arrêtant, se mêlant aux groupes, demandant à chacun ce qu'il fallait faire.

Il y avait dans la Haute-Grand-Rue, tout près de Saint-Pierre, un ouvrier en boutique, ferblantier de son état, qui avait grande influence dans le quartier. Meuris, c'était son nom, était un homme marié de trente-trois ans et qui avait des enfants; il n'en était pas moins ardent et propre aux armes. Cet homme devint le centre de la défense populaire.

Le maire voulait qu'on sortît, qu'on fondît sur les Vendéens, qu'une force armée courût le département avec une cour martiale. Mais le commandant Wieland, bon officier suisse, méthodique et prudent, voulait qu'on ne sortît pas, qu'on se gardât seulement. C'était un moyen sûr de mourir de faim, d'être vaincu sans combat. Meuris se chargea d'organiser cette force armée qui devait courir le département. Mission vraiment hasardeuse, quand on songe au soulèvement universel des campagnes.

Cet audacieux Meuris mérite bien d'être un peu connu. Il n'était pas de Nantes. C'était un Wallon des Pays-Bas, de cette race très particulière dont les Liégeois sont une tribu, et qui a fourni peut-être les plus fougueux soldats de l'Europe. Dans ce nombre innombrable de braves qui ont rempli les armées de la Révolution, quelques Liégeois ont marqué par une bravoure emportée, furieuse, et qu'on pourrait dire frénétique, absolument les mêmes qu'en 1468, lorsque trois cents Liégeois entrèrent dans un camp de quarante mille hommes pour tuer Charles le Téméraire.

Meuris avait été élevé à Tournai, ville wallonne et plus que française au milieu des Flandres, sorte de petite république, et il y avait pris de bonne heure l'esprit républicain. Comme beaucoup de dinandiers, de ferblantiers et de batteurs de fer de toute sorte, qui font volontiers leur tour de France, et s'y établissent parfois, Meuris vint jusqu'à Nantes, s'y maria, s'y fixa.

La vieille petite Tournai, qui se disait la ville de Clovis, la mère de Gand et de toute la Belgique, était l'orgueil et la guerre même. Française au sein des Pays-Bas, en vive opposition avec la lourde population flamande qui l'environne, elle a toujours exagéré les qualités françaises. Nos rois, charmés d'avoir en elle une France hors de la France, lui conservèrent des privilèges illimités. Ce petit peuple d'avant-garde, très ardent, très inquiet, qu'on croirait méridional, a vécu de siècle en siècle l'épée à la main, toujours en révolution quand il n'était pas en guerre. Un Tite-Live de Tournai a écrit en cent volumes ses révolutions, bien autres que celles de Rome. Mais l'histoire n'est pas finie.

J'ai cité ailleurs les chansons guerrières de Tournai contre les Flamands. La marche de Nantes et de Vendée n'a pas été moins féconde en chansons bonnes ou mauvaises. Si les gens de Charette dansaient, les mariniers de la Loire se vengeaient en chants satiriques, et parfois rapportaient dans Nantes au bout de leurs baïonnettes les jupes des Vendéennes.

Pour cette population gaillarde d'ouvriers, de mariniers, Meuris fut un centre électrique. A la bravoure résistante du vaillant pays de Cambronne, il ajouta la fougue, l'élan, l'étincelle. Il appartenait au club de Vincent-la-Montagne, que venaient de fonder d'ardents patriotes, Chaux, Goullain et Bachelier.

Nous verrons les services immenses que ces hommes tant calomniés ont rendus à leur pays. Leurs lettres que j'ai sous les yeux, chaleureuses et frémissantes d'un fanatisme sublime, étonnent dans la froide vieillesse où la France est parvenue. L'église de Saint-Vincent, achetée par Chaux pour la société, devint une vraie église où vinrent jurer les martyrs ; et ils ont tenu parole sur les champs de la Vendée.

Ce club de Vincent-la-Montagne, peu nombreux au milieu d'une population essentiellement girondine, eut pourtant assez de force pour la maintenir ou la ramener dans l'orthodoxie révolutionnaire. L'administration de Nantes par deux fois se laissa aller à adhérer aux adresses bretonnes contre la Convention, mais se rétracta par deux fois. L'énergie du club Vincent soutint Nantes dans la foi de l'unité.

L'administration, qui en mars avait créé les bataillons Meuris, si utiles à la défense, voulait les dissoudre en juin, ou du moins les épurer, en faire sortir les Montagnards. Y trouvant difficulté, elle leur suscita une troupe rivale. Le 11 juin entrèrent dans le Conseil général de jeunes Nantais clercs ou commis, commerçants, fils de famille, qui demandaient à former un corps spécial. Ces jeunes bourgeois (dont plusieurs marquaient comme duellistes) ne voulaient pas se confondre dans les corps déjà formés. Ils s'intitulèrent eux-mêmes *légion nantaise,* nom jusque-là commun à toute la garde nationale. L'administration les accueillit avec tant de faveur qu'elle leur donna une solde, dont ils n'avaient guère besoin. Justes sujets de jalousie pour les bataillons Meuris, qui déjà avaient fait leurs preuves dans un service dangereux, et méritaient tout autant de s'appeler *légion nantaise.*

La nouvelle grave et terrible de la bataille de Saumur, de l'évacuation d'Angers, la marche des Vendéens vers l'ouest, firent taire ces rivalités. Les Montagnards furent admirables. Goullain, au nom du club de Saint-Vincent, proposa au Club girondin et aux corps administratifs de se réunir tous à Saint-Pierre, dans la cathédrale, pour aviser au salut public et fraterniser. On convint que, tous ensemble, Montagnards et Girondins, s'inviteraient dans l'église, et, se prenant par le bras, iraient ensuite les uns chez les autres prendre le dîner de famille, et de là, toujours ensemble, travailleraient aux fortifications. Cette proposition excita une joie universelle. Toute la nuit, les membres des deux clubs allèrent de poste en poste annoncer cette grande communion révolutionnaire. Elle eut lieu le lendemain; tous y puisèrent une incroyable force et jurèrent de sauver la France (15 juin 1793).

*3. Combat de Meuris à Nort La délivrance de Nantes
27-29 juin 93*

La sommation des Vendéens, apportée le 22 juin, demandait qu'on livrât la place et les deux représentants du peuple qui s'y trouvaient, promettant de garantir les personnes et les propriétés. C'était promettre plus qu'on n'eût pu tenir. Rien n'aurait arrêté la haine des paysans, ni la fureur du pillage. De trente lieues à la ronde, il venait des gens tout exprès pour piller Nantes. Naguère encore (1852), une vieille femme me disait : « Oh! oui, j'y étais, au siège; ma sœur et moi, nous avions apporté nos sacs. Nous comptions bien qu'on entrerait tout au moins jusqu'à la rue de la Casserie. » C'était celle des orfèvres. Quiconque voit, les jours de marché, la naïve admiration des paysans plantés devant les boutiques d'orfèvres, leur fixe contemplation, tenace et silencieuse, comprend à merveille pourquoi une si grande foule grossissait l'armée vendéenne et venait fêter la Saint-Pierre à la Cathédrale de Nantes (dimanche 29 juin 1793).

Combien, en réalité, pouvaient être les Vendéens? A Ancenis, d'Elbée fit préparer du pain et des logements pour quarante mille hommes. Mais ce nombre put s'accroître d'Ancenis à Nantes, par l'affluence des hommes de l'intérieur ou des côtes. Il faut y ajouter enfin l'armée de Charette, qui avait au moins dix mille hommes. Le tout pouvait s'évaluer à cinquante ou soixante mille hommes.

Bonchamps, avec ses Bretons, devait attaquer par la route de Paris et par le château. La division des Poitevins, sous Stofflet et Talmont, venait par la route de Vannes. La troisième, la plus forte, l'armée d'Anjou, suivait la route centrale, celle de Rennes, sous Cathelineau. Sous d'Autichamp, quatre mille hommes remontaient la rivière d'Erdre, pour passer à Nort et rejoindre l'armée d'Anjou. Quant à

Charette, on le laissa de l'autre côté de la Loire, du côté où Nantes est le moins prenable. On se contenta de son assistance lointaine, de sa canonnade. La grande armée, maîtresse de la Loire, aurait pu certainement amener des barques et le faire passer.

Toutes les routes étaient prises ainsi, les vivres devenaient rares dans Nantes et d'une cherté excessive. Tout le peuple était dans la rue, l'administration très inquiète. Par deux fois elle défendit aux sections de se réunir et de rester en permanence.

La responsabilité était grande pour les représentants du peuple Merlin et Gillet. Merlin, de Douai, le célèbre jurisconsulte, esprit vif et fin, caractère équivoque et timide, n'était nullement l'homme qui pouvait prendre une initiative héroïque dans cette grande circonstance. Il n'était d'ailleurs nullement soutenu du centre. Nantes semblait plus isolée de Paris que de l'Amérique.

Merlin, pendant tout le mois, eut beau écrire lettre sur lettre, il n'obtint pas une ligne du Comité de salut public. Le 28, il reçut un mot, absolument inutile à la défense de Nantes.

Il avait eu le bon esprit de retenir pour commander un excellent officier, l'ex-marquis de Canclaux, général destitué, esprit froid et ferme, connu par de bons ouvrages sur la tactique militaire. Son avis, toutefois, conforme à celui du commandant de l'artillerie et du château, était qu'on ne pouvait défendre la ville. Canclaux, arrivé à l'âge de cinquante-quatre ans, avec une bonne réputation militaire, se souciait peu de la compromettre.

Canclaux ne croyait guère qu'aux troupes de ligne, et il n'en voyait que cinq bataillons de cinq régiments différents. C'est tout ce qu'on avait pu tirer des côtes, qu'on n'osait trop dégarnir. Il ne savait que penser de tout le reste, simples gardes nationaux de Nantes ou des départe-

Délivrance de la ville

ments, qui, touchés de son péril, lui avaient envoyé quelques bataillons. Les Côtes-du-Nord avaient envoyé les premières, puis Ille-et-Vilaine, Mayenne et Maine-et-Loire, Orne et Seine-Inférieure, Seine-et-Marne et Seine-et-Oise, enfin la Charente. Chose admirable, le Bas-Rhin, si exposé, et si loin, envoya aussi! mais n'arriva pas à temps. Dans ces gardes nationales, ce que Canclaux avait de meilleur sans comparaison, c'étaient les quatre compagnies des canonniers de Paris.

Tout cela ensemble faisait une force peu considérable, en tout dix ou onze mille hommes, nombre bien petit pour garder l'immense étendue de Nantes.

Quand la sommation arriva, le commandant de l'artillerie déclarant qu'il ne répondait nullement de défendre la ville: « Eh bien! moi, dit le maire, je la défendrai! » — « Et moi aussi, dit Beysser; honte aux lâches! » Ce mot ramena les autres. On se rangea à l'avis de Baco.

La situation où les deux partis se trouvaient dans Nantes ne contribua pas peu à faire prendre cette grande initiative au maire girondin et aux généraux du parti Beysser et Coustard. Les Montagnards voulaient la défense; et Meuris, envoyé avec son bataillon au poste lointain et dangereux de Nort, avait juré de tenir ou de se faire tailler en pièces; et, en effet, le bataillon périt.

En présence de cette rivalité héroïque des deux partis, Merlin ne pouvait pas aisément abandonner la ville. Il la déclara en état de siège, soumettant tout à l'autorité militaire, à son général Canclaux, et se réservant ainsi d'évacuer Nantes, si tel était décidément l'avis des hommes du métier.

Dans le rapport qu'il a fait après la victoire, Canclaux dit qu'à l'approche de l'armée vendéenne, se voyant si faible, il sentit qu'il ne pouvait livrer la bataille *et qu'il se rapprocha de Nantes*. La Municipalité affirme que, s'il s'en rapprocha, ce n'était pas pour y entrer, mais bien pour reculer vers Rennes, *les représentants du peuple ayant décidé que Nantes serait abandonnée.*

La grande armée vendéenne environnait déjà la ville. C'était le 28 au soir. On voyait sur les collines et dans les prairies de grands feux qui s'allumaient. Des fusées d'artifice qui montaient au ciel étaient les signaux que, de la rive droite, l'armée faisait à Charette qui était sur la rive gauche. Les assiégeants arrivaient très confusément, s'appelaient par de grands cris pour se réunir par paroisses; ayant encore peu de tambours, ils y suppléaient en hurlant dans des cornes de bœufs. Ces sons barbares et sinistres, qui semblaient moins des voix d'hommes que de bêtes, remplissaient tout de terreur; on disait dans les rues de Nantes: « Voilà les brigands! »

Le peuple était fort ému, frémissant à la fois de crainte et de courage; plus on craignait, plus on sentait qu'il fallait combattre à mort. Malheureusement les soldats de ligne (qui pourtant se battirent très bien) goûtaient fort l'avis de leurs chefs qui étaient pour la retraite. On en jugera par ce fait. Un Nantais (M. Joly), rentrant en ville avec du blé, les soldats veulent le lui prendre. « Pourquoi me prenez-vous mon blé, quand vous ne manquez pas de pain? » — « C'est, disent-ils, pour que les Nantais, n'ayant pas de vivres, n'essaient pas de se défendre. »

L'évacuation commençait. Les canons, les caisses d'argent, les voitures du général, du représentant, tout était prêt au départ. Un événement populaire changea la face des choses.

Un bateau ramena par l'Erdre ce qui restait du glorieux, de l'infortuné bataillon Meuris, une trentaine d'hommes sur cinq cents. Le bataillon avait tenu son serment. Il s'ensevelit à Nort, pour donner huit heures de délai à la ville de Nantes. L'attaque, ainsi retardée, manqua, Nantes fut sauvée. Disons mieux, la France le fut. Son salut, dit Napoléon, tenait au salut de Nantes.

Lorsque la France se souviendra d'elle-même, deux colonnes, l'une à Nort, l'autre à Nantes, rappelleront ce que nous devons à l'immortel bataillon et au ferblantier Meuris.

Il faut dire que le bataillon avait trouvé dans Nort même, cette toute petite bourgade, une admirable garde nationale. Nort, la sentinelle de Nantes, parmi les tourbières de l'Erdre, était constamment aux mains. Rien n'était plus patriote. Emigrée une fois tout entière devant l'ennemi, elle s'était reconquise elle-même. Nantes lui avait, à cette occasion, voté un secours d'honneur, de reconnaissance. Les hommes du club Vincent, Chaux surtout, dont se retrouve partout la main dans les grandes choses, avaient formé, choyé cette vaillante avant-garde de la capitale de l'Ouest.

Nort n'a ni mur ni fossé, sauf l'Erdre qui passe devant, et elle tint toute une nuit. A la vivacité du feu, les Vendéens ne soupçonnèrent pas le petit nombre de ses défenseurs. Au petit jour, une femme de Nort fit semblant de poursuivre une poule, passa la rivière à gué, montra le gué aux Vendéens. Cette femme a vécu jusqu'en 1820 en exécration dans tout le pays.

Les cavaliers vendéens, prenant chacun en croupe un Breton (ces Bretons étaient d'excellents tireurs), passèrent et se trouvèrent alors front à front avec Meuris.

Meuris, entre autres vaillants hommes, avait avec lui deux capitaines qui méritent bien qu'on en parle. L'un était un très beau jeune homme, aimé des hommes, adoré des femmes, un Nantais de race d'Irlande, le maître d'armes O'Sullivan, tête prodigieusement exaltée, noblement folle, à l'irlandaise; c'était une lame étonnante, d'une dextérité terrible, dont tout coup donnait la mort. L'autre, non moins brave, était un nommé Foucauld, véritable dogue de combat, dont on a trop légèrement accusé la férocité; eût-il mérité ce reproche, ce qu'il a fait pour la

France dans cette nuit mémorable a tout effacé dans nos souvenirs.

Ces hommes obstinés, acharnés, disputèrent tout le terrain pied à pied à la baïonnette; puis, quand ils eurent perdu Nort, ils continuèrent de se battre sur une hauteur voisine, jusqu'à ce qu'ils fussent tous par terre entassés en un monceau. L'Irlandais, percé de coups, dit à Meuris: « Pars! laisse-moi, et va dire aux Nantais d'en faire autant! »

Mcuris empoigna le drapeau. Il ne voulait plus que trente hommes autour de lui. Ils reviennent ainsi à Nantes, couverts de sang. Qu'on juge de l'impression quand on vit ces revenants, quand on apprit qu'un bataillon avait arrêté une armée, quand on demanda où il était ce corps intrépide, et qu'on sut qu'il était resté pour garder éternellement le poste où le mit la Patrie.

Les trente étaient encore si furieux du combat qu'ils ne sentaient pas leurs blessures. Foucauld était effroyable par un coup bizarre qui lui abattit la peau de la face; le dur Breton, sans s'étonner, avait ramassé son visage, et, en allant à l'hôpital, il criait de toutes ses forces: « Vive la République! »

Le peuple grandit en ce moment d'une manière extraordinaire. Il parla avec autorité à ses magistrats. Il fit revenir Merlin qui était déjà parti. On le retint chez Coustard, qui enfin lui fit entendre raison. Du reste on avait coupé les traits des chevaux et dételé les voitures. Merlin, le jurisconsulte, fut forcé d'être un héros.

Si Meuris n'avait tenu huit heures à Nort, Autichamp et ses Vendéens seraient arrivés le soir, et le combat eût commencé, comme il était dit, à deux heures de nuit, un moment avant le jour. Il ne commença que fort tard, à dix heures, en pleine et chaude matinée. Charette avait tiré à deux heures, et se morfondait dans l'attente, ne sachant comment expliquer le silence de la grande armée.

Il lui manquait ce corps d'élite, ces tireurs bretons retardés à Nort, quatre mille hommes qui, faute de barques, durent sans doute venir à pied. Ce corps venu et reposé, l'attaque commença vivement par les routes de Paris, de Vannes, et au centre par celle de Rennes.

Beysser, voyant bien que Charette ne ferait rien de sérieux, prit des forces au pont coupé qui se gardait de lui-même, les porta sur la route de Paris, chargea Bonchamps avec une fureur extraordinaire et le repoussa.

Au centre, sur la route de Rennes, où était l'affaire la plus chaude, Cathelineau eut deux chevaux tués sous lui, sans pouvoir forcer le passage. L'artillerie républicaine, servie admirablement par les canonniers de Paris, arrêtait les Vendéens. Là se tenait, froid et paisible, Canclaux, observant le combat. Là, Baco, le vaillant maire, remarquable par sa forte tête, couverte d'épais cheveux blancs, dans sa juvénile ardeur, encourageait tout le monde, jusqu'à ce qu'une balle le forçât de quitter la place. On le mit dans un tombereau. Mais lui, souriant toujours, criait : « Ne voyez-vous pas ? c'est le char de la victoire. »

Les Vendéens étaient parfaitement instruits de l'état intérieur de la place, de la rivalité, des défiances mutuelles des Montagnards et des Girondins. Ils employèrent une ruse de sauvages, qui témoigne également de leur perfidie et de leur dévouement fanatique. Trois paysans, l'air effrayé, viennent se jeter aux avant-postes, se font prendre. Des grenadiers d'un bataillon de Maine-et-Loire leur demandent comment vont les affaires des Vendéens ? « Elles iraient mal, disent simplement ces bonnes gens, si nous n'avions pour nous un représentant du peuple, qui est depuis longtemps à Nantes et nous fait passer des cartouches... » — « Comment se nomme-t-il ? » — « Coustard. »

Cette accusation, jetée en pleine bataille, était infiniment propre à diviser les assiégés, à susciter des querelles entre eux, qui sait ? peut-être à les mettre aux prises les uns contre les autres.

Cathelineau, selon toute apparence, n'avait attaqué de front la route de Rennes que pour occuper la meilleure partie des forces nantaises. Pendant que cette attaque continuait, le chef rusé qui connaissait à merveille les ruelles de Nantes, les moindres passages, prit avec lui ses braves, sa légion personnelle, ses voisins du Pin-en-Mauges; il se glissa entre les jardins, et il arriva ainsi au coin de la place Viarme. Avant qu'il fût sorti encore de la rue du Cimetière pour déboucher dans la place, un savetier qui se tenait à sa mansarde (du numéro 1) vit l'homme au panache blanc avec l'état-major brigand, appuya tranquillement son fusil sur la fenêtre, tira juste... L'homme tomba.

La Vendée, frappée du coup, n'alla pas plus loin. Ils l'avaient crue invulnérable; ils furent tous blessés à l'âme; si profondément blessés, qu'ils ne s'en sont jamais relevés.

Au moment même où il tomba, ils commencèrent à réfléchir. Ils n'avaient réfléchi jamais.

Ils commencèrent à avoir faim, et à remarquer que le pain manquait.

Ils s'aperçurent aussi qu'un canon était démonté, et qu'il était tard pour refaire la batterie.

Ils apprirent que Westermann, l'étourdi, l'audacieux, avait percé au fond de la Vendée; qu'il allait prendre Châtillon, pendant qu'ils ne prenaient pas Nantes.

Extraordinairement refroidis par ces graves réflexions, ils se mirent, de côté et d'autre, à faire leurs arrangements et replier leurs bagages. En avançant dans la journée, et le soir, il se trouva que tous étaient prêts à partir. Leurs généraux, qui le voyaient, se hâtèrent d'en donner l'ordre, de peur qu'ils ne s'en passassent.

Pour célébrer leur départ, et de crainte de quelque surprise, Nantes illumina le soir et toute la nuit. Chacun mangea sous les armes; on dressa des tables tout le long du quai magnifique, par-devant la grande Loire, sur une ligne d'une lieue. Debout, gardes nationaux et soldats, Nantais, Parisiens, Français de tout département, prirent ensemble le repas civique, buvant à la République, à la France, à la fin de la guerre civile, à la mort de la Vendée.

Charette, qui, par-dessus les prairies, voyait l'illumination, et Nantes resplendissante de cette fête nationale, voulut avoir la sienne aussi. Il s'ennuyait là depuis vingt-quatre heures; la grande armée était partie sans songer seulement à l'avertir. Il dédommagea la sienne en lui donnant les violons. Après avoir quelque peu canonné encore, jusqu'au soir du lendemain, pour montrer que même seul il n'avait pas peur, le soir il ouvrit le bal. Selon l'usage consacré de nos pères, qui ne manquaient jamais de danser dans la tranchée, les joyeux bandits de Charette firent des rondes, et, pour dire à Nantes le bonsoir de cette noce, tirèrent quatre coups de canon.

Ce jour fut grand pour la France. Il établit solidement le divorce des Vendées.

La mort de Cathelineau y contribua. On fit d'Elbée général, sans daigner consulter Charette (14 juillet).

« Cet homme-là, dit naïvement un historien royaliste, portait avec lui une source intarissable de bénédictions qui disparut avec lui. » Rien de plus vrai. Cathelineau avait en lui, sans nul doute, les bénédictions de la guerre civile. Pourquoi? C'est que, dans la contre-révolution, il représentait encore la Révolution et la démocratie.

Ce qu'il était en lui-même, on le sait peu. On ne peut dire jusqu'où et comment les fourbes qui menaient l'affaire abusaient de son ignorance héroïque. Ce qui est sûr et constaté, c'est qu'en lui furent les deux forces populaires de la Vendée, et qu'elles disparurent avec lui: la *force de l'élection,* la *force de la tribu.*

Elu du peuple, élu de Dieu, tel il apparaissait à tous. Lui vivant, nous le croyons, la sotte aristocratie du Conseil supérieur n'eût pas osé toucher à l'élection populaire. Lui mort, elle la supprime, déclarant que les conseils des localités élus par le peuple *sont incompatibles avec le gouvernement monarchique*, et décidant qu'ils seront désormais nommés... par qui? par elle-même, par le Conseil supérieur, une douzaine de nobles et d'abbés!

Ce n'est pas tout. L'insurrection avait commencé par paroisses, par familles et parentés, par tribus. Cathelineau lui-même était moins un individu qu'une tribu, celle des hommes du Pin-en-Mauges. En toute grande circonstance, elle était autour de lui, et elle l'entourait encore quand il reçut le coup mortel. Cette guerre par tribus et paroisses où chacun se connaissait, se surveillait, pouvait redire à la maison les faits et gestes du combattant d'à côté, elle donnait une extrême consistance à l'insurrection. Or, c'est justement ce que les sages gouverneurs de la Vendée suppriment à la mort de Cathelineau. Dans leur règlement idiot du 27 juillet 1793, ils défendent (article 17) *de classer dans une même compagnie les cultivateurs d'une même ferme ou les habitants d'une même maison.*

Ils ignoraient parfaitement le côté fort et profond de la guerre qu'ils conduisaient. Ils ne pouvaient pas sentir l'originalité vendéenne, *cette fermeté,* par exemple, *dans la parole donnée, qui tenait lieu de discipline* (dit le général Turreau). Tout homme allait, de temps à autre, voir sa femme et revenait exactement au jour qu'il avait promis. L'abbé Bernier traitait ces absences de désertions, ne voyant pas que la Vendée devait finir le jour où elle ne serait plus spontanée; il proposait d'instituer des peines dégradantes pour qui s'absentait, le fouet et les étrivières! Admirable moyen de convertir la Vendée et de la refaire patriote.

Livre XII

JUILLET 1793

CHAPITRE PREMIER

*Efforts de pacification   Mission des dantonistes
Mission de Lindet   Juin-juillet 93*

Comment Danton et Robespierre jugeaient la situation. Missions des dantonistes. Missions de Lindet.

On a vu dans ce qui précède, et l'on verra mieux encore, que les deux hommes dont l'opposition fut le nœud même de la Révolution, Danton et Robespierre, eurent sur l'affaire girondine deux opinions diverses, mais nullement contradictoires, toutes deux judicieuses, et que l'événement justifia.

Robespierre crut avec raison qu'il ne fallait point de faiblesse ni de compromis, *que, le 2 juin étant fait, l'Assemblée devait le maintenir;* qu'elle ne devait point traiter avec les départements, qu'elle devait ne leur demander rien que leur soumission. Il soutint fermement cette thèse, en présence du danger épouvantable de la guerre civile, compliquant la guerre étrangère. Contre le sentiment public, presque seul il résista; il sauva l'autorité, en qui seule était le salut. Il l'empêcha de se dissoudre et de s'abandonner elle-même, et fut dans ces grandes circonstances le ferme gardien, le Terme, le fixe génie de la République.

Danton crut avec raison, par l'instinct de son cœur et de son génie, *à l'unité réelle de la France républicaine,* quand le monde croyait la voir irrémédiablement divisée, brisée d'un éternel divorce. Il laissa dire que les Girondins étaient royalistes, mais il vit parfaitement qu'en très grande majorité ils étaient républicains, et agit en conséquence. Et il eut le bonheur de les voir, en moins de trois mois, presque tous ralliés à la Convention.

Les violences, les fureurs, les folies des Girondins ne lui imposèrent pas. Il ne fit nulle attention à toutes leurs grandes menaces. Il crut qu'en réalité ils ne feraient rien, rien du moins de décisif contre l'unité. Au total, il eut raison.

Nantes, qui menaçait la Convention, ne frappa que la Vendée. Bordeaux, avertie heureusement par l'insolence des royalistes, qui déjà vexaient les Girondins, Bordeaux revint à la Montagne. Pour Marseille, le général Doppet, montagnard et jacobin, affirme que la grande majorité de Marseille était dévouée à la République, qu'elle n'était qu'égarée, qu'on lui avait fait croire *que la Montagne voulait faire roi Orléans, et que les troupes montagnardes portaient la cocarde blanche.* « Les Marseillais, dit-il, furent bien surpris de voir que mes soldats portaient toujours, comme eux, la cocarde tricolore. »

Le seul point où l'on pût douter, c'était Lyon, Lyon qui venait de verser par torrent le sang montagnard. Toute une armée royaliste, prêtres et nobles, était dans Lyon, et avec tout cela, le Lyon commerçant resta si bien girondin, qu'il proscrivit jusqu'au dernier jour du siège les insignes royalistes, et chanta le chant girondin *Mourir pour la Patrie,* sous les mitraillades de Collot-d'Herbois.

Sauf Lyon, où Danton voulait une répression forte et rapide, il désirait qu'on n'employât contre la France girondine que des moyens de pacification.

Voilà le point de vue général sous lequel ces deux grands hommes envisagèrent la situation. Robespierre voulut le maintien de l'autorité, et il réussit. Danton voulut la réconciliation de la France, et, comme on va le voir, il y contribua puissamment par lui et par ses amis.

Ils étaient les deux pôles électriques de la Révolution, positif et négatif; ils en constituaient l'équilibre.

Danton veut réconcilier la France

Qu'ils aient été chacun trop loin dans l'action qui leur était propre, cela est incontestable. Je m'explique. Dans sa haine du mal et du crime, Robespierre alla jusqu'à tuer ses ennemis, qu'il crut ceux du bien public.

Et Danton, dans l'indulgence, dans l'impuissance de haïr qui était en lui, voulant sauver tout le monde (*s'il eût pu, Robespierre même;* ce mot fort est de Garat), Danton eût amnistié non seulement ses ennemis, mais peut-être ceux de la liberté. Il n'était pas assez pur pour haïr le mal.

Dès le lendemain du 2 juin, Danton avait fait envoyer dans le Calvados un agent très fin, Desforgues, avec un quart de million. Il ne croyait pas les Normands invincibles aux assignats.

Il y envoya peu après, comme militaire, avec les forces de la Convention, un intrigant héroïque qu'il aimait beaucoup, Brune (de Brive-la-Gaillarde), légiste, officier, ouvrier imprimeur, prosateur et poète badin, qui venait de publier un voyage en partie rimé (moitié Sterne, moitié Bachaumont). C'était un homme de taille magnifique, de la figure la plus martiale, la plus séduisante. On connaît sa destinée, ses victoires, sa disgrâce sous l'Empereur, sa triste mort à Avignon (1815).

Cet homme si guerrier fut mis par Danton dans les troupes envoyées en Normandie, non pour combattre, au contraire, pour empêcher qu'on ne se battît.

Ce furent des moyens analogues qui réussirent à Lindet, dans sa pacification de la Normandie.

Ce qui la rend très remarquable, c'est que Lindet n'était nullement indulgent comme Danton et les dantonistes. Il savait haïr et haïssait spécialement les Girondins de la Convention, moins Roland qu'il estimait comme un grand et honnête travailleur, et le candide Fauchet, qu'en sa qualité d'homme d'affaires, il regardait sans doute comme un simple ou comme un fou.

Lindet était comme Roland, un terrible travailleur: jusqu'à près de quatre-vingts ans, il écrivait quinze heures par jour. Matinal, ardent, exact, serré, propre dans sa mise, âpre d'esprit, de paroles, amer, mais si sage pourtant qu'il dominait ce caractère. Il tenait beaucoup, en bien et en mal, de l'ancien parlementaire, mais avec une originalité spéciale de grand légiste normand, de ces Normands d'autrefois qui gouvernèrent au Moyen Age les conseils, les parlements, la chancellerie, l'Echiquier de Normandie, de France et d'Angleterre.

Lindet était cruellement haï des Girondins, moins pour sa proposition du Tribunal révolutionnaire, moins pour ses discours haineux (il montait peu à la tribune) que pour son opposition persévérante dans les comités, pour son attitude critique, ironique dans la Convention, pour sa bouche amèrement sarcastique et voltairienne, qui, même sans rien dire, déconcertait parfois les plus hardis discoureurs.

Il se trouvait, au 2 juin, que Brissot, dans une brochure, venait d'attaquer Lindet avec une extrême violence, accusant *son air hyène*, son amour du sang. Ce fut justement cette attaque qui permit à Lindet d'être modéré. Cette brochure, à laquelle il répondit avec amertume, ce précieux brevet d'*hyène* que lui décernait la Gironde, le couvraient parfaitement et lui permettaient de faire des choses sages et humaines que personne n'eût pu hasarder.

Personne n'eût pu essayer de sauver Lyon, comme il tenta de le faire, ni dire pour elle les paroles qu'il prononça à la Convention. Notez qu'il avait singulièrement à se plaindre des Lyonnais, qui l'avaient tenu comme prisonnier.

Mais la gloire de Robert Lindet, comme homme et homme d'affaires, c'est la prudence extraordinaire par laquelle il sauva la Normandie.

Il connaissait parfaitement ses compatriotes, savait que c'est un peuple essentiellement gouvernemental, attaché à l'ordre établi, ami du centre, pourvu que Paris achète ses beurres et ses œufs. Evreux était mauvais, mais l'Eure en général très bon. On n'avait pu l'égarer qu'en lui faisant croire que l'Assemblée était prisonnière et qu'il fallait la délivrer.

Lindet fit d'abord donner par la Convention un délai aux Normands pour se rétracter; puis décréter une levée de deux bataillons d'hommes sans uniformes *pour aller observer Evreux et fraterniser avec nos frères de Normandie.* Ce ne fut pas sans peine qu'on trouva cette petite force. Lindet fut obligé de presser la levée lui-même de section en section. Le chef fut le colonel Hambert, brave et digne homme, d'un caractère doux. Danton y mit pour adjudant général Brune, dont il savait la dextérité.

Nous avons dit comment les Girondins réfugiés à Caen, brisés de leur naufrage, et ne songeant qu'à se refaire, laissèrent les gens du Calvados prendre un général royaliste. Louvet et Guadet essayèrent en vain d'éclairer leurs collègues. Heureux d'être arrivés à Caen, dans cette ville lettrée et paisible, ils ne voulaient rien qu'oublier. Ils avaient vécu; le temps les avait déjà dévorés. Barbaroux, l'homme jeune et terrible de 92, le défenseur des hommes de la Glacière, l'organisateur des bandes marseillaises du 10 Août, semblait mort en 93. A vingt-huit ans, déjà gras et lourd, il avait la lenteur d'un autre âge.

Les chaleurs de juillet furent extrêmes cette année; les Girondins restent à Caen, se tiennent frais et font de petits vers. Caen les imite et ne fait rien. Elle donne trente hommes; Vire en donne vingt. La petite bande, d'un millier d'hommes peut-être, avance jusqu'à Vernon, sous le lieutenant de Wimpfen, l'intrigant Puisaye, le célèbre agent royaliste. Parisiens et Normands, on se rencontre et l'on se parle. Puisaye, logé dans un château voisin, et craignant les siens autant que l'ennemi, veut rompre la conversation, ordonne le combat. Tout s'enfuit aux premières décharges

(13 juillet). Le reste ne fut qu'une promenade. Déjà, le 8, le peuple de Caen avait protesté qu'il ne voulait pas de guerre.

En sa qualité de Normand, Lindet voulut être seul chargé de l'affaire; il ferma le pays, renvoya les imbéciles et les maladroits qu'on lui envoyait et prépara les matériaux d'un rapport contre les fédéralistes. En novembre, de retour au comité, accablé de travaux immenses, il ne pouvait faire son rapport, mais il allait le faire toujours le mois prochain sans faute. Chaque fois que les Normands tombaient dans les mains de Fouquier-Tinville, Lindet lui écrivait: « Tu ne peux procéder avant que j'aie fait mon rapport qui est presque terminé. » Il gagna ainsi du temps jusqu'au 9 thermidor, et alors déclara « qu'il n'y avait jamais eu de fédéralisme », que personne n'avait songé à démembrer la France.

On attribue à Lindet une belle et forte parole qui très probablement ne sortit pas de sa bouche prudente, mais qui exprime parfaitement sa conduite et sa pensée. On assure qu'au Comité de salut public, où il était chargé de l'affaire des subsistances de l'intérieur et de l'approvisionnement des armées, il aurait dit à ses collègues qui lui demandaient d'apposer sa signature à un ordre de mort: « Je ne suis pas ici pour guillotiner la France, mais pour la nourrir. »

CHAPITRE II

*Mission de Philippeaux   Mort de Meuris
Juillet 93*

Missions de Philippeaux. Mort de Meuris. Baco à la Convention (2 août 1793). Philippeaux à Nantes (août-septembre 93).

De tous les dantonistes, le meilleur, sans comparaison, fut l'infortuné Philippeaux. Seul pur, irréprochable, il est mort avec eux, non comme eux par ses fautes, mais martyr du devoir, victime de sa véracité courageuse, de son éloquence héroïque et de sa vertu.

Qu'il y ait eu quelques illusions dans son ardent patriotisme, qu'il ait, dans la violence de sa douleur pour la Patrie trahie, trop étendu ses défiances et ses accusations, cela se peut. Ce qui est sûr, c'est que Philippeaux seul, quand les chefs mêmes de la Révolution fermaient les yeux sur des excès infâmes, osa les dénoncer.

Dénoncé à son tour, poursuivi, tué, hélas! par des patriotes égarés, il a pour lui dans l'immortalité la voix des héros de l'Ouest, Kléber, Marceau, Canclaux, la voix de l'armée mayençaise, livrée barbarement par la perfidie de Ronsin au fer des Vendéens, et qui, attirée dans ses pièges, presque entière y laissa ses os. L'accusation de Philippeaux reste prouvée par les pièces authentiques. Deux fois, au 17 septembre, au 2 octobre, Kléber, attiré par le traître au fond de la Vendée, abandonné, trahi (comme Roland à Roncevaux), fut tout près d'y périr, et y perdit tous ses amis, ceux qui devant Mayence avaient arrêté tout l'été l'effort de l'Allemagne et sauvé la France peut-être. Il suffit d'un bateleur, d'une plume, d'un mensonge pour briser l'épée des héros, les mener à la mort.

Merci à Philippeaux, merci éternellement pour n'avoir pas fait bon marché d'un sang si cher, pour n'avoir pas, comme d'autres, toléré de tels crimes. Si l'on élève un jour à l'armée de Mayence le monument qui lui est dû, parmi les noms de ces intrépides soldats, qu'on écrive donc aussi le nom de leur défenseur, qui pour eux demanda justice et qui mourut pour eux.

Les résultats de sa mission, en juin-juillet 93, furent vraiment admirables. Les accusations girondines contre la Convention, furieuses, insensées, mêlées de calomnies atroces, avaient troublé tous les esprits. La France ne savait plus que croire; une nuit s'était faite dans l'incertitude des opinions. En cet état de doute, tout élan s'était arrêté, toute force alanguie. Philippeaux, qui avait le grand cœur de Danton (et d'un Danton sans vices), trouva les partis en présence, se menaçant déjà, il les enveloppa de sa flamme, les mêla comme en une lave brûlante où se fondirent les haines; hier ennemis acharnés, ils se retrouvèrent unis au sein de la Patrie.

Quand il n'y aura plus de France, quand on cherchera sur cette terre refroidie l'étincelle des temps de la gloire, on prendra, on lira, dans les rapports de Philippeaux, l'histoire de sa course héroïque de juillet 93. Ces pages suffiront; la France pourra revivre encore.

Ce caractère antique pouvait seul imposer aux Girondins de l'Ouest, orgueilleux du succès de Nantes, leur révéler ce qu'ils ne sentaient point, le souverain génie de la Montagne, et les vaincre dans leur propre cœur.

La Gironde était deux fois impuissante, et contre les royalistes et contre les *enragés,* les fous de la Terreur. Laissée à elle-même, elle était absorbée par les uns et entraînée au crime, ou bien dévorée par les autres, qui ne voulaient qu'exterminer. Il fallait la sauver de sa propre faiblesse, nullement composer avec elle ni entrer dans ses

La croisade de Philippeaux

voies, mais la dominer puissamment, en lui montrant un plus haut idéal de dévouement et de sacrifice. C'est ce qu'elle eut en Philippeaux.

Au cri désespéré de Nantes (24 juin), Philippeaux avait reconnu l'agonie de la Patrie. Il se fit donner par l'Assemblée la mission hasardeuse de prêcher la croisade de département en département. Il partit dans un tourbillon, n'ayant rien avec lui, qu'un homme, un Nantais, qu'il montrait à tous comme il eût montré Nantes, et qui répétait avec lui le cri de sa ville natale.

La France était si pauvre, tellement dénuée de ressources, de direction, de gouvernement, qu'il fallait aller quêter de porte en porte les moyens de la défense nationale.

Les aventures de cette mendicité sublime fournissent mille détails touchants.

Seine-et-Oise était ruiné de fond en comble, d'hommes et d'argent; Versailles anéantie. Quarante mille pauvres dans une ville! Déjà seize mille hommes aux armées. Mais on se saigne encore pour Nantes. Un bataillon, un escadron partiront sous huit jours.

Eure-et-Loir, qui a déjà perdu un bataillon à la Vendée, et qui a sa récolte à faire, laisse là sa moisson et part.

La Charente a donné vingt-six bataillons! Elle en donne encore deux. La Vienne, la Haute-Vienne et l'Indre, chacun plus de mille hommes.

Les Deux-Sèvres n'ont plus d'hommes. Elles donnent du grain.

Mais la plus grande scène fut au Mans. Rien ne pouvait s'y faire qu'on n'eût réuni les partis. La ténacité obstinée de cette forte race de la Sarthe rendait l'obstacle insurmontable. Philippeaux disputa quarante heures, et enfin l'emporta. Le second jour de dispute, à minuit, Girondins, Montagnards, tous cédèrent, s'embrassèrent. Cela se passait sur la place, devant vingt mille hommes qui fondaient en larmes.

Deux bataillons, deux escadrons furent généreusement donnés à Philippeaux.

Après ce tour immense, le 19 juillet au soir, Philippeaux, arrivé à Tours, où était la commission directrice des affaires de l'Ouest, vit le soir arriver son collègue Bourbotte, l'Achille de la Vendée, qui, sanglant et meurtri, échappé à peine à la trahison, revenait de notre déroute du Vihiers. L'armée était restée vingt-quatre heures sans avoir de pain; elle était partie de Saumur sans qu'on avertît seulement l'armée de Niort, qui eût fait une diversion. On sut bientôt que les Vendéens, vainqueurs, avaient les Ponts-de-Cé, qu'ils étaient aux portes d'Angers.

Philippeaux veut partir, se jeter dans Angers. Ronsin l'arrête: « Que faites-vous? lui dit-il. Vous serez pris par les brigands... Prenez du moins le détour de la Flèche. » D'autres surviennent, appuient. « Mais je perdrais cinq heures », dit Philippeaux. Il se tourne vers son Nantais: « Qu'en dis-tu? Nous suivrons la levée de la Loire, chaussée étroite et sans refuge... N'importe! ils ne pourront se vanter de nous prendre vivants... Voici la liberté. » Et il montrait ses pistolets. Le Nantais était Chaux, du club de Vincent-la-Montagne, l'intrépide patriote qu'on a vu dans l'affaire Meuris. Un tel homme pouvait comprendre ce langage. Il suivit Philippeaux, et l'eût suivi au bout du monde.

Ils coururent toute la nuit ce défilé de douze lieues; à la pointe du jour, ils trouvèrent la route pleine de fugitifs, vieillards, femmes et enfants. A chaque relais, on refusait les chevaux: « Où allez-vous? Les brigands sont tout près; vous êtes perdus. » Non loin d'Angers, le postillon, voyant des gens armés, veut couper les traits et s'enfuir. Philippeaux le menace; il avance: c'étaient des amis.

Angers désespérait, s'abandonnait lui-même. Toutes les boutiques étaient fermées. Les militaires allaient évacuer; déjà le payeur était parti, les fournisseurs emballaient. Il n'y avait en tout que quatre bataillons, et qui venaient de fuir ; tous s'accusaient les uns les autres. Philippeaux les excuse tous, les ranime, jure de mourir avec eux. Le courage revient, on se hasarde, on sort, on va voir les brigands. La terrible armée vendéenne repasse prudemment les ponts, les coupe derrière soi. Sans se reposer sur personne, le représentant du peuple, accompagné de Chaux, alla deux fois au pont sur la brèche reconnaître l'arche coupée. Les canons, geule à geule, tiraient d'un bord à l'autre, à cent pieds de distance. A la seconde fois, dit Chaux dans sa lettre aux Nantais, Philippeaux entonna l'hymne des Marseillais, et tout le monde avec lui ; les canons ennemis se turent.

L'émotion fut telle que nos cavaliers, sans savoir si on pouvait les suivre, se lançaient dans le fleuve ; Philippeaux fit venir tous les charpentiers de la ville, et bravement fit rétablir l'arche. Les postes de la rive opposée furent repris par les troupes qui avaient fui la veille.

Frappant contraste. A Angers, devant l'ennemi, Philippeaux rétablit les ponts ; et à Saumur, à douze lieues de l'ennemi, Ronsin fit couper le pont de Saint-Just.

Ces deux hommes étaient désormais ennemis mortels. Philippeaux, à Angers, avait accueilli, écouté des familles en pleurs, d'excellents patriotes, qui avaient vu leurs femmes massacrées, leurs filles violées par les bandes de Ronsin. Pour les faire taire, il les emprisonnait. Tel fut le sort horrible de la femme, de la fille d'un maire d'une ville importante, qui toutes deux en moururent de douleur.

Ronsin et Philippeaux représentaient deux systèmes de guerre. Le premier venait d'obtenir du Comité de salut public (26 juillet) l'ordre de faire de la Vendée un désert, de brûler les haies, les enclos, et de faire refluer loin du pays toute la population. Le comité paraissait ignorer qu'une moitié des Vendéens étaient d'excellents patriotes, qui, réduits à eux seuls, avaient une première fois, en 92, étouffé la Vendée. Leur récompense était donc la ruine.

De toute façon, il était singulier d'ordonner à une armée vaincue un tel abus de la victoire.

Philippeaux désirait deux choses: sauver Nantes, y faire triompher la Montagne, en amnistiant, dominant la Gironde, et de Nantes, ainsi réunie, entraînant avec soi la Vendée patriote, frapper et terrasser la Vendée royaliste.

Généreuse entreprise, difficile, qui devait le perdre. Il avait dans la Montagne même des ennemis tout prêts à écouter Ronsin. Plusieurs, du reste excellents patriotes, étaient indisposés contre Philippeaux pour des causes personnelles; Levasseur pour une rivalité d'influence locale; Amar pour l'appui donné par Philippeaux à une pétition que cinq cents détenus de l'Ain avaient faite contre lui; Choudieu enfin, commissaire à Saumur, trouvait mauvais qu'il voulût réunir l'armée auxiliaire loin des bandes de Saumur. Choudieu, Amar, hommes de l'ancien régime, l'un magistrat, l'autre trésorier du roi, ne trouvaient leur salut que dans les ménagements pour les exagérés. C'étaient des voix tout acquises à Ronsin.

Philippeaux, ainsi compromis dans la Montagne, allait l'être bien davantage par la folie des Girondins de Nantes qu'il venait sauver. Avant qu'il arrivât, et malgré l'insigne service qu'il leur avait rendu par la délivrance d'Angers, ils lui en voulaient d'avoir pris pour adjoint le plus rude patriote de Nantes, le plus dévoué aussi, Chaux, le fondateur du club Vincent-la-Montagne.

Le premier remerciement fut un outrage qu'on lui fit dans la personne de Chaux, qu'un commis insulta de paroles. Des gardes nationaux, en les voyant passer tous deux, firent le mouvement de les coucher en joue. Cette insolence, qu'on excusa fort mal, avait un caractère bien grave, lorsque les Girondins venaient de tuer l'héroïque défenseur de Nort, Meuris, l'homme qui, par ce combat, donna huit heures à Nantes dans son grand jour pour la préparation de la défense et la sauva peut-être.

L'origine première de ce malheur fut la rivalité de la légion nantaise, corps girondin composé de jeunes bourgeois, et des bataillons Meuris, corps en grande partie montagnard, mêlé d'ouvriers et d'hommes de toute classe.

M. Nourrit (depuis intendant militaire), capitaine dans la légion, qui eut le malheur de tuer Meuris, excuse ainsi la chose. Le bataillon de Meuris était contre Beysser, la légion pour lui. La dispute de corps menaçait de devenir sanglante; il en fit une dispute individuelle; il s'en prit à Meuris et le défia. La jeunesse nantaise avait, dit-il, en ces sortes d'affaires une tradition, une réputation qu'on voulait soutenir. Meuris eut la simplicité de se battre avec un officier inférieur, un jeune homme inconnu qui, de toute manière, trouvait son compte à croiser l'épée avec un héros.

Il fut tué le 14 juillet, le jour anniversaire de la prise de la Bastille, de la naissance de la Révolution.

Cruelle douleur pour les hommes de Vincent-la-Montagne, pour la population nantaise, en général bonne et généreuse! que ce pauvre étranger qui avait si bien servi la ville au jour le plus glorieux de son histoire, eût quinze jours après péri sous l'épée d'un Nantais!...

Voilà un grave obstacle au rapprochement des partis, aux vues de Philippeaux, qui arrive le 1ᵉʳ août... Le sang de Meuris fume encore.

L'administration girondine avait beaucoup à expier. Après le 29 juin, et lorsque le péril n'excusait plus sa dictature, elle l'avait continuée; elle avait audacieusement déclaré le 15 juillet qu'elle fermerait les portes aux commissaires de la Convention. Elle avait adhéré aux arrêtés de Rennes; Beysser, son général chéri, avait signé l'adhésion.

Elle eut lieu de s'en repentir, lorsque le général Canclaux (ex-marquis, et craignant d'autant plus d'irriter la Montagne) refusa de signer; il commandait l'armée, alors à Ancenis.

Nantes, si elle persévérait, risquait d'avoir contre elle deux armées de la République, celle de Canclaux et celle de Biron, fidèles à l'Assemblée. Les Girondins cédèrent, firent voter la Constitution, annonçant toutefois par un placard que la Convention devant sortir bientôt, la Constitution subirait une révision immédiate.

Le maire Baco, insolent, intrépide, voulut porter lui-même l'outrage à la Convention. Dans l'adresse qu'il lui présenta, on exprimait, entre autres vœux, celui « que la Convention *remît bientôt le gouvernement à des mains plus heureuses, en sorte qu'on ne pût plus désespérer du salut de la Patrie* ».

Cette bravade souleva la Montagne.

Danton, qui présidait, répondit sévèrement pour adoucir, en s'y associant, l'irritation de l'Assemblée, et toutefois il accordait à la députation les honneurs de la séance.

Nouvelle fureur de la Montagne. « Arrêtez-le », dit l'un. Et l'autre : « N'est-il pas vrai, Baco, que, pendant le siège de Nantes, une maison fermée contenait un repas de douze cents couverts préparé pour les Vendéens ?... »

A cette attaque absurde, Baco, ne se connaissant plus et oubliant où il était : « Tu en as menti! » s'écria-t-il.

On l'envoya à l'Abbaye.

Il l'avait bien gagné. Sa blessure, toutefois, qui n'était pas fermée encore, parlait et réclamait pour lui.

Coup fatal pour Danton, pour Philippeaux, et qui rendait la conciliation à peu près impossible.

A la nouvelle de cette arrestation *du héros de la ville, du bon, du grand Baco, blessé pour la Patrie,* il était fort à craindre que Philippeaux ne fût traité comme Meuris, tout au moins arrêté.

Philippeaux avait blessé **Nantes** par trois côtés, en empêchant l'élargissement aveugle, indistinct, des suspects, en exécutant à la lettre la loi contre les assignats royaux, une loi enfin sur l'embargo des marchandises. Des lettres anonymes, furieuses, le menaçaient de mort.

Que faisait le grand patriote?... Riez, hommes du temps.

Riez, dévots perfides qui arrangiez alors les fourbes vendéennes et l'évêque d'Agra.

Riez, aveugles patriotes, qui croyez que la liberté est une massue, un boulet, qui ne savez pas que c'est chose de l'âme.

Beaucoup s'en sont moqués. Et nous pourrions en rire aussi, nous, ennemis des tentatives des compromis bâtards qu'essayait Philippeaux.

Le pauvre homme, dans ce centre de fanatisme, entre la barbare et grossière idolâtrie vendéenne et le matérialisme du scélérat Ronsin, essayait de parler au cœur: *il rédigeait un catéchisme.*

Une faible, impuissante conciliation, entre la Révolution et le christianisme.

Ce qui dans cette œuvre vaut mieux, ce n'est pas l'idée, c'est le cœur, c'est la bonne volonté.

L'infortuné doit y périr; et c'est ce qui en fait le charme moral. On sent que cet homme généreux va mourir impuissant sous le faible drapeau qu'il essaie un moment de soulever entre les partis.

CHAPITRE III

Mort de Marat
13 juillet 1793

Etat moral de Marat. Les Girondins à Caen (juillet 93). Charlotte Corday. Les Girondins n'eurent aucune influence sur elle. Son arrivée à Paris (11 juillet 1793). La maison de Marat. Sa mort.

L'histoire des Girondins de Nantes, les résistances qu'ils opposèrent au seul homme qui pût les défendre et leur sauver Carrier, indique assez dans quelle ignorance profonde ils étaient de la situation.

Les Girondins de Caen la connaissaient peut-être moins encore. Ne voyant rien qu'à travers la haine et la rancune des représentants fugitifs, ils admettaient les romans insensés que ceux-ci, égarés par le malheur, par une sombre imagination, faisaient sur la Montagne. C'était une chose établie parmi eux, un axiome dont personne n'aurait osé douter, que montagnard était synonyme d'orléaniste, que Robespierre, Marat, Danton, étaient des agents salariés de la faction d'Orléans.

Tout montagnard pour eux était également terroriste. Ils ne voyaient pas que beaucoup ne l'étaient que par terreur même, que bien des violents, qui avaient cru pouvoir haïr toujours, défaillaient déjà dans la haine.

Tels étaient tous les dantonistes, spécialement Bazire au Comité de sûreté générale, jeune homme ardent et pur, mais sans mesure ni force, et qui, après avoir été loin dans la fureur, alla très loin dans l'indulgence, se précipita, se perdit.

Une lettre de Camille Desmoulins (du 10 août) témoigne

de cet état d'esprit. Elle est faible, désolée et désespérée.

Des hommes de Septembre, Sergent, Panis, sont maintenant des hommes doux, humains. Des présidents des Cordeliers ou du Tribunal révolutionnaire, Osselin, Roussillon, Montané, Dobsent, sont devenus des modérés.

Nous avons vu combien, de mars en juin, Marat avait changé. L'ex-prédicateur du pillage poursuit en juin ceux qui répètent ses paroles; il est sévère, impitoyable pour les nouveaux Marat, pour Leclerc et Jacques Roux.

Marat avait beau faire, il allait malgré lui, par la force invincible de sa situation, à l'écueil où périrent l'une après l'autre les générations révolutionnaires. Il arrivait fatalement à son âge d'indulgence et de modération.

Il s'agitait en vain, en vain voulait rester Marat, dénonçait aujourd'hui tels généraux, demain voulait qu'on mît à prix la tête des Capets. Plusieurs anecdotes curieuses de ses derniers temps le dénoncent et le mettent à nu; il devenait humain.

S'écartait-il de sa nature, ou y revenait-il? Il avait eu dans tous les temps d'étranges accès d'humanité. Il était par moments généreux et sensible. Il sauva le physicien Charles, son critique et son ennemi.

C'est un problème de savoir s'il aurait conservé sa popularité dans son rôle nouveau de modérateur et d'arbitre.

Le seul homme pourtant qui pût hasarder de le prendre, c'était lui sans nul doute. Avec quelle force et quelle autorité aurait-il proposé ce qui perdit Danton et Desmoulins: le Comité de la clémence?

Mais revenons au Calvados.

L'ignorance, nous l'avons dit, y était complète. On en était comme au 10 mars. On croyait que Marat menait tout, faisait tout. Marat était le nom commun sous lequel on plaçait tous les crimes réels ou possibles. On arrêta un homme à Caen, suspect d'accaparer l'argent *pour le compte de Marat*.

Chose puérile, qu'on hésite à dire, mais qui peint la légèreté aveugle des haines, on mêlait volontiers dans les imprécations publiques (pour la rime peut-être) les noms de *Marat et Garat*; les Girondins confondaient avec l'apôtre du meurtre cet homme faible et doux, qui, à ce moment même, voulait venir à eux et traiter avec eux.

Le dimanche 7 juillet, on avait battu la générale et réuni sur l'immense tapis vert de la prairie de Caen les volontaires qui partaient pour Paris, *pour la guerre de Marat*. Il en vint trente. Les belles dames qui se trouvaient là avec les députés étaient surprises et mal édifiées de ce petit nombre. Une demoiselle, entre autres, paraissait profondément triste: c'était Mlle Marie-Charlotte Corday d'Armont, jeune et belle personne, républicaine, de famille noble et pauvre, qui vivait à Caen avec sa tante. Pétion, qui l'avait vue quelquefois, supposa qu'elle avait là sans doute quelque amant dont le départ l'attristait. Il l'en plaisanta lourdement, disant: « Vous auriez bien du chagrin, n'est-il pas vrai, s'ils ne partaient pas? »

Le girondin, blasé après tant d'événements, ne devinait pas le sentiment neuf et vierge, la flamme ardente qui possédait ce jeune cœur. Il ne savait pas que ses discours et ceux de ses amis, qui, dans la bouche d'hommes finis, n'étaient que des discours, dans le cœur de Mlle Corday étaient la destinée, la vie, la mort. Sur cette prairie de Caen, qui peut recevoir cent mille hommes et qui n'en avait que trente, elle avait vu une chose que personne ne voyait: *la Patrie abandonnée*.

Les hommes faisant si peu, elle entra en cette pensée qu'il fallait la main d'une femme.

Mlle Corday se trouvait être d'une bien grande noblesse: la très proche parente des héroïnes de Corneille, de Chimène, de Pauline et de la sœur d'Horace. Elle était l'arrière-petite-nièce de l'auteur de *Cinna*. Le sublime en elle était la nature.

Dans sa dernière lettre de mort, elle fait assez entendre tout ce qui fut dans son esprit: elle dit tout d'un mot, qu'elle répète sans cesse: « *La paix! la paix!* »

Sublime et raisonneuse, comme son oncle, à la normande, elle fit ce raisonnement: la Loi est la Paix même. Qui a tué la Loi au 2 juin? Marat surtout. Le meurtrier de la Loi tué, la Paix va refleurir. La mort d'un seul sera la vie de tous.

Telle fut toute sa pensée. Pour sa vie, à elle-même, qu'elle donnait, elle n'y songea point.

Pensée étroite, autant que haute. Elle vit tout en un homme; dans le fil d'une vie, elle crut couper celui de nos mauvaises destinées, nettement, simplement, comme elle coupait, fille laborieuse, celui de son fuseau.

Qu'on ne croie pas voir en Mlle Corday une virago farouche qui ne comptait pour rien le sang. Tout au contraire, ce fut pour l'épargner qu'elle se décida à frapper ce coup. Elle crut sauver tout un monde en exterminant l'exterminateur. Elle avait un cœur de femme, tendre et doux. L'acte qu'elle s'imposa fut un acte de pitié.

Dans l'unique portrait qui reste d'elle, et qu'on a fait au moment de sa mort, on sent son extrême douceur. Rien qui soit moins en rapport avec le sanglant souvenir que rappelle son nom. C'est la figure d'une jeune demoiselle normande, figure vierge s'il en fut, l'éclat doux du pommier en fleur. Elle paraît beaucoup plus jeune que son âge de vingt-cinq ans. On croit entendre sa voix un peu enfantine, les mots même qu'elle écrivit à son père, dans l'orthographe qui représente la prononciation traînante de Normandie: «Pardonnais-moi, mon papa... »

Dans ce tragique portrait, elle paraît infiniment sensée, raisonnable, sérieuse, comme sont les femmes de son pays. Prend-elle légèrement son sort? Point du tout, il n'y a rien là du faux héroïsme. Il faut songer qu'elle était à une demi-heure de la terrible épreuve. N'a-t-elle pas un peu de l'enfant boudeur? Je le croirais; en regardant bien, l'on surprend sur sa lèvre un léger mouvement, à peine une petite moue... Quoi! si peu d'irritation contre la mort!... contre l'ennemi barbare qui va trancher cette charmante vie, tant d'amours et de romans possibles. On est renversé de la voir si douce; le cœur échappe, les yeux s'obscurcissent, il faut regarder ailleurs.

Le peintre a créé pour les hommes un désespoir, un regret éternel. Nul qui puisse la voir sans dire en son cœur: « Oh! que je sois né si tard!... oh! combien je l'aurais aimée! »

Elle a les cheveux cendrés, du plus doux reflet; bonnet blanc et robe blanche. Est-ce en signe de son innocence et comme justification visible? Je ne sais. Il y a dans ses yeux du doute et de la tristesse. Triste de son sort, je ne le crois pas, mais de son acte, peut-être... Le plus ferme qui frappe un tel coup, quelle que soit sa foi, voit souvent, au dernier moment, s'élever d'étranges doutes.

En regardant bien dans ses yeux tristes et doux, on sent encore une chose, qui peut-être explique toute sa destinée: *elle avait toujours été seule.*

Oui, c'est là l'unique chose qu'on trouve peu rassurante en elle.

Dans cet être charmant et bon, il y eut cette sinistre puissance: *le démon de la solitude.*

D'abord, elle n'eut pas de mère. La sienne mourut de bonne heure; elle ne connut point les caresses maternelles; elle n'eut point dans ses premières années ce doux lait de femme que rien ne supplée.

Elle n'eut pas de père, à vrai dire. Le sien, pauvre noble de campagne, tête utopique et romanesque, qui écrivait contre les abus dont la noblesse vivait, s'occupait beaucoup de ses livres, peu de ses enfants.

Le démon de la solitude

On peut dire même qu'elle n'eut pas de frère. Du moins, les deux qu'elle avait, étaient, en 92, si parfaitement éloignés des opinions de leur sœur, qu'ils allèrent rejoindre l'armée de Condé.

Admise à treize ans au couvent de l'Abbaye-aux-Dames de Caen, où l'on recevait les filles de la pauvre noblesse, n'y fut-elle pas seule encore? On peut le croire, quand on sait combien, dans ses asiles religieux qui sembleraient devoir être les sanctuaires de l'égalité chrétienne, les riches méprisent les pauvres. Nul lieu, plus que l'Abbaye-aux-Dames, ne semble propre à conserver les traditions de l'orgueil. Fondée par Mathilde, la femme de Guillaume le Conquérant, elle domine la ville, et, dans l'effort de ses voûtes romanes, haussées et surexhaussées, elle porte encore écrite l'insolence féodale.

L'âme de la jeune Charlotte chercha son premier asile dans la dévotion, dans les douces amitiés de cloître. Elle aima surtout deux demoiselles, nobles et pauvres comme elle. Elle entrevit aussi le monde. Une société fort mondaine des jeunes gens de la noblesse était admise au parloir du couvent et dans les salons de l'abbesse. Leur futilité dut contribuer à fortifier le cœur viril de la jeune fille dans l'éloignement du monde et le goût de la solitude.

Ses vrais amis étaient ses livres. La philosophie du siècle envahissait les couvents. Lectures fortuites et peu choisies, Raynal pêle-mêle avec Rousseau. « Sa tête, dit un journaliste, était une furie de lectures de toutes sortes. »

Elle était de celles qui peuvent traverser impunément les livres et les opinions sans que leur pureté en soit altérée. Elle garda, dans la science du bien et du mal, un don singulier de virginité morale et comme d'enfance. Cela apparaissait surtout dans les intonations d'une voix presque enfantine, d'un timbre argentin, où l'on sentait parfaitement que la personne était entière, que rien encore n'avait fléchi. On pouvait oublier peut-être les traits de Mlle Corday, mais sa voix jamais. Une personne qui l'entendit une fois à Caen, dans une occasion sans importance, dix ans après, avait encore dans l'oreille cette voix unique, et l'eût pu noter.

Cette prolongation d'enfance fut une singularité de Jeanne d'Arc, qui resta une petite fille et ne fut jamais une femme.

Ce qui plus qu'aucune chose rendait Mlle Corday très frappante, impossible à oublier, c'est que cette voix enfantine était unie à une beauté sérieuse, virile par l'expression, quoique délicate par les traits. Ce contraste avait l'effet double et de séduire et d'imposer. On regardait, on approchait, mais dans cette fleur du temps, quelque chose intimidait qui n'était nullement du temps, mais de l'immortalité. Elle y allait et la voulait. Elle vivait déjà entre les héros, dans l'Elysée de Plutarque, parmi ceux qui donnèrent leur vie pour vivre éternellement.

Les Girondins n'eurent sur elle aucune influence. La plupart, nous l'avons vu, avaient cessé d'être eux-mêmes. Elle vit deux fois Barbaroux, comme député de Provence, pour avoir de lui une lettre et solliciter l'affaire d'une de ses amies de famille provençale.

Elle avait vu aussi Fauchet, l'évêque du Calvados; elle l'aimait peu, l'estimait peu comme prêtre, et comme prêtre immoral. Il est inutile de dire que Mlle Corday n'était en rapport avec aucun prêtre, et ne se confessait jamais.

A la suppression des couvents, trouvant son père remarié, elle s'était réfugiée à Caen chez une vieille tante, Mme de Breteville. Et c'est là qu'elle prit sa résolution.

La prit-elle sans hésitation? Non; elle fut retenue un moment par la pensée de sa tante, de cette bonne vieille dame qui la recueillait, et qu'en récompense elle allait cruellement compromettre... Sa tante, un jour, surprit dans ses yeux une larme: « Je pleure, dit-elle, sur la France, sur mes parents et sur vous... Tant que Marat vit, qui est sûr de vivre? »

Elle distribua ses livres, sauf un volume de Plutarque qu'elle emporta avec elle. Elle rencontra dans la cour l'enfant d'un ouvrier qui logeait dans la maison; elle lui donna son carton de dessins, l'embrassa, et laissa tomber une larme encore sur sa joue... Deux larmes! assez pour la nature.

Charlotte Corday ne crut pouvoir quitter la vie sans d'abord aller saluer son père encore une fois. Elle le vit à Argentan, et reçut sa bénédiction. De là, elle alla à Paris dans une voiture publique, en compagnie de quelques montagnards, grands admirateurs de Marat, qui commencèrent tout d'abord par être amoureux d'elle et lui demander sa main. Elle faisait semblant de dormir, souriait et jouait avec un enfant.

Elle arriva à Paris le jeudi 11, vers midi, et alla descendre dans la rue des Vieux-Augustins, N° 17, à l'Hôtel de la Providence. Elle se coucha à cinq heures du soir, et, fatiguée, dormit jusqu'au lendemain du sommeil de la jeunesse et d'une conscience paisible. Son sacrifice était fait, son acte accompli en pensée; elle n'avait ni trouble ni doute.

Elle était si fixe dans son projet, qu'elle ne sentait pas le besoin de précipiter l'exécution. Elle s'occupa tranquillement de remplir préalablement un devoir d'amitié qui avait été le prétexte de son voyage à Paris. Elle avait obtenu à Caen une lettre de Barbaroux pour son collègue Duperret, voulant, disait-elle, par son entremise, retirer du Ministère de l'intérieur des pièces utiles à son amie, Mlle Forbin, émigrée.

Le matin, elle ne trouva pas Duperret, qui était à la Convention. Elle rentra chez elle, et passa le jour à lire tranquillement les *Vies* de Plutarque, la bible des forts. Le soir, elle retourna chez le député, le trouva à table, avec sa famille, ses filles inquiètes. Il lui promit obligeamment de la conduire le lendemain. Elle s'émut en voyant cette famille qu'elle allait compromettre, et dit à Duperret d'une voix presque suppliante: « Croyez-moi, partez pour Caen; fuyez avant demain soir. » La nuit même, et peut-être pendant que Charlotte parlait, Duperret était déjà proscrit ou du moins bien près de l'être. Il ne lui tint pas moins parole, la mena le lendemain matin chez le ministre, qui ne recevait point, et lui fit enfin comprendre que, suspects tous deux, il ne pouvait guère servir la demoiselle émigrée.

Elle ne rentra chez elle que pour éconduire Duperret qui l'accompagnait, sortit sur-le-champ, et se fit indiquer le Palais-Royal.

Dans ce jardin plein de soleil, égayé d'une foule riante, et parmi les jeux des enfants, elle chercha, trouva un coutelier, et acheta quarante sous un couteau, frais émoulu, à manche d'ébène, qu'elle cacha sous son fichu.

La voilà en possession de son arme; comment s'en servira-t-elle? Elle eût voulu donner une grande solennité à l'exécution du jugement qu'elle avait porté sur Marat.

Sa première idée, celle qu'elle conçut à Caen, qu'elle couva, qu'elle apporta à Paris, eût été d'une mise en scène saisissante et dramatique. Elle voulait le frapper au Champ-de-Mars, par-devant le peuple, par-devant le Ciel, à la solennité du 14 Juillet; punir, au jour anniversaire de la défaite de la royauté, ce roi de l'anarchie. Elle eût accompli à la lettre, en vraie nièce de Corneille, les fameux vers de *Cinna*:

> *Demain au Capitole il fait un sacrifice...*
> *Qu'il en soit la victime, et faisons en ces lieux*
> *Justice au monde entier, à la face des dieux.*

La fête étant ajournée, elle adoptait une autre idée, celle de punir Marat au lieu même de son crime, au lieu où, brisant la représentation nationale, il avait dicté le vote de la Convention, désigné ceux-ci pour la vie, ceux-là pour la mort. Elle l'aurait frappé au sommet de la Montagne. Mais Marat était malade; il n'allait plus à l'Assemblée.

Il fallait donc aller chez lui, le chercher à son foyer, y pénétrer à travers la surveillance inquiète de ceux qui l'entouraient; il fallait, chose pénible, entrer en rapport avec lui, le tromper. C'est la seule chose qui lui ait coûté, qui lui ait laissé un scrupule et un remords.

Le premier billet qu'elle écrivit à Marat resta sans réponse. Elle en écrivit alors un second, où se marque une sorte d'impatience, le progrès de la passion. Elle va jusqu'à dire : « Qu'elle lui révélera des secrets; qu'elle est persécutée, qu'elle est malheureuse... », ne craignant point d'abuser de la pitié pour tromper celui qu'elle condamnait à mort comme impitoyable, comme ennemi de l'humanité.

Elle n'eut pas besoin, du reste, de commettre cette faute; elle ne remit point le billet.

Le soir du 13 juillet, à sept heures, elle sortit de chez elle, prit une voiture publique à la place des Victoires, et, traversant le Pont-Neuf, descendit à la porte de Marat, rue des Cordeliers N° 20 (aujourd'hui rue de l'Ecole-de-Médecine N° 18). C'est la grande et triste maison avant celle de la tourelle qui fait le coin de la rue.

Marat demeurait à l'étage le plus sombre de cette sombre maison, au premier étage, étage commode pour le mouvement du journaliste et du tribun populaire, dont la maison est publique autant que la rue, pour l'affluence des porteurs, afficheurs, le va-et-vient des épreuves, un monde d'allants et venants. L'intérieur, l'ameublement, présentaient un bizarre contraste, fidèle image des dissonances qui caractérisaient Marat et sa destinée. Les pièces fort obscures qui étaient sur la cour, garnies de vieux meubles, de tables sales où l'on pliait les journaux, donnaient l'idée d'un triste logement d'ouvrier. Si vous pénétriez plus loin, vous trouviez avec surprise un petit salon sur la rue, meublé en damas bleu et blanc, couleurs délicates et galantes, avec de beaux rideaux de soie et des vases de porcelaine, ordinairement garnis de fleurs. C'était visiblement le logis d'une femme, d'une femme bonne, attentive et tendre, qui, soigneuse, paraît pour l'homme voué à ce mortel travail le lieu du repos. C'était là le mystère de la vie de Marat, qui fut plus tard dévoilé par sa sœur; il n'était pas chez lui, il n'avait pas de *chez-lui* en ce monde. « Marat ne faisait point ses frais (c'est sa sœur Albertine qui parle); une femme divine, touchée de sa situation, lorsqu'il fuyait de cave en cave, avait pris et caché chez elle l'Ami du Peuple, lui avait voué sa fortune, immolé son repos. »

On trouva dans les papiers de Marat une promesse de mariage à Catherine Evrard. Déjà il l'avait épousée *devant le soleil, devant la nature*.

Cette créature infortunée et vieillie avant l'âge se consumait d'inquiétude. Elle sentait la mort autour de Marat; elle veillait aux portes, elle arrêtait au seuil tout visage suspect.

Celui de Mlle Corday était loin de l'être; sa mise décente de demoiselle de province prévenait pour elle.

Dans ce temps où toute chose était extrême, où la tenue des femmes était ou négligée ou cynique, la jeune fille semblait bien de bonne vieille roche normande, n'abusant point de sa beauté, contenant par un ruban vert sa chevelure superbe sous le bonnet connu des femmes du Calvados, coiffure modeste, moins triomphale que celle des dames de Caux. Contre l'usage du temps, malgré une chaleur de juillet, son sein était sévèrement recouvert d'un fichu de soie qui se renouait solidement derrière la taille. Elle avait une robe blanche, nul autre luxe que celui qui recommande la femme, les dentelles du bonnet flottantes autour de ses joues. Du reste, aucune pâleur, des joues roses, une voix assurée, nul signe d'émotion.

Elle franchit d'un pas ferme la première barrière, ne s'arrêtant pas à la consigne de la portière, qui la rappelait en vain. Elle subit l'inspection peu bienveillante de Catherine, qui, au bruit, avait entrouvert la porte et voulait l'empêcher d'entrer. Ce débat fut entendu de Marat, et les sons de cette voix vibrante, argentine, arrivèrent à lui. Il n'avait nulle horreur des femmes, et, quoique au bain, il ordonna impérieusement qu'on la fît entrer.

La pièce était petite, obscure. Marat au bain, recouvert d'un drap sale et d'une planche sur laquelle il écrivait, ne laissait passer que la tête, les épaules et le bras droit. Ses cheveux gras, entourés d'un mouchoir ou d'une serviette, sa peau jaune et ses membres grêles, sa grande bouche batracienne, ne rappelaient pas beaucoup que cet être fût un homme. Du reste, la jeune fille, on peut bien le croire, n'y regarda pas. Elle avait promis des nouvelles de la Normandie: il les demanda, les noms surtout des députés réfugiés à Caen; elle les nomma, et il écrivait à mesure. Puis, ayant fini: « C'est bon! dans huit jours ils iront à la guillotine. »

Charlotte, ayant dans ses mots trouvé un surcroît de force, une raison pour frapper, tira de son sein le couteau, et le plongea tout entier jusqu'au manche au cœur de Marat. Le coup, tombant ainsi d'en haut, et frappé avec une assurance extraordinaire, passa près de la clavicule, traversa tout le poumon, ouvrit le tronc des carotides et tout un fleuve de sang.

« A moi, ma chère amie! » C'est tout ce qu'il put dire, et il expira.

CHAPITRE IV

Mort de Charlotte Corday
19 juillet 1793

Interrogatoire de Charlotte Corday. Charlotte Corday en prison. Charlotte Corday au tribunal. Ses derniers moments. Son exécution (19 juillet 1793). La religion du poignard.

La femme entre, le commissaire... Ils trouvent Charlotte, debout et comme pétrifiée, près de la fenêtre... L'homme lui lance un coup de chaise à la tête, barre la porte pour qu'elle ne sorte. Mais elle ne bougeait pas. Aux cris, les voisins accourent, le quartier, tous les passants. On appelle le chirurgien, qui ne trouve plus qu'un mort. Cependant la garde nationale avait empêché qu'on ne mît Charlotte en pièces; on lui tenait les deux mains. Elle ne songeait guère à s'en servir. Immobile, elle regardait d'un œil terne et froid. Un perruquier du quartier, qui avait pris le couteau, le brandissait en criant. Elle n'y prenait pas garde. La seule chose qui semblait l'étonner, et qui (elle l'a dit elle-même) la faisait souffrir, c'étaient les cris de Catherine Marat. Elle lui donnait la première et pénible idée « qu'après tout, Marat était homme ». Elle avait l'air de se dire: « Quoi donc! il était aimé! »

Le commissaire de police arrive bientôt, à sept heures trois quarts, puis les administrateurs de police, Louvet et Marino, enfin les députés Maure, Chabot, Drouet et Legendre, accourus de la Convention pour voir *le monstre*. Ils furent bien étonnés de trouver entre les soldats, qui tenaient ses mains, une belle jeune demoiselle, fort calme, qui répondait à tout avec fermeté et simplicité, sans timidité, sans emphase; elle avouait même *qu'elle eût échappé, si elle l'eût pu.* Telles sont les contradictions de la nature. Dans une adresse aux Français qu'elle avait écrite d'avance, et qu'elle avait sur elle, elle disait *qu'elle voulait périr,* pour que sa tête, portée dans Paris, servît de signe de ralliement aux amis des lois.

Autre contradiction. Elle dit et écrivit qu'elle espérait *mourir inconnue.* Et cependant on trouva sur elle son extrait de baptême et son passeport, qui devaient la faire reconnaître.

Les autres objets qu'on lui trouva faisaient connaître parfaitement toute sa tranquillité d'esprit; c'étaient ceux qu'emporte une femme soigneuse, qui a des habitudes d'ordre. Outre sa clé et sa montre, son argent, elle avait un dé et du fil, pour réparer dans la prison le désordre assez probable qu'une arrestation violente pouvait faire dans ses habits.

Le trajet n'était pas long jusqu'à l'Abbaye, deux minutes à peine. Mais il était dangereux. La rue était pleine d'amis de Marat, de cordeliers furieux, qui pleuraient, hurlaient qu'on leur livrât l'assassin. Charlotte avait prévu, accepté d'avance tous les genres de mort, excepté d'être déchirée. Elle faiblit, dit-on, un instant, crut se trouver mal. On atteignit l'Abbaye.

Interrogée de nouveau dans la nuit par les membres du Comité de sûreté générale et par d'autres députés, elle montra non seulement de la fermeté, mais de l'enjouement. Legendre, tout gonflé de son importance, et se croyant naïvement digne du martyre, lui dit: « N'était-ce pas vous qui étiez venue hier chez moi en habit de religieuse? » — « Le citoyen se trompe, dit-elle avec un sourire. Je n'estimais pas que sa vie ou sa mort importât au salut de la République. »

Chabot tenait toujours sa montre et ne s'en dessaisissait pas... « J'avais cru, dit-elle, que les capucins faisaient vœu de pauvreté. »

Le grand chagrin de Chabot et de ceux qui l'interrogèrent, c'était de ne trouver rien, ni sur elle ni dans ses réponses, qui pût faire croire qu'elle était envoyée par les Girondins de Caen. Dans l'interrogatoire de nuit, cet impudent Chabot soutint qu'elle avait encore un papier caché dans son sein, et, profitant lâchement de ce qu'elle avait les mains garrottées, il mettait la main sur elle; il eût trouvé sans nul doute ce qui n'y était pas, le manifeste de la Gironde. Toute liée qu'elle était, elle le repoussa vivement; elle se jeta en arrière avec tant de violence que ses cordons en rompirent, et qu'on put voir un moment ce chaste et héroïque sein. Tous furent attendris. On la délia pour qu'elle pût se rajuster. On lui permit aussi de rabattre ses manches et de mettre des gants sous ses chaînes.

Transférée le 16 au matin de l'Abbaye à la Conciergerie, elle y écrivit le soir une longue lettre à Barbaroux, lettre évidemment calculée pour montrer par son enjouement (qui attriste et qui fait mal) une parfaite tranquillité d'âme. Dans cette lettre, qui ne pouvait manquer d'être lue, répandue dans Paris le lendemain, et qui, malgré sa forme familière, a la portée d'un manifeste, elle fait croire que les volontaires de Caen étaient ardents et nombreux. Elle ignorait encore la déroute de Vernon.

Ce qui semblerait indiquer qu'elle était moins calme qu'elle n'affectait de l'être, c'est que par quatre fois elle revient sur ce qui motive et excuse son acte: la Paix, le désir de la Paix. La lettre est datée: *Du second jour de la préparation de la Paix.* Et elle dit vers le milieu: « Puisse la Paix s'établir aussitôt que je le désire!... Je jouis de la Paix depuis deux jours. Le bonheur de mon pays fait le mien. »

Elle écrivit à son père pour lui demander pardon d'avoir disposé de sa vie, et elle lui cita ce vers:

Le crime fait la honte, et non pas l'échafaud.

Elle avait écrit aussi à un jeune député, neveu de l'abbesse de Caen, Doulcet de Pontécoulant, un girondin prudent qui, dit Charlotte Corday, siégeait sur la Montagne. Elle le prenait pour défenseur. Doulcet ne couchait pas chez lui, et la lettre ne le trouva pas.

Si j'en crois une note précieuse, transmise par la famille du peintre qui la peignit en prison, elle avait fait faire un bonnet exprès pour son jugement. C'est ce qui explique pourquoi elle dépensa trente-six francs dans sa captivité si courte.

Quel serait le système de l'accusation? Les autorités de Paris, dans une proclamation, attribuaient le crime *aux fédéralistes,* et en même temps disaient « que cette furie était sortie de la maison du ci-devant comte Dorset ». Fouquier-Tinville écrivait au Comité de sûreté « *qu'il venait d'être informé* qu'elle était amie de Belsunce, qu'elle avait voulu venger Belsunce, et son parent Biron, récemment dénoncé par Marat, que Barbaroux l'avait poussée », etc. Roman absurde, dont il n'osa pas même parler dans son réquisitoire.

Le public ne s'y trompait pas. Tout le monde comprit qu'elle était seule, qu'elle n'avait eu de conseils que celui de son courage, de son dévouement, de son fanatisme. Les prisonniers de l'Abbaye, de la Conciergerie, le peuple même des rues (sauf les cris du premier moment), tous la regardaient dans le silence d'une respectueuse admiration. « Quand elle apparut dans l'auditoire, dit son défenseur officieux, Chauveau-Lagarde, tous, juges, jurés et spectateurs, *ils avaient l'air de la prendre pour un juge qui les aurait appelés au tribunal suprême...* On a pu peindre ses traits, dit-il encore, reproduire ses paroles; mais nul art n'eût peint sa grande âme, respirant tout entière dans sa physionomie... L'effet moral des débats est de ces choses qu'on sent, mais qu'il est impossible d'exprimer. »

Il rectifie ensuite ses réponses, habilement défigurées, mutilées, pâlies dans *Le Moniteur*. Il n'y en a pas qui ne soit frappée au coin des répliques qu'on lit dans les dialogues serrés de Corneille.

— Qui vous inspira tant de haine?
— Je n'avais pas besoin de la haine des autres, j'avais assez de la mienne.
— Cet acte a dû vous être suggéré?
— On exécute mal ce qu'on n'a pas conçu soi-même.
— Que haïssiez-vous en lui?
— Ses crimes.
— Qu'entendez-vous par là?
— Les ravages de la France.
— Qu'espériez-vous en le tuant?
— Rendre la paix à mon pays.
— Croyez-vous donc avoir tué tous les Marat?
— Celui-là mort, les autres auront peur, peut-être.
— Depuis quand aviez-vous formé ce dessein?
— Depuis le 31 mai, où l'on arrêta ici les représentants du peuple.

Le président, après une déposition qui la charge:
— Que répondez-vous à cela?
— Rien, sinon que j'ai réussi.

Sa véracité ne se démentit qu'en un point. Elle soutint qu'à la revue de Caen, il y avait trente mille hommes. Elle voulait faire peur à Paris.

Plusieurs réponses montrèrent que ce cœur si résolu n'était pourtant nullement étranger à la nature. Elle ne put entendre jusqu'au bout la déposition que la femme Marat faisait à travers les sanglots; elle se hâta de dire: « Oui, c'est moi qui l'ai tué. »

Elle eut aussi un mouvement, quand on lui montra le couteau. Elle détourna la vue, et, l'éloignant de la main, elle dit d'une voix entrecoupée: « Oui, je le reconnais, **je le reconnais...** »

Fouquier-Tinville fit observer qu'elle avait frappé d'en haut, pour ne pas manquer son coup; autrement elle eût pu rencontrer une côte et ne pas tuer; et il ajouta: « Apparemment, vous vous étiez d'avance bien exercée... » — « O le monstre! s'écria-t-elle. Il me prend pour un assassin! »

Ce mot, dit Chauveau-Lagarde, fut comme un coup de foudre. Les débats furent clos. Ils avaient duré en tout une demi-heure.

Le président Montané aurait voulu la sauver. Il changea la question qu'il devait poser aux jurés, se contentant de demander: « L'a-t-elle fait avec préméditation? » et supprimant la seconde moitié de la formule: « Avec dessein criminel et contre-révolutionnaire? » Ce qui lui valut à lui-même son arrestation quelques jours après.

Le président pour la sauver, les jurés pour l'humilier, auraient voulu que le défenseur la présentât comme folle. Il la regarda et lut dans ses yeux. Il la servit comme elle voulait l'être, établissant *la longue préméditation,* et que pour toute défense elle ne voulait pas être défendue. Jeune et mis au-dessus de lui-même par l'aspect de ce grand courage, il hasarda cette parole (qui touchait près de l'échafaud): « Ce calme et cette abnégation, *sublimes* sous un rapport... »

Après la condamnation, elle se fit conduire au jeune avocat, et lui dit, avec beaucoup de grâce, qu'elle le remerciait de cette défense délicate et généreuse, qu'elle voulait lui donner une preuve de son estime: « Ces messieurs viennent de m'apprendre que mes biens sont confisqués; je dois quelque chose à la prison, je vous charge d'acquitter ma dette. »

Redescendue de la salle par le sombre escalier tournant dans les cachots qui sont dessous, elle sourit à ses compagnons de prison qui la regardaient passer, et s'excusa près du concierge Richard et de sa femme, avec qui elle avait promis de déjeuner. Elle reçut la visite d'un prêtre qui lui offrait son ministère, et l'éconduisit poliment: « Remerciez pour moi, dit-elle, les personnes qui vous ont envoyé. »

Elle avait remarqué, pendant l'audience, qu'un peintre essayait de saisir ses traits, et la regardait avec un vif intérêt. Elle s'était tournée vers lui. Elle le fit appeler après le jugement, et lui donna les derniers moments qui lui restaient avant l'exécution. Le peintre, M. Hauer, était commandant en second du bataillon des Cordeliers. Il dut à ce titre peut-être la faveur qu'on lui fit de le laisser près d'elle, sans autre témoin qu'un gendarme. Elle causa fort tranquillement avec lui de choses indifférentes, et aussi de l'événement du jour, de la paix morale qu'elle sentait en elle-même. Elle pria M. Hauer de copier le portrait en petit, et de l'envoyer à sa famille.

Au bout d'une heure et demie, on frappa doucement à une petite porte qui était derrière elle. On ouvrit, le bourreau entra. Charlotte, se retournant, vit les ciseaux et la chemise rouge qu'il portait. Elle ne put se défendre d'une légère émotion, et dit involontairement: « Quoi! déjà! » Elle se remit aussitôt, et s'adressant à M. Hauer: « Monsieur, dit-elle, je ne sais comment vous remercier du soin que vous avez pris: je n'ai que ceci à vous offrir, gardez-le en mémoire de moi. » En même temps, elle prit les ciseaux, coupa une belle boucle de ses longs cheveux blond cendré, qui s'échappaient de son bonnet, et la remit à M. Hauer. Les gendarmes et le bourreau étaient très émus.

Au moment où elle monta sur la charrette, où la foule, animée de deux fanatismes contraires, de fureur ou d'admiration, vit sortir de la basse arcade de la Conciergerie la belle et splendide victime dans son manteau rouge, la nature sembla s'associer à la passion humaine, un violent orage éclata sur Paris. Il dura peu, sembla fuir devant elle, quand elle apparut au Pont-Neuf et qu'elle avançait lentement par la rue Saint-Honoré. Le soleil revint haut et fort; il n'était pas sept heures du soir (19 juillet). Les reflets de l'étoffe rouge relevaient d'une manière étrange et toute fantastique l'effet de son teint, de ses yeux.

On assure que Robespierre, Danton, Camille Desmoulins se placèrent sur son passage et la regardèrent. Paisible image, mais d'autant plus terrible, de la Némésis révolutionnaire, elle troublait les cœurs, les laissait pleins d'étonnement.

Les observateurs sérieux qui la suivirent jusqu'aux derniers moments, gens de lettres, médecins, furent frappés d'une chose rare; les condamnés les plus fermes se soutenaient par l'animation, soit par des chants patriotiques, soit par un appel redoutable qu'ils lançaient à leurs ennemis. Elle montra un calme parfait, parmi les cris de la foule, une sérénité grave et simple; elle arriva à la place dans une majesté singulière, et comme transformée dans l'auréole du couchant.

Un médecin qui ne la perdait pas de vue dit qu'elle lui sembla un moment pâle, quand elle aperçut le couteau. Mais ses couleurs revinrent, elle monta d'un pas ferme. La jeune fille reparut en elle au moment où le bourreau lui arracha son fichu; sa pudeur en souffrit, elle abrégea, avançant elle-même au-devant de la mort.

Au moment où la tête tomba, un charpentier maratiste qui servait d'aide au bourreau l'empoigna brutalement, et, la montrant au peuple, eut la férocité indigne de la souffleter. Un frisson d'horreur, un murmure parcourut la place. On crut voir la tête rougir. Simple effet d'optique peut-être; la foule, troublée à ce moment, avait dans les yeux les rouges rayons du soleil qui perçait les arbres des Champs-Elysées.

La Commune de Paris et le tribunal donnèrent satisfaction au sentiment public, en mettant l'homme en prison.

Parmi les cris des maratistes, infiniment peu nombreux, l'impression générale avait été violente d'admiration et de douleur. On peut en juger par l'audace qu'eut la *Chronique de Paris*, dans cette grande servitude de la presse, d'imprimer un éloge, presque sans restriction, de Charlotte Corday.

Beaucoup d'hommes restèrent frappés au cœur, et n'en sont jamais revenus. On a vu l'émotion du président, son effort pour la sauver, l'émotion de l'avocat, jeune homme timide, qui cette fois fut au-dessus de lui-même. Celle du peintre ne fut pas moins grande. Il exposa cette année un portrait de Marat, peut-être pour s'excuser d'avoir peint Charlotte Corday. Mais son nom ne paraît plus dans aucune exposition. Il semble n'avoir plus peint depuis cette œuvre fatale.

L'effet de cette mort fut terrible: ce fut de faire aimer la mort.

Son exemple, cette calme intrépidité d'une fille charmante, eut un effet d'attraction. Plus d'un qui l'avait entrevue mit une volupté sombre à la suivre, à la chercher dans les mondes inconnus. Un jeune Allemand, Adam Lux, envoyé à Paris pour demander la réunion de Mayence à la France, imprima une brochure où il demande à mourir pour rejoindre Charlotte Corday. Cet infortuné, venu ici le cœur plein d'enthousiasme, croyant contempler face à face dans la Révolution française le pur idéal de la régénération humaine, ne pouvait supporter l'obscurcissement précoce de cet idéal; il ne comprenait pas les trop cruelles épreuves qu'entraîne un tel enfantement. Dans ses pensées mélancoliques, quand la liberté lui semble perdue, il la voit, c'est Charlotte Corday. Il la voit au tribunal, touchante, admirable d'intrépidité; il la voit majestueuse et reine sur l'échafaud... Elle lui apparut deux fois... Assez! il a bu la mort.

« Je croyais bien à son courage, dit-il, mais que devins-je quand je vis toute sa douceur parmi les hurlements barbares, ce regard pénétrant, ces vives et humides étincelles jaillissant de ses beaux yeux, où parlait une âme tendre autant qu'intrépide!... O souvenir immortel! émotions douces et amères que je n'avais jamais connues! Elles soutiennent en moi l'amour de cette Patrie pour laquelle elle voulut mourir, et dont, par adoption, moi aussi je suis le fils. Qu'ils m'honorent maintenant de leur guillotine, elle n'est plus qu'un autel! »

Ame pure et sainte, cœur mystique, il adore Charlotte Corday, et il n'adore point le meurtre.

« On a droit sans doute, dit-il, de tuer l'usurpateur et le tyran, mais tel n'était point Marat. »

Remarquable douceur d'âme. Elle contraste fortement avec la violence d'un grand peuple qui devint amoureux de l'assassinat. Je parle du peuple girondin et même des royalistes. Leur fureur avait besoin d'un saint et d'une légende. Charlotte était un bien autre souvenir, d'une tout autre poésie que celui de Louis XVI, vulgaire martyr, qui n'eut d'intéressant que son malheur.

Une religion se fonde dans le sang de Charlotte Corday: la religion du poignard.

André Chénier écrit un hymne à la divinité nouvelle:

> *O vertu! le poignard, seul espoir de la terre,*
> *Est ton arme sacrée!*

Cet hymne, incessamment refait en tout âge et dans tout pays, reparaît au bout de l'Europe dans l'*Hymne au Poignard*, de Pouchkine.

Le vieux patron des hymnes héroïques, Brutus, pâle souvenir d'une lointaine Antiquité, se trouve transformé désormais dans une divinité nouvelle plus puissante et plus séduisante. Le jeune homme qui rêve un grand coup, qu'il s'appelle Alibaud ou Sand, de qui rêve-t-il maintenant? qui voit-il dans ses songes? est-ce le fantôme de Brutus? Non, la ravissante Charlotte, telle qu'elle fut dans la splendeur sinistre du manteau rouge, dans l'auréole sanglante du soleil de juillet et dans la pourpre du soir.

CHAPITRE V

*Mort de Chalier
16 juillet 1793*

La question lyonnaise était moins politique que sociale. Les rêveurs de Lyon et des Alpes. Le Piémontais Chalier. Ecrits de Chalier. Accusations contre lui. Son caractère, sa violence et sa tendresse. Les disciples de Chalier. Son arrestation (30 mai 1793). Chalier en prison. Son isolement. La Convention intervient. Mort de Chalier (16 juillet 1793). Dernières paroles de Chalier.

Marat est poignardé le 13. Chalier guillotiné le 16. Un monde passe entre ces deux coups.

Marat, le dernier de l'ancienne Révolution; Chalier, le premier de la nouvelle.

Marat, pour Caen, Bordeaux, Marseille, est le nom de la guerre civile. Dans Lyon, Chalier est celui de la guerre sociale.

Ceci met Lyon fort à part de l'histoire générale du girondisme.

La guerre des riches et des pauvres alla grondant, menaçant, jusqu'au combat du 29 mai, jusqu'à la mort de Chalier (16 juillet). Les riches, entraînant les marchands, les ennemis, le petit commerce, gagnèrent avec eux cette bataille, et, donnant le change aux pauvres, leur firent tuer Chalier, leur défenseur, les payèrent, les firent combattre contre la Convention, tinrent cinq mois la France en échec.

Ils n'échappèrent ainsi à la guerre sociale, dont Chalier les menaçait, qu'en la détournant vers une épouvantable lutte contre la France elle-même.

Et cette lutte, ils ne la soutinrent qu'en admettant dans leur armée lyonnaise un élément royaliste étranger à Lyon;

je parle des nobles réfugiés, je parle des gens du Forez et autres provinces voisines, qui vinrent gagner la haute paie que donnait la ville et combattre pour le roi dans les rangs républicains.

Quels qu'aient été les efforts intéressés de l'aristocratie lyonnaise, sous la Restauration, pour faire croire que Lyon, en 93, combattait *pour le trône et l'autel*, cela n'est point. Les nobles royalistes qui aidèrent à soutenir le siège furent presque tous étrangers à la ville. Les riches mêmes étaient Girondins.

Nous avons cru devoir expliquer ceci d'avance, afin qu'on ne se trompât pas sur le point spécial que la Convention ni les Jacobins ne purent entendre, mais que l'histoire ultérieure du socialisme moderne éclaire rétrospectivement: *La question politique était extérieure* et secondaire à Lyon; elle ne devint dominante qu'après la mort de Chalier. *La question intime et profonde* que les riches ajournèrent par la guerre de Lyon contre la France *était la question sociale*: la dispute des pauvres et des riches.

Cette grande et cruelle question, voilée ailleurs sous le mouvement politique, a toujours apparu à Lyon dans sa nudité.

Le marchand de Lyon, républicain de principes, n'en était pas moins le maître, le tyran de l'ouvrier, et, qui pis est, le maître de sa femme et de sa fille.

Notez que le travail, à Lyon, se faisant en famille, la famille y est très forte; ce n'est nullement un lien détendu, flottant, comme dans les villes de manufactures. L'ouvrier lyonnais est très sensible, très vulnérable en sa famille, et c'est là justement qu'il était blessé.

La prostitution non publique, mais infligée à la famille comme condition de travail, c'était le caractère déplorable de la vie lyonnaise. Cette race était humiliée. Physiquement, c'était une des plus chétives de l'Europe. Le haut métier à la Jacquart n'existant pas alors, et n'ayant pas encore imposé aux constructeurs l'exhaussement des plafonds, on pouvait impunément entasser jusqu'à dix étages les misérables réduits de ce peuple étouffé, avorté. Aujourd'hui encore, dans les quartiers non renouvelés, quiconque monte ces noires, obscènes et puantes maisons, où chaque carré témoigne de la négligence et de la misère, se représente avec douleur les pauvres créatures misérables et souillées qui les occupaient en 93.

Dur contraste! *la fabrique de Lyon*, cet ensemble de tous les arts, cette grande école française, cette fleur de l'industrie humaine... dans de si misérables mains!

Il y avait de quoi rêver. Nulle part plus que dans cette ville il n'y eut plus de rêveurs utopistes. Nulle part, le cœur blessé, brisé, ne chercha plus inquiètement des solutions nouvelles au problème des destinées humaines. Là parurent les premiers socialistes, Ange et son successeur Fourier. Le premier, en 93, esquissait le phalanstère, et toute cette doctrine d'association dont le second s'empara avec la vigueur du génie.

Là ne manquèrent pas non plus les rêveurs parmi les amis du passé. Il suffit de nommer Ballanche et son prédécesseur, le mélancolique Chassagnon, qui n'écrivait jamais que devant une tête de mort, et qui, pour apprendre à mourir, ne manquait jamais une exécution.

Au moment où la fureur girondine du parti des riches poussait Chalier à l'échafaud, Chassagnon eut la très noble inspiration d'écrire pour lui sous ce titre: *Offrande à Chalier*. Il y montra un vrai génie pour expliquer ce caractère mêlé de tous les contraires, ce Centaure, cette Chimère, comme il l'appelle, ce monstre pétri de discordances, cruel et sensible, tendre et furieux. Dans ce beau portrait, un trait manque pour l'histoire et pour la justice: c'est la primitive inspiration d'où Chalier partit: *un cœur malade de pitié*, et souffrant douloureusement de l'amour des hommes.

Cet infortuné, qui fut la première victime légale de Lyon, qui étrenna la guillotine, qui eut ce privilège horrible d'être guillotiné trois fois — qui fut suivi à la mort par une foule de disciples en pleurs, tout aussi enthousiastes que ceux de Jésus — qui, un an durant, de juillet en juillet, remplaça Jésus sur l'autel, et fut pendant ce temps, avec Marat, la principale religion de la France, Chalier était né Italien. Son nom est plutôt savoyard. Peu importe. Il avait un pied en Italie et un en Savoie, étant né au Mont-Cenis et tout près de Suze.

La grande voie des nations, la voie des neiges, sublime et misérable, où toute humanité défile sur le bâton du pèlerin, offre la plus émouvante vision sociale qui puisse troubler les cœurs. Cette prodigieuse échelle de Jacob qui s'étend de la terre au ciel, les contrastes violents de ces paysages improbables où la nature se joue de toute raison humaine, cet ensemble écrasant pour l'âme semble fait pour produire en tout temps de sublimes fous délirant de l'amour de Dieu, de l'amour du genre humain. Là Rousseau, après son terrible effort de logique et de raison, se perdit lui-même en ses rêves. Là Mme Guyon écrivit son livre insensé des *Torrents*. Là Chalier s'embrasa, avec une furie meurtrière, du désir de faire le ciel ici-bas.

Il avait été, comme tout Italien, élevé aux écoles de démence, qu'on appelle théologiques. Il voulait alors se faire moine. Il visita d'abord l'Italie et l'Espagne. Il vit, il eut horreur.

Il parcourut la France aussi, et s'arrêta à Lyon. Il vit, il eut horreur.

On dit qu'il vivait alors misérablement de leçons de langues et d'enseignement. Mais, comme un homme intelligent, il ne voulut pas traîner; il domina sa situation. Il se fit commis, négociant. C'est précisément ainsi que commencent aux mêmes lieux Fourier et Proudhon.

Chalier courut le commerce; il eut un grand bonheur,

selon l'idée du monde: il devint riche. Mais il eut un grand malheur: il vit partout dépouiller le pauvre.

88 a sonné. Et le premier cri qu'on entend en France est celui d'un Italien, une brochure de Chalier: Vendez l'argenterie des églises, les biens ecclésiastiques, créez-en des assignats; rendez aux pauvres ce qui fut fondé pour les pauvres.

89 a sonné. Chalier, de Lyon, court à Paris; il recueille les moindres mots de l'Assemblée constituante. Il se levait de nuit pour se trouver le premier à la queue qui assiégeait les portes avant le jour.

Le soir, il voyait Loustalot (des *Révolutions de Paris*), le meilleur des journalistes. Près de partir, il lui dit: « Je veux me tuer; je ne supporte plus l'excès des misères de l'homme. » — « Vivez, lui dit Loustalot, servez l'humanité. »

Si Chalier était resté à Paris, il devenait fou. Il y voyait tous les jours Marat et Fauchet, l'Ami du Peuple et la Bouche de fer. Il apporta à Lyon des pierres de la Bastille, des os de Mirabeau, qu'il faisait baiser à tous les passants; il prêchait, il appelait tout le monde à la révolution. Lyon était trop près. Chalier pousse plus loin sa croisade. Il fuit Lyon et les honneurs où le peuple l'appelait, il va à Naples, en Sicile: il enseigne la révolution aux chevriers de l'Etna, qui écoutent sans comprendre. Il est chassé. A Malte encore, il prêche, et il est chassé. Il revint, nu, dépouillé... O grandeur oubliée de ces temps! sur ce simple exposé qu'un Italien, ami de la Révolution, a été dépouillé à Naples, l'Assemblée constituante prend fait et cause, elle fait écrire Louis XVI; on rend à Chalier son bien. « La France sera mon héritière », dit-il. Il lui a donné son bien et sa vie.

Cet homme, véhément de nature, emporté de tempérament, ce fougueux Italien, arriva possédé de justice et de pitié pour juger une ville où l'injustice était le fond de la vie même. Il apparut, sous un double rôle, comme ces rudes podestats que les villes du Moyen Age faisaient venir de l'étranger, afin qu'ils ignorassent les parentés, les coteries, les mauvaises alliances des nobles et des riches, qu'ils frappassent impartialement à droite et à gauche. Le jour il jugeait; et tout ce qu'il avait amassé le jour de haine et de violence contre les ennemis du peuple, il le répandait le soir dans les clubs. Haï comme juge, comme tribun, à deux titres il devait périr.

Il semble qu'on ait détruit tout ce qu'avait écrit Chalier. Le peu qui reste n'a nullement la banalité de Marat, nullement la trivialité des improvisateurs italiens. Il y a du burlesque, mais du terrible aussi, des choses qui rappellent les menaces cyniques d'Ezéchiel au peuple de Dieu, les étrangetés sauvages des *mangeurs de sauterelles* de l'Ancien Testament.

L'accent y est extraordinaire. On le sent trop, ce prophète, ce bouffon n'est pas un homme. C'est une ville, un monde souffrant; c'est la plainte furieuse de Lyon. La profonde boue des rues noires, jusque-là muette, a pris voix en lui. En lui commencent à parler les vieilles ténèbres, les humides et sales maisons, jusque-là honteuses du jour; en lui la faim et les veilles; en lui l'enfant abandonné; en lui la femme souillée; tant de générations foulées, humiliées, sacrifiées, se réveillent maintenant, se mettent sur leur séant, chantent de leur tombeau un chant de menaces et de mort... Ces voix, ce chant, ces menaces, tout cela s'appelle Chalier.

L'énorme apostume de maux a crevé par lui. Lyon recule effrayé, indigné de sa propre plaie; il tuera celui qui l'a dévoilée.

Quand on chercha, au dernier jour, des moyens de le tuer, des preuves pour constater ses crimes, on ne put établir aucun acte, rien que des paroles.

La seule trace imprimée qui reste de ses méfaits, c'est

une suite de brochures relatives à une visite domiciliaire que Chalier aurait faite, au-delà de ses pouvoirs, dans une maison qu'on soupçonnait de fabriquer de faux assignats.

On a prétendu qu'il avait dressé le plan d'un grand massacre, qu'un tribunal improvisé eût siégé sur le pont Morand, d'où l'on eût jeté les condamnés au Rhône. Une biographie girondine précise le nombre *douze mille*. Les royalistes eux-mêmes ne poussent pas les choses si loin; ils rougissent de ce chiffre insensé: ils disent vaguement *un grand nombre*.

Ses ennemis, pour le faire périr, furent réduits à l'invention la plus odieuse. On fabriqua une lettre d'un prétendu émigré qui remerciait Chalier de préparer les moyens de mettre la France à feu et à sang. Infâme et grossier mensonge par lequel on poussa le peuple à vouloir la mort de son défenseur.

Si Chalier et ses amis étaient coupables, au contraire, c'était d'avoir employé des moyens violemment expéditifs pour organiser la défense contre l'émigré et contre l'étranger. Des paroles sanguinaires, des menaces atroces, des actes de brutalité, voilà ce qu'on leur reproche. Ils invoquèrent la guillotine, mais leurs ennemis l'employèrent, et très injustement contre eux.

La violence des paroles et des actes était alors à un point excessif dans tous les partis. Un Italien royaliste, le Romain Casati, avait offert à l'archevêque de Lyon d'assassiner, non Chalier, mais un girondin, Vitet, chef de l'administration girondine.

Tout ce qui reste de Chalier dans ses écrits, dans la tradition, indique que cet homme, si violent par accès, était de lui-même très doux. Il aimait la nature, désirait la retraite. Il espérait finir ses jours dans la paix et la solitude. Il se faisait bâtir un ermitage sur les hauteurs de Lyon, aux quartiers pauvres et alors peu habités de la Croix-Rousse; il voulait y vivre, disait-il, comme Robinson

Crusoé. Il aimait les plantes, les fleurs, se plaisait à les arroser. Sans famille, il avait pour tout intérieur une bonne femme de gouvernante, la Pie (la Pia?), qu'il avait probablement amenée d'Italie.

Dans les actes que commandait la nécessité révolutionnaire, il restait sensible. « Ma chère amie, disait-il à une femme dont il bouleversait la maison et arrêtait le mari, mettez la main sur mon cœur, et vous sentirez ce qu'il souffre... Mais un républicain doit obéir au devoir, étouffer la nature. »

Quand ses fonctions d'officier municipal lui donnaient occasion d'entrer chez des religieuses, ils s'attendrissait; « Mes chères filles, disait-il avec épanchement, avez-vous quelque peine? ne me déguisez rien. Je suis votre père spirituel... Votre recueillement me touche, votre modestie m'enchante... Que je serais heureux d'épouser une vierge de ce monastère! » Alors, tombant à genoux, il baisait la terre et levait les mains au ciel.

Fut-il chrétien? rien ne l'indique, quoi qu'on ait imaginé. Après le 21 janvier, il lui arriva au club de déployer un tableau de Jésus-Christ, et de dire: « Ce n'est pas assez que le tyran des corps ait péri; il faut détruire aussi le tyran des âmes. » Il déchira le tableau, et en foula les morceaux aux pieds.

Avec toute sa violence, il était né humain et tendre. Au milieu de ses attaques contre les riches, il lui arrive tout à coup de réclamer pour eux; il voudrait les sauver aussi:

« Les aristocrates ne sont incorrigibles que parce que nous les négligeons trop... On parle de les guillotiner; c'est bientôt fait... Mais y a-t-il du bon sens à jeter le malade par la fenêtre pour s'exempter de le guérir? »

Que Chalier, né furieux, dans le paroxysme même de sa fureur, ait trouvé ces paroles en faveur des riches! et cela dans Lyon, dans la ville où le plus visiblement le pauvre fut la proie du riche!... qu'il ait, au fond de ses entrailles, senti ces violents accès de miséricorde infinie, cela le place très haut.

Ce qui attendrit encore pour cet infortuné, sans logique, sans suite et sans politique, c'est qu'il ne fut jamais un homme seul — il fut toujours une famille spirituelle, une société d'amis, un homme multiple. Nous connaissons tout ce qu'il aima. La gouvernante de Chalier, bonne et tendre, la Pia, l'admiratrice de Chalier; la Padovani, qui reçut sa tête martyrisée; le sage ami Marteau, le patriote et modéré Bertrand, le fanatique et terrible Gaillard, qui poursuivit la vengeance et se tua quand il en désespéra; tous sont inscrits profondément au livre de l'avenir.

Comment vivaient-ils entre eux? y avait-il vie commune? Non. C'était entièrement un communisme d'esprit.

Rappelons-nous les circonstances de Lyon en mai 93.

Dubois-Crancé, envoyé à l'armée des Alpes, était un militaire, un dantoniste nullement fanatique. Il explique parfaitement dans sa réponse aux robespierristes la difficulté infinie de sa situation. Abandonné du centre, comme il était, il ne pouvait trouver d'appui que dans son étroite union avec les plus violents patriotes de Lyon (Chalier, Gaillard, Bertrand, Leclerc, etc.). Trois armées dépendaient de Lyon, comme entrepôt général du Sud-Est, en attendaient leurs subsistances, en tiraient leurs ressources. Vingt départements devaient suivre la destinée de Lyon. La grande ville girondine, bourgeoise et commerçante, infiniment rebelle aux sacrifices qu'exigeait la situation, contenait de plus en son sein une armée d'ennemis, une masse énorme de prêtres et de nobles royalistes. Dubois-Crancé ne pouvait plus rester dans les tempéraments où s'étaient tenus tous ses prédécesseurs. Le dantoniste s'unit aux *enragés*, donna la main à Chalier, frappa Lyon d'une taxe, et créa l'armée révolutionnaire (13 mai). La suite se devine. Les Lyonnais défendent leur argent. Ils crient à la Convention, qui alors sous les Girondins dément Dubois-Crancé, autorise à repousser la force par la force. Décret coupable et trop bien obéi dans l'affreux combat du 29.

La veille au soir, on criait dans toutes les rues: « Mort à Chalier! » Des masses, ou crédules ou payées, le disaient agent royaliste. Chalier ne recula pas. « Ils veulent ma tête, je cours la leur porter. » Il va aux Jacobins, prononce un discours plein de feu, et dit: « Prenez ma vie. » Presque tout l'auditoire se précipite pour l'arracher de la tribune. Ses amis le sauvent à peine, le conduisent chez l'un d'eux, Gaillard. C'était entre onze heures et minuit. Il y trouva tous ses disciples, qui voulaient mourir avec lui. Le 29 au matin, jour du combat, il se rendit intrépidement à son poste de juge, siégea de huit heures à une heure. A peine rentrait-il que le canon se fit entendre. Prié et supplié de pourvoir à sa sûreté, il resta immuable dans son domicile, disant: « J'ai ma conscience... Je me sens innocent comme l'enfant qui vient de naître. »

Le 30 au matin, il fut arrêté, traîné, lié, frappé, jeté dans le plus noir cachot. Sentant bien qu'il était perdu, il voulut échapper à ses ennemis, mourir en homme; à défaut d'autres moyens, il avala deux grands clous, et n'eut pas moins la douleur de vivre.

Ses lettres, naïves et touchantes, décousues, troublées, témoignent de l'état d'isolement où il se trouva tout à coup. De ses amis, les uns étaient en fuite, les autres se cachaient, du moins dans leur effroi se tenaient immobiles.

L'Italien, dominé par sa vive imagination, les presse, les pousse, veut lui donner des ailes: « Courez à Paris, voyez Renaudin (ami de Robespierre); que je sois jugé à Paris », etc. Une chose lui donnait espoir: l'arrivée de Lindet à Lyon, la prise de Brissot; les Montagnards ayant un tel otage, Chalier croyait qu'on n'oserait le condamner à mort. Rien ne servit. On le jugea à Lyon.

Cependant on n'avait trouvé nulle preuve contre lui. Les jurés ne voulaient point juger, et les juges eux-mêmes voulaient ajourner le jugement. Mais les scribes et les pharisiens, comme il les appelle, avaient recours aux masses aveugles; on courait les campagnes, jusque dans les villages, on animait le peuple à vouloir la mort de son défenseur. Chalier ne l'ignorait pas. Il alternait (flottant dans une mer de pensées) entre les souvenirs de la vie, les affaires, et les visions de la mort. Le cher petit ermitage de la Croix-Rousse, qu'il achevait de bâtir, lui revenait au cœur: « Finissons la maison du côté du jardin. » Et dans une autre lettre: « Terminons la citerne... La pluie gâterait tout. » Il retombait ensuite dans son cachot, dans le réel de sa situation: « La Liberté et la Patrie sont bien à plaindre; leurs défenseurs sont dans les souterrains...» — « O malheureuse et infortunée et aveugle ville de Lyon, de persécuter ainsi ton ami et ton protecteur!... » — « Adieu, Liberté! adieu, sainte Egalité!... Ah! c'est une Patrie perdue! »

Chaque jour, à minuit, douze soldats venaient à grand bruit, comme pour le conduire à la mort. On se jouait de ses souffrances. Un voisin de prison, qui en avait pitié, lui donna un pigeon, qu'il aima fort et qui lui fit société.

D'où viendrait le secours? De Paris? de Grenoble?

Dubois-Crancé, dans cette dernière ville, s'était trouvé dans le plus grand danger. Les troupes qu'il y avait se décideraient-elles pour la Gironde ou la Montagne? Grenoble heureusement, comme toujours, fut admirable, la population enleva l'armée: ce ferme point d'appui montagnard entre Lyon et Marseille devint le salut du Sud-Est. Dubois-Crancé redevint fort et put menacer Lyon. Mais plus il menaçait, plus il fortifiait le parti militaire, qui voulait la mort de Chalier.

A Paris, Lindet, de retour, demanda et obtint de la Convention qu'elle déclarât prendre sous sa sauvegarde les patriotes de Lyon. Il se montra réservé et prudent, ne voulut rien dire de sa mission que ces paroles infiniment conciliantes: « Si la nouvelle autorité de Lyon est ferme, il n'y a rien à craindre pour la liberté. »

Marat montra un vif intérêt pour Chalier. Mais lui-même, mais Robespierre et les Jacobins se trouvaient dans une situation assez difficile. Ils poursuivaient à Paris les *enragés* qu'ils voulaient sauver à Lyon. Ils firent chasser des Cordeliers, le 30 juin, Leclerc, ami de Chalier.

Les liens de Chalier avec la masse du Parti jacobin semblent n'avoir pas été bien forts; c'était en réalité un homme isolé, tout à part, qui devait sa puissance à son inspiration indépendante, à la spontanéité visible de son exaltation. Même plus tard, lorsque Chalier, mort, eut son apothéose, cela n'empêcha pas plusieurs de ses fidèles d'être persécutés.

La dangereuse mission de porter à Lyon le décret de la Convention en faveur de Chalier fut obtenue par un autre Italien, le patriote Buonarroti (arrière-neveu de Michel-Ange). Mais la situation était encore empirée quand il arriva. On le jeta en prison. Les Royalistes soi-disant convertis avaient gagné du terrain. A force de jurer et de se dire républicains, ils parvenaient à se faire accepter.

Hommes d'épée, de robe, ils primaient aisément parmi les Girondins, qui presque tous étaient marchands. Ceux-ci firent maire, le 15 juillet, un M. de Rambaud, ancien juge de la sénéchaussée. Avec un tel choix, Chalier était mort.

A grand-peine il avait trouvé un défenseur mercenaire qui, pour deux mille quatre cents francs, consentit à parler pour lui. Le jugement n'en fut pas un. Le peuple menaça les témoins à décharge et les empêcha de déposer. Des femmes pleuraient dans l'auditoire. « Hélas! disaient-elles, comment faire mourir ce saint homme! » Le peuple les frappa, les chassa.

Les juges, effrayés sur leurs sièges, furent obligés de prendre pour bonne la lettre supposée de l'émigré à

Chalier, comme si, de toute façon, une lettre, même vraie, où il n'était pour rien, eût pu être citée contre lui. Il n'en fut pas moins, sur cette belle preuve, condamné à mort.

Quelque profonde et terrible que fût la surprise de Chalier, rentré dans sa prison, il dit à un ami: « Je prévois que ceci sera vengé un jour... Qu'on épargne le peuple; il est toujours bon, juste, quand il n'est pas séduit... On ne doit frapper que ceux qui l'égarent. » L'ami sentit son cœur brisé, et tomba roide évanoui.

Chalier, qui, dans ses lettres écrites en prison, avait donné des larmes à la nature, aux anxiétés de ce grand combat, ne se montra point faible à la mort. Il se rendit à pied à la place des Terreaux, où des furies hurlaient de joie. Il donna soixante francs au gendarme qui le conduisait, ne repoussa pas le prêtre qui se présenta à lui. Quoique pâle au moment où il monta à l'échafaud, il dit fermement au bourreau: «Rendez-moi ma cocarde et attachez-la moi, car je meurs pour la Liberté. »

Le bourreau, tremblant et novice, qui voyait la guillotine pour la première fois, avait mal suspendu le couteau; il manqua son coup, le manqua trois fois. Il fallut, chose horrible, demander un couperet pour détacher la tête.

La foule, furieuse, fut elle-même saisie d'horreur et toute changée. On dit qu'il était *mort martyr*, et le miracle ne manqua pas à la légende. Plusieurs assurèrent que, sous l'affreux couteau, et le cou à demi coupé, il avait redressé sa tête pantelante, et qu'invincible à la douleur, il avait dit au bourreau, effrayé, les mots: « Attache-moi la cocarde... »

Les femmes, Italiennes ou Françaises, la Pia, la Padovani, recueillirent en pleurant sa colombe veuve, le dernier amour du cachot. Elles ne craignirent pas d'aller la nuit au cimetière des suppliciés. La Padovani, aidée de son fils, arracha à la terre la pauvre dépouille, si barbarement massacrée. La tête, hideuse et brisée, n'en fut pas moins moulée, reproduite fidèlement avec les trois horribles coups. Lugubre monument de guerre civile, qui fut montré, promené par la France. On copia partout la tête de Chalier, on honora, adora son image; mais sa parole: « Qu'on épargne le peuple », hélas! qui s'en est souvenu?

Dernières paroles de Chalier

Je n'ai que ce papier pour vous faire mes adieux, mes chers frères et sœurs, quelques minutes avant ma mort pour la liberté. Adieu, frère Antoine, adieu frère Valentin, adieu, frère Jean, adieu, frère François, adieu, neveux, nièces, belles-sœurs, beaux-frères, parents et amis, adieu à tous! Chalier, votre frère, votre parent et votre ami, va mourir parce qu'il a juré d'être libre, et que la liberté a été ôtée au peuple le 30 mai 1793. Chalier, votre ami, va mourir innocent pour tout ce dont on l'accuse. Vivez en paix, vivez heureux, si la liberté reste après lui. Si elle vous est ravie, je vous plains. Souvenez-vous de moi. J'ai aimé l'humanité entière et la liberté, et mes ennemis, mes bourreaux, qui sont mes juges, m'ont conduit à la mort. Je vais rentrer dans le sein de l'Eternel.

Vous, mes frères, venez recueillir le peu que je laisse. Suivez les conseils de l'ami Marteau, de la bonne Pie, ma gouvernante, que vous considérerez comme moi-même, et dont vous aurez soin comme de moi-même pendant toute sa vie. Si elle désire aller près de vous, recevez-la comme moi-même, ayez toutes les bontés pour elle; elle connaît mon cœur.

Je vous invite à faire tout pour faire rentrer mes fonds et acquitter mes dettes contractées.

Suivez les conseils des amis que je vous ai indiqués, et de Bertrand fils, mon ami.

Chalier

Si le sacrifice de ma vie peut suffire à tous mes ennemis, qui sont ceux de la Liberté, je meurs innocent de tous les crimes qu'on m'impute. Adieu, adieu, je vous embrasse tous. Lyon, 16 juillet 1793, à trois heures après-midi. Signé: *Chalier, l'ami de l'Humanité.*

Je te salue, ami Renaudin!
Je vais mourir pour la cause de la Liberté.
Je te salue, ami Soulès!
Je vais verser mon sang pour la cause de l'Humanité.
Je te salue, ami Marteau!
Je vais mourir pour satisfaire à l'envie des ennemis de la justice. Je te recommande la bonne Pie. Ne pleure pas ainsi qu'elle sur moi, mais sur les maux qui vont peut-être t'accabler. Salue ta sœur pour moi, salue tous mes amis, Monteaud, Demichel et autres.

Je te salue, bonne femme Pie. Adieu, rappelle-toi celui qui fut toujours l'ami de l'Humanité.

Ma justification est dans le sein de l'Eternel, dans toi, dans tous nos amis, dans ceux de la Liberté. Embrasse Bertrand fils pour moi. Je l'invite à ne pas t'abandonner et à faire tout... — Mes frères aussi infortunés (surtout François) que tu peux l'être. — Ne t'afflige pas. Porte à la citoyenne Corbet un billet de cent livres que je lui envoie par toi pour souvenir. Son mari était si bon et si vrai patriote! Salue et embrasse tous nos amis, tous ceux qui se rappelleront de moi. Dis-leur que je les aime, comme l'Humanité entière.

Adieu, salut, salut! Je vais me reposer dans le sein de l'Eternel. — Lyon, 16 juillet 1793, à quatre heures du soir. Signé: *Chalier.*

(*Archives de la Préfecture de la Seine, reg. 34 du Conseil général, 25 déc. 1793.*)

CHAPITRE VI

Règne anarchique des hébertistes
Danton demande un gouvernement   Juillet-août 93

Enterrement de Marat. *Le Père Duchesne* succède à *L'Ami du Peuple*. Tyrannie des hébertistes au Ministère de la guerre. Robespierre uni aux hébertistes contre les enragés. Echec de nos armées (juin-juillet). Extrême danger (août 93). Décrets violents (août 93). Le Comité de salut public agissait peu encore. Danton veut que le Comité se constitue gouvernement. Le Comité décline la responsabilité.

La sœur de Marat, qui a vécu jusqu'à nous, disait en 1836 un mot certainement juste et vrai: « Si mon frère eût vécu, jamais on n'eût tué Danton ni Camille Desmoulins. »

Nous ne doutons pas qu'en effet il ne les eût soutenus, et conservé l'équilibre de la République, qu'il n'eût sauvé Danton, et par cela même sauvé Robespierre. Dès lors, point de Thermidor, point de réaction subite et meurtrière. L'arc de 93, horriblement tendu par la mort de Danton, n'aurait pas éclaté pour la ruine de la liberté et de la France.

Les Cordeliers demandaient le Panthéon pour Marat. La proposition fut reçue froidement aux Jacobins. Robespierre se déclara contre, et en cela il fut l'organe des sentiments réels d'une grande partie de la Montagne, qui ne pardonnait pas à Marat sa royauté d'un quart d'heure au 2 juin.

Il eut mieux que le Panthéon.

Il eut une pompe populaire, et fut enterré parmi le peuple sous les arbres des Cordeliers, près de la vieille église et du fameux caveau où il avait écrit. Les pauvres gens, ceux mêmes qui n'avaient guère lu ses journaux, étaient attendris de sa mort, de son dévouement, de sa grande pauvreté. Ils savaient seulement que c'était un vrai patriote, qui était mort pour eux, et qui ne laissait rien au monde. Ils avaient le pressentiment très juste que ses successeurs vaudraient moins, auraient un zèle moins désintéressé. Beaucoup pleuraient. La pompe eut lieu de six heures à minuit, à la lueur des torches, à la clarté d'une resplendissante lune d'été. Et il n'était pas loin d'une heure quand Marat fut déposé sous les saules du jardin.

Thuriot, président de la Convention, dit sur la tombe quelques mots chaleureux, toutefois propres à calmer le peuple, à faire ajourner la vengeance.

Un seul fait montrera combien la mort de Marat empirait la situation.

L'ami d'Hébert, le secrétaire général de la Guerre, le petit Vincent, brouillon, intrigant furieux qui ne savait se contenir, montra sa joie pendant l'enterrement; il se frottait les mains, disait: « Enfin!... » Ce qui signifiait: « Nous sommes enfin rois. Nous héritons de la royauté de la Presse populaire. »

Et cela n'était que trop vrai. *L'Ami du Peuple* fut, en réalité remplacé par le *Père Duchesne*.

Hébert n'héritait pas sans doute de l'autorité de Marat; mais, en revanche, il disposait d'une publicité bien autrement vaste, illimitée, on peut le dire, n'imprimant pas, comme Marat, selon la vente, mais selon l'argent qu'il tirait des caisses de l'Etat, spécialement de celle de la guerre. Marat (sa sœur l'a imprimé) ne faisait pas ses frais. Hébert, en quelques mois, et vivant avec luxe, fit une fort belle fortune.

Employé des Variétés et chassé pour un vol, vendeur de contremarques à la porte des théâtres, il vendit aussi des journaux, spécialement *Le Père Duchesne* (il y avait déjà deux journaux de ce titre). Hébert vola le titre et la manière, se fit entrepreneur d'un nouveau Père Duchesne, plus jureur, plus cynique; il le faisait écrire par un certain Marquet. Parleur facile aux Cordeliers, Hébert se fit porter par eux à la Commune. Club, Commune et journal, trois armes pour extorquer l'argent. On le vit au 2 juin; dans ce grand jour d'inquiétude où tout le monde s'oubliait, Hébert ne perdit pas la tête; il sentit que le gouvernement, dans une telle crise, avait grand besoin des journaux et grande peur aussi. Il reçut cent mille francs.

Nous avons raconté qu'au 2 juin, Prudhomme, l'éditeur des *Révolutions de Paris,* fut arrêté, et si bien tourmenté qu'il cessa bientôt de paraître. Celui qui le fit arrêter, un certain Lacroix, était hébertiste et membre de la Commune. Il rendit là un service à Hébert, lui tuant son concurrent, effrayant tous les autres, de sorte que la terreur qui frappa les journaux profita à un seul; la liberté de la presse, entière de nom, nulle de fait, n'exista guère que pour le *Père Duchesne.*

Lorsque Prudhomme reparut, le 3 octobre, ce fut à condition de prendre exclusivement pour rédacteurs des hébertistes.

Hébert, maître et seigneur de la presse populaire, pouvait dans un moment donné frapper sur l'opinion des coups terribles. Tels de ses numéros furent tirés jusqu'à *six cent mille!*

Publicité factice, payée et mercenaire. L'honnête Loustalot, le premier rédacteur des *Révolutions,* tira à deux cent mille, dans les grandes journées d'enthousiasme universel, sincère, qui ont marqué l'aurore de la Révolution.

La vache à lait d'Hébert était Bouchotte, le ministre de la Guerre.

D'une part, il tirait de lui ce qu'il voulait d'argent pour augmenter sa publicité, l'étendre surtout aux armées. D'autre part, avec cette publicité, il le terrorisait, lui faisait nommer ses amis, commis, officiers, généraux. Un ministère qui dépensait trois cent millions (d'alors) par mois, qui avait à donner cinquante mille places ou grades, mille affaires lucratives d'approvisionnement, équipement, armes, munitions, constituait une puissance énorme, toute dans la main des hébertistes.

A la tête de tout cela, le vrai ministre, Vincent, un garçon de vingt-cinq ans, petit tigre. Plus tard, quand Robespierre réussit à le mettre en cage, sa fureur était telle qu'il mordait dans un cœur de veau, croyant mordre le cœur de ses ennemis.

La tolérance de ces misérables, qui dura plusieurs mois, fut le martyre de Robespierre.

Fous furieux dans leurs paroles, ils étaient, dans leurs actes, infiniment suspects. Le sans-culotte Hébert, quand il avait couru dans sa voiture à la Commune, aux Cordeliers, aux Jacobins, ou à la Guerre, laissait le bonnet rouge et retournait à la campagne, à la *villa* du banquier Koch, que beaucoup regardaient comme un agent de l'étranger. Sa femme et lui ne vivaient là qu'avec des ci-devant (spécialement une dame de Rochechouart), le beau monde enfin d'autrefois. Le plus assidu commensal de la maison était un Autrichien, très douteux patriote, Proly, bâtard du prince de Kaunitz.

Le premier soin de Robespierre, dès qu'il eut un bon Comité de sûreté, ce fut de faire arrêter ce Proly, et saisir ses papiers.

Il ne trouva rien d'abord, mais plus tard, il l'a fait mourir avec Hébert.

Quand l'étranger les eût payés pour maintenir la désorganisation qui régnait à la Guerre, ils n'auraient pas fait autrement. De moment en moment, ils changeaient tous les généraux. Aux deux grandes armées du Nord et du Rhin, il y eut, à la lettre, un général par mois.

A la première, six généraux en six mois: Dumouriez, Dampierre, Beauharnais, Custine, Houchard, Jourdan.

En huit mois, huit généraux à l'armée du Rhin; Custine,

Les généraux

Diettmann, Beauharnais, Laudremont, Meunier, Carlenc, Pichegru, Hoche.

Cette mobilité effroyable suffisait à elle seule pour expliquer tous les revers.

La girouette ne fut fixe que pour un choix, celui de Rossignol, l'inepte général de l'Ouest. Ronsin avait très bien compris que, pour agir à l'aise, il valait mieux pour lui ne pas prendre le premier rôle. Il lui fallait un mannequin. Il avait pris tout simplement un jeune gendarme, homme illettré et simple, ex-ouvrier bijoutier du faubourg Saint-Antoine, brave, agréable, grand parleur, aimé des clubs. Rossignol, c'était son nom, avait brillé au siège de la Bastille, puis dans la gendarmerie, et il y avait atteint le vrai poste où il devait rester, celui de commandant ou colonel d'un corps de gendarmerie. Bon enfant, bon vivant, pas fier, camarade du soldat, très indulgent pour les pillards, il se fit adorer. Les généraux auraient voulu le perdre; c'est ce qui fit sa fortune. Traduit à la barre de la Convention, il apparut comme une victime du patriotisme. Il y fut fort caressé, encouragé de la Montagne, qui ne vit que sa bravoure, sa simplicité. Ronsin saisit l'occasion avec un tact admirable; il vit combien Rossignol avait plu, et qu'on était décidé d'avance à tout pardonner à ce favori, qu'il pourrait tout faire sous son ombre. Il demande et obtient qu'on le fasse général en chef! « Vous avez tort, dit Rossignol lui-même; je ne suis pas f... pour commander une armée. » Il eut beau dire, il commanda. Ronsin, derrière Rossignol, lui fit signer des crimes, d'affreuses trahisons. Toujours battu, toujours justifié, Rossignol ne parvint jamais à lasser l'engouement du Comité de salut public. Il en fut quitte pour passer à un autre poste et dire en finissant: « Je ne suis pas f... pour commander une armée. »

Robespierre pouvait-il ignorer ce hideux gâchis de la guerre, qui non seulement ruinait la France, mais la tenait sur le bord de l'abîme? Il est impossible de le croire. Mais une chose le paralysait.

Il voyait aussi un abîme, mais un autre qui l'effrayait plus que les désordres de l'administration et les succès de l'étranger, l'abîme de la dissolution sociale. Cette *Terra incognita* au-delà de Marat (dont parle Desmoulins), cette région inconnue, hantée des spectres et mère des monstres, il l'avait vue dès juin dans l'étrange alliance de Jacques Roux (des Gravilliers), du Lyonnais Leclerc, ami de Chalier, et de sa maîtresse Rose Lacombe, chef des *femmes révolutionnaires*. Connaissait-il Babeuf, déjà persécuté par André Dumont, dans la Somme, et par la Commune à Paris? je n'en fais aucun doute. La révolution romantique et socialiste (comme nous dirions aujourd'hui) inquiétait Robespierre. Dans sa visite aux Cordeliers, pour combattre les monstres, les Leclerc, les Jacques Roux, il lui fallut, comme on a vu, se faire accompagner de cet ignoble chien, Hébert.

Marat, tant qu'il avait vécu, leur tenait la porte fermée. Marat mort, ils s'étaient habilement saisis de son nom.

Roux, Leclerc et Varlet rédigeaient ensemble *L'Ombre de Marat*. Là était la terreur de Robespierre, là son lien avec Hébert qui, comme concurrent, ne demandait pas mieux que de les détruire. Avant la fête du 10 août, lorsque les fédérés arrivaient à Paris, Robespierre frémissait de les voir en péril de tomber sous cette influence anarchique. Il lança la veuve Marat, qui vint à la Convention accuser Roux, Leclerc, d'avoir volé le nom de son mari. Renvoyé au Comité de sûreté, qui arrête le journal et les rédacteurs. Mesure violente, presque inouïe. Les Gravilliers crièrent pour Roux, leur orateur; Hébert les reçut à la Commune, les traita sèchement, du haut du *Père Duchesne,* les renvoya humiliés.

Voilà à quoi servait le *Père Duchesne*, et le secret de la grande patience de Robespierre.

Robespierre n'avait nul journal. Il n'avait de prise que les Jacobins. Et là même, par Collot-d'Herbois et autres, les hébertistes étaient très forts. Il lui fallut donc patienter, attendre qu'ils se perdissent eux-mêmes, laisser passer cette fange. Sa conduite aux Jacobins fut merveilleuse de dextérité. Jamais il ne nommait Hébert, jamais Ronsin. Mais il défendait leur ministre Bouchotte, et c'est ce qu'ils voulaient le plus. Il défendait aussi leur Rossignol, et volontiers; c'était une thèse populaire.

A ce prix, Robespierre, sans se salir avec Hébert, pouvait s'en servir au besoin. Le cas pouvait venir où la Montagne se mettrait en révolte contre son ascendant, où Danton reprendrait le sien. Ce jour-là, il aurait trouvé un secours dans ce dogue qui pouvait en un jour mordre de six cent mille gueules à la fois (cela eut lieu le 4 octobre).

Jusque-là, s'il menaçait Danton, Robespierre l'arrêtait. Que les dantonistes et les hébertistes s'usassent les uns par les autres, il le trouvait très bon; mais abandonner Danton même, c'eût été rendre les hébertistes si forts qu'ils eussent tout emporté. Ils avaient déjà le Ministère de la guerre; ils auraient pris celui de l'Intérieur, l'objet de leur concupiscence; ils auraient eu ainsi et le dehors et le dedans, toute la force active. Robespierre ne le permit pas.

Toutes les difficultés de la situation éclatèrent aux premiers jours d'août, quand la convention fut frappée d'une grêle effroyable de revers et de mauvaises nouvelles.

Revers tout personnels pour l'Assemblée. La Montagne elle-même était allée à la frontière. Nombre de ses membres, avec un dévouement admirable, sans songer qu'ils sortaient de professions civiles, avaient pris l'épée en juillet et marché aux armées, acceptant toute la responsabilité, défiant la fortune. Là, ils avaient trouvé tout ennemi, les militaires hostiles, la discipline anéantie, le matériel nul, la désorganisation radicale des administrations de la Guerre, l'ineptie du ministre, la perfidie souvent des hébertistes, toujours leur incapacité. Et tout cela retombait sur les représentants. Battus, blessés, comme Bourbotte, déshonorés comme d'autres, et tout près de la guillotine! A Mayence, Merlin de Thionville arrêta toutes les forces de la Prusse, se battit comme un lion, couvrit la France quatre mois, et au retour faillit être arrêté. A Valenciennes, Briez et un autre se défendirent quarante jours et contre l'ennemi et contre la ville; la bourgeoisie voulait se rendre et lâchait le peuple contre eux. Les émigrés étaient si furieux, que malgré la capitulation, malgré les Autrichiens, ils voulaient les tuer. Il leur fallut cacher leurs écharpes, prendre l'habit de soldat, passer confondus dans les troupes (28 juillet).

La Convention apprend les jours suivants qu'elle a perdu toute la frontière du Nord, que Cambrai est bloqué, que le Rhin est perdu, Mayence rendu, Landau bloqué, l'ennemi aux portes de l'Alsace; que, pour la seconde fois, les Vendéens vainqueurs ont dissipé l'armée de la Loire.

Qui accuser? Les représentants ne méritaient que des couronnes civiques. Les revers étaient le résultat de la désorganisation générale. Le Comité de salut public, renouvelé depuis le 10 juillet, n'avait pu faire grand-chose encore. Il craignait néanmoins qu'on ne le rendît responsable, et se rejetait sur la trahison. La perfidie d'un général, l'argent de l'étranger, telles étaient les explications que donnait le tremblant Barère. Les accusations de ce genre réussissent presque toujours auprès des assemblées émues et défiantes. Barère y excellait.

Les incendies qui éclataient dans nos ports, et qu'on imputait aux Anglais, portaient au comble l'irritation de la Convention. Elle déclara Pitt « l'ennemi du genre humain ». Quelqu'un voulait qu'on décrétât que tout homme avait le droit de le tuer.

Tuer! c'est le seul remède que la plupart voyaient aux maux de la France.

L'anarchie dans l'Etat

Tuer les traîtres! les généraux étaient tous jugés.

Tuer les rois! les clubs ne parlaient d'autre chose.

La Convention ordonna que le reine fût mise en jugement.

Tuer la royauté dans le passé même et dans ses tombeaux. On décréta, pour le 10 août, la destruction des tombeaux de Saint-Denis.

Les Girondins eux-mêmes, amis présumés de la Royauté, furent compris dans ces anathèmes. On adopta le décret de Saint-Just, qui les déclarait traîtres avant tout jugemet. L'infortuné Vergniaud, immobile à Paris, gardé et sous les yeux de la Convention, fut renvoyé au Tribunal révolutionnaire le même jour que Custine, suspect d'avoir livré le Rhin.

Parmi ces décrets de fureur, il y eut un mot de bon sens, et ce fut Danton qui le dit: *Créer un gouvernement*.

Ce n'étaient pas quelques têtes de moins qui changeaient la situation; ce n'était même pas la levée en masse, ni de pousser des cohues indisciplinées à la boucherie; 92 était passé, il n'y avait plus le premier élan. Ce qu'il fallait en 93, ce n'étaient pas seulement des hommes, c'étaient des soldats.

La question du moment, et celle qui restait si malheureusement suspendue, celle que le 2 Juin n'avait pu résoudre, était celle-ci: *Créer un gouvernement*.

Existait-il ou n'existait-il pas? Au moindre mot qu'on en risquait, les clubs perçaient l'air de leurs cris; les Hébert, les Vincent, les amis de Ronsin juraient la mort de ceux qui tenteraient cette entreprise impie. Et cependant ils gouvernaient, en réalité; ils tenaient sous une sorte de terreur le Ministère de la guerre et le Comité de salut public.

Ce comité n'existait qu'à demi. Il ne fut complet qu'en novembre. Les membres les plus actifs, Lindet, Jean Bon Saint-André, Prieur, de la Marne, étaient toujours absents. Les présents étaient deux robespierristes, Couthon et Saint-Just, balancés par deux dantonistes (qui sortirent bientôt),

Hérault, Thuriot. L'indifférent Barère voltigeait à droite ou à gauche, selon que le menait la peur.

Cet embryon de comité, forcé d'agir parfois, éprouvait le besoin de prendre consistance. Robespierre *y entra malgré lui*, le 27 juillet; il le dit ainsi, je le crois. Il lui valait mieux dominer absent le Comité que d'y être lui-même. Ajoutez qu'en réalité il était homme d'autorité plus que de gouvernement, de haute influence plutôt que d'affaires.

Le Comité, en obligeant Robespierre de devenir un de ses membres, et de lui donner son nom, faisait un pas dans la franchise. On lui demandait d'en faire un second.

Voici sous quelle forme Danton hasarda sa proposition: *Erigez en gouvernement provisoire le Comité de salut public; que les ministres ne soient que ses agents; confiez-leur cinquante millions.*

Autrement dit: que le Comité, gouvernement de droit, devienne gouvernement de fait, qu'il accepte toute la responsabilité. Et, pour que cette responsabilité soit entière, qu'elle ne flotte plus partagée entre le Comité et les ministres, abattons cette monarchie du pouvoir ministériel qui neutralise le Comité, et qui n'agit pas davantage.

Ce qui s'était fait depuis deux mois de plus utile, d'immédiatement efficace pour le salut, s'était fait sans les ministres, sans le Comité.

Seule, sans secours du centre, Nantes tint en échec la Vendée, malgré le centre même qui destituait Canclaux, l'excellent général de Nantes.

Seul, sans secours du centre, Dubois-Crancé organisa les forces montagnardes qui continrent le Sud-Est, isolèrent Lyon des Alpes; le tout, comme il le dit lui-même, sans le Comité, malgré lui.

Seul, par sa sagesse individuelle et sa modération, Robert Lindet poursuivait la pacification de la Normandie. Et le Comité n'y fit rien qu'envoyer, pour plaire aux hébertistes, un homme à moitié fou, Carrier.

Ces efforts partiels avaient suffi, pourquoi? Parce que l'orage de la guerre était encore suspendu sur Mayence et sur Valenciennes. Maintenant, il crevait; c'était le moment de faire un gouvernement un et fort, ou bien de périr.

Le Comité devait prendre résolument la direction, et déclarer qu'il était ce gouvernement; cesser d'obéir, commander; ne plus se laisser traîner à la remorque, mais prendre l'avant-garde et l'initiative, entraîner tout le monde au nom de la Patrie.

Cela ne fut pas dit, mais saisi à merveille, senti profondément.

C'était le cri du cœur et du bon sens.

Couthon, l'ami de Robespierre, sans attendre cette fois son avis, s'écria qu'il appuyait Danton.

Saint-André en dit autant, ainsi que Cambon et Barère. Seulement ils ne voulaient point de fonds en maniement.

Robespierre dit que la proposition lui semblait vague. Il demanda, obtint l'ajournement.

« Vous redoutez la responsabilité? leur dit Danton. Souvenez-vous que, quand je fus membre du Conseil, je pris sur moi toutes les mesures révolutionnaires. Je dis: « Que la liberté vive, et périsse mon nom! »

Grave appel. Y répondre par l'ajournement, c'était risquer beaucoup.

Qu'adviendrait-il, si la chose qu'on pouvait prévoir, la chose décisive et mortelle (qu'on apprit en effet le 7) venait à se réaliser: *l'union des Anglais avec les Autrichiens pour marcher sur Paris?*

La situation de la France était si prodigieusement hasardée, il semblait que le Comité de salut public devait se hasarder lui-même, prendre la force qu'on le priait de prendre, mettre la main sur la Guerre, chasser Bouchotte ou le faire marcher droit, braver Hébert, Vincent, Ronsin, tous les chiens aboyants qui faisaient curée de la France.

Règne des hébertistes

Robespierre ne crut pas la chose encore possible.

Comment, dans un gouvernement d'opinion et de publicité, subsister sans la presse? Or, la presse était dans Hébert depuis la mort de Marat.

On n'eût pas réussi.

On eût aventuré la seule autorité morale qui restât à la République. Cette autorité subsistait, mais à condition de ne rien faire. Hébert n'était pas mûr pour la mort.

Donc, Robespierre ne faisait rien. Il siégeait, écoutait, écrivait.

Cinq ou six heures par jour à la Convention, autant aux Jacobins. En août, il fut président de l'une et de l'autre assemblées.

Les nuits pour ses discours.

Il lui restait du temps pour des occupations que nous appellerions philosophiques, académiques, pour lire à l'Assemblée l'ouvrage de Lepelletier sur l'éducation, pour écouter tout un livre de Garat sur la situation.

Tous ceux qui avaient le sens du danger, ou tout au moins la peur, étaient consternés de cette inertie du premier homme de la République. Plusieurs en étaient indignés.

Danton dit brutalement: « Ce b...-là n'est pas seulement capable de faire cuire un œuf! »

L'ancien ami et camarade de Robespierre, qui avait tant contribué à le diviniser vivant, Camille Desmoulins, dans une maligne brochure, en daubant l'ancien comité, effleura le nouveau; il toucha finement le point de la situation, à savoir que, *ni dans la Convention, ni dans le Comité de salut public, personne ne surveillait la Guerre:* « Membre du Comité de la guerre, dit-il, j'étais surpris de voir que notre comité chômait. Et, comme on dit qu'au Comité de salut public il y avait une section de la guerre, j'y allai quatre jours de suite, et fus étrangement surpris de voir que cette section était composée de trois membres, l'un malade, l'autre absent; le troisième s'était démis. » Ce troisième, l'ex-colonel Gasparin ayant refusé, Robespierre occupait sa place, la place du seul membre militaire du Comité.

Cet état de choses était irritant. Il fallait un homme; on n'avait qu'un dieu.

Une société populaire ayant apporté (le 2 août) aux Jacobins les bustes de Lepelletier et de Marat, le président de ce jour dit ces étranges paroles: « Entre Marat et Lepelletier il doit rester un vide où sera placé le grand homme qui doit se lever pour être *le sauveur du monde...* » — « Oui, dit le boucher Legendre, mais pourvu qu'il soit aussi poignardé. »

CHAPITRE VII

Fête du 10 août 1793

Les fédérés du 10 août 1793. Ouverture du Louvre et du Musée des monuments français. Comment les partis divers se caractérisaient. Grandeur et terreur dans la fête du 10 août. Sombre effet. Incidents cyniques. Les colosses de plâtre.

La fête du 10 août fut une grande représentation populaire, imposante et terrible, toute marquée du caractère sinistre du moment, du danger, de la résistance désespérée qu'on préparait, des lois de la Terreur qu'on lançait à l'ennemi. Ce fut à peine une fête. L'acceptation de la Constitution, ce fait touchant de la France s'unissant en une pensée, n'y eut qu'un effet secondaire.

La nouvelle fatale avait été reçue par le Comité de salut public. Les armées coalisées n'opéraient plus à part; elles marchaient d'ensemble, et les chances de la résistance devenaient infiniment faibles. L'armée du Nord n'avait dû son salut qu'à une manœuvre habile; elle s'était jetée de côté, mais en livrant la route de Paris. Paris se trouvait découvert; la fête se donnait, pour ainsi dire, sous le canon ennemi.

Le chant du jour fut le *Chant du Départ* — non plus *La Marseillaise,* l'hymne humain et profond des légions fraternelles — mais un coup perçant de trompettes, le cri de la Terreur guerrière qui fondit sur l'Europe et l'ensanglanta vingt années.

Pour la première fois, on vit un autre peuple, et l'on put mesurer le grand changement qui s'était fait dans les mœurs et la situation. Au peuple confiant des grandes

Fédérations, au peuple enthousiaste de la grande croisade, *le départ de 92*, un autre a succédé. Les nouveaux fédérés, peu brillants, sérieux, mis humblement, hommes de travail et de devoir, n'apportaient nulle parure, mais leur dévouement simple, leurs bras, leur vie, dans cette grande circonstance. Le peuple de Paris n'était guère moins sérieux, sauf les bandes ordinaires qui dans toute fête gouvernementale sont chargées de représenter la joie publique.

La défiance régnait. Aux approches de Paris, les fédérés n'avaient pas été peu surpris de se voir fouillés. On craignait qu'ils n'apportassent des papiers dangereux, quelques journaux fédéralistes. Combien à tort! Ces braves gens n'avaient au cœur que l'unité de la France.

La Commune craignait pour leurs mœurs et leurs bourses. Elle avait signifié aux filles publiques de ne pas paraître dans les rues. On craignait encore plus pour leur orthodoxie politique. La Commune s'empara d'eux, les embrassa en quelque sorte, les mena à la Convention, aux Jacobins, partout. La Convention leur donna l'accolade fraternelle. Les Jacobins les établirent dans leur propre salle pendant tout leur séjour, délibérèrent en commun avec eux.

La Convention n'avait rien ménagé pour que cette grande occasion qui amenait à Paris tout un peuple lui laissât dans l'esprit une impression ineffaçable, pour que ce peuple sentît sa Patrie et rapportât à la France sa grande émotion.

Elle consacra un million deux cent mille francs à la fête.

Elle ouvrit deux musées immenses.

L'un qu'on peut appeler celui des nations, l'universel Musée du Louvre, où chaque peuple est représenté par son art, par d'immortelles peintures.

L'autre, qu'on pouvait appeler celui de la France, le Musée des monuments français, incomparable trésor de sculptures tirées des couvents, des palais, des églises. Tout un monde de morts historiques, sortis de ses chapelles à la puissante voix de la Révolution, était venu se rendre à cette vallée de Josaphat. Ils étaient là d'hier, sans socle, souvent mal posés, mais non pas en désordre. Pour la première fois, au contraire, un ordre puissant régnait parmi eux, l'ordre vrai, le seul vrai, celui des âges. La perpétuité nationale se trouvait reproduite. La France se voyait enfin elle-même, dans son développement; de siècle en siècle et d'homme en homme, de tombeau en tombeau, elle pouvait faire en quelque sorte son examen de conscience.

« Qui suis-je? disait-elle. Quel est mon principe social et religieux?... Et de quelle vie bat donc mon cœur? » Cela n'était pas clair encore. Chaque parti eût diversement répondu à la question. Autre eût été la solution des Cordeliers, des Jacobins; autre celle de Robespierre et celle de Danton, de Clootz et de Chaumette, de la Commune de Paris. Ces influences opposées se combattaient manifestement dans la fête. L'ordonnateur David, homme de Robespierre, n'en avait pas moins suivi généralement l'inspiration de la Commune. C'est elle-même qui fit les devises. Elle répandit sur toute la fête le souffle des Cordeliers.

L'influence de Robespierre est manifestement subordonnée; l'*Etre suprême* de la Constitution ne paraît point ici. Et, d'autre part, les Cordeliers, peut-être par une concession à l'opinion jacobine, ont caché leur Dieu, la *Raison*, qu'ils montreront bientôt, caché leur saint, Marat. Chose étrange! au moment où ils viennent d'appendre le cœur adoré de l'Ami du Peuple aux voûtes de leur salle, ils manquent l'occasion d'exhiber la relique à la France réunie.

A défaut de l'unité de principe, la fête avait du moins une sorte d'unité historique. C'était comme une histoire en cinq actes de la Révolution.

Le tout, froid et violent, forcé, et néanmoins sublime.

Le péril et l'effort même, l'effort héroïque que l'on sentait partout, donnait à l'ensemble une vraie grandeur.

David

David fut l'effort même. Par là il exprimait son temps. Artiste tourmenté de la grande tourmente, génie pénible et violent qui fut son supplice à lui-même, David, dans son âme trouble avait en lui les luttes, les chocs, dont jaillit la Terreur.

Ce Prométhée de 93 prit de l'argile, et en tira trois dieux, trois statues gigantesques: la Nature, aux ruines de la Bastille; la Liberté, à la place de la Révolution; le Peuple-Hercule terrassant la Discorde ou le fédéralisme, à la place des Invalides. Un arc de triomphe au boulevard des Italiens, enfin l'autel de la Patrie au Champ-de-Mars, c'étaient les cinq points de repos.

Rude, immense improvisation. Les pierres de la Bastille n'étaient pas enlevées. Sur ce chaos confus, on organisa une fontaine. La Nature, un colosse en plâtre, aux cent mamelles, jetait par elles en un bassin l'eau de la régénération. Chaque pierre était marquée d'inscriptions funèbres, des voix de la Bastille, des gémissements des prisonniers, des antiques douleurs. Le président de la Convention, le bel Hérault de Séchelles, homme aimable, aimé de tous les partis, vint à la tête du cortège, et dans une coupe antique puisa l'eau vive, étincelante des premiers rayons du matin. Il porta la coupe à ses lèvres et la passa aux quatre-vingt-six vieillards qui portaient les bannières des départements! Ils disaient: « Nous nous sentons renaître avec le genre humain. » Ils burent, et le canon tonnait.

Le cortège s'allongea ensuite par les boulevards, les Jacobins en tête et les sociétés populaires. La bannière redoutable de la grande société, l'œil clairvoyant dans les nuages que montrait la bannière, marchait et semblait dire: la Révolution te voit et t'entend.

Derrière, la Convention, sans costume, entourée d'un ruban tricolore que soutenaient les fédérés. Le peuple apparaissait ainsi comme embrassant son Assemblée, la contenant et l'enserrant.

Suivait un immense pêle-mêle de toutes les autorités confondues avec le peuple: la Commune, les ministres, les juges révolutionnaires au panache noir, au milieu des forgerons, tisserands, artisans de toute sorte. L'ouvrier portait pour parure les outils de son métier. Les seuls triomphateurs de la fête étaient les malheureux; les aveugles, les vieillards, les enfants trouvés allaient sur des chars, les petits dans leur blanc berceau. Deux vieillards, homme et femme, étaient traînés par leurs enfants.

Un tombereau emportait des sceptres et des couronnes. Une urne sur un char contenait les cendres des héros. Point de deuil, huit chevaux blancs à panaches rouges, et d'éclatants coups de trompettes. Les parents des morts marchaient derrière, sans larmes et le front ceint de fleurs.

Une chose était absente, et tous les yeux la cherchaient, celle qui en juillet 92 avait si fortement captivé l'attention. On ne voyait plus ici ce glaive de justice, couvert de crêpe, que portaient des hommes couronnés de cyprès. Le glaive était partout en août 93. Partout on le sentait. On ne le montrait plus nulle part.

Arrivé à la place de la Révolution, aux pieds de la Liberté, au lieu où la veille était l'échafaud, le président fit verser le tombereau de couronnes, y mit le feu. Trois mille oiseaux délivrés s'envolèrent vers le ciel. Deux colombes se réfugièrent dans les plis de la Liberté. Doux augure! en contraste avec tant de réalités terribles!

Aux Invalides, le Peuple-Hercule, de la cime d'un rocher, terrassait, écrasait le dragon du fédéralisme. Au Champ-de-Mars, tout le cortège, ayant passé sous le niveau de l'Egalité, monta à la sainte Montagne. Là, les quatre-vingt-six vieillards, dont chacun tenait une pique, les remirent toutes au président, qui, les reliant ensemble, consomma l'alliance des départements. Il était debout, au sommet; l'autel fumait d'encens; il lut l'acceptation unanime de la loi nouvelle, et le canon tonna.

Les femmes du 5 octobre

Grande heure! celle où pour la première fois un empire se fonda sur la base de l'égalité!

A l'extrémité du Champ-de-Mars, un temple funèbre était élevé. La Convention y alla de l'autel, et s'étant répandue sous les colonnes, tous découverts prêtant l'oreille... On entendit le président dire ces nobles paroles: « Cendres chères, urne sacrée, je vous embrasse au nom du peuple. »

La foule se dissipa aux premières ombres du soir, et, répandue sur l'herbe jaunissante du mois d'août, elle consomma en famille le peu qu'elle avait apporté. Tous rentrèrent en ordre et paisibles dans les murs de Paris, dans la nuit et le sommeil. Pour combien d'hommes pourtant cette fête était la dernière! De la Commune qui suivait, combien peu devaient vivre encore au 10 août 1794! Combien de la Convention devaient entrer bientôt dans cette urne des morts, que ce bel homme aux douces paroles, Hérault de Séchelles, innocente ombre de Danton, venait de presser sur son cœur!... Danton, Hérault, Desmoulins, Philippeaux, avaient encore huit mois à vivre; Robespierre et Saint-Just n'avaient pas une année.

Plus d'une chose assombrissait la fête.

Point de joie douce. Les uns, sérieux, inquiets. Les autres, violemment, cyniquement joyeux, et riant par efforts. On ne sentait nulle part la spontanéité du peuple.

Il y avait un ordonnateur de l'allégresse publique, et cet ordonnateur, en certains détails, n'annonçait pas assez le respect de sa propre foi. David, aux Italiens, dans ce lieu resserré, avait élevé un petit arc de triomphe aux femmes du 5 Octobre, à celles qui ramenèrent de Versailles dans Paris le roi et la royauté. On les voyait, victorieuses, montées sur les canons vaincus. Le peintre, pour cet effet de drame, avait choisi de belles femmes, des modèles sans doute, hardies, effrontées. Tout fut perdu. Le 5 Octobre (c'est ce qui fait sa sainteté) avait vu des mères de famille s'arracher de leurs enfants en larmes, quitter leurs petits affamés, et, par un courage de lionnes, ramener l'abondance avec le roi dans Paris. Ce n'étaient pas des filles publiques qui pouvaient reproduire cette grande histoire.

Si la beauté devait figurer seule dans une telle représentation, où était la belle Théroigne, l'intrépide Liégeoise, qui, dans ce jour mémorable, gagna le régiment de Flandre et brisa l'appui de la royauté?... Brisée elle-même, hélas! fouettée, déshonorée en mai 93, enfermée folle à la Salpêtrière!... Cette femme adorée, devenue bête immonde!... Elle y mourut vingt ans, implacable et furieuse de tant d'outrages, de tant d'ingratitude.

Une autre personne encore reste frappée de cette fête. Quelle? Celle qui l'a votée, la Convention. L'ingénieux et subtil ordonnateur, pour symboliser l'embrassement du peuple réunissant ses mandataires, avait imaginé de montrer l'Assemblée sans insignes distinctifs, peuple parmi le peuple, enserrée d'un fil tricolore, que tiennent les envoyés des Assemblées primaires. La Convention semblait tenue en laisse. Ce fil, quelque léger qu'il fût, avait le tort de trop bien rappeler l'humiliation récente de l'Assemblée, sa captivité du 2 juin. Un écrivain avait dit de Louis XVI, mené à la fête du 14 juillet 1792: « Il a l'air d'un prisonnier condamné pour dettes. » Du moins n'était-il pas lié. Mais la Convention avait son lien visible; on ne lui avait pas même épargné l'aspect de ses fers.

On eut le tort de laisser sur les places les trois colosses improvisés. David n'avait aucunement le génie du colossal, les formes simples et fortes qui conviennent à ces grandes choses. Ces statues, pour être énormes, n'en étaient pas moins mesquines et froides, dans leur sécheresse classique. On les laissa maladroitement se délaver sur place aux pluies d'automne; elles furent bientôt effroyables sous un tel climat. Montrer ainsi la Liberté aux pieds de l'échafaud, c'était un crime, en réalité, un crime contre-révolutionnaire. La foule vint à la prendre en haine, n'y voyant qu'un Moloch à dévorer des hommes. Fâcheuse image qui entra bien loin dans l'âme de nos pères, calomnia la Liberté dans leurs cœurs. Pendant qu'elle fleurissait jeune, forte, invincible à Wattignies, à Dunkerque, à Fleurus, ici, chez elle, hideuse et délabrée, elle épouvantait les regards.

Livre XIII

LA MORT DES GIRONDINS

CHAPITRE PREMIER

Le gouvernement se constitue   Carnot
Août 93

Les Anglo-Autrichiens réunis marchent vers Paris (3-18 août 1793). Barère fait entrer Carnot au Comité de salut public (14 août). Opposition de Robespierre. Robespierre accuse le Comité de trahison.

La guerre de la coalition changeait de caractère. D'une froide guerre politique, elle menaçait de devenir une furieuse croisade de vengeance et de fanatisme. Le souffle de l'émigration emportait malgré eux les généraux glacés de l'Angleterre et de l'Autriche. Les instructions des cabinets leur disaient de combattre à part. Les ardentes prières, les larmes enragées des émigrés qui se roulaient à leurs genoux, leur disaient de combattre ensemble. De Vienne, de Londres, les ministres écrivaient: « Garnissez-vous les mains, prenez des places. » Mais les émigrés entouraient York, Cobourg, priaient et suppliaient, les poussaient à Paris. Les ministres exigeaient Dunkerque et Cambrai. Les émigrés montraient la tour du Temple. « La Révolution est impuissante, elle recule, disaient-ils. Voilà trois mois qu'elle reste sans pouvoir faire un bon gouvernement. Avancez-donc. Maintenant ou jamais. »

Les émigrés risquaient de vaincre, de tuer la Patrie, pour leur déshonneur éternel. M. de Maistre le leur a dit: « Eh! malheureux, félicitez-vous d'avoir été battus par la Convention!... Auriez-vous donc voulu d'une France démembrée et détruite? »

C'était le moment où s'accomplissait le grand crime du

siècle, l'assassinat de la Pologne. La France n'allait-elle pas avoir le même sort? Deux peuples semblent tout près de disparaître ensemble, deux lumières du monde pâlissent et vont s'éteindre... et la liberté avec elles!... On croit sentir l'approche de la grande nuit... L'humanité bientôt ira, les yeux crevés, nouveau Samson aveugle, travaillant sous le fouet!

Valenciennes, qui s'était livrée elle-même à l'ennemi, était devenue un étrange foyer de fanatisme. Les traîtres qui ouvraient la ville avaient voulu faire tuer nos représentants par le peuple; les émigrés, à la sortie, guettaient pour les assassiner. Toute une armée de prêtres était rentrée, des moines de toute robe, plus qu'il n'y en eut dans l'ancienne France. Tout cela grouillant, prêchant, remplissant les églises, y chantant le *Salvum fac Imperatorem*. Les femmes pleuraient de joie et remerciaient Dieu.

Un grand conseil eut lieu le 3 août. Et là, York céda, ne pouvant plus lutter contre tant d'instances, contre l'émotion qui était dans l'air. Il mit ses instructions dans sa poche, s'unit aux Autrichiens. Le général commandité de la banque et de la boutique devint un chevalier et se lança dans la croisade.

Ce bonhomme d'York, frère du roi d'Angleterre, était un homme de six pieds, brave et faible de caractère. Il avait pour coutume (quand il dînait chez sa maîtresse) de boire, après dîner, dix bouteilles de *claret*. Les belles dames royalistes raffolaient de lui, à Valenciennes, l'enlaçaient; ce pauvre géant ne pouvait se défendre. L'or anglais, qui était aussi entré à flots, portait l'enthousiasme au comble. Tout le monde jurait, jusque dans les boutiques, qu'il n'y avait que ce grand homme, ce bon duc d'York, qui pût sauver le royaume. York finit par dire comme les autres: « *Or now, or never:* Maintenant ou jamais. »

Voilà la masse énorme des deux armées anglaise et autrichienne qui s'ébranle et roule au Midi. Les Hollandais viennent derrière. En tête voltigeait la brillante cavalerie émigrée, radieuse, furieuse, avec ses prévôts et ses juges pour pendre la Convention.

On croyait que le torrent allait s'arrêter à Cambrai. Mais point. On continue. Les partis avancés poussent vers Saint-Quentin. Nous évacuons La Fère en hâte. Rien entre l'ennemi et Paris. L'armée du Nord, très faible, inférieure de quarante ou cinquante mille hommes à ce qu'on la croyait, avait été trop heureuse de se jeter à gauche dans une bonne position et d'éviter l'ennemi.

La France résisterait-elle, et qui dirigerait la résistance? Chacun paraissait reculer devant une telle responsabilité. On trouvait des hommes dévoués pour braver le feu des batteries. On n'en trouvait aucun pour braver la presse et les clubs.

Le Comité de salut public avait reculé, le 1er août, devant ce nom terrible de *gouvernement* que Danton le sommait de prendre. Il refusait tout, ne voulant ni de la dictature ni de l'état légal, de la responsabilité républicaine.

Où était-elle, cette responsabilité? Partout, nulle part. Les ministres la déclinaient. Les représentants en mission ne pouvaient l'accepter, dans leur lutte avec les ministres. Tout le monde se rejetait sur un mot, répété de tous, et très faux: « C'est la Convention qui gouverne. »

Que faire? briser cette fiction fatale, renouveler la Convention, lui faire créer pour l'intérim un gouvernement provisoire? Mais l'Assemblée nouvelle eût été pire, mais ce gouvernement n'eût pas duré deux jours sous les attaques de la presse hébertiste.

La Convention avait décrété, le 24 juin, que, la Constitution une fois acceptée des départements, elle fixerait *l'époque où l'on convoquerait les Assemblées primaires.*

La France girondine comptait sur ce décret, et c'est à ce prix qu'elle avait voté la Constitution. Nantes l'avait dit hautement. Lyon, Marseille, Bordeaux étaient en pleine résistance. Si l'on voulait les rallier, il fallait non dissoudre la Convention, mais donner une garantie qu'on la dissoudrait un jour, établir que la Convention ne voulait pas s'éterniser.

Tel fut l'avis des conciliateurs, des dantonistes.

Lacroix demanda, le 11 août, que la Convention décrétât, non la convocation des Assemblées primaires, mais une *enquête préalable sur la population électorale,* mesure habile et dilatoire, qui calmait, sans rien compromettre.

Et, toute dilatoire qu'elle était, elle avertissait l'autorité qu'elle n'était pas éternelle, secouait sa léthargie. Elle mettait en demeure le Comité de salut public d'être ou de n'être pas, de ne point rester un roi fainéant, d'agir enfin et de se hasarder, s'il ne voulait être balayé avec la Convention elle-même.

La menace opéra.

Le même jour, 11 août, le Comité commença à fonctionner sérieusement. Ce jour, il changea d'existence; il osa, sans égard à Bouchotte, à ses patrons les hébertistes, prendre la haute main sur la Guerre. Il envoya Carnot, avec tous ses pouvoirs, pour diriger l'armée du Nord.

Qui rendit le Comité si audacieux, et lui fit surmonter cette peur? Une peur plus grande, l'union des armées alliées, la vengeance prochaine de l'émigration.

L'homme le plus peureux du Comité (et le seul) était Barère. C'est celui qui eut la plus vive intelligence du péril, et le plus d'audace pour l'éviter. Entre la morsure hébertiste et la potence royaliste, il se décida, brava la seconde.

Barère était le menteur patenté du Comité. Chaque matin, d'un coup frappé sur la tribune, il faisait jaillir des armées (contre la Vendée, par exemple, quatre cent mille hommes en vingt-quatre heures). Mais lui-même, dans un vrai péril, les armées idéales ne le rassuraient guère. Il ne s'enivrait point de ses mensonges, il ne se croyait point.

Sa peur lui disait parfaitement que les moyens de Danton

opéreraient trop tard, et que ceux de Robespierre n'opéreraient rien. Danton voulait *la levée en masse,* mettre la nation debout; cette opération gigantesque n'aboutit qu'en novembre (quand nous étions vainqueurs). Robespierre ne proposait rien que de *punir les traîtres* et de faire des exemples.

S'en tenir là, c'était attendre l'ennemi, comme le Sénat romain, pour mourir sur sa chaise curule. Barère n'en avait nulle envie.

Les chefs de la Révolution étaient tous dans un point de vue noble et élevé, qui deviendra plus vrai et dont nous irons peu à peu nous rapprochant dans l'avenir: *Tout homme est propre à tout.* Un sincère patriote, mis en présence du danger, doit trouver dans son cœur des lumières pour suppléer à la science, une seconde vue pour sauver la Patrie. Ils méprisaient parfaitement la spécialité, le métier, le technique.

Barère, plus positif et éclairé par le sentiment de la conservation, n'hésita pas, dans une maladie qui menaçait d'être mortelle, d'appeler le médecin. Il ne se fia pas à un homme quelconque. Il appela Carnot et Prieur, de la Côte-d'Or.

Il fallait là vraiment une seconde vue (la peur parfois la donne). Carnot n'avait rien spécialement qui le désignât aux préférences de Barère.

Il était honnête homme, visiblement. Barère ne l'était pas. Non qu'il fut malhonnête. Ni l'un ni l'autre. Mais un charmant *faiseur,* improvisateur du Midi.

Carnot avait marqué par des missions utiles et sans éclat.

Il était connu dans la Convention par les décrets pour la fabrication des piques et la démolition des places inutiles.

Connu pour avoir dirigé, en 92, les travaux du camp de Montmartre, dont se moquaient les militaires.

Il était fort laborieux, plein de zèle; il venait travailler de lui-même à l'ancien Comité de salut public.

Officier du génie, il avait montré de la résolution à Furnes et avait pris le fusil.

Il n'y avait pas au monde un meilleur homme, jeune et déjà marié, régulier, ne faisant rien que d'aller en hâte de la rue Saint-Florentin (où il couchait) aux Tuileries, au Comité où il fouillait les anciens cartons de Grimoard, l'homme de Louis XVI, savant général de cabinet.

La doctrine générale de Grimoard, de Carnot, de bien d'autres, était *d'agir par masses*. Ce sont de ces axiomes généraux qui ne sont rien que par l'application. Un seul homme l'avait appliquée, le grand Frédéric, qui, dans la guerre de Sept Ans, cerné comme un loup dans une meute d'ennemis, avait porté ici et là, brusquement, des masses rapides, leur faisant front à tous et les battant tous en détail.

Cet Allemand, forcé d'être léger par la nécessité, mit dans la guerre et dans la science de la guerre cette idée instinctive et simple que la nature enseigne à tout être en péril.

« Que faire donc? demandait Barère. — Imiter le grand Frédéric. Prendre au Rhin de quoi fortifier l'armée du Nord, y frapper un grand coup. »

La situation était-elle la même? Frédéric, vivement, âprement poursuivi par la France et l'Autriche, l'était bien moins par la Russie. Il put la négliger par moments pour faire face aux deux autres.

Il était douteux qu'on pût impunément, en 93, négliger ainsi le Rhin. Les Prussiens, libres enfin du siège de Mayence, s'étaient unis aux Autrichiens. Leurs armées, débordant à la fois sur une ligne immense, menaçaient la frontière. Tout le monde s'enfuyait des villes d'Alsace. L'armée du Rhin, en pleine retraite, reculait lentement. Si elle ne pliait pas sous la masse épouvantable de l'Allemagne qui avançait, elle le devait, non à ses généraux, Custine, Beauharnais et autres qui suivirent et qui changeaient à chaque instant; elle le dut à quelques officiers inférieurs, Desaix, Gouvion Saint-Cyr, qui, chaque jour, à l'arrière-garde, se faisaient patiemment, consciencieusement écraser, pour donner encore à l'armée un jour de retraite.

L'auraient-ils pu toujours, si les Prussiens avaient sérieusement secondé l'Autriche?

Pourquoi la Prusse agit-elle mollement? Parce qu'elle voulait attendre le partage de la Pologne.

Nous le savons maintenant. Mais Carnot ne le savait pas. Il agit comme s'il le savait, et il risqua sa tête. Il proposa audacieusement d'affaiblir de trente-cinq mille hommes nos armées du Rhin et de la Moselle, au moment où les Prussiens fortifiaient l'armée coalisée de quarante mille hommes! Quel texte d'accusations, s'il ne réussissait! Aucun des généraux guillotinés à cette époque n'eût passé plus sûrement pour traître. Nous-mêmes, aujourd'hui, nous serions fort embarrassés de fixer notre opinion.

Carnot fut héroïque, risqua sa vie et sa mémoire, Barère même, il faut le dire, eut un moment d'audace lorsqu'il lança Carnot devant le Comité. Sa tête fut engagée aussi.

Non seulement la mesure était excessivement hasardeuse à l'armée, mais elle l'était à Paris, où le Comité allait faire le grand pas devant lequel il reculait toujours: subordonner Bouchotte, braver la tyrannie des hébertistes, devenir ce que Danton demandait qu'il fût: *un gouvernement*.

Il y avait dans le Comité deux dantonistes, Hérault et Thuriot, qui, pour que le *Comité fût un gouvernement*, sans nul doute appuyèrent Barère. Couthon, qui avait si vivement saisi ce mot de Danton, l'aura peut-être encore suivi en cette circonstance. Saint-Just, enfin, aimait l'audace; quelque peu sympathique qu'il fût à la personne de Carnot, je parierais qu'il accepta son héroïque expédient.

Le difficile était d'amener Robespierre à braver la presse hébertiste, à toucher le sacro-saint Ministère de la guerre, à irriter la meute du *Père Duchesne*. Il ne s'agissait pas là de partis ni d'opinions : il s'agissait d'argent. En appelant à la surveillance de la Guerre deux militaires, Carnot et Prieur, on ouvrait une fenêtre sur cette caisse mystérieuse. Robespierre comptait sans nul doute éclairer un jour tout cela et serrer ces drôles de près. Mais ils étaient encore bien forts. Ils pouvaient un matin tirer sur lui *à six cent mille,* comme en octobre ils le firent sur Danton. S'ils n'eussent osé l'attaquer, ils l'eussent travaillé en dessous ; cette grande autorité morale de Robespierre, cette position quasi sacerdotale dans la Révolution, elle s'était formée en cinq années, elle était entière ; mais c'était chose délicate, comme la réputation d'une femme, qui perd à la moindre insinuation.

Autre danger, Carnot n'était pas Jacobin, et il n'avait jamais voulu mettre les pieds aux Jacobins. La Société jacobine, en cette affaire, ne se mettrait-elle pas avec les hébertistes contre le Comité ?

Robespierre avait en lui une chose instinctive, peut-être prophétique : l'antipathie du militaire. Il haïssait l'épée. On eût dit qu'il sentait que nos libertés périraient par la maladie nationale : l'admiration de l'épée.

Barère, à cette antipathie, pouvait opposer, il est vrai, la figure très peu militaire de Carnot. Il avait l'air d'un prêtre, la mine simple et modeste, toute civile. Plus tard, les magnifiques sabreurs de l'âge impérial ne revenaient pas de leur étonnement en voyant les bas bleus, la bourgeoise culotte courte du célèbre directeur des quatorze armées de la République, de *l'organisateur de la victoire,* qui ne l'organisa pas seulement, mais de sa main la fit à Wattignies.

Avec tout cela, il y avait un point d'après lequel il est indubitable que Robespierre n'accepta pas Carnot, c'est qu'*il avait protesté contre le 31 Mai.* D'autres l'avaient fait aussi, mais ils se rétractèrent. Carnot persévéra dans son culte de la légalité. C'est ce qui lui fit faire sa grande faute

Le Comité et le gouvernement

de Fructidor, où il aurait laissé mourir la République, immolé la Justice par respect pour la Loi.

Carnot força la porte du Comité, mais il resta entre eux une hostilité incurable. Robespierre ne se consola jamais des succès de Carnot. Il le croyait trop indulgent, peu ferme. Il devinait (avec raison) qu'il employait dans ses bureaux des hommes utiles, mais peu républicains. On le trouva parfois les yeux fixés sur les cartes de Carnot, triste à verser des larmes, accusant amèrement sa propre nature, son incapacité militaire. Il ne tenait pas à lui qu'on ne crût qu'un commis de la Guerre, un certain Aubigny, *dirigeait presque seul* les mouvements des armées, et qu'on ne lui rapportât nos victoires.

Quelle qu'ait été sa répugnance, qui eût tout arrêté dans un autre moment, le Comité, sous l'aiguillon d'un tel danger, passa outre, et, le soir du 11, envoya Carnot avec ses pouvoirs à l'armée du Nord. Le 14, il lui adjoignit Prieur, de la Côte-d'Or.

Le soir même du 11, Robespierre alla droit du Comité aux Jacobins. Soit que toute opposition contre son sentiment lui parût trahison contre la République, soit que sa sombre et maladive imagination lui fît croire véritablement que ses collègues trahissaient, soit enfin qu'il craignît la Prusse et voulût se laver les mains d'un acte si hardi contre les hébertistes, il lança contre ses collègues une diatribe épouvantable, et cela, d'une manière inattendue et brusque, à la fin d'un discours qui faisait attendre autre chose.

Il se trouvait précisément que le président des Jacobins avait fort à propos cédé le fauteuil à l'homme qui sans nul doute était le plus intéressé au succès de la dénonciation de Robespierre. C'était Hébert qui présidait, et qui plus d'une fois soutint, encouragea l'orateur interrompu par des murmures.

Robespierre parla quelque temps sur ce texte: « C'est toujours Dumouriez qui commande nos armées; nous sommes trahis, vendus. » Il s'emporta contre Custine, qu'on mettait en jugement, jusqu'aux dernières limites de l'exagération: « Il a assassiné trois cent mille Français; et il sera innocenté, l'assassin de nos frères? Il assassinera toute la race humaine, et bientôt il ne restera que les tyrans et les esclaves. »

Voyant alors les Jacobins émus et colérés, il tourna court, et dit: « La plus importante de mes réflexions *allait m'échapper*. Appelé contre mon inclination au Comité de salut public, j'y ai vu des choses que je n'aurais osé soupçonner. *Des traîtres trament au sein même du Comité contre les intérêts du peuple...* Je me séparerai du Comité... Je ne croupirai pas membre inutile d'une Assemblée qui va disparaître... Rien ne peut sauver la République, si l'on adopte cette proposition de dissoudre la Convention... On veut faire succéder à la Convention épurée les envoyés de Pitt et de Cobourg. »

Il présentait ainsi la proposition de Lacroix *(l'enquête sur la population électorale)* comme une dissolution immédiate de la Convention.

Les journaux, même les plus favorables à Robespierre, ne nous donnent pas la fin de ce discours excentrique. Hérault et Lacroix exigèrent que la Convention s'expliquât. Hérault rappela qu'au 10 août étaient expirés les pouvoirs du Comité de salut public. Lacroix demanda que le Comité, *qui jouissait de la confiance de l'Assemblée,* fût renouvelé pour un mois. La Convention, non seulement accorda ce renouvellement, mais dans les jours qui suivirent elle donna au Comité des marques d'une confiance absolue, l'obligeant, entre autres choses, d'accepter les cinquante millions qu'il avait refusés le 1er août.

Telle était la fatalité d'une situation si violente. Malgré la terreur de la presse, malgré la répugnance infinie de Robespierre pour la responsabilité gouvernementale, la nécessité constitua le gouvernement. Le Comité, complété en septembre, devint roi malgré lui.

CHAPITRE II

*La réquisition Victoire de Dunkerque
11 août-7 septembre*

Elan des fédérés, qui entraînent les Jacobins. Danton seconde l'élan des fédérés. La France apparaît comme peuple militaire. Elle était relevée dans l'estime de l'Europe par le siège de Mayence. Custine avait-il trahi? Carnot croit, comme Custine, que la Prusse agira peu. Carnot devine Jourdan, Hoche et Bonaparte. Victoire de Dunkerque.

« Le peuple français debout contre les tyrans! » C'est l'inscription que portèrent les bannières des bataillons levés par la Réquisition. Elle résume l'immense effort de 93.

L'initiative n'en appartient ni à l'Assemblée, ni au Comité de salut public, ni à la Commune. Les pitoyables résultats qu'avait eus et qu'avait encore la levée en masse, essayée depuis quatre mois dans la Vendée, faisaient croire généralement que cette mesure était peu utile.

C'est ce que Robespierre dit le 15 août aux Jacobins, et ce que dit aussi Chaumette. Ce mouvement immense contrarierait les hébertistes, jusque-là maîtres de la Guerre. Ils n'osèrent s'y opposer. Hébert ne parla pas, mais fit parler Chaumette.

La Commune, en établissant aux Jacobins les fédérés envoyés pour la fête, avait fait tout autre chose que celle qu'elle croyait faire. Loin que les fédérés suivissent la politique jacobine, ce furent les Jacobins qui gagnèrent l'enthousiasme des fédérés. Ceux-ci, vraie fleur des patriotes, envoyés par la France émue, accueillis, embrassés par la Convention, ivres de Paris, de la fête et du danger public, enlevèrent la Société jacobine à la sagesse de ses mœurs ordinaires. Dans une atmosphère si brûlante, le dévouement complet du peuple, l'armement, le départ de vingt-cinq millions d'hommes, la France tout entière devenant Decius, cette grande et poétique idée parut chose très simple. Royer, curé de Chalon-sur-Saône, voulait de plus que les aristocrates, liés six par six, marchassent en première ligne au feu de l'ennemi. La levée en masse fut ainsi votée d'enthousiasme aux Jacobins, et dans un tel élan que Robespierre n'essaya plus d'y contredire; il engagea Royer à rédiger l'adresse à la Convention.

Interrompre tous les travaux, laisser les champs sans culture, suspendre l'action entière de la société, c'était chose nouvelle; l'Assemblée croyait devoir y regarder à deux fois. Le Comité de salut public suivit l'impulsion, en la modifiant, avec des mesures dilatoires. Mais Danton insista, il se fit cette fois encore l'orateur et la voix du mouvement populaire. Il se l'appropria. Il formula toutes les grandes mesures et les fit voter.

Danton était un esprit trop positif pour croire que cette opération gigantesque aboutirait à temps. Et, en effet, les deux victoires qui nous sauvèrent (7 septembre, 16 octobre) furent gagnées par d'autres moyens, par des troupes toutes formées qu'on porta à l'armée du Nord. Mais la Réquisition n'en contribua pas moins à la victoire, par son puissant effet moral. Dans ces mémorables batailles, nos soldats eurent le sentiment de cette prodigieuse arrière-garde d'une nation entière qui était là debout pour les soutenir; ils n'eurent pas avec eux les masses du peuple, mais sa force, son âme, sa *présence réelle,* la divinité de la France. L'étranger s'aperçut que ce n'était plus une armée qui frappait: au poids des coups, il reconnut le Dieu.

Voici le texte du décret:

« Tous les Français sont en réquisition permanente... Les jeunes gens iront au combat; les hommes mariés forgeront des armes et transporteront des subsistances; les femmes feront des tentes, des habits et serviront les hôpitaux; les enfants feront la charpie; les vieillards, sur les places, animeront les guerriers, enseignant la haine des rois et l'unité de la République. »

Ceci entrait dans la passion, donnait la grande idée de la levée en masse. L'effet moral était produit. Un article ramenait la chose aux proportions où elle était utile: « Les citoyens non mariés, de 18 à 25 ans, marcheront les premiers. »

Qui lèverait la Réquisition? Les communes? Les agents ministériels? La chose n'eût pas été plus vite que pour les trois cent mille hommes, votés en mars, qui n'avaient donné presque rien.

Danton ouvrit un avis noble et grand, de se fier à la France. Or, personne en ce moment ne la représentait plus fortement que ces braves fédérés des Assemblées primaires, tout émus de Paris, exaltés au-dessus d'eux-mêmes, et trempés au feu du 10 août. Robespierre ne voulait pas qu'on s'y fiât. Il avait dit aux Jacobins qu'on ne pouvait remettre de tels pouvoirs à des inconnus. Danton demanda au contraire que l'Assemblée leur donnât un pouvoir, une mission positive, sous la direction des représentants, qu'on les chargeât de la Réquisition. « Par cela seul, dit-il, vous établirez dans le mouvement une unité sublime. » La chose fut votée en effet.

Les forges sur les places, des ateliers rapides qui faisaient mille fusils par jour, les cloches descendant de leurs tours pour prendre une voix plus sonore et lancer le tonnerre, les cercueils fondus pour les balles, les caves fouillées pour le salpêtre, la France arrachant ses entrailles pour en écraser l'ennemi: tout cela composait le plus grand des spectacles.

Spectacle toutefois infiniment différent de celui de 92, celui d'une action ferme, sérieuse et forte plutôt qu'enthousiaste. Le beau nom de 92 qui fait son auréole au ciel, c'est celui du libre départ, le nom des *volontaires*. Et le nom de 93, grave et sombre, est *réquisition*.

N'importe. Cette question, qu'on croit légère, se montre ici forte comme le destin. L'étranger avait dit: « Laissons dissiper ces fumées... Demain, découragés, ils laisseront tomber l'épée d'elle-même. » Et, c'est tout le contraire, la nation, pour la première fois, apparaît vraiment militaire, avec ou sans entousiasme, également héroïque. Pour la première fois, on le vit à Mayence. Cette épée qu'on croyait échappée des mains de ce peuple, il l'empoigne, il la serre, il l'applique à son cœur: « A moi, ma fiancée! » Fidèle, elle le suit au Nil, au pôle. Il a beau disperser ses os, elle reste, cette épée fidèle, elle survit aux naufrages de ses idées et de sa foi... O peuple! n'es-tu donc qu'une épée?

Revenons. Oui, 93 fut fort grave, la dictature du peuple, des fédérés choisis par lui et fonctionnant sous ses représentants. Ces fédérés, gens simples (et beaucoup d'entre eux paysans), auraient-ils bien l'autorité efficace, décisive, rapide, pour exécuter cette grande chose, non seulement pour lever les hommes, mais pour nourrir l'armée, pour frapper les réquisitions? Y faudrait-il des moyens de terreur?

Pour les rendre inutiles, il fallait en parler. C'est ce que Danton fit à merveille: « Qu'ils sachent bien, les riches, les égoïstes, que nous n'abandonnerions la France qu'après l'avoir dévastée et rasée!... Qu'ils sachent bien qu'alors ils seraient les premières victimes!... Malheureux! vous perdriez bien plus par l'esclavage que vous ne donnerez pour éterniser la Liberté. » — « Plus de grâce! disait-il encore un autre jour. Meurent les conspirateurs sous le glaive de la loi! » Et montrant les fédérés qui étaient à la barre: « Savez-vous ce que viennent chercher chez vous ces braves fédérés? C'est l'initiative de la Terreur! »

Un événement pouvait donner espoir. Le siège de Mayence, quelle que fût son issue, avait singulièrement relevé la France dans l'opinion de l'Europe. Qui eût pu croire que cette garnison abandonnée, cernée d'ouvrages prodigieux, sous le feu de la plus terrible artillerie, ayant en tête l'armée prussienne, la première de l'Europe, et le roi de Prusse en personne, dont l'honneur était là, qui eût cru que cette garnison tînt quatre mois? Le bombardement fut terrible. « J'y ai vécu quatre mois, dit Kléber, sous une voûte de feu. »

Les généraux Kléber et Dubayet, non contents de repousser les attaques, firent des sorties audacieuses et faillirent une nuit enlever le roi au milieu de sa grande armée. Merlin de Thionville, représentant du peuple, dans toutes ces sorties, combattait *comme un lion*; ce mot est encore de Kléber.

L'illustre Meunier, de l'Académie des sciences, général du génie, fut malheureusement tué dans un combat nocturne, en menant une de nos colonnes. Les Prussiens, pleins d'admiration pour cette armée héroïque, lui donnèrent un gage d'estime, de fraternité militaire, en suspendant le feu pendant les funérailles, et s'associant ainsi au deuil de la France.

Dès le 26 avril, Custine, général de notre armée du Rhin, ne pouvant rien faire pour la place, l'autorisait à se rendre. Refusé héroïquement.

Cette magnifique résistance rendit à la France, à la République, l'immense service de la faire accepter, adopter par l'estime, dans la famille européenne, et respecter même des rois.

La résistance même cessa par l'humanité des nôtres, qui avaient essayé de faire sortir les bouches inutiles, mais qui, les voyant repoussées et sous le feu des deux armées, n'eurent pas le cœur de les laisser périr, les firent rentrer et s'affamèrent. Il fallut bien capituler enfin, lorsque les subsistances allaient manquer. Si l'on eût tenu jusqu'au dernier jour, on se rendait à discrétion, et on livrait à l'ennemi un noyau d'armée admirable: seize mille de nos meilleurs soldats, qui ont écrasé la Vendée.

Tous ceux qui sortirent de Mayence avaient mérité des couronnes civiques. Sur l'accusation ridicule de Montant et d'un autre, on arrêta les chefs; on voulait faire le procès à Kléber et à Dubayet. Merlin fit rougir la Convention. Au reste, c'était contre lui principalement, comme ami de Danton, que le coup paraissait monté.

Il fallait une victime expiatoire. Ce fut Custine. Il était loin d'être innocent, et toutefois il n'avait pas trahi.

Aristocrate d'opinion et de caractère, dur dans le commandement, Custine avait injustement accusé Kellermann et d'autres. Il n'avait nullement ménagé les patriotes allemands, jusqu'à menacer de pendre le président de la Convention de Mayence! Cela seul méritait une peine exemplaire.

Il avait plu beaucoup d'abord, comme partisan de l'offensive, malgré Dumouriez. Mais l'offensive ayant manqué, il était devenu comme lui diplomate. Il ménageait les Prussiens, et prit sur lui d'inviter à capituler la garnison de Mayence.

Eût-il pu secourir la place? Evidemment non.

Dans l'état d'affaiblissement et de désorganisation où était l'armée, il avait tout à risquer. Il n'eût pas fait un pas contre les Prussiens sans que l'Autriche en profitât, sans que le bouillant Wurmser le prît en flanc et inondât l'Alsace.

Custine, en réalité, n'osa se défendre. Il n'osa dire ce que Gossuin avait dit le 13 août à la Convention, ce que Levasseur et Bentabole écrivaient encore à la fin de septembre: *Le Ministère de la guerre ne fait rien pour mettre nos armées en état d'agir.*

Il ne dit point ce mot. Il eut peur des clubs et de la presse. Le jugement fut précipité. On craignait excessivement, et à tort, que l'armée ne prît parti pour lui. Paris était très agité.

Les jurés furent parfois sifflés des royalistes et menacés des Jacobins. Custine périt le 27 août, le jour même où les royalistes livraient Toulon à l'ennemi.

Les actes suspects de Custine avaient été dictés par une idée juste au fond, et que la paix de Bâle devait confirmer, à savoir *que la Prusse haïssait la France moins qu'elle ne haïssait l'Autriche*. Dès les premiers jours de juillet, la Prusse avait écrit *à la République française* pour échanger les prisonniers. De toutes les puissances, c'était celle qu'on pouvait espérer détacher de la coalition.

Cette vérité était palpable, et c'est elle qui guida Carnot. Il crut que la Prusse agirait tard, et il hasarda une chose qui l'eût rendu tout aussi accusable que Custine, si le succès ne l'eût lavé : il osa affaiblir l'armée, déjà trop faible, du Rhin.

Il jugea que la coalition était une bande de voleurs qui n'avaient nulle idée commune, dont chacun voulait piller à part. Cela se vérifia.

L'entente des Anglais et des Autrichiens dura, en tout, quinze jours, du 3 au 18. Le 18, une lettre de Pitt sépara York de Cobourg. Il écrivit : « Je veux Dunkerque. »

Même division sur le Rhin. Le 14 août parut dans les journaux l'acte par lequel la Russie s'adjugeait la moitié de la Pologne. La Prusse réclama sa part, et pour plus de deux mois encore, elle ajourna sur le Rhin la coopération qu'attendaient l'Autriche et les émigrés. Donc, Carnot avait eu raison. Cela était prouvé, même avant de tirer un coup de fusil.

Le Comité lui montra une confiance sans réserve. Il obtint que la Convention défendît aux ministres d'envoyer aux armées ces agents qui neutralisaient l'action des représentants du peuple. Coup hardi qui décidément subordonnait le ministère. Les hébertistes n'osèrent crier, mais ils firent parler Robespierre. Il défendit leur ministre, déplora aux Jacobins le décret rendu par la Convention (23 août).

Carnot avait trouvé l'armée du Nord dans un état indicible. Le matériel n'existait point. Ni subsistances, ni équipement, ni habillement, ni charroi; toute administration avait péri. C'est le tableau qu'en fait Robert Lindet, qui, arrivant en novembre, trouva les choses dans le même état, et recréa, concentra heureusement tout ce mouvement.

Quant au personnel, il était prodigieusement inégal. On trouvait tout à côté les extrêmes, les meilleurs, les pires. Parmi ces troupes désorganisées, il y avait ici et là des forces vives, étonnantes, les hommes les plus militaires qui furent et seront jamais. Tout cela, il est vrai, caché encore dans des rangs inférieurs. Carnot, c'est une de ses gloires, eut l'œil clairvoyant, bienveillant, pour reconnaître ces hommes uniques et il les porta quelquefois des derniers rangs aux premiers.

Divination merveilleuse du patriotisme! Cet homme aima tant la Patrie, il eut au cœur un désir si violent de sauver la France, que, devant cette foule où les autres ne distinguaient rien, lui, par une seconde vue, il connut, sentit les héros!

Son premier regard lui donna Jourdan.

Le second lui donna Hoche.

Le troisième lui donna Bonaparte.

Hoche, encore petit officier, était dans Dunkerque. Jourdan, général de brigade, était dehors, dans l'armée d'Houchard, et avec lui, des hommes qui ont laissé souvenir, un homme follement intrépide, Vandamme; Leclerc, qui devint le beau-frère de l'Empereur. Carnot leur écrivit, le 20 : « L'affaire est secondaire sous le rapport militaire; mais Pitt a besoin de Dunkerque devant l'Angleterre. Là est l'honneur de la France. »

Cela fut compris. Le plan de Carnot était de prendre l'Anglais entre la ville qu'il assiégeait, un grand marais et la mer. Vaste filet où la proie s'était placée elle-même. Au

Victoire de Dunkerque

fond était la ville de Furnes. Elle était aux mains de l'Anglais; mais, *si on la prenait aussi*, le filet était fermé.

Le combat dura vingt-quatre heures, l'armée française étant vivement secondée de la place, d'où Hoche faisait des sorties. Hondschoote, poste avancé des assiégeants, fut pris et repris. Un moment nous eûmes en main un fils du roi d'Angleterre. Le représentant Levasseur, qui eut un cheval tué sous lui, suppléa à la lenteur, à l'hésitation d'Houchard. Jourdan, Vandamme et Leclerc forcèrent les Anglais de se retirer par les dunes. Le duc d'York leva le siège, et recula en bon ordre. Tout le monde fut indigné; Houchard l'a payé de sa vie. On voit cependant en réalité qu'un succès, obtenu si difficilement par ce furieux effort continué vingt-quatre heures, un succès qui n'alla pas jusqu'à mettre l'ennemi en déroute, ne pouvait être aisément poursuivi. York semblait dans un filet; mais, encore une fois, *on n'avait pas Furnes, qui en était le fond*.

Complète ou non, cette victoire changeait tout. La levée subite du siège de Dunkerque, cinquante canons abandonnés, la retraite d'une armée d'élite, l'armée anglaise, qui eût pu être si aisément aidée de la mer, tout cela eut un effet immense sur l'opinion de l'Europe.

Dès lors, la chance avait tourné. On fut saisi de voir la France, que l'on croyait devenue pour toujours l'impuissance et le chaos, frapper un coup si fort, si sûr. On soupçonna ce qui était vrai en réalité: *Il y avait déjà un gouvernement*.

A Paris, on ne souffla mot. Qui avait été vaincu? Bien moins les Anglais que les hébertistes, les imprudents meneurs du Ministère de la guerre.

Ils étaient maîtres des clubs, des sections, de la Commune, de tous les organes de la publicité. Aux Jacobins même, il y eut une grande entente pour parler le moins possible d'un succès si désagréable aux alliés qu'on ménageait.

CHAPITRE III

Complots royalistes Toulon
Août-septembre 93

Les royalistes livrent Toulon aux Anglais. Leur joie impudente à Paris.

Les grandes mesures de défense étaient votées. Celles de terreur seraient-elles nécessaires, pour les appuyer, les rendre efficaces? Danton avait montré la foudre, il l'avait fait entendre, ne l'avait pas lancée.

Le droit donné aux fédérés de frapper des réquisitions pour nourrir et équiper l'armée serait-il exercé? le paiement immédiat des contributions arriérées, avec les neuf premiers mois de 93, s'exécuterait-il? C'était la question.

Il était fort à craindre que les riches ne prissent pas au sérieux la foudre de Danton, lorsque tant d'actes d'indulgence étaient reprochés aux dantonistes. Terribles en paroles et dans les mesures générales, ils étaient faibles et mous dans les rapports particuliers. C'étaient eux qui, depuis le 10 août, se trouvaient à la tête du mouvement révolutionnaire. Il aurait fort bien pu avorter dans leur main, si une circonstance imprévue ne les avait poussés, et n'avait fait voter (chose étonnante) par les *indulgents* même les lois de la Terreur.

Ce miracle fut opéré par les royalistes mêmes contre lesquels il se faisait. Ce furent eux qui, par un acte monstrueux de trahison, mirent l'étincelle aux poudres, jetèrent la France républicaine dans un tel accès de fureur, que *les indulgents* durent lancer le char de la Terreur, pour n'en être écrasés eux-mêmes.

Toulon donné aux Anglais

Le 27 août, pendant que les Anglais essayaient d'emporter Dunkerque, à trois cents lieues de là on leur livrait Toulon.

Toulon, notre premier port, des arsenaux immenses, d'énormes magasins de bois précieux, irréparables (dans la situation), un monstrueux matériel entassé pendant tout le règne de Louis XVI, nos flottes réunies pour la guerre d'Italie, nombre de vaisseaux de commerce qu'on avait empêchés de rentrer à Marseille, des fortifications enfin, redoutes, batteries, qu'on avait pu fort aisément prendre par trahison; mais, par force, comment les reprendre? Les Anglais tiennent bien ce qu'ils tiennent. Exemple: Gibraltar et Calais. Ils nous ont gardé Calais deux cents ans sans qu'on pût le leur arracher. Avec Toulon, Dunkerque, ils avaient deux Calais; la France était deux fois bridée et muselée. A peine le démembrement était-il dès lors nécessaire. Il valait mieux pour eux nous faire un petit roi, qui serait un préfet anglais.

Le 2 septembre, Soulès, un ami de Chalier, qui venait du Midi, apporta la fatale nouvelle de Toulon, non au Comité de salut public, mais tout droit à la barre de la Convention. On était sûr ainsi que la nouvelle ne serait pas étouffée.

Il y avait de quoi faire sauter le Comité et guillotiner peut-être le ministre de la Marine. Barère soutint hardiment que la chose n'était pas vraie. Quelques-uns voulaient faire arrêter le malencontreux révélateur.

Le ministre était Monge, excellent patriote, grand homme de science et d'enseignement, mais pauvre homme d'affaires, serf des parleurs et aboyeurs, comme Bouchotte. Plusieurs fois on l'avertit de la légèreté de ses choix; il en convenait avec douleur, avec larmes. Cependant, ni lui ni personne ne soupçonna la noirceur de la trahison royaliste, la longue et profonde dissimulation par laquelle des agents des princes parvinrent à se faire accepter comme violents Jacobins. Leurs titres, sous ce rapport, ont été parfaitement établis par l'un d'eux, le baron Imbert, dans sa brochure publiée en 1814. On ne peut lire sans admiration par quelle persévérante astuce ces honnêtes gens, à plat ventre devant la royauté des clubs, rampèrent, jusqu'à ce que l'étourderie des républicains leur livrât la proie. « Etant parvenu, dit Imbert, au commencement de 93, à obtenir de l'emploi, je me chargeai d'une grande expédition pour en faire manquer les effets, ainsi que le portaient mes ordres secrets, les seuls légitimes. »

Il y avait deux partis à Toulon: les Girondins, les Royalistes. Les premiers, faibles et violents, comme partout, prenaient des mesures contraires; ils guillotinaient les patriotes et envoyaient de l'argent à l'armée de la République. Les seconds, plus conséquents, ne pouvaient manquer de les dominer; ils appelèrent les Anglais. Ceux-ci, pris pour juges et arbitres entre les deux partis, jugèrent impartialement comme le juge de la fable; ils donnèrent une écaille à chaque plaideur et s'adjugèrent Toulon.

Les représentants du peuple, Pierre Bayle et Beauvais, avaient été lâchement outragés par les modérés, qui leur firent faire une espèce d'amende honorable de rue en rue et à l'église, un cierge à la main. Traités plus barbarement encore sous la domination anglaise et jetés dans les cachots, ils y trouvèrent la mort. Beauvais y mourut de misère et de mauvais traitements; Bayle abrégea ses jours en se poignardant.

Des gens moins légers que nos royalistes auraient contenu leur joie. Pour se frotter les mains de la ruine de la France, il fallait au moins qu'elle fût certaine. Ils n'y tinrent pas. Cette merveilleuse nouvelle des deux coups frappés en cadence sur Toulon, sur Dunkerque (ils tenaient l'un tout aussi sûr que l'autre), leur monta à la tête... Un monde de guerre et de marine raflé en quelques heures! Lyon raffermi dans la révolte! l'armée des Alpes compromise! nos représentants forcés de marchander avec le soldat et d'augmenter sa solde! ces signes universels de débâcle les rendaient fous de joie. Ils faisaient des chansons sur la levée en masse, déjà ridicule en Vendée. Un représentant avait dit: « Qu'en faire de cette levée? et qui m'en débarrassera? »

Leur folie alla jusqu'à jouer au Palais-Royal le triomphe de la reine. On voyait dans une pièce une dame charmante, prisonnière avec son fils dans une tour (et pour qu'on ne s'y trompât pas, la tour était copiée sur celle du Temple); la prisonnière était glorieusement délivrée, et dans les libérateurs, tout le monde reconnaissait Monsieur et le comte d'Artois.

Ces audacieux étourdis, ne ménageant plus rien, reprenaient à grand bruit leur vie d'avant 89. Les somptueuses voitures, depuis longtemps sous leur remise, étaient sorties, roulaient, brûlaient le pavé de Paris; on les admirait brillantes en longues files aux portes des théâtres. La pièce à la mode était *Paméla,* drame larmoyant, sentimental, où le beau rôle était pour les Anglais (pendant qu'ils assiégeaient!). Toute allusion contre-révolutionnaire était vivement saisie. Les élégants, braves au théâtre, sous les yeux de leurs maîtresses, sifflaient intrépidement tout ce qui de près ou de loin était favorable à la République. Un militaire jacobin ayant osé en faire autant pour des passages royalistes, tout le monde se jeta sur lui. Le Comité de salut public ferma le théâtre.

Mais tout ceci était un jeu. Un drame plus sérieux se jouait à la Conciergerie. Le royalisme était si fort, qu'il perçait les murs. Nulle précaution n'empêchait de communiquer avec la reine. Depuis la mort de Louis XVI, il y eut une conspiration permanente pour la délivrer.

Lorsqu'elle était encore au Temple, un jeune municipal, Toulan, homme ardent du Midi, s'était donné de cœur à elle; la reine l'avait encouragé, lui écrivant en italien:

« Aime peu qui craint de mourir. » Toulan n'aima que trop; il périt.

Transférée à la Conciergerie, resserrée, gardée à vue, elle n'en était pas moins en communication avec le dehors. Par faiblesse, humanité, espoir des récompenses, tous les surveillants trahissaient. La femme du concierge, Richard, favorisait l'entrée des hommes qui tramaient l'évasion. Le municipal Michonis, administrateur de police, introduisait un gentilhomme qui remit une fleur à la reine, et dans la fleur un billet qui lui promettait délivrance. Le billet tomba, fut saisi, et la reine, sans se troubler, dit fièrement aux gardes: « Vous le voyez, je suis bien surveillée, cependant on trouve moyen de me parler, et moi de répondre. »

On chassa, on emprisonna les Richard. Qui leur succéda? Un homme dévoué à la reine. Le concierge de la Force demanda à passer à la Conciergerie, tout exprès pour la servir. Les communications recommencèrent.

La reine glissa un jour dans la main du concierge des gants et des cheveux; mais ces objets furent saisis, portés à Fouquier-Tinville, qui les donna à Robespierre.

Montgaillard dit qu'avec un demi-million on l'aurait sauvée, qu'on ne trouva que cent quatre-vingt mille francs, dont il donna (lui Montgaillard, qui, je crois, n'avait pas un sou) pour sa part soixante-douze mille francs.

Ce qui est plus sûr, ce que je lis dans les *Registres du Comité de sûreté générale,* c'est que la sœur de la reine, l'archiduchesse Christine, envoya à Paris un certain marquis Burlot et une Rosalie Dalbert, que le Comité fit arrêter le 20 brumaire (10 novembre).

Tout indique qu'à la fin d'août et au commencement de septembre les royalistes travaillaient à faire au profit de la reine une révolution de sections, un 31 mai.

Les poissardes des marchés, généralement royalistes, insultaient les couleurs nationales (25 août). Elles obtenaient d'offrir et de faire passer à la reine quelques-uns de leurs plus beaux fruits. Elles battaient journellement les femmes du quartier qui se réunissaient aux charniers Saint-Eustache. Celles-ci étaient la plupart de pauvres ouvrières qui cousaient pour la guerre et autres administrations, et qui n'avaient pas la stature, la force, les poings pesants des dames de la Halle. Etant allées à la Convention pour demander de l'ouvrage, elles faillirent être assommées, et revenant par la rue des Prouvaires, elles reçurent une pluie de pierres des fenêtres. Les hommes des marchés commençaient aussi à s'en mêler. Ils regrettaient tout haut « le pain du roi ».

Les subsistances arrivaient lentement, difficilement; chacun craignait la famine, et, en la craignant, la faisait. Les malheureux travailleurs, après les fatigues du jour, passaient la nuit à faire queue aux portes des boulangers. Les procès-verbaux des sections les plus pauvres de Paris que j'ai sous les yeux, se résument en bien peu de mots, navrants, qui font saigner le cœur: la faim et la faim encore, la rareté du pain, nul travail, chaque famille ayant perdu son soutien, plus de fils pour aider la mère; tous aux armées. Le mari même souvent parti pour la Vendée. Toute femme délaissée et veuve. Elles étouffent aux portes des ateliers de la guerre pour avoir un peu de couture; elles viennent avec leurs enfants pleurer à la section.

Ces grandes souffrances du peuple donnaient une prise très forte aux royalistes. Plusieurs choses les encourageaient, l'inertie surtout et la mésintelligence des autorités.

La Convention presque entière était en missions ou dans les comités. Il n'y avait que deux cents membres aux séances publiques. Les Jacobins étaient peu nombreux, et comme retombés depuis le départ des fédérés. Robespierre, depuis son attaque inconsidérée contre les dantonistes, s'était retiré dans une position expectante, qui le dispensait d'initiative, la présidence de la Convention et des Jacobins. Ses votes, dans le mois d'août, sont tous négatifs.

Le 1ᵉʳ, à la proposition d'ériger le Comité en gouvernement, il dit non. Fera-t-on une enquête de la population électorale? Non (11 août). Les fédérés auront-ils des pouvoirs illimités? Non (14 août). Même réponse négative pour la levée en masse, proposée aux Jacobins même pour le renouvellement du ministère (23). Il n'est positif que sur deux points: la poursuite des généraux, des journalistes coupables, et l'accélération du Tribunal révolutionnaire.

Cela alla ainsi jusqu'à la mort de Custine (27 août). Les tribunes des Jacobins étaient infiniment bruyantes. Royalistes, anarchistes, une foule suspecte s'entendait pour troubler les séances. Les Jacobins, peu nombreux, s'alarmèrent, et par une mesure qui marquait toutes leurs craintes, ils fermèrent leurs tribunes au peuple, à **tout** homme non jacobin.

Que faisait la Commune? Elle voyait venir le mouvement et s'en félicitait. Elle était très mécontente du Comité de salut public et comptait profiter du mouvement contre lui. Il avait couronné ses torts envers le Ministère de la guerre et les hébertistes en tranchant le 24 un grand procès: *A qui l'on donnerait l'armée de Mayence! l'honneur de finir la Vendée.* Le Comité donna cette armée à Canclaux, non, à Ronsin et Rossignol. Grand crime.

Hébert espérait bien que le trouble qui se préparait favoriserait sa vengeance, tuerait le Comité, assurerait aux siens et l'indépendance du Ministère de la guerre et la royauté de Paris.

Tout cela enhardissait les royalistes. Nombreux dans les sections, ils en venaient à l'idée de faire un 31 Mai, et d'étrangler la République au nom de la souveraineté du peuple.

Les subsistances étaient un bon prétexte. Voilà des sections qui, *pour traiter les subsistances,* veulent envoyer à l'Evêché, comme au 31 mai. Le Comité de salut public, voyant le silence de la Commune, s'alarme et croit tout étouffer en faisant décider que Paris, comme toutes les places de guerre, « pourra être approvisionné par des réquisitions à main armée. ». Il défend la réunion. Les sections s'en moquent; il n'ose persister, et il l'autorise (31 août).

La Commune commençait pourtant à se demander s'il n'était pas possible que l'affaire tournât contre elle, que ces gens réunis à l'Evêché ne fissent une nouvelle Commune. Chaumette voulut calmer sa section (celle du Panthéon) et ne fut pas écouté.

A la section de l'Observatoire, les choses en vinrent au point qu'on proposa de *faire arrêter, comme contre-révolutionnaires*, Chaumette, le maire et la Commune.

L'âme de cette section du pays latin était un latiniste, le boiteux Lepître, homme aventureux, d'énergie brutale, d'autant plus remuant qu'il avait peine à remuer. Furieux royaliste sous sa criaillerie jacobine, il avait eu le secret de se fourrer au Conseil général pour avoir entrée au Temple. Il était l'homme du Temple et conspirait pour délivrer la reine.

L'étonnante proposition d'arrêter tous les magistrats de Paris, c'est-à-dire de faire plus qu'au 31 mai, choqua quelques sections; mais ce n'était pas le plus grand nombre. La Commune, à force de laisser faire, d'attendre, était maintenant si bien débordée, qu'elle n'osa même pas poursuivre l'auteur de la proposition.

CHAPITRE IV

Mouvement du 4-5 septembre   Lois de la Terreur

Point de départ du mouvement. Mouvement du 4, au soir. Embarras des Jacobins. Robespierre ne vient pas le 5 à la Convention. La Commune dut s'entendre avec les dantonistes. Comment Chaumette exploite le mouvement du 5. Triomphe de la Commune (5 septembre).

Justice, terreur et subsistances, n'était-ce pas là tout l'objet du mouvement, s'il était sincère? La Convention crut devoir lui donner quelque satisfaction.

Elle était avertie (1er septembre) par une adresse des Jacobins de Mâcon à ceux de Paris, pour demander l'armée révolutionnaire, la guillotine ambulante, le *maximum*, la mort des Girondins. Les dantonistes voulurent faire quelque chose. Danton (le 3) obtint de la Convention qu'on fixât le maximum du blé; et Thuriot (le 4) promit pour le lendemain un rapport sur l'accélération du Tribunal révolutionnaire.

Le mouvement n'en suivait pas moins son cours. Les vrais et les faux *enragés*, anarchistes et royalistes, poussaient d'ensemble pour frapper un coup sur la Commune, sur la Convention.

Autant qu'on peut juger par les procès-verbaux des sections, il semble qu'on ait agi d'abord sur la partie la plus rude du faubourg Saint-Antoine, la moins intelligente, peuplée de jardiniers, maraîchers, qu'on trompait plus aisément que les ouvriers. Le mouvement partit de la lointaine section de Montreuil, espèce de banlieue enfermée dans Paris.

4 septembre 93

Montreuil poussa le vrai faubourg, les Quinze-Vingts, la grande section des ouvriers, et entraîna Popincourt (appendice du faubourg, sa troisième section).

Le mot de ralliement essentiellement populaire, et pour lequel tous les partis pouvaient s'entendre, était simple: *Du pain!*

On proposa, le 4, au nom de la section de Montreuil, que dans tout le faubourg, le lendemain, à cinq heures du matin, on battît la caisse et que, tous, hommes, femmes et enfants, *sans armes*, mais en ordre, *par compagnies*, on se réunît sur le boulevard « pour aller demander du pain ».

A quoi l'on ajouta aux Quinze-Vingts une proposition plus révolutionnaire: « Qu'on enverrait à l'Evêché des commissaires *avec pouvoirs illimités.* »

Tout cela dans la matinée. Mais le peuple, qui n'y entendait point malice, au lieu d'attendre au lendemain, le peuple, le soir même, alla droit à l'Hôtel de Ville. Le flot descendit de lui même et la rue du faubourg et la rue Saint-Antoine, et par l'arcade Saint-Jean, déboucha à la Grève.

La place, très petite alors, ne contenait pas deux mille ouvriers, mais l'aspect était très sinistre et des plus mauvais jours. On avait grisé de colère ces braves gens contre *les affameurs du peuple*. Ce mot, lancé par la Commune contre le ministre de l'Intérieur, au mois d'août, on le lui lançait alors à elle-même et à son administration des subsistances.

La foule, aveugle, ne voulait rien qu'agir. Tout à coup, dans la masse, se trouvent par enchantement des gens lettrés, habiles, qui dressent une table sur la place, forment un bureau, nomment président, secrétaire, écrivent une pétition. Puis ils lâchent la foule... Elle se jette dans la salle, pousse au fond et tient acculés le maire et la Commune, commence à les interroger avec insultes et menaces, avec la sombre impatience d'un estomac vide:

« Du pain! du pain!... Mais tout de suite! »

Chaumette, peu rassuré, obtient de traverser la foule, d'aller à la Convention. C'était le moyen de gagner du temps.

Il la trouva occupée justement de fixer le prix des grains, et revint avec cette bonne et calmante nouvelle. La foule n'en criait pas moins, irritée et menaçante: « Du pain! du pain! et tout de suite! »

Il monta sur une table, parla avec infiniment d'adresse, de présence d'esprit. Il fit la part du feu, abandonna les administrateurs des subsistances: « On va les arrêter, et on leur donnera pour gardiens, non des gendarmes (on pourrait les corrompre), mais des gardiens incorruptibles et j'en réponds! des sans-culottes payés cinq francs par jour.

« Cinquante moulins, jour et nuit, vont tourner sur la Seine... On créera l'armée révolutionnaire, etc., etc. » Le tout assaisonné de choses populaires. « Et moi aussi j'ai été pauvre! » Il en disait contre les riches plus que le peuple ne voulait.

« Surtout, cria Hébert de sa plus aigre voix, n'oublions pas la guillotine ambulante... Dès demain, réunissons-nous pour faire rendre ces décrets à l'Assemblée nationale... Que le peuple ne lâche pas prise! »

Une députation des Jacobins, qui survint, ne contribua pas peu à calmer la foule, en promettant d'aller aussi à la Convention *et de faire décréter tout*...

Les Jacobins avaient été surpris par l'événement. Ils n'avaient pas eu le temps de se mettre bien d'accord sur ce qu'ils voulaient faire.

Dès le 1er septembre, lorsque Royer appuya la pétition pour l'*armée révolutionnaire*, on ne voit pas que Robespierre (qui la proposait le 13 mai) ait rien dit à l'appui. Il crut sans doute que, dans une situation si obscure où la Commune même était débordée, on risquait de donner des armes aux mains les plus suspectes.

Même dissentiment au 4 septembre.

Embarras des Jacobins

Robespierre dit que le maire et l'Hôtel de Ville étaient assiégés, non par le peuple, *mais par quelques intrigants*.

Royer, au contraire, soutint (tout en louant la candeur, la pureté de Robespierre) qu'il n'y avait qu'à s'unir au mouvement: « Cessons nos séances, dit-il, ne parlons plus, agissons... Rendons-nous avec le peuple dans le sanctuaire des lois... Qu'autorisé par l'Assemblée, il saisisse dans les maisons ceux qui le trahissent et les livre aux juges; qu'il assure sa liberté par l'anéantissement de ses ennemis. »

A part de la députation, un homme personnellement attaché à Robespierre, le Jacobin Taschereau, observait à l'Hôtel de Ville. Cela lui tourna mal; reconnu et saisi, l'explorateur fut arrêté par des administrateurs de police. Peut-être savait-on déjà le mot sévère dont Robespierre avait flétri l'émeute, l'appelant l'*œuvre de quelques intrigants*.

Qu'un jacobin aussi connu, un homme de Robespierre, fût si peu respecté, c'était un fait sinistre. Jusqu'à quel point la Commune elle-même trempait-elle dans le mouvement qu'on préparait contre la Convention, et jusqu'où irait-elle? On ne pouvait le deviner. Robespierre était à ce moment président de l'Assemblée (du 26 août au 5 septembre inclusivement); le 5 encore jusqu'au soir il devait présider. N'avait-il pas à craindre? Les ennemis de la Montagne n'avaient-ils pas dit hautement que c'était Robespierre que Charlotte Corday eût dû poignarder? Il avait toujours soutenu les hébertistes de la Guerre, mais il savait parfaitement qu'Hébert était un scélérat qui eût profité de grand cœur d'un assassinat royaliste, qu'il eût été ravi d'être débarrassé de ses maîtres, Robespierre et Danton. Ces craintes, nullement ridicules, saisirent probablement les imaginations des amis inquiets qui gardaient Robespierre, de son hôte Duplay, de son imprimeur Nicolas, qui demeurait à sa porte, et se faisait son garde du corps, l'escortant habituellement avec un énorme bâton. Les dames Duplay, vives, tendres, impérieuses, auront fermé la porte et tenu sous clé Robespierre. Ce qui est sûr, c'est qu'on ne le vit pas le 5, et que les dantonistes seuls durent recevoir le choc de cette foule suspecte que menaient leurs ennemis.

Comment la nuit se passa-t-elle? Les résultats du lendemain le disent assez.

La Commune s'entendit, non avec le Comité de salut public qu'elle croyait renverser, non avec Robespierre, son ami pour d'autres choses, mais qui n'eût point cédé pour la royauté de Paris. Elle s'adressa tout droit à ses ennemis, aux dantonistes, compromis par leur indulgence, harcelés par Hébert dans *Le Père Duchesne,* dans les clubs. C'étaient eux véritablement qui avaient tout à craindre. Si Hébert ou Chaumette vinrent à eux dans la nuit, comme l'événement du lendemain le ferait croire, ils vinrent tenant en main, pour ainsi parler, l'outre des tempêtes, et disant qu'ils pouvaient la fermer ou l'ouvrir.

De tous les dantonistes, le plus compromis sans nul doute, un homme quasi perdu, c'était Bazire, du Comité de sûreté générale, Bazire, de la Côte-d'Or, l'une des plus riches natures qu'il y ait eu dans la Convention, jeune homme ardent et généreux, véhément, violent, et qui a donné à la Révolution plusieurs mots sublimes par lesquels elle vit dans les cœurs. Bazire en quelques mois s'était brisé. Entre lui et la mort il n'y avait plus rien. Il était devenu l'enclume sur laquelle tout frappeur novice venait frapper aux Jacobins, s'exercer, montrer sa vigueur.

Le texte obligé des attaques quotidiennes, c'était Bazire, l'indulgence de Bazire, la faiblesse de Bazire, les femmes obligées par Bazire, etc., etc.

L'infortuné se décela en juin, lorsqu'on guillotina les dames Desille, qui avaient caché La Rouërie; confidentes du complot terrible qui enveloppa la Bretagne, on ne pouvait pas les sauver. Elles étaient fort touchantes; filles dociles, épouses soumises, elles n'avaient guère fait qu'obéir.

Les menaces de la Commune

Bazire, le cœur percé, se hasarda à demander un sursis, « pour qu'elles fissent des révélations », trois jours au moins. Et il n'y gagna rien qu'un mot amer de Robespierre qui notait sa faiblesse. Dès lors on eut les yeux sur lui.

On découvrit bientôt qu'il avait rassuré Barnave, alors retiré à Grenoble, et très inquiet de son sort. Cette fatale réputation d'indulgence lui fit d'autres affaires très dangereuses. Les femmes, dès qu'elles entrevirent de ce côté quelque lueur, se précipitèrent, assiégèrent le Comité de sûreté générale, le noyèrent de leurs larmes, l'enlacèrent de mille ruses, d'invincibles prières, de ces douloureuses caresses où se brise tout le nerf de l'homme. Telle se réfugia hardiment chez son juge, s'y cacha et n'en sortit plus.

D'autres membres étaient compromis d'une manière plus fâcheuse encore, par des affaires d'argent. Mais ce qui rendait la situation du Comité de sûreté extrêmement périlleuse, c'est qu'il gardait obstinément les pièces du procès des Girondins, n'en faisant point usage et les refusait à Fouquier-Tinville. Sa répugnance était insurmontable pour les envoyer à la mort.

Les Jacobins disaient à Fouquier: « Juge ou meurs! » Fouquier se rejetait sur le Comité. Le 19 août, il écrivait à la Convention qu'on ne lui donnait pas les pièces. L'Assemblée ordonne que le Comité fera son rapport sous trois jours, et le Comité fait toujours le mort. Nouvelle lettre de Fouquier-Tinville à l'Assemblée: « Si le tribunal est insulté, menacé dans les journaux et dans les lieux publics, pour sa lenteur à juger la Gironde, il l'est à tort. Les pièces ne sont pas dans ses mains. » Amar, le futur rapporteur, vient balbutiant au nom du Comité, allègue gauchement la complication de l'affaire. Amar, ex-trésorier du roi, était un homme très compromis lui-même.

Nous avons donné cette longue explication pour montrer

comment le Comité *in extremis,* accusé chaque jour, et presque aussi malade que la Gironde qu'il défendait, ne pouvait rien refuser aux menaces de la Commune; Bazire bien moins encore qu'aucun membre du Comité.

La fantasmagorie de ce grand mouvement, si terrible le soir, disparut le matin du 5. Le peuple se confia aux promesses et resta chez lui. Il ne vint que des députations à l'Hôtel de Ville, point de foule. Presque personne n'alla à l'Evêché. Les royalistes avaient manqué leur coup. Il restait de toute l'affaire juste assez d'apparence pour que la Commune pût l'exploiter encore, parler au nom du peuple et tourner tout à son profit.

Les meneurs de la veille furent furieux de voir que la pétition, arrangée par Chaumette, ne spécifiait rien de leurs demandes qu'un tribunal contre les affameurs et l'armée révolutionnaire. L'un d'eux, un imprimeur connu, attendit Chaumette au Pont-Neuf, et là, le voyant venir à la tête du cortège, il lui sauta à la gorge, criant: « Misérable! tu te joues du peuple. »

La Convention, en attendant, pour avoir un gâteau à jeter au Cerbère redouté, s'était hâtée d'organiser le nouveau Tribunal révolutionnaire, multiple, nombreux et rapide, qui fonctionnerait par quatre sections. Thuriot était au fauteuil.

Elle vota avec acclamation les propositions de la Commune, auxquelles Danton et Bazire ajoutèrent celles-ci, vraisemblablement convenues:

Danton reproduisit l'ancienne proposition de Robespierre, que l'on salariât ceux qui assisteraient aux assemblées de sections, qu'ils reçussent deux francs par séance; les séances n'auraient plus lieu que le dimanche et le jeudi. On maintenait à ce prix une ombre de sections, chose utile pour que chacune d'elles ne fût pas toute absorbée dans son comité révolutionnaire.

Bazire demanda « que les comités révolutionnaires de

sections arrêtassent les suspects, mais que préalablement *la Commune fût autorisée à épurer ces comités, et à leur nommer d'autres membres* provisoirement ».

Proposition énorme qui faisait trois choses à la fois:
1º elle reconnaissait, sanctionnait, la toute-puissance de ces comités;
2º mais cette royauté, elle la subordonnait à celle de la Commune, qui pouvait non seulement les censurer, les épurer, bien plus, *les recréer*;
3º la centralisation de ces comités de police qui eût pu se rattacher au grand Comité de sûreté ou de haute police, c'était ce comité lui-même qui, par la voix de Bazire, demandait qu'on la plaçât dans la Commune.

Et la Commune, reconnaissante, que faisait-elle pour ce généreux comité, pour Bazire? Une seule chose: *elle omettait* dans sa pétition *de demander la mort de la Gironde*. Elle semblait donner un répit au fatal rapport.

Ils ne l'échappèrent pas. Si la Commune se tut, les Jacobins ne se turent point. Ils vinrent aussi à la Convention et demandèrent *le renvoi au Tribunal révolutionnaire,* au nouveau tribunal, au tribunal vierge, sévère, et l'étrenne du glaive. Voté sans discussion.

Les dantonistes étaient fort abattus. La mort avançait vers eux d'un degré. Thuriot montra cependant une gravité intrépide. Un membre ayant dit follement: « C'est peu d'arrêter les suspects. Si la liberté devient un péril, qu'ils soient massacrés! » *(Murmure général.)* Thuriot interpréta dignement le sentiment de l'Assemblée: « La France n'est pas altérée de sang, mais de justice. »

Deux curieuses *carmagnoles* égayèrent ce sombre jour. Chaumette demanda que les Tuileries et autres jardins publics fussent cultivés en légumes. « Ne vaut-il pas mieux, dit-il, des aliments que des statues? »

Mais Barère fit le bonheur de l'Assemblée en donnant une nouvelle qu'il conservait pour la fin: « On a pris, dit-il, un neveu de Pitt!... » La joie fut telle que pendant longtemps il ne put continuer.

Barère résuma la journée avec sa netteté ordinaire: « Les royalistes ont voulu organiser un mouvement... Eh bien! ils l'auront... *(Applaudissements.)* Ils l'auront organisé par l'armée révolutionnaire, qui, selon le mot de la Commune, *mettra la terreur à l'ordre du jour*... Ils veulent du sang... eh bien! ils auront celui des leurs, de Brissot et d'Antoinette... »

CHAPITRE V

*Toute-puissance des hébertistes dans la Vendée
Leur trahison   6-10 septembre 1793*

Affaiblissement de Robespierre et Danton. Division d'Hébert et Chaumette. Puissance, insolence d'Hébert. Collot et Billaud au Comité. Danton refuse. Les hébertistes dans la Vendée. Jalousie de Ronsin contre Kléber, etc. Ronsin est soutenu aux Jacobins par Robespierre. Trahison de Ronsin pour faire périr Kléber, 19 septembre. Kléber et l'armée de Mayence. Le journal de Kléber. Kléber écrasé à Torfou, 19 septembre.

Les lois du 5 septembre, justifiées par l'excès du péril, par l'horrible événement de Toulon, par l'abîme inconnu de trahison qu'on sentait sous les pieds, avaient le tort de ne pas répondre à la première nécessité de la situation, à celle que Danton avait posée le 1er août: *Il faut un gouvernement.*

Ces lois donnaient des moyens de terreur peu précisés et vagues. Mais qui s'en servirait?

Loin de créer un gouvernement, elles affaiblissaient la faible autorité qui en tenait la place, le Comité de salut public. C'est contre lui justement que s'était fait le mouvement.

Les deux grandes autorités morales, Robespierre et Danton, en restaient amoindries. L'éclipse de Robespierre au 5 septembre aurait tué tout autre homme; la moindre blessure de la presse lui eût été mortelle en ce moment; or, la presse, c'était Hébert. Les Jacobins s'étaient divisés le 4, et ils ne s'étaient montrés le 5 qu'en seconde ligne. Pour Danton et les dantonistes, qui, en août, avaient pris l'avantgarde dans les grandes mesures de défense, ils eurent beau au 5 septembre couvrir leur nécessité d'une fière attitude révolutionnaire, ils n'apparurent qu'à l'arrière-garde des mesures de terreur. Visiblement, ils étaient traînés.

Qui avait vaincu? La Commune. Mais la Commune de Paris ne pouvait prétendre sérieusement à être le gouvernement de la France. Elle s'était faite celui de Paris, absolu et indépendant, en se faisant déclarer centre des comités révolutionnaires. En quoi elle imitait précisément les cités girondines, à qui elle faisait la guerre, et diminuait d'autant le peu qu'il y avait de gouvernement central.

La Commune était en deux hommes: Chaumette, Hébert. Dès ce jour, ils se divisèrent.

On a vu comment Chaumette avait neutralisé, escamoté le mouvement du 4, pour en faire habilement le 5 la victoire de la Commune. Véritable artiste en révolution, il fit le succès et ne s'occupa pas d'en profiter. Il avait besoin d'autres pensées. Toute la révolution de 93 ne lui paraissait qu'un degré pour en bâtir dessus une autre. Peu après le 5 septembre, il s'absenta, mena sa mère malade dans son pays, la Nièvre. Etait-il bien content de sa victoire? J'en doute; elle lui imposait d'épurer et de remanier les comités révolutionnaires, de limiter leur tyrannie. C'est ce qu'il essaya plus tard et qui le mena à la mort.

Hébert ne voyait rien de tout cela. Il voyait qu'il régnait. Maître de la Commune, par l'absence de Chaumette, maître des Cordeliers à qui il distribuait les places de la guerre, il enlevait les Jacobins dans les grandes questions par les défis de l'exagération, par la crainte que beaucoup avaient de cette gueule effrénée du *Père Duchesne,* qui leur eût transporté les noms des Girondins: *politiques, hommes d'Etat, égoïstes*, etc. Les Jacobins avaient à se faire pardonner leur division du 4 et l'indécision de Robespierre.

Avec tout cela, la personnalité misérable et mesquine d'Hébert, son attitude de petit muscadin qui couvrait le petit fripon, ses tristes précédents (de vendeur de contremarques et commis peu fidèle), tout cela le faisait hésiter un peu à se charger de gouverner la France. Il eut du moins la magnanimité d'attendre. Mais quand il eut vu (le 11) Robespierre et Danton, soumis et patients, suivre l'impulsion du *Père Duchesne*, l'impudent alors ne connut plus rien, et le 18, il demanda le pouvoir.

En attendant, son ami, Collot-d'Herbois, entra le 6 au Comité de salut public. Choix sinistre. Collot, c'était l'ivresse (même à jeun), les bruyantes colères, vraies ou fausses, le rire et les larmes, l'orgie à la tribune. Ce puissant amuseur des clubs, le plus furieux des hommes sensibles, faisait peur même à ses amis.

A cette terreur fantasque (qui est la plus terrible), le Comité opposa la terreur fixe, gouvernementale et mathématique, Billaud-Varennes. Il s'adjoignit pour membre le patriote *rectiligne* Billaud; c'était la ligne droite, le proscripteur inflexible de toutes les courbes. La courbe, c'est la ligne vivante; Billaud, sans sourciller, eût proscrit toute vie.

Le contrepoids possible à ces hommes, c'eût été Danton. Mais il déclara que jamais il n'entrerait au Comité.

Pour y entrer, il fallait accepter deux conditions terribles, devant lesquelles il faiblissait: la mort des Girondins — la mort de la Vendée.

Je dis la Vendée patriote. Celle-ci, pêle-mêle avec la Vendée royaliste, devait périr dans le système des maîtres de la situation, les hébertistes. L'ami d'Hébert, Ronsin, se chargeait de faire un désert de deux ou trois départements. Il comptait laisser à l'avenir ce monument de son nom.

Ce Ronsin était le grand homme de guerre du parti, sa glorieuse épée. Auteur de mauvais vaudevilles, c'était cependant un homme d'esprit, fort résolu, singulièrement pervers, qui fut bientôt mené, par vanité et ambition, à un acte exécrable. La première chose que les hébertistes exigèrent du Comité, ce fut une organisation de l'armée révolutionnaire, qui laissât le choix du général au ministre, à

Bouchotte, leur homme, et qui par conséquent assurât la place à Ronsin.

La dispute était entre deux systèmes. Les véritables militaires, Canclaux, Kléber, voulaient soumettre la Vendée. Les faux, comme Ronsin, Rossignol, désespérant de la soumettre, auraient voulu l'anéantir.

Le Comité de salut public avait ordonné, le 26 juillet, de *brûler les bois et les haies,* de faire refluer toute la population dans l'intérieur. Le 2 août, il prescrivait de détruire ou brûler *les repaires des brigands.*

Rossignol, arrivant à Fontenay, devant les représentants Bourdon et Goupilleau, leur avait dit: *Je vais brûler Cholet.* Et peu après, quand on lui demanda des secours pour Parthenay, une ville patriote, saccagée par les Vendéens, il dit: *Nous la brûlerons.*

Ce mot, cette fatale équivoque, *les repaires des brigands,* comment donc fallait-il l'entendre? Il n'y avait guère de ville de Vendée qui n'eût été forcée de donner passage ou refuge aux bandes royalistes. Fallait-il brûler ces villes patriotes qui, en 92, par une vigoureuse initiative, avaient à elles seules éteint la guerre civile? Pour couronne civique, à ces excellents citoyens, on accordait l'exil, la faim, la mort; on les chassait tout nus, on jetait sur la France deux ou trois cent mille mendiants.

J'ai sous les yeux une masse de lettres qui montrent la situation épouvantable de ces malheureux patriotes. Les royalistes étaient plus heureux. Pendant que Barère, à la tribune, les exterminait deux fois par semaine, ils faisaient leurs moissons tranquillement. Mais les patriotes, s'ils restent, ils sont toujours sous le coup de la mort. S'ils partent, ils meurent de faim et de misère. On les reçoit avec défiance. « Ah! vous êtes de la Vendée!... Crevez, chiens! » C'est l'hospitalité qu'ils trouvaient partout.

Le système des hébertistes était-il celui du Comité? Le contraire est prouvé. Il leur faisait écrire (1er et 9 septembre)

La Vendée et les projets de massacre

qu'on ne pouvait brûler les patriotes. Le plus simple bon sens disait en effet qu'on risquait non seulement de faire mourir de faim la Vendée républicaine, mais de *royaliser* la Vendée neutre, de la jeter par la misère et le désespoir dans l'armée des brigands. C'est ce qui arriva en 94.

Lors donc que Rossignol déclara naïvement qu'il allait brûler tout, Bourdon, Goupilleau reculèrent. Bourdon, ex-procureur, très corrompu, ivrogne et furieux, était né enragé. Cependant ce Bourdon, cette bête sauvage, quand il entendit Rossignol, il recula de trois pas.

De lui faire entendre raison, nul moyen. On n'en trouva qu'un, ce fut de le faire empoigner comme voleur, pour une voiture qu'il avait prise. Envoyé à la Convention, il y eut un triomphe, revint plus puissant que jamais. Ce fut Bourdon qu'on rappela.

Que Carnot et le Comité refusassent à ce favori l'armée de Mayence, c'était un effort héroïque qu'ils n'étaient pas en état de soutenir. Rossignol et Ronsin, en effet, au lieu d'obéir, discutèrent encore en conseil, à Saumur, pour retenir les Mayençais. Vaincus par la majorité, ils signèrent enfin le plan de Canclaux, adopté par le Comité de salut public. Canclaux, Kléber partant de Nantes, Rossignol partant de Saumur, devaient percer la Vendée et se réunir à Mortagne. Un lieutenant de Rossignol, qui commandait sur la côte, devait appuyer Canclaux sur la droite.

Le 5 septembre changea toute la face des choses. Ronsin, voyant la victoire des hébertistes à Paris, se voyant lui-même en passe de commander l'armée révolutionnaire, de quitter la dictature militaire de la Vendée pour celle de la France, Ronsin regretta vivement de s'être engagé à soutenir l'armée mayençaise. Pour qu'un faiseur de bouts-rimés, fait général en quatre jours, montât si haut, passât sur le corps à tous les généraux, il fallait un prétexte; il fallait qu'au plus tôt il eût quelque succès, tout au moins l'ombre d'un succès: et il lui était aussi infiniment utile que cette armée qu'on ne lui donnait pas fût écrasée dans la Vendée, de sorte que, par cette défaite, on démontrât l'habileté du général Ronsin qui avait prévu ces malheurs. Ronsin savait parfaitement que les Vendéens croyaient tout gagner s'ils frappaient un grand coup sur l'armée de Mayence; le reste ne leur importait guère. Ils faisaient front du côté de Kléber et tournaient le dos à Ronsin. Il avait chance de les trouver très faibles. Il convoque un conseil de guerre, annule sans façon le plan du Comité de salut public.

Qui le rendait donc si hardi? Il comptait sur deux choses: la partialité des représentants Choudieu, Bourbotte pour Rossignol, et les ménagements de Robespierre pour tout le parti hébertiste.

Bourbotte, l'Achille de la Vendée, brave et de peu de tête, avait avec Rossignol une maîtresse commune, une camaraderie de viveur. Pour Robespierre, il n'y avait pas à songer à lui donner une maîtresse. Mais on avait réussi à mettre près de lui *un honnête homme, un bon sujet*, un certain d'Aubigny qui, par de grands dehors d'honnêteté, le capta jusqu'à l'engouement. Ce très habile agent travaillait d'autant mieux qu'il ne ressemblait pas en tout aux hébertistes. Il défendait les prêtres, moyen sûr de plaire à Robespierre. Il entra, le 24, comme adjoint à la guerre, fort appuyé de Robespierre et de Saint-Just, qui le vantaient aux dépens de Carnot.

La séance du 11, aux Jacobins, fut terrible. Futile en apparence, personne n'osant dire les mots de la situation, et d'autant plus terrible. Tous s'exprimaient à mots couverts et s'entendaient parfaitement. Bourdon était là, traduit devant les Jacobins; on parlait de la voiture volée par Rossignol, et autres bagatelles. En réalité, il s'agissait de l'incendie de trois départements, de l'extermination d'un peuple.

La tragédie monta très haut, quand Bourdon, déchirant

le voile, Bourdon l'enragé, le sauvage, cria: « Que voulait-on? Pouvais-je davantage?... J'ai brûlé sept châteaux, douze moulins, trois villages... Vous ne vouliez pas apparemment que je laissasse debout la maison d'un seul patriote?... » Et en même temps il sommait Robespierre de dire s'il n'avait pas donné des preuves écrites de tout ce qu'il avançait au Comité de salut public... On le fit taire à force de cris.

Le plus triste fut de voir Danton parlant contre les dantonistes, louant Henriot, louant Rossignol, mendiant la faveur de ses ennemis.

Le faible de Robespierre et de Danton pour Rossignol, un ouvrier devenu général en chef, s'explique certainement. Nous ne voyons pas cependant qu'il ait été le même pour les vrais héros sans-culottes, pour Hoche, fils d'un palefrenier, neveu d'une fruitière; pour Jourdan, que sa femme nourrissait en vendant dans les rues des petits couteaux, etc.

Cette séance offrit ce curieux spectacle d'Hébert, fort et majestueux, paisible, encourageant, rassurant Robespierre, le poussant et le retenant. « Sois tranquille, Robespierre... Ne réponds pas, Robespierre, à ces propositions insidieuses », etc. Pour Danton, il avait beau se mettre en avant, et vouloir plaire, Hébert n'y daigna prendre garde.

L'issue naturelle, attendue, était que Bourdon fût chassé des Jacobins. Il arrêta tout par l'audace: « Je ne veux pas vous ôter ce plaisir. Faites ce qu'il vous plaît! » cria-t-il. Les politiques se radoucirent. Ils sentirent qu'ils allaient lui ramener l'opinion, le rendre intéressant. Robespierre l'excusa en l'humiliant, disant « que sans doute il ne faisait qu'ajourner son repentir ».

Au moment où la nouvelle de cette séance arriva à Saumur, Rossignol, malade de ses orgies, était dans sa baignoire. Ronsin exploita le succès. Il crut que Rossignol, soutenu à ce point par Robespierre et par Danton, Rossignol, l'objet de ce monstrueux engouement, divinisé vivant, devenu impeccable, pouvait faire passer tous les crimes, et que lui Ronsin, sans péril, pouvait, avec la main de cet inepte dieu, assassiner ses ennemis.

De la baignoire, sous sa dictée, Rossignol écrit : 1° aux Jacobins qu'il a déjà eu un grand avantage (il n'y avait rien eu) ; 2° à Canclaux, que le conseil de guerre tenu le 11 n'est pas d'avis qu'on coopère à ses mouvements.

Canclaux et l'armée mayençaise étaient en mouvement. L'affaire était lancée. Dans cinq départements, le tocsin sonnait et la levée en masse se faisait pour ce coup décisif. Tout le monde partait (de dix-huit ans à cinquante) avec fusils, fourches et faux. Chacun prenait six jours de vivres. On dit que quatre cent mille hommes étaient levés. Fallait-il que Rossignol, de sa baignoire, arrêtât tout ? Cela paraissait difficile. Le ridicule aussi était immense. Et que diraient les royalistes, la Vendée menacée pour rien ? Quel rire ! quelles gorges chaudes !... Canclaux était forcé de marcher en avant.

Si Ronsin eût en même temps fait écrire Rossignol à son lieutenant Chalbos que l'on ne devait pas seconder Canclaux, tout eût été moins mal. On eût arrêté ce tocsin qui, dans toute la basse Vendée, faisait partir les hommes. Mais point. La lettre de Rossignol à Canclaux fut écrite le 14, et la lettre au lieutenant Chalbos deux jours plus tard, le 16, de sorte que ce grand mouvement continua, et que Canclaux, qui l'entendait, dit : « N'importe ! si Rossignol n'agit pas de Saumur, ici près, son lieutenant, avec la levée en masse, va nous soutenir et nous seconder. » Ainsi, il s'enfourna, lui, Kléber, l'armée mayençaise, en pleine Vendée. C'est ce qu'on voulait.

N'eût-il que cette armée, il se sentait très fort. Quand il les vit réunis, ces dix mille, il fut étonné. Troupe unique, admirable, qui ne s'est retrouvée jamais, ardente comme 92, solide comme 93, aussi manœuvrière que les armées impériales. Cette armée avait en elle la force et la gravité d'une idée, la conscience d'avoir couvert la France tout l'été, à Mayence, et de l'avoir relevée dans l'estime de l'Europe. Elle avait la ferme espérance de finir la Vendée. Elle-même y est restée malheureusement presque entière, livrée, trahie, assassinée.

Nommons un des soldats, Lepic, créature honnête s'il en fût, innocente, héroïque, qui resta sous l'Empire le soldat de la République, l'homme du devoir sans ambition. Seize ans après 93, il était encore simple colonel, quand, le dernier jour de l'horrible boucherie d'Eylau, tous étant épuisés, il recommença la bataille, traversa deux fois l'armée russe, arracha la victoire et la donna à l'Empereur.

Nommons le général de l'avant-garde mayençaise, l'immortel, l'infortuné Kléber. C'était alors un homme de trente-deux ans, d'une maturité admirable, d'une figure si militaire qu'on devenait brave à le regarder. Il était très instruit et avait fait toutes les guerres d'Allemagne. A Mayence, on lui avait donné le commandement des postes extérieurs, c'est-à-dire un combat de cent vingt jours de suite. La récompense l'attendait à la frontière. Il fut arrêté. Tel était son destin. Toujours victime. Il le fut en Vendée, il le fut sur le Rhin, où on le laissa sans secours. Il le fut en Egypte. Et il l'est dans l'histoire encore.

Avec cette stature imposante, cette figure superbe et terrible, il n'y eut jamais un homme plus modeste, plus humain, meilleur. Marceau avait pour lui un sentiment de vénération, une profonde déférence et une sorte de crainte, comme pour un maître sévère et bon. Kléber, de son côté, avait senti l'extraordinaire beauté morale du jeune homme, et son charme héroïque qui enlevait les cœurs. Plus tard, on le verra refusant le commandement; il força Marceau de le prendre, et lui donna ainsi la gloire du dernier coup d'épée qui finit la Vendée.

On ne peut sans émotion écrire l'histoire de ces temps. Le respect de Marceau pour Kléber, Kléber le rendait à

Canclaux. La déférence morale, la fraternité était admirable dans cette armée. Elle vivait d'une même âme. Tous ses chefs, Dubayet, Vimeux, Haxo, Beaupuy, Kléber, furent un faisceau d'amis. Joignons-y leur représentant chéri, Merlin de Thionville, toujours à l'avant-garde, et qui ne se fût pas consolé de manquer un combat. Merlin était l'enfant de l'armée. Kléber conte avec complaisance ses hardis coups de tête. Le jour qu'on arriva à Nantes, dans la fête qu'on donna à l'armée sur la prairie de Mauves, Merlin saute dans une chaloupe, passe la Loire et va faire le coup de fusil avec les Vendéens.

Cette armée héroïque arrivait, mais dénuée de tout, sauf les couronnes civiques dont on l'avait chargée de ville en ville. Du reste, plus d'habits, ils étaient restés dans la redoute de Mayence; ni vivres, ni souliers, ni chevaux. Tout ce qu'on envoya de Paris, Ronsin l'empêcha de passer, le garda pour lui à Saumur. Heureusement, Philippeaux était à Nantes. Avec ces fidèles amis du club Vincent, il parvint en huit jours, chose admirable, à équiper l'armée. La perfidie de Ronsin fut trompée encore une fois.

Les voilà donc en route, Kléber et Merlin en tête. Le très sage Canclaux faisait accompagner l'armée des meilleurs Montagnards du club de Vincent-la-Montagne, qui pussent au besoin témoigner pour lui et répondre aux calomnies de Saumur.

Les notes inestimables qu'a laissées Kléber nous permettent de suivre sa route. Il marchait par Clisson, par la vallée âpre et boisée de la Sèvre nantaise, beaux lieux, pleins de danger, qui déjà en septembre étaient noyés de pluies et n'offraient que d'affreux chemins.

Le souci de Kléber, c'était de conserver l'honneur de l'armée de Mayence, d'empêcher tout pillage. Le pays était généralement abandonné; les biens de la terre étaient là qui tentaient le soldat. Prendre en Vendée, était-ce prendre? Chaque nuit, il faisait bivouaquer dans des prés fermés de barrières et de grands fossés d'eau. Là, il se mettait à écrire, notant avec la complaisance d'un ami de la nature les paysages charmants, les échappées de vue qu'il rencontrait dans ce pays fourré, les belles clairières des forêts qui n'avaient pas encore perdu leurs feuilles, les grandes prairies où erraient des troupeaux qui n'avaient plus de maîtres. Puis viennent des paroles pleines d'humanité et de mélancolie « sur le sort de ces infortunés qui, fanatisés par leurs prêtres, deviennent des furieux altérés de sang, repoussent les biens qui venaient à eux et courent à leur ruine ».

Nul retour sur lui-même, ni sur son propre sort.

Pendant qu'il avance ainsi avec confiance, la Vendée l'attend, tapie dans ses bois. Le sanglier, désespéré, furieux, est dans sa bauge, immobile et prêt à frapper. Toute la grande masse vendéenne était tournée vers Kléber, suivant à la lettre le mot qu'avait dit le rusé Bernier: « Ereintez Mayence, et moquez-vous du reste. » Ils obéirent autant qu'il fut en eux. Il était entendu, et dans l'armée d'Anjou, et dans celle de Charette (dont les soldats nous l'ont redit), qu'on ne devait faire prisonnier nul Mayençais, mais exactement tuer tout.

Kléber marchait, soutenu, comme il croyait, à gauche, par l'Alsacien Beysser, jaloux de lui et plein de mauvaise volonté, et à droite par Chalbos, lieutenant de Rossignol, qui, d'après les conventions, devait se rapprocher de lui avec toute la levée en masse de la basse Vendée.

Que faisait ce lieutenant? Il avança d'abord, et l'on compta sur lui, on s'engagea plus loin, et on apprit alors qu'il était en pleine retraite. Sur l'ordre de Rossignol, Chalbos s'éloigna de Kléber, fit reculer les corps qui dépendaient de lui, et toute la levée en masse.

Kléber et les deux mille cinq cents hommes de l'avant-garde étaient au fond du piège. Les défilés étroits, profonds, boueux de Torfou, avaient reçu la longue file et quatre canons qu'elle traînait. Au fond, vingt-cinq mille Vendéens. N'ayant point affaire à Chalbos, ils avaient pu se concentrer. La masse est d'abord enfoncée, mais elle se divise, se rapproche sur les côtés, se range derrière les fossés et les haies, fusille de toutes parts, et même derrière, à bout portant. La réserve qui suivait répond; sa fusillade alarme; on croit qu'on est coupé. Kléber avait tout d'abord reçu un coup de feu. On voulait retirer les pièces; un caisson brisé sur la route la ferme, et les canons sont pris. Kléber, quoique blessé, dirigeait tout. Il dit à Cheverdin, commandant de Saône-et-Loire: « Fais-toi tuer, et couvre la retraite. » Ce brave homme le fit à la lettre. Avec lui, tint ferme Merlin. Merlin avait près de lui un excellent ami, un réfugié de Mayence, qui n'avait plus de patrie que nos camps. Ce pauvre Allemand, Riffle, se fit tuer en sauvant une armée de la France.

Ce jour-là, quelqu'un, passant à Saumur, vit Rossignol encore malade. « Comment vont les affaires? » dit Rossignol. « Mal, dit l'autre; Chalbos se retire. » — « Comment cela? Qui lui a ordonné? » — « Vous-même. » Rossignol demanda son registre de lettres; il vit que la chose était vraie, et changea de couleur. Il comprit un peu tard.

Le criminel Ronsin tenait pendant ce temps la place de Rossignol; la levée en masse était faite partout sur la Loire pour le seconder. Il avance et s'enfourne dans le bourg étroit de Coron. Là, trois mille Vendéens suffisent pour l'écraser. Il l'était d'autre part par le sentiment de son crime, pensant ne pouvoir se laver que par une victoire. « Mourons ici », dit-il à Santerre, son lieutenant. « Il n'en mourut pas, dit Santerre, mais fit comme les autres. » Il n'eut pas même la présence d'esprit de faire rétrograder un autre corps qui arrivait d'Angers, et fut battu aussi. Toute la levée en masse, voyant fuir les troupes régulières, se débanda; cent mille hommes rentrèrent chez eux; tout ce grand mouvement fut perdu.

Ronsin battu et glorifié

Que fit Ronsin? Sans s'étonner, il écrivit à Paris que six jours durant, il a toujours vaincu; que la Vendée fuit devant lui. Le ministre, d'accord avec lui, cache les relations plus fidèles. Ronsin, suivant de près sa lettre, dénonce aux Jacobins Canclaux et l'armée de Mayence. Il est désigné unanimement par l'enthousiasme public pour le grand poste de général de l'armée révolutionnaire.

CHAPITRE VI

*Robespierre compromis   Sa victoire
25 septembre*

Violence des hébertistes. Loi des suspects. Désespoir de Danton. Les hébertistes dénoncés (25 septembre). Victoire de Robespierre à la Convention. Maître de la Justice et de la Police, il essaie la modération (3 octobre 1793).

Merlin de Thionville ne perdit pas une minute. Il arriva derrière Ronsin, chargé de preuves de son crime, des ordres qu'il avait fait signer à son mannequin Rossignol pour trahir l'armée de Mayence et faire périr Kléber.

Que trouve-t-il? Les amis de Ronsin au pinacle. Tout le monde lui rit au nez. On lui conseille d'être prudent, de s'excuser, s'il peut, lui-même, de sa défaite de Torfou.

Les hébertistes ne gardaient aucune mesure. Dans l'affaiblissement de Danton et de Robespierre, ils maîtrisaient les Jacobins et les faisaient marcher. Pour mot de la situation, pour ralliement des patriotes, pour épreuve des bons citoyens, ils avaient pris *la mort des Girondins*. A tout ce qu'on disait, ils objectaient: *Les Girondins vivent encore.*

Poursuivant tout le monde avec ce verre de sang qu'ils vous forçaient de boire, ils faisaient reculer les dantonistes, les stigmatisaient du nom d'*indulgents*.

Les Jacobins, poussés, défiés, marchant sous l'aiguillon, voulaient prouver leur énergie. Le 5, le 9, le 15, le 30, le 1er, des députations jacobines vinrent coup sur coup à la Convention la sommer de tenir parole.

Les Jacobins franchirent un pas bien grave. Ils se

constituèrent juges, allèrent au Comité de sûreté générale, prirent le dossier de la Gironde, le rapportèrent chez eux, se chargeant d'instruire le procès à la barbe du Comité et de la Convention.

L'Assemblée ne voyait que trop derrière les Jacobins le machiniste Hébert tirant les fils. Elle fit, le 17, une tentative pour reprendre quelque chose de ce qu'elle avait cédé, le 5, à la Commune. Elle avait promis la *loi des suspects*, et elle la donna, mais autre qu'elle n'avait promis. Dans le projet du 5, les comités révolutionnaires chargés d'arrêter les suspects étaient soumis à la Commune. Dans la loi du 17, ils l'étaient au Comité de sûreté générale de la Convention; ils devaient lui envoyer *leurs motifs* et les papiers saisis. En d'autres termes, la Convention (et son Comité de sûreté) restait maîtresse de l'exécution de la loi, et si dans cette loi de terreur, d'immense portée, qui enveloppait tout, on risquait d'enfermer la France, tout au moins l'Assemblée voulait garder la clé, ouvrir et fermer les prisons.

C'était neutraliser, au profit de la Convention et de son Comité de sûreté, cette dictature de police qu'on avait le 5 septembre donnée à la Commune. Le redoutable Hébert se fâcha, laissa toute prudence, et, dans sa fureur étourdie, proposa la chose même pour laquelle on voulait faire mourir les Girondins, une chose dangereuse, impossible: *Que l'on mît en vigueur la Constitution,* c'est-à-dire que l'on supprimât les deux comités dictateurs, qu'on donnât le pouvoir aux ministres (sans doute au grand ministre Hébert).

Telle était la reconnaissance des hébertistes pour Robespierre, qui, le 11, les avait si bien soutenus dans l'affaire de Vendée. Ils anéantissaient le Comité de salut public, renvoyaient Robespierre aux spéculations théoriques, à la morale, à la philosophie.

Aucun journal n'a osé imprimer cette séance étrange

des Jacobins. Nous savons seulement l'impertinente proposition d'Hébert, à laquelle Robespierre aurait répondu avec une douceur exemplaire que la demande était prématurée.

Ce même soir (18), Vincent aux Cordeliers fit le dernier outrage à la Convention, la demande d'une loi qui rendît les représentants en mission *responsables de favoriser les friponneries des agents militaires*. Que les fripons eux-mêmes, les amis de Ronsin, les effrontés pillards de la Vendée, se missent à crier: *Au voleur!* et contre la Convention! c'était chose irritante! L'Assemblée perdit patience, et renvoya la pétition à qui de droit, pour être poursuivie.

Nous ignorons malheureusement ce qui se passa au Comité de salut public. Robespierre s'y trouvait entre Collot, ami d'Hébert, et Thuriot, ami de Danton. La question était de savoir si le Comité tolérerait à jamais les furieuses folies des hébertistes, qui demandaient sa suppression, et se portaient pour ses successeurs au pouvoir. La connivence du Comité pour ces scélérats étourdis n'était-elle pas lâcheté? une lâcheté meurtrière contre soi-même? Il était trop aisé de voir où on allait de faiblesse en faiblesse: la Gironde aujourd'hui, demain les dantonistes; que leur manquerait-il alors? L'immolation de Robespierre lui-même!

Robespierre le voyait aussi bien que les autres, et ne répondait rien. Tout cela se passait au Comité devant Collot-d'Herbois, autrement dit, devant Hébert. Ce silence obstiné, cette patience par-delà tous les saints, étonnait, effrayait.

Les dantonistes aimèrent mieux briser en face, se séparer, que de se laisser toujours entraîner. Ils avaient cédé le 5 septembre, parlé pour leurs ennemis. Qu'y avaient-ils gagné? Ceux-ci, depuis ce jour, étaient plus insolents, plus altérés de leur sang.

Thuriot, le président du 5 septembre, donna le 20 sa démission du Comité de salut public.

Danton quitta la Convention et partit pour Arcis. Pour rien au monde, il ne voulait livrer les Girondins.

Le bon Garat, qui alla le voir avant son départ, le trouva malade, consterné, atterré. La ruine de son parti, sa débâcle personnelle, sa popularité anéantie l'occupaient peu. Ce qui lui perçait le cœur, c'était la mort de ses ennemis. « Je ne pourrai les sauver », s'écria-t-il. Et quand il eut arraché le mot de sa poitrine, toutes ses forces étaient abattues. De grosses larmes lui tombaient; il était hideux de douleur. Plus d'éclairs, la flamme était éteinte, la lave refroidie; le volcan n'était plus que cendres.

Son départ fut une grande faute. Les hébertistes crièrent partout qu'il avait émigré. Les dantonistes ne furent pas soutenus de sa grande voix, puissante encore, dans leur bataille décisive du 25 septembre.

Les preuves qu'ils apportaient contre Rossignol étaient telles qu'elles devaient le faire guillotiner sur-le-champ, à moins qu'il ne prouvât qu'il était un idiot, qu'il avait signé sans comprendre. Auquel cas, c'était Ronsin qui devait porter sa tête sur l'échafaud.

Il se trouvait, par une coïncidence singulière, qu'au moment même, une autre accusation presque aussi grave contre les hébertistes du Ministère de la guerre arrivait de l'armée du Nord. C'était une foudroyante lettre écrite en commun par deux montagnards de nuance différente, le maratiste Bentabole et le robespierriste Levasseur. Cette lettre dévoilait l'état épouvantable où Bouchotte et Vincent laissaient nos armées; celle du Nord était inférieure de quarante mille hommes à ce qu'elle eût dû être pour paraître devant l'ennemi. Il y avait pourtant six mois que les trois cent mille hommes étaient votés. Ni subsistance, ni habillements, ni officiers supérieurs. Gossuin l'avait dit le 13 août, et cela l'a mené à la guillotine. Les généraux le disaient, on les guillotinait. Tout revers était attribué à la trahison. Robespierre, Barère et le Comité, que faisaient-ils en poursuivant aveuglément, indistinctement tous les généraux? Ils excusaient Bouchotte, ils appuyaient Hébert, leur ennemi, flattaient la presse populaire, *Le Père Duchesne*, qui, s'il eût trouvé jour, aurait hurlé contre eux et les eût menés à la mort.

Ici, c'était Levasseur, un homme de Robespierre, qui dénonçait un ministère dont Robespierre était l'allié.

La mémorable séance du 25 fut ouverte par Thuriot, de manière à donner une grande attente. Il déplora le sort de la Révolution, tombée dans la main des derniers des hommes: « N'avons-nous donc, dit-il, tant combattu que pour donner le pouvoir aux voleurs, aux hommes de sang? Nous détrônons le royalisme et nous intronisons le coquinisme. » C'était nommer Hébert, Ronsin; on attendait qu'il conclût à envoyer celui-ci chez Fouquier-Tinville. La Convention applaudissait violemment. Mais point. Il demanda l'impression d'*une feuille morale*...

Chute étrange! Elle fut relevée; on lut la terrible lettre de Levasseur contre le Ministère de la guerre. A la chaleur de cette lettre, tout dégela. Les paroles glacées en l'air se fondirent et se firent entendre. Le représentant Briez, que la trahison avait forcé de rendre Valenciennes et qui restait depuis en suspicion sans oser même se justifier, parla et parla si bien, que la Convention, non contente de décréter l'impression du discours, décréta l'adjonction de Briez au Comité de salut public.

Au moment où le Comité recevait ce terrible coup, Merlin de Thionville survint, comme le matador sur le taureau blessé, pour enfoncer le glaive. Il donna l'affaire de Ronsin.

Plusieurs membres se lèvent: « Et que dit à cela le Comité du salut public? que ne parle-t-il? »

Le Comité parla, mais d'abord par Billaud-Varennes, maladroitement, avec fureur, avec menaces contre la

Convention. Barère vint au secours, louvoya, suivant son procédé ordinaire, jetant à la colère de l'Assemblée ce qui suffit pour amuser les foules dans ces moments: une victime humaine. Si l'armée du Nord avait des revers, c'était la faute d'Houchard. Barère fit de ce pauvre diable un grand, un profond conspirateur. « Heureusement, dit-il, le voilà destitué. Avec les lumières des bureaux de la Guerre (il flattait les hébertistes) et les lumières de Carnot (il flattait les neutres), nous ferons de meilleurs choix. — On vient de nommer Jourdan. »

Prieur, l'ami de Carnot, appuya et couvrit Barère de son honnêteté connue.

Saint-André et Billaud reprirent sur l'utilité du Comité de salut public et la nécessité de tenir secrètes les grandes opérations. Et Billaud immédiatement: « *Nous allons faire en Angleterre une descente de cent mille hommes!*... Nous avons levé dix-huit cent mille hommes!... » Barère: « En Vendée seulement, quatre cent mille hommes en vingt-quatre heures! » L'Assemblée applaudit vivement ces exagérations, l'indiscrétion surtout de Billaud-Varennes, qui, sortant de son caractère, criait dans la Convention un projet si loin de l'exécution, et dont le secret eût pu seul assurer le succès.

Dans tout cela, pas un mot de réponse à ce qui faisait l'objet de la séance. L'objet, bien posé, était celui-ci: Doit-on guillotiner Ronsin et Rossignol pour avoir livré à la mort une armée de la République?

Doit-on chasser Bouchotte, qui, dans un ministère de cinq mois, n'a organisé encore ni le matériel ni le personnel, qui, des trois cent mille hommes décrétés en mars, n'envoie presque rien aux armées?

Les dantonistes furent pitoyables. Ils n'osèrent rappeler l'Assemblée à la question. Ils avaient en main un procès terrible pour accabler leurs ennemis. Ils s'en servirent à peine. Thuriot aboutit à sa *feuille morale*. Merlin de Thionville ne montra point à la Convention l'intrépidité qu'il avait sur les champs de bataille. S'il eût *pointé* aux hébertistes, aussi juste qu'il le faisait aux Prussiens, Ronsin était perdu.

Il fallait écarter vivement et d'un mot toute cette défense du Comité, qui n'avait là que faire. Que le Comité eût été faible pour les hébertistes, pour Bouchotte et Ronsin, c'était une question secondaire qu'on devait ajourner.

Il fallait concentrer l'attaque sur la trahison de Vendée. Bien loin qu'on accusât le Comité en cette affaire, le crime de Ronsin était justement de s'être moqué du plan adopté par le Comité, d'avoir fait écraser Kléber, que ce plan l'obligeait à soutenir. Si le Comité n'eût pas eu peur de la presse hébertiste, c'est lui qui aurait accusé Ronsin.

Robespierre profita des fautes avec une admirable présence d'esprit.

Il ne défendit pas les hébertistes et n'en dit pas un mot. Il les laissa hideusement découverts, percés à jour, et dépendants de lui, qui dépendait d'eux jusque-là.

Il défendit le Comité, assez vaguement, en répétant ce qu'avait dit Barrère, du reste se mettant à part, et parlant pour son compte: « Si ma qualité de membre du Comité doit m'empêcher de m'expliquer avec une indépendance extrême, je dois l'abdiquer à l'instant, et, après m'être séparé de mes collègues (que j'estime et honore), je vais dire à mon pays des vérités nécessaires... » Grande attente. Ces vérités, c'était qu'il existait *un plan d'avilir, de paralyser la Convention*. On veut que nous divulguions les secrets de la République, que nous donnions aux traîtres le temps d'échapper... Remplacez-le, ce Comité qui vient d'être accusé avec succès dans votre sein... L'argent de l'étranger travaille. Cette journée vaut à Pitt plus de trois victoires. La faction n'est pas morte, elle conspire *du fond de ses cachots* (il associait ainsi les Girondins aux dantonistes).

« *Les serpents du Marais* ne sont pas encore écrasés. »

Les serpents du Marais

Ici, c'était le centre qui se trouvait atteint. Notez qu'à ce moment où la Convention n'avait guère plus de deux cents membres, la Montagne étant presque absente et la droite mutilée, le centre, c'était à peu près tout.

Robespierre n'avait pas l'habitude des basses injures, et il venait d'accuser ceux qui avilissaient la Convention. On fut stupéfait de ce mot.

D'après sa prudence excessive au 5 septembre et autres grandes journées, on ne le croyait nullement audacieux. Il ne s'avançait qu'à coup sûr. On pensa qu'il était bien fort, puisqu'il avait hasardé une telle injure à la Convention.

Si son initiative avait été faible depuis un mois ou deux dans les choses publiques, elle avait été grande et terrible, judiciairement. C'était par-devant lui, comme président des Jacobins, que les juges et jurés du procès de Custine avaient été violemment tancés par la société. Elle se constitua le 15 en tribunal contre les Girondins, et devint une cour de justice. Dans de telles circonstances, le chef des Jacobins se trouvait en réalité le grand juge de la République.

Le centre, donc, fut muet de terreur. Il commença à respirer un peu quand, des menaces vagues, Robespierre passa à une désignation spéciale, menaçant les seuls dantonistes : « *Nos accusateurs* seront bientôt accusés. »

On respira mieux encore quand, réduisant le nombre, il dit : « *Deux ou trois traîtres* »; enfin quand, ajournant les autres, il se limita cette fois à Duhem et Briez, l'un coupable d'excuser Custine, l'autre, l'homme *déshonoré qui s'est trouvé dans une place rendue*. Le mot tombait d'aplomb sur Merlin de Thionville, dont la position avait été analogue à Mayence.

Tous se turent, et le peu qu'on dit, ce fut pour s'excuser. Brienz déclina le périlleux honneur d'être adjoint au Comité.

La Convention se croyait quitte. Robespierre insista. Il

vit son avantage et qu'il tenait l'Assemblée sous le pied, et que plus il frapperait, plus elle serait docile. Il dit donc audacieusement: « La Convention *n'a pas montré l'énergie* qu'elle eût dû... *J'ai vu* applaudir **Barère** par ceux qui nous calomnient, qui nous voudraient un poignard dans le sein... »

Tous frémissaient: « Est-ce moi qu'il a vu? »

Cependant l'Assemblée n'était pas domptée, à terre et aplatie, tant que Robespierre n'avait pas assommé les représentants dont la gloire militaire relevait la Convention. Il bâtonna Merlin sur le dos de Briez: « Si j'avais été dans Valenciennes, je ne serais pas ici pour faire un rapport... J'y aurais péri. Qu'il dise tout ce qu'il voudra, il ne répondra jamais à ceci: « Etes-vous mort? »

L'Assemblée, foulée aux pieds, n'avait qu'à remercier. C'est ce qu'elle fit par Bazire. Il fut, comme au 5 septembre, l'organe de la faiblesse commune. Il saisit l'occasion des cinquante millions que Billaud voulait rendre, et que Robespierre avec dignité déclara vouloir garder. « Où en serions-nous, dit Bazire, si Robespierre avait besoin de se justifier devant la Montagne?... On ne peut repousser sa proposition; il demande que la Convention déclare que son Comité a toute sa confiance. » A cet appel des accusateurs du Comité en faveur du Comité, l'Assemblée entière se leva et donna le vote de confiance.

Ce vote eut des conséquences immenses que personne n'attendait. Robespierre et l'Assemblée s'étaient trouvés en face, et l'Assemblée avait tremblé. Celui qui a eu une fois cet avantage le garde fort longtemps. Robespierre l'a gardé jusqu'au 9 Thermidor.

La Convention était tellement dominée désormais que, le lendemain 26, elle lui remit en quelque sorte les deux glaives: Justice et Police; je veux dire que le Tribunal révolutionnaire et le Comité de sûreté générale furent renouvelés entièrement sous son influence. Au Tribunal, il mit les siens, des hommes à lui et qui lui appartenaient personnellement. (Herman, d'Arras, Dumas, Coffinhal, Fleuriot, Duplay, Nicolas, Renaudin, Topino-Lebrun, Souberbielle, Vilatte, Payan, etc.) Au Comité, avec un art plus grand, une composition plus savante, il ne mit que deux hommes à lui, Lebas, David; deux hommes de son pays, Lebon, Guffroy, et pour le reste, des gens très compromis et d'autant plus dociles. Ce très grand tacticien savait qu'en révolution l'ennemi sert souvent mieux que l'ami. L'ami raisonne, examine et discute. L'ennemi, s'il a peur, va bien plus droit. Placé sur un *rail* de fer, il marche dans la voie rigide; sachant bien qu'à droite et à gauche, c'est l'abîme, il marche très bien.

Qui était le plus consterné? Le Comité de salut public. Il sentait trop que Robespierre, au 25 septembre, s'était défendu seul, qu'il avait vaincu seul, seul profité de la victoire. Un homme dominait la République.

Un homme en trois personne: Robespierre, Couthon et Saint-Just.

Les cinq autres membres du Comité qui n'étaient pas en mission se trouvèrent d'accord sans s'être entendus. Le dantoniste Hérault, les impartiaux Barère, Prieur, Carnot, Billaud-Varennes, la Terreur pure, Collot-d'Herbois, avant-garde hébertiste, mais fort indépendant d'Hébert, tous, quelle que fût la diversité de leur nuance, agirent comme un seul homme contre Robespierre.

Ils craignaient extrêmement que Couthon, qui alors marchait sur Lyon avec des masses de paysans armés, n'eût la gloire de l'affaire et ne donnât aux robespierristes la seule chose qui leur manquât: un succès militaire. Dubois-Crancé, dantoniste allié aux *enragés* de Lyon, avait fait des efforts incroyables, il avait sauvé tout le Sud-Est. Le fruit de ce travail immense, Couthon allait le recueillir, se couronner, couronner Robespierre. Le 30 septembre et jours suivants, les cinq du Comité écrivirent trois fois en trois jours à

Dubois-Crancé qu'il fallait à l'heure même forcer Lyon, y entrer avant l'arrivée de Couthon. Lyon résistait avec des efforts désespérés, du moins pour choisir son vainqueur, aimant mieux, s'il fallait se rendre, se remettre aux mains de Couthon, désintéressé dans l'affaire, qu'à celles de Dubois-Crancé, aigri par un long siège, ami des amis de Chalier, et qui n'eût pu rentrer qu'en vainqueur irrité, en vengeur du martyr.

Le Comité eut beau faire: la fortune de Robespierre eut l'ascendant à Lyon comme à Paris, et presque en même temps il porta un coup très grave au Comité devant la Convention.

Le 3 octobre, par une belle et douce matinée d'automne, où les arbres, épargnés par la saison plus longtemps qu'en 92, semaient lentement leurs feuilles, on annonça à la Convention que le rapporteur du Comité de sûreté, Amar, allait faire son rapport sur les Girondins.

La longue et fraîche diatribe n'ajoutait pas un fait à celle de Saint-Just. Les soixante-treize qui, en juin, avaient protesté contre la violation de l'Assemblée, étaient là présents et la plupart ne se défiaient de rien. Tout à coup Amar demande qu'on décrète « que les portes soient fermées ». Le tour est fait. Les soixante-treize sont pris comme au filet. L'arrestation est votée sans discussion. Les voilà, parqués, à la barre, pauvre troupeau marqué pour la mort.

Dans cette foule de soixante-treize représentants, sans doute fort mêlée, ceux qui ont vécu jusqu'à nous, les Daunou, les Blanqui et autres, étaient très sincèrement républicains et seraient morts pour la République.

Jusque-là, l'affaire avait une apparence hideuse, celle d'un guet-apens. Quelques montagnards demandaient que les soixante-treize fussent jugés par les Vingt-Deux. Mais voici que les soixante-treize trouvent dans l'Assemblée un défenseur inattendu. Robespierre se lève et parle pour eux. L'étonnement fut au comble.

Arrestation des députés girondins

« La Convention ne doit pas multiplier les coupables, dit Robespierre; il suffit des chefs. *S'il en est d'autres, le Comité de sûreté générale vous en présentera la nomenclature.* Je dis mon opinion en présence du peuple, je la dis franchement, et le prends pour juge... Peuple, tu ne seras défendu que par ceux qui auront le courage de te dire la vérité!»

Amar, parlant de lire les preuves contre les soixante-treize: « Cette lecture, dit Robespierre, est absolument inutile. »

Clémence rassurante, effrayante! La droite, le centre même, avaient entendu avec terreur ce mot sonner à leur oreille: *« S'il en est d'autres*, le Comité en présentera la nomenclature. »

Ils se voyaient dès lors suspendus à un fil: l'humanité de Robespierre!

La Montagne sentait que ces soixante-treize ainsi réservés, que cette droite tremblante, c'était une arme disponible pour lui; contre qui? Contre la Montagne, contre le Comité de salut public.

La majorité n'était plus celle du Comité et du gouvernement: c'était celle de Robespierre.

Le Comité avait devant l'Assemblée l'odieux du guet-apens, Robespierre seul, le mérite de la modération, tranchons le mot, de la clémence.

Ce n'était pas ici un avis modéré d'un représentant quelconque, c'était l'impérieuse clémence d'un homme qui, dominant les Jacobins, le Comité de sûreté, le Tribunal révolutionnaire, pouvait accuser, arrêter, juger. C'était une restauration du droit de grâce. Marat l'exerça au 2 juin pour trois représentants, et Robespierre ici pour soixante-treize.

Robespierre, jusqu'ici, n'avait rien fait attendre de tel.

Quelle était donc cette puissance nouvelle, étrange, qui s'attachait la droite, le centre, en faisant grâce, et qui s'appuyait d'autre part sur ceux qui ne voulaient point de grâces, sur les hébertistes?

Robespierre, le 25 septembre, par la voix de David, avait répondu de Ronsin, le plus cruel des hébertistes, l'avait lavé devant les Jacobins. Les robespierristes eux-mêmes ne comprenaient plus Robespierre. L'un d'eux, le rédacteur du *Journal de la Montagne*, ayant attaqué les bureaux hébertistes, Robespierre le fit tancer aux Jacobins, et on lui ôta son journal.

CHAPITRE VII

Modération des robespierristes à Lyon
Octobre 93

Robespierre terrorisé par Saint-Just (10 octobre), pendant qu'il pacifie par Couthon (8-20 octobre).

Rappelons-nous les précédents de Robespierre.

Juge d'Eglise à Arras avant 89, la nécessité malheureuse où il fut de condamner un homme à mort le décida à donner sa démission.

Son rôle à la Constituante fut celui d'un sévère et ardent philanthrope, poursuivant par tous les moyens, et même aux dépens de son cœur, le progrès de l'humanité. Il refusa la place d'accusateur public.

Il était né *ému*, craintif et défiant, colérique (de la colère pâle). Saint-Just le lui reprochait, lui disant: « Calme-toi; l'empire est aux flegmatiques. »

Les trahisons et les disputes, la guerre à coups d'aiguille que lui fit la Gironde, avaient prodigieusement aigri son cœur. La fatalité déplorable qui l'obligea, pour annuler et les Girondins et les enragés, de s'associer aux hébertistes, de puiser dans ce qui lui était le plus antipathique, dans l'appui de leur presse, la force populaire qu'il n'avait pas en lui, cette dure et humiliante nécessité devait l'aigrir encore. Ce qu'il avait refusé en 90, il le devint réellement en 93: le grand accusateur public. Ses véhéments réquisitoires aux Jacobins emportèrent et juges et jurés, et forcèrent la mort de Custine.

Son triomphe toutefois du 23, qui avait terrorisé la Convention, qui lui avait mis en main et la Justice et la Police, ce jour qui l'avait tant grandi sur les ruines des dantonistes et des hébertistes à la fois, lui permettait de suivre une plus libre politique. Il le tenta en octobre. Il fit un pas dans les voies de la modération — un pas, et les circonstances le refoulèrent dans la Terreur.

Pendant ce mois, sa stratégie fut si obscure, que les robespierristes s'y trompaient à chaque instant, croyant lui plaire et le servir en des choses, prématurées sans doute, qu'il se hâtait de désavouer.

Cependant deux choses furent claires:

1º ses ménagements pour les soixante-treize, qu'il refusa d'envelopper dans la perte des Girondins;

2º la modération étonnante que son *alter ego*, Couthon, son homme et sa pensée (bien plus étroitement que Saint-Just), osa montrer à Lyon dans tout le mois d'octobre — au point de s'aliéner tous les violents, de pousser à la dernière fureur les amis de Chalier.

Couthon, comme Robespierre, avant 89, était un philanthrope, bien plus qu'un révolutionnaire. On a de lui un drame qu'il écrivit alors, plein de sensibilité et de larmes, dans le genre de La Chaussée.

Au temps où nous sommes arrivés, tous deux, s'ils n'avaient pas la clémence dans le cœur, ils l'avaient dans l'esprit. Robespierre voulait arracher aux deux partis les deux puissances: aux dantonistes la clémence, aux hébertistes la rigueur; transférer ces deux forces des mains impures, suspectes, aux mains des honnêtes gens, c'est-à-dire des robespierristes.

L'essai était infiniment périlleux et ne pouvait se faire que sur des questions toutes nouvelles, nullement sur celles qui étaient irrévocablement lancées dans la polémique révolutionnaire.

Garat raconte qu'au mois d'août, il fit une tentative auprès de Robespierre pour sauver la Gironde. Il lui lut une espèce de plaidoyer pour la clémence. Robespierre souffrait cruellement à l'entendre. Ses muscles jouaient d'eux-mêmes. Les convulsions ordinaires de ses joues étaient fréquentes, violentes. Aux passages pressants, il se couvrait les yeux. Que pouvait-il pour la Gironde? Rien, ni lui, ni personne. Il sentait bien toutefois qu'une des meilleures chances pour relever l'autorité, c'eût été, dans une question possible et neuve, c'eût été de saisir les cœurs par un effet d'étonnement, par un retour subit à la clémence qui enlèverait la France à l'improviste, et par l'effet d'un tel miracle briserait les partis.

Lyon, éloigné, pour une telle surprise, valait mieux que Paris. Si l'habile main de Couthon pouvait, de là, donner le premier branle à la politique nouvelle, l'équilibre dans la terreur, la terreur appliquée aux terroristes même, il allait ajouter une force inouïe au parti de Robespierre. Tout ce qui avait peur (et c'était tout le monde) allait se précipiter vers lui. Ce petit jour inattendu, une fois ouvert à la masse serrée qui étouffait, le flot immense y passait de lui-même. Toute la France girondine, la France prêtre, la France royaliste (en bonne partie) auraient tout oublié, se seraient ralliées à un seul homme. Dans l'excès des alarmes, il s'agissait bien moins d'opinion que de sûreté. Cette vague toute-puissante de popularité l'eût soulevé, au trône? Non, au ciel.

Coup d'audace intrépide!... Les hébertistes n'allaient-ils pas dénoncer un tel changement? pousser Robespierre à l'abîme où descendaient les dantonistes? Ceux-ci n'allaient-ils pas crier, lorsque l'impitoyable leur escamotait la clémence?

Il fallait faire trembler les uns, les autres, et leur imposer le silence.

Robespierre tenait encore les hébertistes, qui avaient grand besoin de lui. Il les avait lavés le 25 aux Jacobins, en faisant patronner Ronsin par son homme, David. Et le 3 octobre encore, les misérables avaient besoin de se laver d'une trahison nouvelle dans la Vendée. Empêtrés dans leurs crimes, ils n'espéraient pas moins s'emparer de l'armée révolutionnaire malgré les dantonistes. Le 4, donc, à leur profit et au profit de Robespierre, ils frappèrent un coup prodigieux de publicité, tirèrent un numéro du *Père Duchesne* à six cent mille contre Danton absent, et qui, selon eux, avait émigré.

L'affaire étant toute chaude, Robespierre lance, le soir du 4, David aux Jacobins pour dénoncer les dantonistes: « Thuriot, dit-il, complote toutes les nuits avec Barère et Julien de Toulouse chez la comtesse de Beaufort. » David, membre du Comité de sûreté, comme tel, avait autorité. Malgré les dénégations, le coup porta très loin.

Exacte ou non, la dénonciation indiquait au moins que Robespierre avait la prescience d'une alliance qui allait se former contre lui entre les nuances les plus diverses. Barère, glissant comme une anguille et faufilé partout, était l'intermédiaire probable, à moins qu'on ne parvînt à l'anéantir par la peur. C'est ce qu'on fit le 4, le 15, par de cruelles attaques aux Jacobins, attaques qui touchaient de très près l'accusation, sentaient la guillotine.

Le moment était venu, ou jamais, de constituer le gouvernement honnête et terrible qui frapperait les fripons de tous côtés sans distinction de partis. Il fut comme proclamé le 4 en deux décrets, l'un pour *contenir les autorités* dans leurs sphères respectives (avis à la Commune, à la royauté d'Hébert et Bouchotte), l'autre pour *limiter les pouvoirs des représentants* aux armées. Cette formule simple et redoutable de centralisation fut donnée par Billaud-Varennes. Et l'esprit du nouveau gouvernement fut donné le 10 par Saint-Just.

Ce manifeste original, parmi beaucoup de choses fausses et forcées, déclamatoires ou trop ingénieuses, n'est pas moins imposant, respectable, par un accent vrai de douleur sur l'irrémédiable corruption du temps. C'est la voix d'une jeune âme hautaine et forte, impitoyablement pure, résignée à une lutte impossible, où elle s'attend bien à périr. Cette voix métallique, et qui a le strident du glaive, plane, terrible, sur tous les partis. Pas un qui ne baissât la tête en écoutant. Pas un qui refusât son vote. Il fut réglé que le gouvernement restait révolutionnaire jusqu'à la paix, que les ministres dépendaient du Comité, qu'un tribunal demanderait des comptes à tous ceux qui avaient manié les deniers publics.

Terreur sur tous.

Personne, même les plus purs, n'eût pu répondre à une telle enquête, dans le désordre du temps.

Ce qui effraya encore plus, c'est que Saint-Just n'avait pas craint de dénoncer ceux que Robespierre ménageait jusque-là, stigmatisant l'*insolence des gens en place,* nommant en propres termes le tyran du monde nouveau, *la bureaucratie.*

L'effroi commun rapprocha des gens qui ne s'étaient jamais parlé. Les indulgents, les hébertistes se virent et se donnèrent la main.

Les choses en étaient là, quand arriva le grand événement de Lyon, la clémence de Couthon, qui allait donner aux ligués une si forte prise contre Robespierre.

Pendant que les hébertistes recrutaient à Paris leur armée révolutionnaire, Couthon, sur son chemin, en avait fait une de paysans. De son pays natal, l'Auvergne, de la Haute-Loire et de toutes les contrées voisines, il entraînait la masse, ayant donné la solde incroyable de trois francs par jour. « Il faut les arrêter, disait Couthon; deux cent mille hommes viendraient. » On réduisit la solde.

Couthon, attendu et désiré des Lyonnais, comme un sauveur qui les défendrait de Dubois-Crancé, reçoit leur soumission (8 octobre).

Il ne juge nullement à propos de livrer un dernier combat pour fermer le passage à deux mille désespérés qui voulaient se faire jour, l'épée à la main. Il les laisse passer.

Le Comité, à cette nouvelle, sentit, frémit; il reconnut cette politique inattendue, celle qui avait sauvé les soixante-treize: *Régner par la clémence.*

Que se passa-t-il dans le Comité?

Il est facile à deviner que Collot-d'Herbois, que Billaud, que Barère, organes de la fureur commune, demandèrent ce qu'il adviendrait si, après avoir accompli toutes les hautes œuvres de la Révolution, poussé dans la terreur, dans le sang, jusqu'à la victoire, en engageant sa vie et sans se réserver aucune porte, on rencontrait au bout l'embuscade d'un philanthrope qui raflerait le fruit, qui se laverait les mains de tout, renierait les sévérités, les punirait peut-être, qui guillotinerait la guillotine, et des débris se ferait un autel!

Deux choses restent à faire: poignarder le tyran ou le compromettre.

Collot écrivit un décret qui effaçait Lyon de la terre. A la place, une colonne s'élèverait portant ces mots:

« Lyon s'est révolté, Lyon n'est plus. »

Tous les membres du Comité signèrent, et ils firent signer Robespierre.

Force étonnante d'un gouvernement d'opinion! Il avait en main la Convention, les Jacobins, le Comité de sûreté, le Tribunal révolutionnaire. Mais à quelle condition? Celle de rester impitoyable. Il périssait, s'il n'eût signé.

Mais, en signant, il exigea qu'on suivît à la lettre la dénonciation de Couthon contre Dubois-Crancé qui, rappelé à Paris, hésitait à revenir et réorganisait les clubs à Lyon; il voulut qu'on l'arrêtât, qu'on le ramenât de force à Paris.

Arrêter l'homme qui, en réalité, avait tout fait, qui venait de rendre ce service immense, l'amener à Paris entre deux gendarmes avec les drapeaux pris de sa main, c'était une mesure exorbitante, odieuse, prodigieusement impopulaire.

Le Comité l'accorda avec empressement, donna l'ordre avant même d'en parler à l'Assemblée, espérant perdre Robespierre (12 octobre).

Le décret exterminateur fut immédiatement porté à la Convention ; on dit, on répéta, à la louange de Robespierre, *que lui seul a pu trouver la sublime inscription.*

« Comment expliquer, dit Barère innocemment, que deux mille hommes aient passé à travers soixante mille ?... C'est une énigme dont nous cherchons le mot. »

Deux dantonistes, Bourdon, de l'Oise, et Fabre d'Eglantine, relevèrent la chose, s'informèrent, parurent curieux, désirèrent une enquête. Ainsi changeaient les rôles. Les *indulgents* regrettaient que le sang n'eût coulé.

La Montagne vota comme un seul homme, et toute la Convention.

L'alliance des dantonistes et des hébertistes était consommée ce jour-là. Leurs haines mutuelles reparaîtront souvent, mais toujours avec une chance de conciliation dans la haine de Robespierre.

CHAPITRE VIII

Mort de la reine   Victoire de Wattignies
16 octobre

Procès de la reine (14-16 octobre 1793). Blocus de Maubeuge. Position de Wattignies. Attaques inutiles du 15. Effort désespéré du 16.

Le Comité de salut public, par sa hautaine déclaration d'honnêteté absolue et de guerre aux partis, faite solennellement le 10 par Saint-Just, s'était posé une nécessité absolue de vaincre l'étranger. Au plus léger échec, tous criaient contre lui.

Robespierre, en particulier, voyait son sort suspendu à cette loterie de la victoire. Il le fit entendre le 11 aux Jacobins, dit qu'il attendait la bataille et qu'il était prêt à la mort.

Pour passer ce passage étroit, franchir le gouffre, il lui restait un pont étroit, le tranchant du rasoir:

Tuer la reine, tuer les Girondins, battre les Autrichiens;

aux amis de Chalier, aux furieux patriotes de Lyon, jeter en réponse la tête de l'Autrichienne;

aux drapeaux accusateurs de Dubois-Crancé, opposer les drapeaux jaunes et noirs de l'Autriche, une grande victoire sur la coalition.

La reine fut expédiée en deux jours, 14 et 15. Elle périt le 16, jour de la bataille, et sa mort eut peu d'effet à Paris. On pensait à autre chose, au grand scandale de Lyon et à la lutte désespérée, terrible, que soutenait l'armée du Nord.

La reine était coupable, elle avait appelé l'étranger. Cela est prouvé aujourd'hui. On n'avait pas les preuves; elle essaya de défendre sa vie. Elle dit qu'elle était une femme, une épouse obéissante, qu'elle n'avait rien fait que par la volonté de son mari, rejetant la faute sur lui.

Ce qu'il y eut de plus saisissant dans ce procès, c'est qu'on y fit paraître des témoins inutiles, des hommes condamnés d'avance, le constitutionnel Bailly, le girondin Valazé, Manuel ou la Montagne modérée, trois siècles de la Révolution, trois morts pour témoigner sur une morte.

Rude moment. La République guillotine une reine. Les rois guillotinent un royaume. La Pologne est tuée avec Marie-Antoinette. Les bourreaux de la Pologne ont fini avec elle; ils sont libres d'agir. La Prusse est contente maintenant, elle a sa proie; elle va agir enfin sur le Rhin, gagner l'argent anglais, aider l'Autriche, qui n'a rien cette fois en Pologne et veut saisir l'Alsace. Autriche et Prusse, elles vont enfoncer les portes de la France, le 13 octobre. Le calcul de Carnot, qui affaiblit le Rhin pour vaincre au nord, va tourner contre lui.

Carnot semble un homme perdu. Barère aussi, qui, malgré Robespierre, malgré Bouchotte, Hébert, a mis Carnot au Comité.

Que pouvait ce calculateur, quand nos armées immobiles de misère se trouvaient incapables de suivre ses calculs? Les administrations militaires (subsistances, habillement, transports), la cavalerie aussi étant à peu près anéanties, ces pauvres armées paralytiques ne pouvaient prendre l'offensive; à peine faisaient-elles de faibles mouvements.

Hoche disait un mot dur dans son langage de soldat: « Nous faisons une guerre de hasard et de bamboche, nous n'avons pas d'initiative; nous suivons l'ennemi où il veut nous mener. »

Ce fut en effet sur un mouvement de l'ennemi et facile à prévoir que s'éveilla le Comité de salut public. Le contraste était grand. L'Autrichien agissait scientifiquement, comme un bon géographe qui étudierait le pays, suivant les cours des eaux avec méthode et la série échelonnée des places fortes. Il avait pris d'abord toute la grande artère du Nord, l'Escaut, Condé et Valenciennes; puis il avait pris une position inexpugnable au Quesnoy, aux abords de la forêt de Mormal. Un autre eût avancé au centre. Lui, il voulait plutôt s'enraciner au nord, prendre Landrecies et Maubeuge, vingt mille hommes, une armée, la plupart de recrues; n'importe, il ne dédaignait pas de prendre cette armée. Un matin, il passa la Sambre (28 septembre), plus vivement qu'on ne l'eût attendu de sa pesanteur ordinaire. Ni Maubeuge ni le camp n'étaient approvisionnés; dès le huitième jour, on en était à manger du cheval. Les Autrichiens avaient déjà en batterie sur la ville soixante pièces de canon; mais il n'en avait que faire.

Les assiégés, la faim aux dents, allaient être obligés de demander leur grâce.

La plaine était en feu; on brûlait tout. Les pleurs des paysans réfugiés, l'encombrement des malades et les cris démoralisaient les soldats. Le représentant Drouet croyait si bien la ville perdue qu'il essaya de passer, se fit prendre, et fut mené droit au Spielberg. Treize dragons furent plus heureux: ils passèrent à travers les coups de fusil, allèrent demander secours à trente lieues, et ils revinrent encore à temps pour la bataille.

Le général Houchard avait duré un mois. On le menait à Paris pour le guillotiner. Personne ne voulait commander. On fit la presse, et l'on trouva Jourdan, qui, n'ayant jamais commandé, ne voulait pas d'abord, mais on le fit vouloir. Il se sacrifia.

Jourdan commence par chercher son armée. Elle était dispersée, pour manger, le pays n'ayant nul magasin, sur une ligne de trente lieues de long. Une bonne moitié était bloquée ou dans les garnisons, tristes recrues en veste et en sabots. Il prend vite aux Ardennes pour compléter l'armée du Nord, et réunit à Guise environ quarante-cinq mille hommes.

Cobourg, qui venait de recevoir douze mille Hollandais, et qui avait quatre-vingt mille soldats, ne daigna même pas appeler les Anglais, qui étaient à deux pas. Il laisse trente mille hommes pour garder les affamés de Maubeuge, et lui, avec ses forces principales, il se poste à deux lieues, sur un enchaînement de collines, de villages boisés, ferme tous les chemins par des abattis d'arbres, couronne les hauteurs de superbes épaulements entre lesquels les canons montrent la gueule à l'ennemi. Dessous, sa ferme infanterie hongroise garde l'approche. Derrière, les masses autrichiennes et croates. De côté, dans la plaine, une cavalerie immense, la plus belle du monde, s'étalait au soleil, prête à sabrer les bataillons que l'artillerie aurait ébranlés; le tout dirigé, surveillé, moins par Cobourg que par l'excellent général Clairfayt, le premier homme de guerre de l'Empire autrichien.

Cette fois encore, c'était un Jemmapes, mais infiniment agrandi; armée triple et victorieuse, position bien plus redoutable, localités plus âpres. Cobourg, en amateur, parcourant cet amphithéâtre, cet enchaînement admirable de postes, de barrières artificielles et naturelles, de forces de tout genre qui se liaient et se prêtaient appui, s'écria: « S'ils viennent ici, je me fais sans-culotte. »

Le mot ne tomba pas. Reporté aux Français, il excita chez eux une incroyable ardeur de convertir l'Allemand et de lui faire porter le bonnet rouge. Leurs bandes traversaient la ville d'Avesne, en chantant à tue-tête les chants patriotiques; ces drôles sans souliers étaient les conquérants du monde.

Le 14, lorsque Maubeuge commençait à recevoir les bombes autrichiennes, elle crut, dans les intervalles, entendre le canon au loin. Et elle avait raison. Carnot et Jourdan étaient devant l'ennemi; on se regardait, se tâtait. Plusieurs voulaient sortir de Maubeuge et se mettre de la partie. Mais d'autres craignirent une surprise, une trahison: on ne sortit pas.

Lorsque Carnot arriva, portant en lui une si énorme responsabilité, la nécessité de la France, la vie ou la mort de la République, la cause des libertés du monde, ce grand homme, avant tout honnête homme, eut un scrupule et se demanda s'il fallait risquer l'enjeu complet, mettre le monde sur une carte. Il voulut attaquer d'abord sur toute la ligne, en gardant ses communications avec l'intérieur, avec la route de Guise, où restaient les réserves de la levée en masse, de sorte que, s'il arrivait un malheur, tout ne fût pas perdu encore, et que l'armée battue pût reculer vers Guise, il avait devant lui trois villages, à gauche Wattignies, à droite Leval, etc.,

Doulers au centre. Ses trois divisions marchant d'ensemble, devaient, par un mouvement, se rapprocher du centre, le forcer, le percer pour rejoindre Maubeuge, s'y fortifier de l'armée délivrée, et tous ensemble, tombant sur Cobourg, lui faisaient repasser la Sambre.

La droite s'égara d'abord: victorieuse, elle s'étale en plaine, au lieu de forcer la hauteur; elle trouve la cavalerie ennemie, qui la disperse en un clin d'œil, lui prend tous ses canons. Complet désordre, et un moment après, tout réparé. Les volontaires s'étaient raffermis, reformés, avec un aplomb de vieux soldats.

La gauche avait mieux réussi. Elle perçait vers Wattignies. Mais il lui fallait le succès du centre, pour s'appuyer. Et le centre n'aboutissait pas.

Quatre heures durant, au centre, en montant vers Doulers, nos troupes, et Jourdan en personne, combattirent à la baïonnette. Du premier choc, tous les corps de l'ennemi avaient été renversés. Les nôtres arrivent essoufflés au pied des hauteurs; ils se trouvent face à face avec les canons, souffletés de mitraille. Quelques-uns ne s'arrêtèrent pas; un tambour de quinze ans, trouvant un trou, passa, s'alla poster dans le village de Doulers, sur la place de l'église, et là battit la charge derrière les Autrichiens; leurs bataillons en perdirent contenance, et ils commençaient à se disperser.

En 1837, on a retrouvé là les os du petit homme entre sept grenadiers hongrois.

Au moment où les nôtres, sous le torrent de la mitraille, hésitaient et flottaient, la cavalerie autrichienne arrive en flanc, l'infanterie qui avait cédé nous retombe sur les bras. Nous sommes rejetés en arrière.

Jourdan, après quatre heures d'efforts, voulait laisser le centre attaquer de côté. Carnot l'apprend, s'écrie: « Lâche! » Jourdan fit alors comme Dampierre, il voulait se faire tuer. Une fois, deux fois, il recommença la lutte, amenant toujours ses hommes décimés au pied de ces hauteurs meurtrières, de ces canons féroces qui se jouaient à les balayer. Pas un ne refusait, pas un de ces jeunes gens n'hésita à marcher; tous embrassaient la mort.

La nuit mit fin à cette affreuse exécution, qui eût toujours continué. Cobourg croyait avoir vaincu. Quels hommes n'eussent pas tombé de découragement? et comment croire que ces soldats d'hier, dont plusieurs se voyaient pour la première fois à une telle fête, ne se tiendraient pas satisfaits?

On vit alors toute la justesse du mot du maréchal de Saxe: « Une bataille perdue, c'est une bataille qu'on croit perdue. »

Or, les nôtres, après leur perte énorme, ne se tenant pas pour vaincus, ils ne le furent pas en effet.

Carnot, dit-on, reçut la nuit un avis important. Quel? on ne le sait pas. Mais on peut bien le deviner. Il reçut, dans cette nuit du 15 au 16, la nouvelle que, le 13, la Prusse et l'Autriche, lançant devant eux la valeur furieuse, désespérée, des émigrés, avaient forcé les lignes de l'Alsace, les portes de la France.

Donc, il fallait absolument, et sous peine de mort, vaincre le 16.

Le 16 aussi mourait la reine.

Le 16, l'ébranlement immense de la Vendée eut son effet; elle passa la Loire; cette grande armée désespérée courut l'Ouest, plus redoutable que jamais. Où se jetterait-elle? sur Nantes ou sur Paris?

Le désespoir aussi illumina Carnot, Jourdan. Ils firent cette chose incroyable. Sur quarante-cinq mille hommes qu'ils avaient, ils en prirent vingt-quatre mille, et ils les portèrent à la gauche, laissant au centre et à la droite des lignes faibles, minces et sûres d'être battues. Ce centre et cette droite sacrifiés devaient cependant agir, agir tout doucement.

Le destin de la France, complice d'une opération si hasardeuse, nous accorda un grand brouillard d'octobre. Si Clairfayt avait eu du soleil, une longue-vue, tout était perdu. L'affaire devenait ridicule; on guillotinait Jourdan et Carnot, et le ridicule éternel les poursuivrait dans l'avenir.

Le 16 du mois d'octobre 93, à midi (l'heure précise où la tête de la reine tombait sur la place de la Révolution), Carnot, Jourdan, silencieux, marchaient avec la moitié de l'armée (et laissant derrière eux le vide!) vers le plateau de Wattignies.

Wattignies est une position superbe, formidable, bordée d'une petite rivière, de deux ruisseaux, cernée de gorges étroites et profondes. La roideur de ces pentes, pour remonter, est rude, et au haut se trouvaient les plus féroces de l'armée ennemie, les Croates, les plus vaillants, les émigrés.

Le brouillard se lève à une heure. Le soleil montre aux Autrichiens une masse énorme d'infanterie en bas. Un cri immense éclate: « Vive la République! » Trois colonnes montaient.

Victoire de Wattignies

Elles montent. Et, de l'escarpement, les décharges les retardent. Elles montent, mais de leurs flancs, ouverts et fermés tour à tour, sortait la foudre; chaque colonne avait sa pièce d'artillerie volante. Rien ne charmait plus nos soldats. Ils ont toujours été amoureux de l'artillerie. Les canons étaient adorés. A la vigueur rapide dont ils étaient servis, à la mobilité parfaite dont les bataillons les facilitaient en s'ouvrant et se refermant, on eût pu reconnaître non seulement le peuple héros, mais le peuple militaire.

Du reste, les Autrichiens avouèrent que jamais telle artillerie ne frappa leur oreille. Cela évidemment veut dire qu'aucune ne tira des coups si pressés.

Trois régiments autrichiens furent mis en pièces, et disparurent. Leur artillerie tourna contre eux.

Une seule de nos brigades échoua, ayant reçu de front l'épouvantable orage de la cavalerie ennemie. Cobourg s'était enfin éveillé: il avait lancé la tempête.

Prodigieuse fermeté de nos soldats! rien ne fut troublé. Cette malheureuse colonne se reforma à deux pas de là. Carnot et Duquesnoy, les représentants du peuple, destituèrent le général, prirent le fusil, et marchèrent à pied, montrant aux jeunes soldats comment il fallait s'en servir.

Carnot avait avec lui deux dogues de combat, très féroces: Duquesnoy, le représentant, et son frère, le général. Le premier, ancien moine, et depuis paysan, était né furieux. En prairial, il ne se manqua pas; d'autres se blessèrent, lui, d'un mauvais ciseau, il se perça le cœur. Son frère, l'un des exterminateurs de la Vendée, et blessé des pieds à la tête, est bientôt mort aux Invalides. Ce furent en réalité ces deux enragés qui, avec Carnot et Jourdan, gagnèrent la bataille. Jourdan se fixa, invincible, sur le plateau de Wattignies.

L'armée ennemie avait profité de l'affaiblissement extrême où était restée notre droite. Elle l'avait fait fléchir sans peine et lui avait pris ses canons. Cobourg ne savait même pas son avantage de ce côté; mais il était si saisi du coup frappé sur Wattignies, qu'il partit sans s'informer de l'état des choses. Il n'attendit pas York, qui venait le secourir. Il multiplia ses feux pour donner le change aux nôtres, et prudemment repassa la Sambre. Maubeuge était délivrée.

Cette bataille eut des résultats tels qu'aucune autre peut-être n'en eut de semblables.

Elle couvrit la France pour longtemps au nord, et lui permit bientôt sur le Rhin et de défendre et d'attaquer.

Elle nous donna, l'hiver aidant, une longue paix intérieure, et malheureusement aux partis le loisir de s'exterminer.

Carnot, qui l'avait gagnée, revint s'enfermer à son bureau des Tuileries, et laissa triompher ses collègues.

Jourdan, qu'on voulait lancer en Belgique sans vivres ni cavalerie, fit quelques observations et fut destitué.

La grande affaire du Rhin fut confiée à Pichegru et Hoche, deux soldats devenus tout à coup généraux en chef. La République allait tout emporter.

CHAPITRE IX

Suite de Lyon   Mort des Girondins
13 octobre - 8 novembre 93

La victoire sauve Robespierre de Collot et de Philippeaux (19 octobre). Procès des Girondins (24-30 octobre 1793). On étouffe le procès par un décret (29 octobre). Mort des Girondins (30 octobre 1793). Faible effet de l'exécution. Mort de Mme Roland (8 novembre 1793). Mort de Roland.

La bataille se donna plus tard qu'on ne croyait. Tout le monde attendait à Paris dans une extrême anxiété, mais personne plus que Robespierre. Si elle était gagnée, elle allait remplir les esprits, rendre minime l'affaire de Lyon, balancer l'effet dangereux du vainqueur de Lyon arrêté. Dubois-Crancé était en route, captif et portant ses drapeaux.

Point de nouvelle le 13, point le 14. Robespierre s'alarma, il chercha une occasion de se mettre à part de Couthon, de se laver les mains de ce qui pouvait se faire à Lyon. Pour se disculper d'indulgence, il attaqua un indulgent, le très suspect Julien, de Toulouse, qui (surprenant effet de la coalition) avait fait approuver d'Hébert, de la Commune, un rapport apologétique pour les Girondins de Bordeaux. Robespierre s'anima, et dit: « Non, je ne puis, comme Julien, faire bon marché du sang des patriotes... La prise de Lyon n'a pas rempli l'espérance des bons citoyens... tant de scélérats impunis, tant de traîtres échappés! Non, il faut que les victimes soient vengées, les monstres démasqués, exterminés, ou que je meure! »

Ainsi Robespierre reculait, il abandonnait Couthon.

Hébert à l'instant recula ; la Commune brûla le rapport de Julien.

La reculade de Robespierre aurait été sans dignité, s'il n'eût au moment même frappé un nouveau coup.

Un jacobin influent, ami d'Hébert et de Collot, disparut le matin du 15, sans que personne pût en donner nouvelle.

Collot, le soir, aux Jacobins, arriva si furieux, que les robespierristes, effrayés, le prévinrent eux-mêmes, demandèrent une enquête. L'homme enlevé était Desfieux, ex-espion du Comité de salut public. Il logeait avec un homme plus suspect encore, un Proly, Autrichien, bâtard du prince de Kaunitz. Ils avaient disparu tous deux. Collot jette feu et flamme ; il se garde bien de vouloir deviner que l'enlèvement mystérieux est l'œuvre du Comité de sûreté générale. Il veut ignorer, crie, cherche, pleure, rugit : « On nous prendra tous, dit-il, aujourd'hui l'un, demain l'autre. » De là il court à la Commune et recommence la scène dans la grande assemblée du Conseil général, devant les tribunes émues. On entre dans son chagrin ; on fait venir la police. Hélas ! elle ne sait rien ; elle n'a sur les registres aucun mandat d'amener. On finit par découvrir, grâce à cette longue filière, ce que Collot certainement avait deviné tout d'abord : que c'est le Comité de sûreté qui a fait faire l'enlèvement.

Un jacobin enlevé, à l'insu de la société, à l'insu de toute l'autorité, et du Comité de salut public, et de la Commune, et de la police municipale, et des comités de sa section ! c'était un fait nouveau, renouvelé de l'inquisition de Venise. La société tout entière se mit en mouvement ; elle alla en masse au Comité de sûreté, et lui arracha Desfieux. Il rentra triomphant, le 17, aux Jacobins.

Collot, le même jour, y montait une forte scène contre Couthon et Robespierre, voulant rendre coup pour coup. Couthon, pour se concilier la société, avait imaginé de demander quarante jacobins pour l'aider à régénérer Lyon.

Le modérantisme

« Il n'y a qu'un mot qui me blesse dans ces nouvelles de Lyon, dit Collot malignement: c'est cette trouée par laquelle les rebelles ont échappé. Faut-il croire qu'ils ont passé sur le corps des patriotes? ou bien ceux-ci se seront-ils *dérangés* pour les laisser passer?... »

La société, peu satisfaite, accueillit d'autant mieux une proposition que jadis Robespierre avait fait rejeter, celle de mettre Marat au Panthéon, avec Chalier et J.-J. Rousseau.

Il devenait probable, d'après ceci, que Dubois-Crancé allait trouver un accueil sympathique. Avec lui, arrivait de Lyon l'ami Chalier, le second Chalier, la victime des Girondins, Gaillard, qui, pendant tout le siège, était resté dans les cachots, et qui, n'espérant rien de Couthon, venait demander vengeance à l'Assemblée, aux Jacobins.

Dubois-Crancé arriva le 19 avec Gaillard. Et ce jour même où Robespierre avait à redouter cette terrible accusation de *modérantisme*, paraissait un violent rapport de Philippeaux contre la protection que Robespierre avait donnée en septembre à Ronsin, aux *exagérés*.

Il était pris de deux côtés.

Mais ce même jour, le 19 octobre, tomba, comme du ciel, la nouvelle de la victoire.

Robespierre était sauvé, l'effort de ses ennemis atténué; Dubois-Crancé, reçu à la Convention, n'obtint pas même d'y parler. Aux Jacobins, amenés par Collot, il montra beaucoup de prudence, se justifia sans accuser. Il flatta les Jacobins en leur offrant le drapeau lyonnais qu'il avait pris de sa main. Et avec tout cela, la société restait froide, Gaillard même, l'ombre de Chalier, Gaillard vivant, en personne, que Collot menait et montrait comme les reliques d'un saint, Gaillard produisit peu d'effet. Avant qu'on le laissât parler, on fit passer je ne sais combien d'incidents minimes et de froids discours. Il parla enfin avec une sécheresse désolée, une brièveté désespérée. Un mois après il se tua.

Les Jacobins montrèrent en cette circonstance qu'ils étaient des politiques, bien moins prenables au fanatisme qu'on aurait pu le croire.

Couthon, qui les connaissait parfaitement et qui comptait sur eux, montra plus de sang-froid que Robespierre. Il neutralisa à Lyon tout l'élan des vengeances. Il se hâta lentement d'organiser ses tribunaux. Quand il reçut le décret exterminateur, il répondit avec admiration, avec enthousiasme à la Convention, mais ne fit rien du tout. Sauf quelques hommes pris les armes à la main, personne ne périt. Couthon attendit au 25 sans prendre aucune mesure contre l'émigration. Vingt mille hommes au moins sortirent de Lyon, qui se trouvaient en grand danger de mort. Et la plupart étaient de pauvres ouvriers qui avaient agi au hasard.

La mort des Girondins, demandée tant de fois, fut le calmant qu'on crut devoir donner à la fureur des violents, qui s'indignaient de voir cette immense proie de Lyon fondre et s'échapper de leurs mains.

Les vingt-deux députés arrêtés le 2 juin étaient réduits par la fuite ou la mort à une douzaine. On en ajouta d'autres qui n'étaient point de la Gironde, et l'on parvint à compléter ce nombre sacramentel, auquel le peuple était habitué.

Fouquier-Tinville avait pour la dixième fois demandé les pièces. On a vu que les Jacobins s'en étaient emparés. Ils les cherchèrent dans leurs archives et plusieurs jours. On retrouva enfin dans un coin un petit dossier, si nul que Fouquier n'osa le montrer. Nulle pièce ne fut communiquée d'avance aux défenseurs. Au jour de l'ouverture des débats, Fouquier cherchait encore.

On n'était pas sans inquiétude sur la manière dont Paris prendrait cette hécatombe. L'immense majorité des sections était girondine, et quoiqu'elles fussent muettes, terrifiées, tenues comme aplaties par leurs comités révolutionnaires, on craignait un réveil. A tort. Paris était très mort. Les Girondins étaient très vieux. L'attention était ailleurs. On les exhuma pour les tuer.

Toutefois on crut utile de créer une diversion (et burlesque) à la tragédie comme à la queue du chien d'Alcibiade. Des femmes de clubs, coiffées du bonnet rouge, habillées en hommes et armées, se promenèrent aux Halles, trouvèrent mauvais que les poissardes n'eussent pas la cocarde. Celles-ci, royalistes et fort colères, comme on sait, tombèrent sur les belles amazones, et leurs robustes mains leur appliquèrent, au grand amusement des hommes, une indécente correction. Paris ne parla d'autre chose. La Convention jugea, mais contre les victimes; elle défendit aux femmes de s'assembler. Cette grande question sociale se trouva ainsi étranglée par hasard.

Une autre chose fit tort aux Girondins. On plaça leur procès immédiatement après celui du député Perrin, condamné aux fers pour spéculations scandaleuses, exposé le 19 à la place de la Révolution. Ils trouvèrent ainsi l'échafaud sali par un voleur. La foule, qui n'y regarde guère, les voyant exécutés entre les voleurs et les royalistes, s'intéressa moins à leur sort.

Royalistes et Girondins furent habilement entremêlés.

La reine périt le 16, les Girondins le 30, Mme Roland le 8, et le surlendemain un royaliste, Bailli. Le girondin Girey-Dupré le 21, et peu de jours après le royaliste Barnave. En décembre, les exécutions des girondins Kersaint, Rabaut, furent faites ainsi pêle-mêle avec celle de la du Barry.

Qu'il eût bien mieux valu pour eux périr le 2 juin, sur les bancs de la Convention! Ils n'auraient pas passé ainsi après la reine, dans ce fâcheux mélange royaliste, comme une annexe misérable du procès de la royauté. Ils seraient morts eux-mêmes, tout entiers, d'un cœur invaincu! Ils n'auraient pas subi l'affaiblissement, l'énervation des longues prisons. Ils n'auraient pas essayé de défendre leur vie. Ils seraient morts comme Charlotte Corday.

Sauf cette faiblesse qu'ils eurent de plaider, ils montrèrent beaucoup de constance dans leurs principes, républicains sincères, invariables dans la haine des rois, pleins d'immuable foi aux libertés du monde. Du reste, fidèles aussi à la philosophie du XVIIIe siècle, sauf deux, le marquis et l'évêque, Fauchet et Sillery, tous les autres étaient de la religion de Voltaire ou de Condorcet.

On voit encore aux Carmes les trois ou quatre greniers qu'y occupèrent les Girondins. Les murs sont couverts d'inscriptions. Pas une n'est chrétienne. Le mot de Dieu n'y est qu'une fois. Toutes respirent le sentiment de l'héroïsme antique, le génie stoïcien. Celle-ci est de Vergniaud:

Potius mori quam foedari.
La mort! et non le crime.

Les faibles mémoires de Brissot, écrits dans sa longue prison, témoignent du même caractère. On sent un cœur qui ne s'appuie que sur le droit et le devoir, sur le sentiment de son innocence, sur l'espoir du progrès et le futur bonheur des hommes. Croirait-on que l'infortuné qui écrit sous la guillotine ne s'occupe que d'une chose, sur laquelle il revient toujours: l'esclavage des Noirs? Indifférent à ses fers, il ne sent peser sur lui que les fers du genre humain.

Les trois grands procès du Tribunal révolutionnaire (ceux de la reine, des Girondins, de Danton) ont été conduits par le même homme, Herman, président du tribunal. C'était un homme d'Arras, compatriote et ami personnel de Robespierre. Dans les différentes listes que celui-ci a laissées d'hommes qui devaient arriver aux grands emplois, le premier nommé en tête est toujours Herman. Un homme de lettres distingué, d'Arras, qui vit encore dans un grand âge, m'a souvent conté qu'il l'avait connu.

Le procès

Herman était un homme de maintien posé, de parole douce, de figure sinistre; il louchait extrêmement d'un œil et paraissait borgne.

Il n'y eut aucune hypocrisie dans le procès. Tout le monde vit tout de suite qu'il ne s'agissait que de tuer. On dédaigna toutes les formalités, usitées encore à cette époque au Tribunal révolutionnaire. Point de pièces communiquées. Les accusateurs (Hébert et Chaumette), reçus comme témoins. Aucune défense d'avocat. Plusieurs des accusés ne purent parler, chose bien nécessaire pourtant dans un procès où l'on accolait ensemble des hommes accusés de crimes tout différents, les uns de faits, les autres de paroles, quelques-uns d'opinions.

Ce qui fut très choquant, ce fut de voir arriver pour accabler les vingt-deux, morts d'avance, jugés pour la cérémonie, des hommes eux-mêmes en péril, et qui, sous le coup d'une extrême peur, croyaient acheter leur vie en se faisant bourreau.

Desfieux, que l'on a vu tout à l'heure arrêté et violemment délivré par Collot, par l'émeute de la Société jacobine, Desfieux, terrifié de son succès et sentant qu'il serait repris, vint jeter une pierre à ces mourants. Il imagina de les accuser d'avoir fabriqué une lettre pour le perdre, lui, Desfieux! « Eh! mon ami, lui dit Vergniaud, si nous avions intérêt à perdre quelqu'un, ce n'était pas toi, c'était Robespierre. »

Chabot était dans le même cas. Il n'était nullement cruel, et quand Garat alla prier Robespierre pour les Girondins, Chabot, qui était là, laissa voir de l'intérêt pour eux. Mais l'ex-moine, homme de chair, paillard, lâche et bas, mourait de peur, faisant en même temps ce qu'il fallait pour mourir. Il se faisait riche, engraissait, épousait une fille de banque. Et plus il engraissait, plus sa peur croissait. Il s'évanouissait presque devant Robespierre. Il l'avait, par étourderie, blessé sur l'article délicat de la Constitution.

Comment rentrer en grâce? Il fit une pièce remarquable, un long roman, industrieusement tissu; l'ensemble était ingénieux, le détail mal choisi, trop visiblement romanesque. Il reprochait aux Girondins les massacres de Septembre! la tentative d'assassinat en mars (c'est-à-dire d'avoir voulu s'assassiner eux-mêmes!); enfin, le vol du Garde-Meuble!

Les Girondins étaient accusés d'avoir été amis de La Fayette, d'Orléans et de Dumouriez. Tous trois, s'ils n'eussent été absents, auraient dit, sans nul doute, ce qui est vrai, qu'au contraire ils avaient trouvé dans la Gironde leur principal obstacle. Pour le dernier, il atteste en 94, six mois après leur mort, qu'il fut leur mortel ennemi, et il le prouve par un torrent d'injures. En réalité, ce fut Brissot qui, par son acte vigoureux de déclarer la guerre à l'Angleterre, trancha la trame que filait Dumouriez, coupa les ailes à sa fortune.

La déclaration de guerre à tous les rois leur fut imputée au procès avec raison. Elle leur appartient et leur reste dans l'histoire; c'est leur titre de gloire éternel.

Du reste, que les Girondins fussent coupables ou non, il eût fallu du moins, dans ces vingt-deux, mettre à part ceux qui se trouvaient là introduits par erreur, et qui, en réalité, n'étaient pas Girondins.

Fonfrède et Ducos, par exemple, assis à la droite, avaient le plus souvent voté avec la Montagne. Marat lui-même au 2 juin défendit Ducos. Ces deux jeunes représentants, nullement en danger alors, restèrent généreusement pour protéger leurs collègues, et parurent plus Girondins par cette défense qu'ils ne l'étaient d'opinion. Il n'y avait personne dans la Montagne qui ne s'intéressât à eux.

Deux hommes encore étaient à part, et ne pouvaient se mêler avec la Gironde. Quoi qu'on pût leur reprocher dans le passé, c'était à Dieu de les punir et non à la France, qu'ils avaient, par leur intrépidité, par leur crime même, enrichie d'un département. La France ne pouvait toucher Mainvielle et Duprat, qui s'étaient perdus pour elle, qui, dans leur patriotisme frénétique, s'immolèrent, se déshonorèrent pour lui donner sa plus belle conquête, la plus sûre, celle d'Avignon.

Qu'avaient-ils eu pour allié, pour ami, dans cette guerre d'Avignon? Le maire d'Arles, Antonelle, et c'était lui justement qui présidait le jury. Antonelle, ex-marquis, forcé par là d'être implacable, âpre d'ailleurs de nature, sincère amant de la Terreur, n'en était pas moins troublé en voyant dans cette malheureuse bande ceux qui, de concert avec lui, avaient rendu à la France cet immense service, et qui, quand elle aurait entassé sur eux l'or et les couronnes civiques, restait encore ses créanciers.

Il y avait déjà sept jours que durait le triste procès. Il était beaucoup moins avancé que le premier jour. Il devenait impossible de le dénouer sans le glaive. Il fallut à la lettre guillotiner le procès, afin de pouvoir ensuite guillotiner les accusés.

Le matin du 29 octobre, Fouquier-Tinville fait lire la loi sur l'accélération des jugements. Herman demande si les jurés sont suffisamment éclairés. Antonelle répond négativement.

Cependant on voulait finir. On court aux Jacobins. On obtient d'eux une députation pour demander à l'Assemblée de décréter *qu'au troisième jour le jury peut se dire éclairé,* et fermer les débats. La minute du décret s'est retrouvée, écrite par Robespierre. Chose étrange! ce fut un *indulgent* qui appuya la chose, le dantoniste Osselin. C'était lui-même un homme terrorisé, en péril; il avait chez lui une jeune femme émigrée, qu'il cachait. Dans son anxiété, il croyait se couvrir en donnant ce couteau pour en finir avec les Girondins. Lui-même il fut pris quelques jours après.

Le décret demanda du temps. Herman, pour passer

quelques heures, pour empêcher surtout de parler Gensonné, le logicien de la Gironde, qui voulait résumer toute la défense, Herman interrogeait celui-ci, celui-là, sur des questions sans importance. Enfin, à huit heures du soir, arrive le décret. Pouvait-on l'appliquer dans une affaire commencée sous une autre législation? On n'y regarda pas de si près. Le jury, sans preuve nouvelle, et sans nouveau débat, après un jour passé à divaguer, se trouve éclairé tout à coup, et le déclare.

Ils sont tous condamnés à mort.

Plusieurs des condamnés n'y croyaient pas. Ils poussèrent des cris de malédiction. Vergniaud, préparé sur son sort, demeurait impassible. Valazé se perça le cœur.

La scène fut si terrible, dit Chaumette, qui était présent, que les gendarmes restèrent littéralement paralysés. Les accusés, qui maudissaient leurs juges, auraient pu les poignarder, sans que rien n'y fît obstacle.

Mais le plus tragique accident eut lieu dans l'auditoire. Camille Desmoulins s'y trouvait. La sentence lui arracha un cri: « Ah! malheureux! c'est moi, c'est mon livre qui les a tués! »

Il n'était pas loin de minuit. Le mort et les vivants redescendirent du tribunal dans les ténèbres de la Conciergerie.

D'une voix grave, ils marquaient la descente du funèbre escalier par le chant de *La Marseillaise*.

> *Contre nous de la tyrannie*
> *Le* couteau *sanglant est levé.*

Les autres prisonniers veillaient et attendaient. Ce mot convenu leur dit la sentence, et que c'était fait de la Gironde. De tous les cachots, ils répondirent par leurs cris et par leurs sanglots.

Eux, ils ne pleuraient pas. Un repas soigné, délicat,

avait été envoyé par un ami pour le dernier banquet.

Deux prêtres voulaient les confesser. L'évêque et le marquis, Fauchet et Sillery, acceptèrent seuls.

Si l'on croit l'un de ces prêtres (qui lui-même avoue ne pas être entré dans la salle), ils auraient passé la nuit à parler de religion. Pour le croire, il faudrait bien peu connaître ces temps et la Gironde.

« De quoi donc parlèrent-ils? »

Pauvres gens, pourquoi vous le dire? Etes-vous dignes de le savoir, vous qui pouvez le demander?

Ils parlèrent de la République, de la Patrie. C'est ce que dit en propres termes leur compagnon de prison.

Ils parlèrent (nous l'affirmons et le jurons au besoin) de la France sauvée par la glorieuse bataille qui la fermait à l'invasion. Ils y trouvèrent la consolation de leurs malheurs et de leurs fautes. Nul doute qu'ils n'aient senti ces fautes, qu'ils ne se soient repentis d'avoir compromis l'unité. Vergniaud le dit lui-même: « Je n'ai écrit ces choses *qu'égaré par la douleur.* » Noble aveu devant la mort, et d'un homme qui ne voulait ni n'attendait la vie.

Fondateurs de la République, dignes de la reconnaissance du monde pour avoir voulu la croisade de 92 et la liberté pour toute la terre, ils avaient besoin de laver leur tache de 93, d'entrer par l'expiation dans l'immortalité.

Le 30 octobre se leva pâle et pluvieux, un de ces jours blafards qui ont l'ennui de l'hiver et n'en ont pas le nerf, la salutaire austérité. Dans ces tristes jours détrempés, la fibre mollit; beaucoup sont au-dessous d'eux-mêmes. Et l'on avait eu soin de défendre qu'on donnât désormais aucun cordial aux condamnés. Le cadavre, déjà livide, de Valazé, mis dans les mêmes charrettes, la tête pendante, sur un banc, était là pour énerver les cœurs, réveiller l'horreur de la mort; ballotté misérablement à tous les cahots du pavé, il avait l'air de dire: « Tel je suis, et tel tu vas être. »

Au moment où le funèbre cortège des cinq charrettes sortit de la sombre arcade de la Conciergerie, un chœur ardent et fort commença en même temps, une seule voix de vingt hommes qui fit taire le bruissement de la foule, les cris des insulteurs gagés. Ils chantaient l'hymne sacré : « Allons, enfants de la patrie !... »

Cette patrie victorieuse les soutenait de son indestructible vie, de son immortalité. Elle rayonnait pour eux dans ce jour obscur d'hiver, où les autres ne voyaient que la boue et le brouillard.

Ils allaient forts de leur foi, d'une foi simple, où tant de questions obscures qui devaient surgir depuis ne se mêlaient pas encore.

Forts de leur ignorance aussi sur nos destinées futures, sur nos malheurs et sur nos fautes.

Forts de leur amitié, la plupart allaient deux à deux et se réjouissaient de mourir ensemble. Fonfrède et Ducos, couple jeune, innocent, frères par l'hymen de deux sœurs, n'auraient pas voulu de la vie pour survivre séparés. Mainvielle et Duprat, couple souillé, voué à la fatalité, frères dans l'amour d'une femme, frères dans ce frénétique amour de la France, qui les précipita au crime, embrassaient cette commune guérison de la vie qui allait les unir encore. Ils chantaient en furieux et sur la triste voiture, et descendant sur la place, et remontant sur l'échafaud ; la pesante masse de fer put seule étouffer leurs voix.

Le chœur allait diminuant à mesure que la faux tombait. Rien n'arrêtait les survivants. On entendait de moins en moins dans l'immensité de la place. Quand la voix grave et sainte de Vergniaud chanta la dernière, on eût cru entendre la voix défaillante de la République et de la Loi, mortellement atteintes, et qui devaient survivre peu.

Les assistants des débats, les spectateurs du supplice, furent également émus, mais, s'il faut le dire, l'impression

Mort de Mme Roland

fut assez faible dans Paris. Ce grand et terrible événement n'entraîna pas l'agitation qu'avait excitée l'affaire de Custine, si peu importante relativement. Les morts stoïques affectaient peu. Les masses jugeaient ces tragédies uniquement au point de vue de la sensibilité. Les larmes que le vieux général versait sur ses moustaches grises, sa dévotion attendrie et l'étreinte de son confesseur, son intéressante belle-fille qui l'avait entouré, défendu de sa pitié filiale, tout cela faisait un tableau touchant de nature et de faiblesse qui émouvait et troublait. L'émotion fut au comble le jour de l'exécution de la plus indigne victime, de Mme du Barry. Son désespoir, ses cris, sa peur et ses défaillances, son violent amour de la vie firent vibrer en tous une corde matérielle, la sensibilité instinctive; on se souvint que la mort est quelque chose; on douta que la guillotine, « ce supplice si doux », ne fût rien.

La mort de Mme Roland, justement pour cette raison, fut à peine remarquée (8 novembre). Cette reine de la Gironde était venue à son tour loger à la Conciergerie, près du cachot de la reine, sous ces voûtes veuves à peine de Vergniaud, de Brissot et pleines de leurs ombres. Elle y venait royalement, héroïquement, ayant, comme Vergniaud, jeté le poison qu'elle avait, et voulut mourir au grand jour. Elle croyait honorer la République par son courage au tribunal et la fermeté de sa mort. Ceux qui la virent à la Conciergerie disent qu'elle était toujours belle, pleine de charme, jeune à 39 ans; une jeunesse entière et puissante, un trésor de vie réservé jaillissait de ses beaux yeux. Sa force paraissait surtout dans sa douceur raisonneuse, dans l'irréprochable harmonie de sa personne et de sa parole. Elle s'était amusée en prison à écrire à Robespierre, non pour lui demander rien, mais pour lui faire la leçon. Elle la faisait au tribunal, lorsqu'on lui ferma la bouche. Le 8, où elle mourut, était un jour froid de novembre. La nature, dépouillée et morne, exprimait l'état des cœurs; la Révolution aussi s'enfonçait dans son hiver, dans la mort des illusions. Entre les deux jardins sans feuilles, la nuit tombant (cinq heures et demie du soir), elle arriva au pied de la Liberté colossale, assise près de l'échafaud, à la place où est l'obélisque, monta légèrement les degrés, et, se tournant vers la statue, lui dit avec une grave douceur, sans reproche: « O Liberté, que de crimes commis en ton nom! »

Elle avait fait la gloire de son parti, de son époux, et n'avait pas peu contribué à les perdre. Elle a involontairement obscurci Roland dans l'avenir. Mais elle lui rendait justice; elle avait pour cette âme antique, enthousiaste et austère, une sorte de religion. Lorsqu'elle eut un moment l'idée de s'empoisonner, elle lui écrivit pour s'excuser près de lui d'avoir voulu disposer de sa vie sans son aveu. Elle savait que Roland n'avait qu'une unique faiblesse: son violent amour pour elle, d'autant plus profond qu'il le contenait.

Quand on la jugea, elle dit: « Roland se tuera. » On ne put lui cacher sa mort. Retiré près de Rouen, chez des dames, amies très sûres, il se déroba, et pour faire perdre sa trace, voulut s'éloigner. Le vieillard, par cette saison, n'aurait pas été bien loin. Il trouva une mauvaise diligence qui allait au pas; les routes de 93 n'étaient que fondrières. Il n'arriva que le soir aux confins de l'Eure. Dans l'anéantissement de toute police, les voleurs couraient les routes, attaquaient les fermes; des gendarmes les poursuivaient. Cela inquiéta Roland, il ne remit pas plus loin ce qu'il avait résolu. Il descendit, quitta la route, suivit une allée qui tourne pour conduire à un château; il s'arrêta au pied d'un chêne, tira sa canne à dard et se perça d'outre en outre. On trouva sur lui son nom, et ce mot: « Respectez les restes d'un homme vertueux. » L'avenir ne l'a pas démenti. Il a emporté avec lui l'estime de ses adversaires, spécialement de Robert Lindet.

Suicide de Roland

On le trouva le matin, et, l'autorisation venue, on l'enfouit négligemment, hors de la propriété, à l'angle de la grande route. On lui jeta deux pieds de terre. Les jours suivants, les enfants y venaient jouer, et enfonçaient des baguettes pour sentir le corps.

Nulle attention du public. La Gironde est déjà antique, reculée dans un temps lointain. Comment en serait-il autrement? Ses vainqueurs, les Jacobins, sont dépassés eux-mêmes. La Révolution les déborde les uns et les autres, et par ses fureurs et par son génie. Mme Roland meurt le 8, mais le 7 une question immense a surgi, également incomprise et des Girondins et des Jacobins.

Livre XIV

ROBESPIERRE,
PRÊTRE DE LA RÉVOLUTION

CHAPITRE PREMIER

La Révolution n'était rien sans la révolution religieuse

Pourquoi échoua la Révolution. Comment elle fût devenue une création. Impuissance des Girondins et des Jacobins. Les cordeliers Clootz et Chaumette. Registres de la Commune. Admirables inspirations d'humanité.

Le fondateur des Jacobins, Adrien Duport, avait dit un mot de génie, qu'il suivit trop peu lui-même. A ceux qui voulaient une révolution anglaise et superficielle, il disait: « Labourez profond. »

Ce que Saint-Just a dit aussi sous cette forme grave et mélancolique: « Ceux qui font les révolutions à demi ne font que creuser leurs tombeaux. »

Ce mot s'applique non seulement à tous les révolutionnaires artistes, mais aux deux partis raisonneurs:

aux Girondins, à Vergniaud, à Mme Roland;

aux Jacobins, à Robespierre, à Saint-Just lui-même.

Girondins et Jacobins, ils furent également des logiciens politiques, plus ou moins conséquents, plus ou moins avancés. Peu différents de principes, ils marquent des degrés sur une ligne unique, dont ils ne s'écartent guère; ils forment comme l'échelle de la révolution politique.

Le plus avancé, Saint-Just, n'ose toucher ni la religion, ni l'éducation, ni le fond même des doctrines sociales; on entrevoit à peine ce qu'il pense de la propriété.

Que cette révolution, politique et superficielle, allât un peu plus ou un peu moins loin, qu'elle courût plus ou moins vite sur le *rail* unique où elle se précipitait, elle devait s'abîmer.

La révolution religieuse

Pourquoi? Parce qu'elle n'était soutenue ni de droite ni de gauche, parce qu'elle n'avait ni sa base ferme en dessous, ni, de côté, ses appuis, ses contreforts naturels.

Il lui manquait, pour l'assurer, la révolution religieuse, la révolution sociale, où elle eût trouvé son soutien, sa force et sa profondeur.

C'est une loi de la vie: elle baisse si elle n'augmente.

La Révolution n'augmentait pas le patrimoine d'idées vitales que lui avait léguées la philosophie du siècle. Elle réalisait en institutions une partie de ces idées, mais elle y ajoutait peu. Féconde en lois, stérile en dogmes, elle ne contenait pas l'éternelle faim de l'âme humaine, toujours affamée, altérée de Dieu.

La loi, c'est le mode d'action, c'est la roue, la meule. Mais qui tourne cette roue? mais cette meule, que moud-elle? Mettez-y le grain, le dogme, sinon, la meule tourne à vide, elle s'use, elle va frottant; elle pourra se moudre elle-même.

Les deux partis raisonneurs, les Girondins, les Jacobins, tinrent peu compte de ceci. La Gironde écarta entièrement la question, les Jacobins l'éludèrent. Ils crurent payer Dieu d'un mot.

Toute la fureur des partis ne leur faisait pas illusion sur la qualité de vie que contenaient leurs doctrines. Les uns et les autres ardents scolastiques, ils se proscrivirent d'autant plus que, différant moins au fond, ils ne se rassuraient bien sur les nuances qui les séparaient qu'en mettant entre eux le *distinguo* de la mort.

Eh bien! ces drames terribles, cette horreur, ce sang versé, tout cela ne remplissait pas le vide infini de l'âme nationale. Tout l'ennuyait également. Et elle attendait.

La religion de justice

Les deux génies de la Révolution, Mirabeau, Danton, son grand homme, Robespierre, n'eurent pas le temps d'observer (emportés par l'ouragan) ce qu'elle avait précisément à faire pour perdre le nom de révolution, devenir création.

Elle devait, sous peine de périr, non seulement codifier le XVIIIe siècle, mais le vivifier, *réaliser en affirmation vivante* ce qui chez lui fut négatif. Je m'explique.

Elle devait montrer que sa négation d'une religion, arbitraire de faveur pour les élus, contient *l'affirmation de la religion de justice égale pour tous;* montrer que sa négation de la propriété privilégiée contient *l'affirmation de la propriété non privilégiée, étendue à tous*.

Voilà ce que la Révolution devait à son illustre père, le XVIIIe siècle: briser le noyau scolastique qui contenait sa doctrine, en tirer le fruit de vie.

Dès ce jour, elle vivait, et elle pouvait dire: Je suis. A elle la vie, le positif. Et l'ancien régime, convaincu d'être le vide, s'évanouissait.

La Révolution réserva justement les deux questions où était la vitalité. Elle ferma un moment l'église et ne créa pas le temple. Elle changea la propriété de main, mais la laissa monopole; le privilégié renaquit comme usurier patriote, bande noire, agioteur, tripotant dans l'assignat et les biens nationaux.

Quels remèdes? La répression individuelle, la sévérité croissante, vieux moyens gouvernementaux, furent de moins en moins efficaces. Emonder servait très peu, si la racine était la même. C'est elle qu'il eût fallu changer par la force d'une sève nouvelle. Cette sève, qui pouvait la donner? L'apparition d'une idée dominante et souveraine qui, ravissant les esprits, soulevant l'homme du pesant limon, se créant à soi un peuple, s'armant du monde nouveau qu'elle aurait créé, neutralisant d'en haut l'effort mourant de l'ancien monde.

La révolution religieuse

Le rapport de l'homme à Dieu et de l'homme à la nature, la religion, la propriété, devaient se constituer sur un dogme neuf et fort, ou la Révolution devait s'attendre à périr.

Les Girondins ne firent rien, ne soupçonnèrent même pas qu'il y eût à faire.

Les Jacobins ne firent rien que juger, épurer, cribler. Ils se montrèrent infiniment peu capables de création.

Les Cordeliers essayèrent. Seulement comme ils étaient en insurrection permanente, spécialement contre eux-mêmes, ce qu'ils essayaient était nul d'avance. Le seul parti qui par moment semble avoir rêvé les moyens de féconder la Révolution, c'est celui qui, anarchie vivante, était infécond.

Comme foyer d'anarchie, les Cordeliers continrent tout élément, ce que la Révolution eut de meilleur, ce qu'elle eut de pire.

Le mélange fit horreur, et les Jacobins brisèrent tout.

Les contrastes adoucis, fondus plus habilement dans la Société jacobine (véritable société), apparurent avec une dureté cruelle et choquante dans celle des Cordeliers.

L'ange noir des Cordeliers est dans le scélérat Ronsin, dans Hébert, muscadin fripon, masqué sous le *Père Duchesne*, dans le petit tigre Vincent.

L'ange blanc des Cordeliers fut dans l'infortuné, l'innocent, le pacifique Anacharsis Clootz, l'orateur du genre humain, homme du Rhin, frère de Beethoven, Français, hélas! d'adoption.

Cette blessure saigne en moi, et elle saignera toujours: la mort des étrangers illustres mis à mort pour nous, par nous!

Ah! France! quelle chose es-tu donc, et comment te nommerai-je?... Tant aimée!... Et combien de fois tu m'as traversé le cœur!... Mère, maîtresse, marâtre adorée!... Que nous mourions par toi, c'est bien! que tu nous brises, c'est toi-même; tu n'entendras pas un soupir. Mais ceux-ci, qui, si confiants, vinrent d'eux-mêmes se mettre en tes bras, âmes d'or, âmes innocentes, qui n'avaient plus vu de frontières, qui, dans leur aveugle amour, ne distinguaient ni Rhin ni Alpes, qui ne sentaient plus la patrie qu'en la déposant aux genoux de leur meilleure patrie, la France!... Ah! leur destinée laisse en moi un abîme de deuil éternel!

Entre l'ange noir et l'ange blanc, le bon et le mauvais esprit, entre Hébert et Clootz, s'agitait Chaumette.

Le parleur ingénieux et adroit, l'homme matériel et lâche, qui, même à côté d'Hébert, n'eut jamais la force d'être un scélérat, et garda un cœur.

Il fut tué par son bon génie, par l'influence de Clootz. Il osa, un jour, être humain. Et il alla à la mort.

Le mariage de ces deux hommes, si profondément différents d'esprit:

du pauvre spéculatif Allemand, bayant aux nuées;

et du caméléon mobile, homme d'affaires, tout pratique: ce mariage étonnant mérite d'être expliqué.

Clootz, comme tout Allemand, arrivait du fond du panthéisme, de la nature, et de l'infini;

Chaumette, comme tout Français (et celui-ci de basse espèce), partait de l'individualisme, du particulier, du jour, de l'aventure quotidienne, qui en tout temps n'est guère que l'infiniment petit.

Une chose les ralliait, celle qu'ils avaient tous deux haïe dans les Girondins: l'esprit décentralisateur.

La générosité de Clootz, son ardent amour de la France, où il fut amené enfant, le désintéressait de l'Allemagne. Il était Français, regardait le Rhin *comme un futur département* de la République française. Il était décentralisateur de l'Allemagne, à force d'aimer la France.

Chaumette, c'était le contraire. Il n'avait pas à décentraliser une patrie étrangère; il ne connaissait que Paris. Il était la voix, l'agréable organe, du chaos discordant de la Commune. Ce chaos, dans sa bouche, était harmonie. Sa vie, sa voix, étaient municipales. Donc, avec toutes ses déclamations violentes contre les décentralisateurs, il n'était décentralisateur qu'au profit de la grande et redoutable Commune, qui, il est vrai, contient *le tout*.

Le tout? est-ce seulement la France? Ne le croyez pas. Paris, c'est le monde.

Donc, sur ce terrain, se retrouvaient l'homme du monde, Anacharsis, et le municipal Chaumette.

On a imprimé quelques pages des registres du Conseil général de la Commune, celles qui se rapportent aux grandes journées de la Révolution. Pour bien connaître la Commune, il faut la prendre dans un moment plus paisible. Ouvrons ces registres en novembre 93, risquons-nous dans ces archives des crimes, pénétrons dans ce repaire de l'impie, de l'horrible, de la sanguinaire Commune, comme l'appellent les historiens. Je donne les faits sans ordre, comme ils se suivent aux registres. *(Archives de la Seine.)*

Une enfant de onze ans, maltraitée de sa mère, est amenée par le Comité révolutionnaire de sa section; elle demande du travail. La Commune se charge de pourvoir à ses besoins (19 brumaire).

Les adoptions d'enfants se présentent à chaque instant. L'adoption d'un vieillard, chose rare aujourd'hui, se retrouve quelquefois sur les registres de la Commune.

Les cadavres des suppliciés, que des scélérats ont l'infamie de dépouiller, seront décemment inhumés en présence d'un commissaire de police (17 brumaire).

A Bicêtre et autres hôpitaux, on séparera désormais des malades les fous et les épileptiques (17 brumaire).

A la Salpêtrière, on détruira les cabanons horribles où l'on enfermait les folles (21 brumaire). On améliorera le logement des fous de Bicêtre (26 brumaire).

Mesures humanitaires

On traitera avec des soins particuliers les femmes en couches. On leur assigne (pour la première fois!) une maison à part, celle de la Mission, et, plus tard, l'Archevêché. On mettra sur la porte: « Respect aux femmes en couches, espoir de la Patrie. »

Je vois aussi que, dans les cérémonies publiques, la Commune fit donner des places réservées, l'une aux femmes enceintes, l'autre aux vieillards, pour les préserver de la foule.

Violente invective de Chaumette contre les loteries (24 brumaire), contre les filles publiques. Les arrêtés de la Commune contre elles ne servant à rien, on rend responsables tous ceux qui les logent, propriétaires, principaux locataires, etc.

Le théâtre de la Montansier au Palais-Royal sera fermé, de crainte qu'il ne brûle la Bibliothèque Nationale qui est en face (24 brumaire).

La section de Bonne-Nouvelle demande que la bibliothèque de son arrondissement soit ouverte tous les jours (même date).

La Commune place au Musée du Louvre une garde de dix hommes pour la nuit (3 nivôse). Elle demande à la Convention de suspendre toute restauration de tableaux, et qu'on institue un concours à ce sujet (13 frimaire).

Une section demande que l'on écrive des livres pour les enfants. La Commune en fera l'objet d'une pétition à la Convention (28 brumaire).

On cherchera les moyens de loger les indigents, les infirmes et les vieillards; on emploiera les indigents valides dans l'intérêt de la République et dans leur propre intérêt (1er frimaire).

Des femmes viennent se plaindre de ce qu'elles ne peuvent avoir des nouvelles de leurs enfants qui sont à l'armée. On nomme des commissaires pour inviter le ministre à demander la liste des jeunes soldats dont les parents ont droit aux secours (7 frimaire). Le procureur de la Commune observe, à cette occasion, la bonne conduite des femmes qui remplissent les tribunes et travaillent en écoutant. Mention civique.

Organisation des Quinze-Vingts. On y donnera un logement à part aux aveugles plus infirmes ou plus âgés. On demandera à la commission de bienfaisance quinze sous par jour pour les aveugles non logés aux Quinze-Vingts (16 frimaire).

On nomme une commission pour prendre des notes sur ceux qui soignent les malades (9 nivôse). On fait prêter serment aux infirmières (14 nivôse).

Chaumette fait décider que la bibliothèque de la Commune fera collection des arrêtés, imprimés, adresses, etc., qui peuvent servir de matériaux aux historiens (20 frimaire).

Un mari vient se plaindre du vicaire général Bodin, qui lui enlève sa femme, et de l'administration de police qui repousse sa plainte. La Commune fera une enquête à ce sujet (2 nivôse, 22 décembre).

Des plaintes analogues à celles-ci sont portées aux Jacobins, qui les accueillent et se chargent de les appuyer auprès des autorités. Les sociétés populaires et le pouvoir municipal devenaient les garants de la moralité publique et d'une manière très efficace, la peine la plus terrible étant en réalité l'excommunication des patriotes. L'homme immoral était jugé *suspect* et aristocrate.

La commission de correspondance donnera des exemplaires de tous les imprimés intéressants aux communes qui correspondent avec celle de Paris, et spécialement *aux hospices* (2 nivôse).

Que d'idées touchantes, heureuses! Et tout cela en deux mois, novembre et décembre!... Quelle administration, en si peu de temps, peut montrer, par tant de faits, un si tendre intérêt pour l'espèce humaine, une telle préoccupation de tout ce qui touche la civilisation, même des objets auxquels on semblait devoir moins songer dans ces temps de troubles: des bibliothèques, des musées, et jusqu'aux restaurations de tableaux? Plût au Ciel que l'administration de nos temps civilisés eût suivi, sur ce dernier point, l'idée du vandale Chaumette, le Musée du Louvre n'eût pas subi les transformations hideuses qu'on y déplore aujourd'hui!

On répète à satiété, en preuve de la barbarie de la Commune, que Chaumette demanda qu'on plantât en légumes les jardins publics et autres domaines nationaux. La première proposition de ce genre fut faite à Nantes par un girondin. Un M. Laënnec fit observer que, par suite de l'émigration, des jardins, des parcs immenses étaient sans culture, qu'on devrait les cultiver en plantes alimentaires. Cette observation judicieuse, dans la disette de Nantes (mai 93), fut reproduite par Chaumette dans la disette de Paris (septembre). En ce qui touche nos promenades, elle semblait exagérée, mais elle était fort habile et propre à calmer le peuple, très ému en ce moment.

Je ne ferai pas à mes lecteurs l'injure d'analyser les choses admirables qu'ils viennent de lire; qu'ils les relisent, les méditent et tâchent d'en profiter; qu'ils agrandissent leur cœur dans la contemplation du grand cœur de 93, dans l'admiration du pouvoir le plus populaire qui sans doute ait été jamais.

Qu'on me permette de m'arrêter sur une seule chose, toute simple, et, malgré sa simplicité, vraiment ingénieuse et profonde.

C'est l'arrêté du 2 nivôse: Envoyer les imprimés intéressants *spécialement aux hospices*, c'est-à-dire, les envoyer à ceux qui ont le plus de temps pour les lire, les envoyer aux pauvres désoccupés qui se meurent d'ennui, les envoyer au malade, à l'infirme, à celui qui gît oublié, souvent délaissé de sa famille, lui dire: « Si tes parents t'oublient, ta parente, ta mère, la bonne Commune de Paris, se souvient de toi... Elle vient te visiter par l'écrit qu'elle t'envoie...

Pauvre homme dédaigné du monde! celle qui est la lumière du monde, la grande ville qui est ta ville, veut rester en communication avec toi, te faire part de sa pensée. »

Qui trouve de pareilles choses? Celui qui aime le peuple, celui qui respecte en lui et ses maux et ses énergies dont on profite si peu, celui qui sent le besoin d'adoucir son présent, d'ouvrir son avenir, celui qui sent Dieu en l'homme!

Clootz disait pieusement, dévotement: « Notre Seigneur Genre humain! »

Hélas! après tant de siècles où l'homme a été si barbarement ravalé plus bas que la bête, où la pauvre personne humaine fut chaque jour écrasée sous la roue du char des faux dieux, qui ne pardonnera au grand cœur de nos patriotes de 93 l'erreur généreuse de vouloir, en expiation, faire un dieu de l'homme, de repousser les symboles auxquels on avait cruellement immolé la vie, de mettre la victime elle-même sur l'autel, de diviniser le malheur et l'humanité? Pieux blasphèmes, auxquels Dieu aurait pardonné lui-même, comme à la violente réaction de la pitié!

CHAPITRE II

Calendrier républicain Culte nouveau
Novembre 93

Pour la première fois, l'homme eut la mesure du temps, de l'espace, de la pesanteur. L'année commencée aux semailles. Austérité du calendrier de Romme. Fête astronomique à Arras (10 octobre 1793). Fabre d'Eglantine trouve les noms des mois et des jours. Raison, Logos, Verbe de Platon. Clootz et Chaumette. Chaumette fait créer le Conservatoire de musique. Opposition de Chaumette et d'Hébert. Chaumette combat le fédéralisme tyrannique des comités de sections. Il veut supprimer le salaire du clergé. Il obtient l'égalité des sépultures et l'adoption nationale des enfants des suppliciés.

Le 20 septembre, avant-veille de l'anniversaire de la République, Romme lut à la Convention le projet du calendrier républicain, adopté le 5 octobre. Pour la première fois en ce monde, l'homme eut la vraie mesure du temps.

Il eut celle de l'espace, de la pesanteur. L'uniformité des poids et mesures, dont le type invariable fut pris dans la mesure même de la terre, fit disparaître le chaos barbare qui jetait l'inexactitude, le hasard, et dans les transactions, et dans les œuvres d'industrie.

Romme put dire cette grave parole: « Le temps enfin ouvre un livre à l'histoire... » Jusque-là, elle ne pouvait pas même dater dans la vérité.

Il ne serait pas facile, en travaillant bien, de rien trouver de plus absurde que notre calendrier. Les nations antiques commençaient l'année à une époque ou astronomique ou historique, à telle raison, à tel événement national. Notre 1er janvier n'est ni l'un ni l'autre. Les noms des mois n'ont aucun sens, ou un sens faux, comme octobre pour dire le dixième mois. Les noms des jours de la semaine ne rappellent que les sottises de l'astrologie. Pour la longueur de l'année, l'erreur julienne, corrigée par l'erreur grégorienne, n'offrait encore qu'un à peu près qui devait de plus en plus devenir sensible. Le ciel, pour la première fois, fut sérieusement interrogé.

L'ère fut historique et astronomique à la fois.

Historique. Non plus l'ère chrétienne, rappelée par la fête variable de Pâques — mais l'ère française, fixée à un jour précis, à un événement daté et certain: *la fondation de la République française*, premier fondement jeté de la république du monde.

Traduisons ces mots: *l'ère de justice, de vérité, de raison*.

Et encore: l'époque sacrée où l'homme devint majeur, *l'ère de la majorité humaine*.

Les successeurs d'Alexandre, suivant la tradition de l'Egypte, et suivis eux-mêmes de tout l'Orient, avaient fait commencer l'année à l'équinoxe d'automne. En prenant cette ère, la République ouvrait l'année comme le doit un peuple agricole, au moment où la vendange ferme le cercle des travaux, où les semailles d'octobre, qui confient le blé à la terre, commencent la carrière nouvelle. Moment plein de gravité où l'homme croise un instant les bras, revoit la terre qui se dépouille de son vêtement annuel, la regarde avant de mettre dans son sein le dépôt de l'avenir.

La Révolution française, le grand semeur du monde, qui mit son blé dans la terre, n'en profita pas elle-même; préparant de loin la moisson à nous, enfants de sa pensée, la Révolution dut prendre cette ère annuelle. Qu'une partie ait péri, tombant sur la pierre, une autre mangée des oiseaux du ciel, n'importe! le reste viendra... Soyez béni, grand semeur!

Donc, la terre, pour la première fois, répondit au ciel dans les révolutions du temps. Et le monde du travail agissant aussi dans les mesures rationnelles que donnait la terre elle-même, l'homme se trouva en rapport complet avec sa grande habitation. Il vit la raison au ciel, et la raison ici-bas. A lui de la mettre en lui-même.

Elle absente, le chaos régnait. L'œuvre divine, brouillée par l'ignorance barbare, semblait un caprice, un hasard sans Dieu. Etat impie, objection permanente contre toute religion. La science, à la fin des temps, se charge d'y répondre en rétablissant l'harmonie, en détrônant le chaos, en intronisant la Sagesse.

Il était facile de dire avec Platon et le platonisme chrétien: *La Sagesse* (le Logos ou Verbe) *est le Dieu du monde.* Mais comment fonder son autel, quand l'apparente discordance de son œuvre ne nous montrait rien de sage?

Le génie stoïcien de Romme, sa foi austère dans la Raison pure apparaît dans son calendrier. Nul nom de saint, ni de héros, rien qui donne prise à l'idolâtrie. Pour noms des mois, les idées éternelles: *Justice, Egalité,* etc. Deux mois seuls étaient nommés de leurs dates sublimes: juin s'appelait *Serment du Jeu de Paume,* et juillet, c'était *la Bastille.*

Du reste, rien que des noms de nombres. Les jours et les décades ne se désignent plus que par leur numéro. Les jours suivent les jours, égaux dans le devoir, égaux dans le travail. Le temps a pris la face invariable de l'Eternité.

Cette austérité extraordinaire n'empêcha pas le nouveau calendrier d'être bien reçu. On avait faim et soif du vrai. Une fête prodigieuse de tous les départements du Nord eut lieu à cette occasion, le 10 octobre, à Arras, fête astronomique et mathématique, où la terre imita le ciel; elle n'eut pas moins de vingt mille acteurs, qui figurèrent dans une pompe immense les mouvements de l'année. Tout cela, six jours avant la bataille qui délivra la France, si près de l'ennemi, dans cette attente solennelle!... Devant la Belgique idolâtre, devant l'armée barbare qui nous rapportait les faux dieux, la France républicaine se montra pure, forte, paisible, jouant le jeu sacré du temps, célébrant l'ère nouvelle, la plus grande qu'ait vue planète depuis son premier jour.

Les vingt mille hommes, divisés en douze groupes, selon les âges, représentaient les mois. L'année défilait variée en visages humains, jeune et riante d'espérance, puis mûre et grave, enfin aspirant au repos. Les vainqueurs de la vie, ceux qui ont dépassé leurs quatre-vingts années, en un petit groupe sacré, étaient les jours complémentaires qui ferment l'année républicaine. Le jour ajouté au bout des quatre ans dans ce calendrier avait la figure vénérable d'un centenaire qui marchait sous un dais. Derrière ces vieux, courbés sur leurs bâtons, venaient les tout petits enfants, comme la jeune année suit la vieille, comme les générations nouvelles remplacent celles qui vont au tombeau.

La grâce de la fête était le bataillon des vierges, avec cette devise, touchante dans un si grand danger: « Ils vaincront; nous les attendons. » Etaient-ce leurs amants? ou leurs frères? La bannière virginale ne le disait point.

Tous les métiers qui font le soutien de la vie humaine consacrèrent leurs outils en touchant l'arbre de la liberté.

Le centenaire prit la Constitution et la leva au ciel. Autour de lui, au pied de l'arbre, les vieillards siégèrent et prirent un repas. Les vierges, les jeunes gens les servaient. Le peuple faisait cercle, entourant d'une couronne vivante la table sacrée, bénissant les uns et les autres, et ses pères et ses enfants.

Ce calendrier tout austère, ces fêtes infiniment pures, où tout était pour la raison et le cœur, rien pour l'imagination, pourraient-ils remplacer le grimoire du vieil Almanach, baroque, bariolé de cent couleurs idolâtriques, chargé de fêtes légendaires, de noms bizarres qu'on dit sans les comprendre, de *Laetare*, d'*Oculi*, de *Quasimodo*? La Convention crut qu'il fallait donner quelque chose de moins abstrait à l'âme populaire. Elle adopta la base scientifique de Romme, mais elle changea la nomenclature. L'ingénieux Fabre d'Eglantine, dans un aimable écrit des temps paisibles, en 1783 (l'*Histoire naturelle dans le Cours des Saisons*), avait donné l'idée du calendrier vrai, où la nature elle-même, dans la langue charmante de ses fruits, de ses fleurs, dans les bienfaisantes révélations de ses dons maternels, nomme les phases de l'année. Les jours sont nommés d'après les récoltes, de sorte que l'ensemble est comme un manuel de travail pour l'homme des champs; sa vie s'associe jour par jour à celle de la nature. Quoi de mieux approprié à un peuple tout agricole, comme l'était la France alors? Les noms des mois, tirés ou du climat ou des récoltes, sont si heureux, si expressifs, d'un tel charme mélodique, qu'ils entrèrent à l'instant au cœur de tous, et n'en sont point sortis. Ils composent aujourd'hui une partie de notre héritage, une de ces créations toujours vivantes, où la Révolution subsiste et durera toujours. Quels cœurs ne vibrent à ces noms? Si l'infortuné Fabre ne vit pas quatre mois de son calendrier, si, arrêté en pluviôse, il meurt avec Danton en germinal, sa mort, trop cruellement vengée en thermidor, n'empêche pas qu'il ne vivra toujours pour avoir seul entendu la nature et trouvé le chant de l'année.

La portée de ces changements était immense. Ils ne contenaient pas moins qu'un changement de religion.

L'Almanach est chose plus grave que ne croient les esprits futiles. La lutte des deux calendriers, le républicain et le catholique, c'était celle *du passé*, de la tradition, *contre ce présent* éternel du calcul et de la nature.

Rien n'irrita davantage les hommes du passé. Un jour, avec colère, l'évêque Grégoire disait à Romme: « A quoi sert ce calendrier? » Il répliqua froidement: « A supprimer le dimanche. » Grégoire assure que tous les gallicans eussent souffert le martyre pour ne pas transporter le dimanche au décadi.

Mirabeau, qui se mêlait parfois de prophétiser, avait dit:

« Vous n'aboutirez à rien si vous ne déchristianisez la Révolution. »

Le siècle de l'analyse, le XVIIIe siècle, gravitait invinciblement au culte de la Raison pure. La Convention, le 3 octobre, décrète la translation de Descartes au Panthéon. L'initiateur du grand doute qui commença la Foi nouvelle repose avec Rousseau, Voltaire, le père à côté de ses fils.

L'œil sévère, le regard brûlant de la pensée moderne, envisage cette immense agrégation de dogmes que les siècles entassèrent. Et dessous, que voit-elle? Le roc où tant d'alluvions se sont déposées peu à peu, le Logos ou Verbe platonicien, l'Idée de la Raison vivante.

Comme une île du Sud qui fut jadis fertile, et que le corail peu à peu a couverte de sa riche et stérile fructification... arrachez tout ce luxe aride... rendez le soleil à la terre et les rosées du ciel. Elle sera féconde encore.

Cette révolution nécessaire du XVIIIe siècle donne en métaphysique Kant et la Raison pure; en pratique, la tentative religieuse de Romme et d'Anacharsis Clootz, le culte de la Raison.

Culte mathématique dont les voyants seraient les Newton et les Galilée. Culte humanitaire dont les pères sont les Descartes et les Voltaire, les bienfaiteurs du genre humain.

Dans quels sens différents comprit-on le mot de Raison?

Tels n'y voyaient que la raison humaine. Possédés du besoin critique d'une époque de lutte, ils ne cherchaient guère dans la vérité qu'une négation de l'erreur, une arme pour briser le vieux monde.

D'autres, spécialement certaines sociétés populaires, déclarent que par Raison ils entendent la raison divine et créatrice, autrement dit l'Etre suprême.

Entre la divine et l'humaine, où sera la limite? Les idées nécessaires (cause, substance, temps, espace, devoir), qui sont en nous, mais non notre œuvre, qui constituent pourtant notre raison même, sont-elles nôtres, sont-elles de Dieu?

Duplicité de Chaumette

Les grands esprits qui donnèrent cette impulsion en employant les formes du temps, flottèrent d'un sens à l'autre et firent peu de distinction. Nul doute que la Raison ne soit le côté le plus haut de Dieu. Nul doute qu'elle ne soit nulle part plus clairement révélée que dans son incarnation permanente: l'Humanité.

Lorsque le pauvre Clootz s'attendrissait au mot: « Notre Seigneur Genre humain », lorsqu'il déplorait les misères de ce malheureux roi du monde, Dieu, pour lui apparaître ainsi voilé, n'en fut pas moins en lui.

Le philosophe Clootz, le mathématicien Romme, n'auraient rien fait si leurs idées n'avaient gagné un homme d'activité pratique, l'ingénieux et infatigable tribun de la Commune, Anaxagore Chaumette.

Le 26 septembre, Chaumette demanda à la Commune qu'on bâtît un hospice, sous le nom de Temple-de-l'Humanité. Il revenait de son pays, la Nièvre, où il avait conduit sa mère malade. Fouché y avait hardiment aboli le catholicisme. Fouché, de Nantes, témoin des premiers massacres de la Vendée, les vengeait dans la Nièvre, secondait violemment le mouvement populaire contre le clergé. Chaumette raconte ainsi la chose à la Commune: « Le peuple a dit aux prêtres: « Vous nous promettez des miracles. Nous, nous allons en faire... Et il a institué les fêtes de la vieillesse et du malheur... Vous auriez vu les pauvres, les aveugles, les paralytiques, siéger aux premières places... En voilà des miracles! »

Chaumette, pour ses fêtes, avait besoin de chants. Il demanda, obtint la création de la grande école de musique, le Conservatoire.

Le vénérable Gossec, rajeuni par l'enthousiasme, dirigea cette école, et trouva les chants du culte nouveau.

Chaumette, pour les vers, s'adressa à Delille, le facile versificateur. L'abbé Delille, violent royaliste, enfant colère, trouva du courage dans sa douleur, dans son deuil de la

Le culte nouveau

reine, dont il avait été le maître. Il lut hardiment à Chaumette son dithyrambe sur l'*Immortalité* :

> *Lâches oppresseurs de la terre,*
> *Tremblez, vous êtes immortels!*

C'était aller droit à la guillotine. Chaumette ne voulut pas comprendre. « C'est bon, l'abbé, cela servira pour une autre fois. » Il garda la chose secrète, et lui sauva la vie.

Il avait sauvé de même l'imprimeur Tiger, qui, au 5 septembre, l'insulta, le prit à la gorge, publiquement, sur le quai, comme il marchait à l'Assemblée à la tête de la Commune.

On a vu l'émotion de Chaumette au procès de Louis XVI, et l'intérêt qu'il montra à M. Hue, qui pleurait. Il en témoigna beaucoup aussi à la jeune dauphine. Il fit élargir Cléry.

La fatalité l'avait comme attelé à Hébert dans cette terrible direction de la Commune. Cependant la forte opposition de leurs caractères ne laissait pas que de paraître. On le vit au 31 mai; on le vit au 14 août, où il parla assez vivement contre Hébert et Henriot. Vers la fin d'août, aux Jacobins, une polémique s'éleva sur la question de savoir si les suspects devaient être enfermés ou déportés; Hébert et Robespierre étaient pour le premier avis; Chaumette préférait la déportation, peine plus dure en apparence, plus douce en réalité à une époque où la prison se trouvait si près de la guillotine.

Le caractère de Chaumette était très faible. Dès qu'il risque d'être pris en flagrant délit de modération (par exemple, les 4-5 octobre), on le voit reculer sur-le-champ, se cacher dans la cruauté. Le 10, jour du foudroyant rapport de Saint-Just, où le parti de Chaumette était trop désigné, Chaumette donna à la Commune une liste de tous les cas qui rendaient suspect, liste telle qu'il eût fallu emprisonner toute la France.

Décret sur les sépultures

Avec tout cela, Chaumette et le Conseil général, qu'il dirigeait seul (Hébert était à son journal, à la Guerre, aux Jacobins), Chaumette, dis-je, était encore le meilleur secours qu'on eût contre la tyrannie locale des comités révolutionnaires de sections. Il y avait du moins là une publicité devant laquelle ces comités reculaient. Dénoncés fréquemment à la Commune, ils le furent à la Convention, le 9 octobre, par Léonard Bourdon, le 18, par Lecointre, comme sujets à frapper leurs ennemis personnels, parfois à emprisonner leurs créanciers. Collot-d'Herbois lui-même, qui ne peut passer pour un modéré, accusait le 26 septembre, aux Jacobins, *la furieuse étourderie* des comités révolutionnaires.

Le Comité de sûreté générale, placé si haut et si loin, obligé d'embrasser la France, n'offrait pas un recours sérieux contre ces petits tyrans. Il les ménageait comme ses agents personnels, étouffait dans le secret tous leurs excès de pouvoir. A la Commune, au contraire, tout arrivait au jour. Le 26 septembre, le 3, le 26 octobre, elle accueillit, appuya les plaintes qu'on faisait contre ces comités, parfois même réforma leur jugement.

Enrayer ainsi politiquement, c'était un grand péril, si l'on n'ouvrait à la Révolution une autre carrière, si l'on ne compensait la modération politique par l'audace religieuse; c'est ce que sentirent plusieurs représentants. Ils firent la terreur sur les choses et non sur les personnes; ils décapitaient des images, suppliciaient des statues, envoyaient à la Convention des charretées de saints guillotinés qui allaient à la Monnaie.

Pour centre de sa propagande, Chaumette prit les Gravilliers, les Filles-Dieu (passage du Caire). C'est le principal foyer de la petite industrie, l'industrie vraiment parisienne; elle y est prodigieusement active, y comprend mille métiers. Il y a là un esprit plus varié qu'au faubourg Saint-Antoine, classé en grandes légions, celle du fer, du bois, etc.

Léonard Bourdon avait établi son Ecole d'enfants de la patrie dans le prieuré Saint-Martin; de là, il secondait Chaumette. Le premier point de leur prédication, très bien reçu, fut: *Qu'il ne fallait plus payer le clergé*, principe adopté bientôt par toutes les sections, qui en portèrent le vœu à la Convention.

Le second point, fort populaire, fut un bel arrêté (28 octobre) sur l'*égalité des sépultures*. Le pauvre comme le riche doit être enterré avec un cortège décent, non sous un méchant drap noir, mais dans un drapeau tricolore, le drapeau de la section. La ville de Paris a gardé quelque chose de cette loi de l'égalité. L'indigent, le mendiant, va à sa dernière demeure dans un char à deux chevaux, avec quatre appariteurs, précédé d'un commissaire des pompes funèbres.

C'est aussi sur le drapeau de la section que la Commune devait recevoir les enfants qu'on lui apportait pour les rebaptiser de noms révolutionnaires.

Ainsi nos saintes couleurs, le drapeau sacré de la régénération humaine, recevait l'homme à la naissance et le recueillait à la mort. Pour consolation de la destinée, il trouvait ce bon accueil à son dernier jour; il s'en allait vêtu de la France, sa mère, enveloppé de la Patrie.

Le peuple, reconnaissant, éprouvait le besoin d'être béni de la Commune. Des ouvriers vainqueurs de la Bastille voulaient être remariés, ne croyant pas, disaient-ils, qu'aucun mariage fût légitime, sinon de la main de Chaumette.

Une scène infiniment touchante fut celle d'une adoption; un caporal des vétérans vint présenter une enfant, fille d'un guillotiné qui avait laissé huit enfants. Ce brave homme demandait si, en adoptant la fille d'un coupable, il n'agissait pas contre la Patrie. Chaumette prit l'enfant dans ses bras et l'assit à côté de lui. « Heureux exemple, dit-il, des vertus de la République!... Nous les voyons déjà paraître, ces vertus douces qui partout se mêlèrent à l'héroïsme de la liberté. Ici ce n'est plus l'adoption d'orgueil, celle des patriciens de l'Antiquité, les Scipion entés sur les Paul-Emile: c'est la raison qui dérobe l'innocence à l'ignominie du préjugé. Citoyens, joignez-vous tous à ce bon et vieux soldat! Orpheline par la loi, qu'elle reçoive, cette enfant, dans vos embrassements paternels l'adoption de la Patrie. »

Cette séance porta un fruit admirable. La Convention créa un Hospice des enfants de la patrie. C'est ainsi qu'on nomma ceux des condamnés.

Evénement de grande portée. Il attaquait dans son principe les croyances du Moyen Age, dont la base n'est autre que l'hérédité du crime.

Cette aurore de modération et d'humanité éclaira le dissentiment secret d'Hébert et de Chaumette. Le premier voulait tendre l'arc, déjà horriblement tendu. Chaumette voulait le détendre.

Le 4 novembre, la section de Luxembourg, dirigée spécialement par Hébert et Vincent, lança un frénétique arrêté pour publier les noms de tous ceux qui avaient été en prison, les proscrire comme incapables de toute place, ainsi que les signataires des pétitions des huit mille et des vingt mille.

Ce mouvement de terreur était directement contraire aux intérêts du mouvement religieux auquel travaillait Chaumette. Il para le coup, en disant toutefois qu'on allait rechercher cette fameuse pétition des vingt mille. Le 6, il paya l'assistance d'une comédie qui prévenait le reproche de modérantisme. La section du Bonnet-Rouge (Croix-Rouge), venant faire serment, offrit le bonnet à Chaumette, qui le mit avec enthousiasme, et le fit mettre à tout le monde. Des bonnets rouges se trouvèrent à point pour cette nombreuse assemblée.

Le moment semblait venu de frapper les grands coups.
La Convention accueillait à merveille les envois de saints,

Le culte nouveau

de châsses, les défroques ecclésiastiques, que lui faisaient passer Fouché, Dumont, Bô, Ruhl, etc.

La Convention avait voté la destruction des tombeaux de Saint-Denis. L'on avait réuni la cendre des rois à celle des morts obscurs. Cruel outrage pour ceux-ci d'être accolés à Charles IX, de recevoir à côté d'eux la pourriture de Louis XV, ou l'infâme mignon Henri III!

La Convention avait trouvé très bon que le vieux Ruhl, ardent et austère patriote (humain au fond, et compromis par son humanité), brisât de sa main la fiole appelée la sainte Ampoule.

On pouvait croire d'après ceci qu'elle ordonnerait ou accepterait l'abolition de l'ancien culte.

L'obstacle était personnel. Que faire de l'Eglise constitutionnelle? Pour avoir fait serment de fidélité à la République, elle n'en gardait pas moins tous ses dogmes antirépublicains. Intolérants, persécuteurs comme les autres prêtres, ils ont fait mourir de faim les prêtres mariés en 95 et 96. Même en 93, ils persécutaient; ils ôtaient à ces malheureux leur état, leur coupaient les vivres. Au 15 juillet, au 1er septembre, au 17 encore, la Convention retentit des plaintes douloureuses des prêtres mariés, que leurs seigneurs, les évêques républicains, voulaient empêcher d'être hommes. L'Assemblée, de mauvaise humeur, réduisit les évêques à six mille francs de traitement, et menaça les persécuteurs de déportation.

Une partie plus tolérante de l'Eglise constitutionnelle, c'étaient les prêtres philosophes; tels étaient Gobel, évêque de Paris, tel Thomas Lindet, tel j'ai connu M. Daunou. Moralistes avant tout et de vie honorable, ils acceptaient le christianisme comme véhicule de morale. Eux-mêmes cependant, honnêtes et loyaux, souffraient de cette position double et ne demandaient qu'à en sortir. Daunou en sortit de bonne heure, et de lui-même. Les autres eurent le tort d'attendre la pression des événements.

Gobel réunissait chez lui, chaque soir, Anacharsis Clootz et Chaumette. Tous deux lui montraient combien son christianisme philosophique, suspect aux populations, était impuissant, inutile; ils le pressaient de quitter cet autel désert, de déposer les fonctions de ministre catholique.

Il céda le 6 au soir, et son clergé l'imita. Il fut convenu que, le lendemain, tous ensemble donneraient leur démission dans les mains de l'Assemblée.

CHAPITRE III

Fête de la Raison
10 novembre 1793

L'évêque de Paris et autres résignent leurs pouvoirs (7 novembre). Les comités essaient de terroriser l'Assemblée. Ils s'appuient de la résistance de Grégoire. Irritation de Robespierre. Les comités frappent la Convention. Accord de Chaumette et de la Convention. Fête de la Raison à Notre-Dame (10 novembre 1793). Bazire réclame contre l'asservissement de l'Assemblée et contre l'avilissement de la Justice. La Convention reçoit la Raison et la suit à Notre-Dame (10 novembre).

La chose fut sue à l'instant même aux Comités de salut public et de sûreté. Violente fut leur irritation contre ces audacieuses nouveautés, contre l'initiative hardie de la Commune, contre l'encouragement secret qu'elle trouvait dans la Montagne. Une machine fut montée pour faire manquer tout l'effet de la scène qui se préparait.

La séance s'ouvrit par la lettre d'un prêtre marié qui brutalement *abjurait*, disait que lui et ses confrères n'étaient que des charlatans, puis *demandait pension* pour lui, sa femme et ses enfants. Lettre habilement combinée pour avilir d'avance la démission de Gobel, pour montrer que la suppression du clergé ne ferait qu'augmenter les charges publiques.

Gobel, avec son clergé amené par la Commune, parla avec convenance, n'abjura aucune doctrine et remit ses fonctions. Il fut imité de plusieurs prêtres et évêques de la Convention, spécialement du frère de Lindet, qui parla avec beaucoup de noblesse et de gravité: « Ce n'est pas tout de détruire, dit-il, il faut remplacer... Prévenez le murmure que feraient naître dans les campagnes l'ennui de la solitude, l'uniformité du travail, la cessation des assemblées. Je demande un prompt rapport sur les fêtes nationales. »

Chaumette pria l'Assemblée de donner dans le calendrier une place à la Fête de la Raison.

Ce fut au nom de la Raison que deux représentants du peuple, l'un évêque catholique, l'autre ministre protestant, se réunirent à la tribune, *donnèrent leur démission* ensemble et se donnant la main. *Ils n'abjurèrent point,* quoi qu'en dise le *Journal de la Montagne*, rédigé alors par un homme de Robespierre.

A ce moment, qui n'était pas sans grandeur, dans l'émotion de l'Assemblée, Amar, de la douce voix qui lui était ordinaire, prend la parole au nom du Comité de sûreté générale ; il demande que les portes de la salle soient fermées. Nul n'objecte. Décrété. Tous les cœurs se contractèrent. On savait, depuis le 3 octobre, ce que devait amener ce préalable sinistre ; il fallait des victimes humaines. Amar lit alors une lettre adressée de Rouen à un membre peu connu de l'Assemblée ; on lui donnait la nouvelle « que Rouen allait en masse au secours de la Vendée ». Le contraire était exact ; les comités savaient parfaitement que les Normands étaient en marche contre la Vendée. L'invention parut si misérable que l'Assemblée, rassurée, demanda d'un cri quel était le signataire d'une telle lettre ! Amar avoua qu'elle était anonyme. « Quoi, dit Bazire, notre liberté dépend d'une lettre anonyme ! Si cela suffit pour arrêter un représentant, la contre-révolution est faite ! » Amar descendit de la tribune et alla se cacher.

On avait gardé pour le dernier acte Grégoire, l'évêque de Blois. Il vint enfin fort à point pour les comités, malades de cette chute. Absent jusqu'à ce dernier moment de la séance, il vint à leur prière, je n'en fais nul doute. Leur politique, tristement démasquée par la tentative d'Amar pour terroriser l'Assemblée, avait grand besoin de secours.

On lança le gallican. Grégoire, courageux de lui-même, sanguin, colérique, fort d'ailleurs de se sentir défenseur du gouvernement, fut vaillant à bon marché contre la Montagne: « Je ne tiens mon autorité ni de vous, ni du peuple. Je suis évêque, je reste évêque. » La Montagne poussa des cris furieux. Mais, dès lors, les gallicans pouvaient la braver, réfugiés qu'ils étaient sous l'abri des comités et de Robespierre.

L'irritation était extrême contre l'acte inqualifiable des comités. Elle passa même aux Jacobins. On y attaqua le faiseur de Robespierre, un Laveaux, directeur du *Journal de la Montagne*, qui venait d'y faire pour lui un article religieux. Les Jacobins lui ôtèrent la direction du journal, et ils le nommèrent président de la société Anacharsis Clootz.

Le soir même de la grande séance, Clootz avait été, aux comités, tâter Robespierre. Il le trouva exaspéré, mais se contenant. Robespierre, sans toucher le fond, ni faire pressentir sa dénonciation prochaine, ne dit que ce petit mot: « Vous vouliez nous gagner la Belgique catholique, et vous la mettez contre nous! »

Pendant que Clootz parlait à Robespierre, Chaumette, de retour à la Commune, siégeant au Conseil général, fit la demande hardie que la Fête de la Raison, qui devait se faire au Cirque du Palais-Royal, *se fît dans l'église même de Notre-Dame*, aux lieu et place du culte supprimé et sur son autel.

Il prenait là une position agressive contre les comités. Ils résolurent d'y répondre par un coup de terreur sur la Convention. Terrorisée, elle servirait elle-même d'arme pour écraser la Commune.

Ils avaient en main une affaire sérieuse, à faire trembler la Montagne, à troubler chacun pour soi. Il n'y avait pas un montagnard qui n'eût sauvé quelques proscrits. Les plus terribles en paroles étant souvent les plus humains. On avait la preuve qu'un des purs, un de ceux qui portaient le mieux le masque de la Terreur, cachait chez lui une femme, une jeune femme émigrée. Cette femme, éperdue de peur, s'était mise dans l'antre du lion, réfugiée au Comité de sûreté générale, chez Osselin, qui en était membre. L'aimait-il, ou fut-il saisi, comme il arrive parfois aux plus fermes, d'un violent accès de pitié? On ne sait. Elle fut découverte à Paris. Il la sauva, la cacha chez son oncle, vicaire d'un village dans les bois de Versailles. Osselin, plein de son péril, pour éloigner les soupçons, devint à la Convention un implacable terroriste. En septembre, il ne veut pas qu'on entende Perrin, accusé. En octobre, il fait porter le décret cruel qui décapita la Gironde. En novembre, il fait arrêter Soulès, ami de Chalier, administrateur de police, pour avoir à la légère élargi des suspects. Et le même jour, 9 novembre, le Comité de sûreté vient à la Convention, arrache à Osselin son masque; ce terrible puritain a caché Mme Charry.

La Convention tout entière baissa les yeux, frémit. Bien d'autres se sentaient coupables.

L'événement eut sur-le-champ son contrecoup à la Commune. A l'occasion d'une demande de la section d'Henriot pour qu'on poursuivît les électeurs girondins qui avaient jadis voté pour avoir un autre commandant qu'Henriot, Chaumette laissa échapper son cœur. Il s'éleva avec une franchise fort inattendue *contre ce système universel de dénonciations*: « Ceux qui dénoncent, dit-il, ne veulent le plus souvent que détourner les regards d'eux-mêmes, reporter le danger sur d'autres. On arrête le dénoncé, *il faudrait arrêter pareillement le faux dénonciateur.* »

C'est sous cette bannière de modération et de justice indulgente que s'inaugura le lendemain (10 novembre) la nouvelle religion. Gossec avait fait les chants, Chénier les paroles. On avait, tant bien que mal, en deux jours, bâti dans le chœur fort étroit de Notre-Dame, un temple de la Philosophie, qu'ornaient les effigies des sages, des pères de la Révolution. Une montagne portait ce temple; sur un rocher brûlait le flambeau de la Vérité. Les magistrats siégeaient sous les colonnes. Point d'armes, point de soldats. Deux rangs de jeunes filles encore enfants faisaient tout l'ornement de la fête; elles étaient en robes blanches, couronnées de chêne, et non, comme on l'a dit, de roses.

Quel serait le symbole, la figure de la Raison? Le 7 encore, on voulait que ce fût une statue. On objecta qu'un simulacre fixe pourrait rappeler la Vierge *et créer une autre idolâtrie*. On préféra un simulacre mobile, animé et vivant, qui, changé à chaque fête, ne pourrait devenir un objet de superstition. Les fondateurs du nouveau culte, qui ne songeaient nullement à l'avilir, recommandent expressément dans leurs journaux, à ceux qui voudront faire la fête en d'autres villes, *de choisir pour remplir un rôle si auguste des personnes dont le caractère rende la beauté respectable, dont la sévérité de mœurs et de regards repousse la licence et remplisse les cœurs de sentiments honnêtes et purs.* Ceci fut suivi à la lettre. Ce furent généralement des demoiselles de familles estimées qui, de gré ou de force, durent représenter la Raison. J'en ai connu une dans sa vieillesse, qui n'avait jamais été belle, sinon de taille et de stature; c'était une femme sérieuse et d'une vie irréprochable. La Raison fut représentée à Saint-Sulpice par la femme d'un des premiers magistrats de Paris, à Notre-Dame par une artiste illustre, aimée et estimée, Mlle Maillard. On sait combien ces premiers sujets sont obligés (par leur art même) à une vie laborieuse et sérieuse.

La Raison, vêtue de blanc, avec un manteau d'azur, sort du temple de la Philosophie, vient s'asseoir sur un siège de simple verdure. Les jeunes filles lui chantent son hymne; elle traverse au pied de la montagne en jetant sur l'assistance un doux regard, un doux sourire. Elle rentre, et l'on chante encore... On attendait... C'était tout. Chaste cérémonie, triste, sèche, ennuyeuse.

La Convention, le matin, avait promis d'assister à la fête, sur la demande expresse des indulgents, réconciliés avec Chaumette, mais une violente discussion la tint tout le jour. Saisissant une occasion indirecte, Bazire éclata, revint sur l'affaire d'Osselin; lui avait sauvé des proscrits. Il parla avec une vivacité, une franchise sans réserve, qui fit frissonner l'Assemblée, une sensibilité violente, comme un homme qui défend son cœur, sa liberté et sa vie.

« Où s'arrêtera, dit-il, *cette boucherie de représentants*? cette proscription de tous les fondateurs de la République? cet audacieux système de terroriser l'Assemblée? Nous retournons au despotisme... Assez, assez de victimes!... Eh! ne voyez-vous pas que ceux qu'on poursuit, pour avoir péché par faiblesse, ne sont nullement des ennemis de la Révolution?... Savez-vous ce qu'on va faire? C'est que l'Assemblée, glacée, tombera dans un honteux mutisme... Et qui osera, dans cette mort de l'Assemblée, montrer plus de courage qu'elle?... Tous fuiront les fonctions publiques, chacun s'enfermera chez soi, et tout finira dans la solitude. »

Elle se faisait déjà sentir. Le désert s'étendait chaque jour. Il avait fallu payer l'assistance aux sections. Les clubs étaient nuls. Le *Club central des sociétés populaires* fut visité un jour par les Jacobins, qui n'y trouvèrent que six personnes. Les Jacobins eux-mêmes n'étaient guère nombreux à cette époque. Lorsque Couthon leur demanda quarante Jacobins pour l'aider à Lyon, ils refusèrent *ce grand nombre, de crainte de se dépeupler eux-mêmes*. Même les fonctions salariées, et les plus brillantes, n'étaient acceptées que par force. Kléber dit qu'une nomination de général s'appelait *un brevet d'échafaud*. Il fallut un ordre exprès et menaçant du Comité pour forcer Jourdan de se laisser faire général en chef.

Où était le mal de la situation? Dans l'anéantissement de la justice.

Le vrai *jury d'accusation*, c'étaient les Jacobins. Cette société, si utile politiquement, n'avait nullement la fixité, la suite qu'auraient demandées ce rôle judiciaire. Le dossier des Girondins, enlevé par elle, fut quelque temps égaré. Sa mobilité était excessive. En novembre, elle prit Clootz pour son président, et, sans cause, elle le raya outrageusement en décembre.

Le Tribunal révolutionnaire n'était pas organisé. Sauf Antonelle, Herman, Payan, il ne comptait que des hommes illettrés, ou des adolescents, dont plusieurs étaient de la réquisition, et jugeaient pour ne pas combattre. Un garçon léger, étourdi, comme Vilatte dont on a les Mémoires, de jeunes peintres (très nombreux à ce tribunal) ne présentaient nullement le haut jury, imposant et grave, qui pouvait juger sérieusement les crimes de trahison, juger des représentants, juger Danton ou Robespierre!

Les grands coupables ayant presque tous émigré, ce tribunal expédiait généralement les pauvres diables qui avaient crié: *Vive le roi!* ou envoyé une lettre à un émigré. On réparerait la qualité par la quantité. Et il en résultait seulement qu'en voyant tomber pêle-mêle tant de gens obscurs, et obscurément, sommairement jugés, on les croyait tous innocents.

Un seul procès, un seul exemple, mis en grande lumière, éclairci avec force et grandeur, entouré d'une grande publicité, aurait produit infiniment plus d'effet que beaucoup de morts obscures. « Un saumon vaut cent grenouilles », disait très bien le duc d'Albe.

Le procès de la du Barry, habilement conduit, repris dans tous ses précédents, avec ses ornements naturels du Parc-aux-Cerfs, des millions jetés aux filles, avec ses rapprochements légitimes des vols immenses, des guerres de la Pompadour — enfin l'ouverture totale de l'égout de Louis XV

— le tout tiré à six cent mille — eût été plus efficace contre le royalisme, que de guillotiner par vingtaines des domestiques, des porteurs d'eau ivres, ou de vieilles femmes idiotes.

Les patriotes de Laval écrivirent que les prêtres vendéens avaient fait rôtir des hommes, nourri les feux des bivouacs de leur armée fugitive avec de la chair humaine. Si le fait était exact, on ne devait pas fusiller dans un coin ces cannibales, il fallait les amener au grand jour de Paris, les juger solennellement et donner au jugement une telle publicité qu'il n'y eût pas un paysan en France, dans les lieux les plus écartés, qui n'en eût pleine connaissance.

A ces justes jugements des monstres vivants, la Révolution pouvait mettre en confrontation le jugement des morts. Que servait de souiller l'air des cendres de Charles IX? Il fallait amener à comparaître le roi de la Saint-Barthélemy en face de ses élèves, les modernes brûleurs d'hommes.

Revenons au discours de Bazire à la Convention.

Elle allait décidément tomber au rôle de machine à décrets, si, à la moindre parole libre, ses membres les plus illustres, dénoncés par un jacobin quelconque (Brichet, Brochet, Blanchet, ou autre), s'en allaient, *obtorto collo*, droit au Tribunal révolutionnaire devant des rapins étourdis, sans pouvoir dire seulement un mot d'explication à la Convention.

Il fallait savoir, oui ou non, si l'on voulait une Assemblée.

Dans celle-ci, qui fut si cruellement épurée et mutilée, combien y avait-il d'hommes coupables? Cinq ou six fripons, pas un traître, à cette époque du moins. Le peu qu'il y avait de coupables n'étaient nullement de ceux qui pouvaient perdre la République. Il eût encore mieux valu les laisser impunis que de terroriser, comme on fit, l'Assemblée jusqu'au suicide.

Ce mutisme, qu'on recommande parfois dans une place

assiégée, au moment de l'assaut, n'était nullement de saison, lorsque la France, sauvée par la victoire de Wattignies, avait devant elle six mois pour se reconnaître. Lyon était réduit, les Girondins ralliés. Restait à reprendre deux points sur l'extrême frontière: Landau et Toulon. Cette situation n'expliquait nullement un tel anéantissement systématique des libertés de la tribune.

Quoique Chabot, Thuriot, Desmoulins eussent parlé maladroitement et gâté l'impression, toute l'Assemblée suivit Bazire et décréta cette chose décrétée par la justice elle-même: Que nul de ses membres n'irait au tribunal sans avoir pu s'expliquer auparavant devant la Convention.

La Raison, à ce moment, entrait dans la salle avec son innocent cortège de petites filles en blanc — la Raison, l'humanité. Chaumette, qui la conduisait, par la courageuse initiative de justice qu'il avait prise la veille, s'harmonisait entièrement au sentiment de l'Assemblée.

Une fraternité très franche éclata entre la Commune, la Convention et le peuple. Le président fit asseoir la Raison auprès de lui, lui donna, au nom de l'Assemblée, l'accolade fraternelle, et tous, unis un moment sous son doux regard, espérèrent de meilleurs jours.

Un pâle soleil d'après-midi (bien rare en brumaire), pénétrant dans la salle obscure, en éclaircissait un peu les ombres. Les dantonistes demandèrent que l'Assemblée tînt sa parole, qu'elle allât à Notre-Dame, que, visitée par la Raison, elle lui rendît sa visite. On se leva d'un même élan.

Le temps était admirable, lumineux, austère et pur, comme sont les beaux jours d'hiver. La Convention se mit en marche, heureuse de cette lueur d'unité qui avait apparu un moment entre tant de divisions. Beaucoup s'associaient de cœur à la fête, croyant de bonne foi y voir la vraie consommation des temps. Leur pensée est formulée d'une manière ingénieuse dans un mot de Clootz: « Le discordant fédéralisme des sectes s'évanouit dans *l'unité, l'indivisibilité* de la Raison. »

Romme ajoutait *l'immutabilité*. « Un jour, dit l'évêque Grégoire, il nous proposait, sur certaines données astronomiques, de décréter l'année comme elle serait dans trois mille six cents ans. « Tu veux donc, lui dis-je, que nous décrétions l'éternité? » — « Sans doute », dit le stoïcien. »

CHAPITRE IV

La Convention pour le nouveau mouvement
11-21 novembre 1793

La Convention donne les églises et presbytères aux pauvres et aux écoles (15 novembre). Elle supprime l'hérédité du crime. Hébert, isolé de Chaumette, attaque les Conventionnels. La Convention effrayée se rapproche de Robespierre. Chabot et Bazire en prison (17 novembre). Terreur des représentants en mission. La monarchie des comités (18 novembre). Elle n'osa toucher les petites tyrannies locales. Mouvement des filles publiques et des dames de la Halle. La Convention accueille les dépouilles des églises. Robespierre assure que la Convention ne touchera pas au catholicisme (21 novembre).

La grande initiative de la Commune fut suivie sans difficulté de la Convention. Elle décréta, le 16 novembre, sur la proposition de Cambon, « qu'en principe, tous les bâtiments qui servaient au culte et au logement de ses ministres devaient servir d'asile aux pauvres et d'établissement pour l'instruction publique ».

L'Assemblée, par ce seul mot, déclarait implicitement le catholicisme *déchu du culte public.*

La Convention pensa, ce qu'ont si bien démontré M. de Bonald et M. de Maistre, que royalisme et catholicisme sont choses identiques, deux formes du même principe: incarnation religieuse, incarnation politique.

Le christianisme même, démocratique extérieurement et dans sa légende historique, est en son essence, en son dogme, fatalement monarchique. Le monde perdu *par un seul* est relevé *par un seul.* Et cette restauration continue par le gouvernement d'un seul. Dieu y dit aux rois:

La mort du catholicisme

« Vous êtes mes Christs. » Bossuet établit admirablement contre les protestants, contre les républicains catholiques, que, le christianisme donné, la royauté en ressort, comme sa forme logique et nécessaire dans l'ordre temporel.

La vie du catholicisme, c'est la mort de la République. La vie de la République, c'est la mort du catholicisme.

La liberté du catholicisme, dans un gouvernement républicain, est uniquement et simplement la liberté de conspiration.

Un système, un être, est-il obligé, au nom de la liberté, à laisser libre ce qui doit nécessairement le tuer? Non, la nature n'impose à nul être le devoir du suicide.

La Convention ne s'arrêta pas aux Grégoire, à l'inconséquence des absurdes gallicans, qui ne savent pas seulement ce qui est au fond de leur dogme. Ce clergé assermenté, républicain de position, n'en gardait pas moins, par la force des choses et comme clergé catholique, les principes les plus ennemis de la Révolution. Leur patriarche Grégoire meurt dans le dogme monarchique du monde sauvé par un seul, dans la foi contre-révolutionnaire de l'hérédité du crime (ou péché originel). Il meurt « enfant soumis du pape », finit comme a fini Bossuet. C'est l'invariable histoire de cette Eglise, ridicule et respectable, un grand esprit de résistance, de l'éloquence et des menaces; tout cela, en conclusion, pour se faire fouetter à Rome.

Du reste, la Convention ne persécuta nullement le clergé soumis aux lois. Elle laissa Grégoire siéger tant qu'il voulut, en habit violet. Elle maintint les pensions ecclésiastiques, et nourrit ces gallicans, qui travaillèrent la plupart à la destruction de la République.

Ce qui est assez remarquable, c'est que ce décret de Cambon, qui enlevait au clergé les églises et les presbytères, fut voté sans réclamation, ni des gallicans, ni des robespierristes, leurs patrons, et l'on put croire qu'il avait pour lui l'unanimité de l'Assemblée.

Ce même jour, 16 novembre, la Convention expia le dernier sacrifice humain. Les enfants de Calas étaient à la barre; ils furent accueillis avec effusion; on décréta une colonne pour la place de Toulouse où Calas subit son martyre. Voltaire, enfin satisfait, repose dans son tombeau.

Le principe terrible du Moyen Age (l'hérédité du crime ou péché originel), frappé déjà par la Constituante, fut décidément rayé par la Convention, et d'une manière sublime. Elle adopta, comme enfants de la France, ceux des suppliciés. Des secours furent donnés aux enfants indigents des Girondins qui venaient de périr. Le président formula ainsi la pensée de l'Assemblée, la foi du monde nouveau : « Les fautes sont personnelles; le supplice mérité du père n'empêche pas la nation de recueillir les enfants. » (17 ventôse.) Ce président était Saint-Just.

Cette doctrine n'était point du tout la clémence, mais la justice. La question du moment ne pouvait être d'arrêter la Terreur, lorsque le monde entier l'employait contre la France. Mais on pouvait rendre la Terreur moins aveugle et plus efficace. Là encore, à défaut de hauts comités gouvernementaux qui n'essayaient rien, la Commune de Paris avait pris l'initiative. Nous l'avons déjà vue réformer en divers cas les décisions fantasques des comités de sections qui terrorisaient pour leur compte, au hasard de leurs passions. Le 15 novembre, Chaumette hasarda de poser la chose en principe, revendiqua pour la Commune, qui, depuis le 5 septembre, épurait, recréait ses comités, la surveillance et la censure de leurs actes, exigeant du moins qu'ils correspondissent avec elle, travaillassent au grand jour, ne fussent plus une inquisition.

Ce grand mouvement de la Commune, qui ouvrait à la Révolution sa voie religieuse en essayant de la guider dans sa voie politique, fut accueilli, poussé unanimement dans les provinces par les représentants en mission. Ils changèrent partout les églises en temples de la Raison. Partout, ils organisèrent la prédication religieuse et politique du décadi. Seulement, la majorité des masses républicaines, entendant par le mot Raison la Raison divine, ou Dieu, la figure féminine que l'on promena s'appela la Liberté. L'attachement des patriotes à cette forme de culte parut en ceci, que les robespierristes mêmes qui l'écrasèrent à Paris furent obligés de la ménager infiniment dans les départements, et, même après que Robespierre eut fait périr Clootz et Chaumette, les sociétés populaires des frontières, nos armées victorieuses ouvraient encore, même hors de France, des temples de la Raison.

L'obstacle vint non de la France, mais de Paris même, du désaccord de la Commune, de la désertion d'Hébert, qui abandonna Chaumette, et de la violente opposition du Comité de salut public et de Robespierre, singulièrement jaloux de l'allure indépendante qu'avait prise la Convention en cette affaire, irrités surtout de la grande décision prise (le 16) sans les consulter, de la majorité inattendue que Cambon avait trouvée sur ce terrain, et qui, si on ne la brisait, se retrouverait sur bien d'autres.

La décision du 16, en un mot, parut au Comité un cas de révolte.

La partie honteuse et faible où Clootz et Chaumette étaient vulnérables était l'alliance d'Hébert. Etrange apôtre! une doctrine qui passait par la gueule du *Père Duchesne*, bonne ou mauvaise, d'avance était tuée. Et non seulement Hébert salissait l'idée nouvelle, mais il la compromettait et la ruinait directement, en frappant la Convention, dont l'alliance faisait seule la force de la Commune.

Hébert paraissait très peu à la Commune, ne s'entendait nullement avec Chaumette, vivait aux Jacobins, à son journal, au spectacle, dans certaines compagnies. Il marchait seul, et dans ses voies. Pendant que Chaumette, assidu à l'Hôtel de Ville, y tentait son suprême effort pour subordonner à la Commune les comités révolutionnaires,

L'esprit des réformes

Hébert, pour se les attacher, lançait contre la Convention toutes les fureurs des Jacobins. On pouvait prévoir aisément que l'Assemblée, qui avait essayé quelques pas hardis à la suite de la Commune, effrayée par les hébertistes, se réfugierait sous l'aile de Robespierre, qui étoufferait le mouvement à la grande satisfaction de tous les amis du passé.

Hébert, sans s'en apercevoir, agit au profit des robespierristes, et le plus souvent sous leur influence. Ils s'en servirent comme d'un épouvantail pour pousser à eux le troupeau.

Les objets habituels des morsures du *Père Duchesne* étaient les faiblesses de Bazire, les *belles solliciteuses*, la corruption de Chabot, les méfaits, vrais ou supposés, de l'ancien Comité de sûreté, généralement dantoniste. Le nouveau, très robespierriste alors, surveillé, mené, poussé par David (l'homme de Robespierre), guettait cet ancien comité et voulait le perdre, croyant avec raison que Danton serait mortellement atteint par ce procès dantoniste. Chabot venait de se marier avec la sœur d'un banquier autrichien fort suspect, et d'autre part on savait qu'il tripotait avec des banquiers royalistes, amis des représentants Delaunai et Julien, de Toulouse. David, pour être mieux instruit, se fit l'amant de la maîtresse de Delaunai, et quand par elle il eut de quoi perdre Chabot, il le livra préalablement aux attaques du *Père Duchesne*. Chabot eut peur, fit inviter à dîner celui-ci par sa jeune femme. Hébert n'en tint compte, le poussa à mort, mais, comme les chiens trop ardents, il se fit mal à lui-même, et, mordant Chabot, se mordit.

Cette chasse se fit aux Jacobins. Celui qui lança la bête fut un Dufourni, qu'Hébert croyait hébertiste, mais qui ne bougeait pas de l'antichambre des comités, et dont le zèle excessif lassait Robespierre. Un ami personnel de celui-ci, Renaudin, juré du Tribunal révolutionnaire, poussa, avec Dufourni, sur Bazire, sur Chabot, sur Thuriot.

Le tout, rédigé en une pétition atroce à la Convention,

La Terreur gagne la Montagne

pétition menaçante, méprisante, où on lui prescrivait d'être impitoyable pour elle-même et de se saigner aux quatre membres.

Hébert était si aveugle qu'il rendit cet acte plus utile encore à Robespierre que les robespierristes ne l'avaient voulu, faisant demander en outre la mort des soixante-treize qu'avait défendus Robespierre, et poussant la Convention à chercher son salut en lui!

Bazire, Thuriot, s'excusèrent. La Convention supprima la faible et dernière barrière qu'elle avait élevée le 9 entre la vie de ses membres et la guillotine (son droit d'examen préalable sur tout représentant qu'on accuserait). Hébert n'en suivit pas moins contre Thuriot son élan sauvage. Le 13, il le fit chasser des Jacobins, sans lui tenir compte de l'appui qu'il avait donné à la Commune dans l'affaire religieuse, sans voir qu'il rompait l'alliance entre la Commune et la Montagne. A qui profiterait ce divorce? Il était facile de le deviner.

Le 16, Chabot, poussé, pressé, étranglé aux Jacobins... se sauva chez Robespierre, qui, comprenant à merveille le parti qu'il en tirerait, ne le reçut pas trop mal, le conseilla paternement, lui dit qu'il fallait dire ceci, ajourner cela, qu'au total, il n'y avait qu'une chose à faire, c'était d'aller au-devant, de se constituer prisonnier au Comité de sûreté générale, comme complice d'un complot « où il n'était entré que pour le révéler ».

La confession de Chabot, semblable à celle de Scapin, en fit savoir encore plus qu'on n'imaginait. Il fit découvrir lui-même cent mille francs qu'il avait reçus pour corrompre Fabre d'Eglantine, mais dont il n'avait pu jusque-là se séparer, et que provisoirement il tenait suspendus dans ses lieux d'aisances.

Le plus étrange, c'est que le pauvre Bazire, étranger à ces vilenies, se mit en prison avec le voleur. Bazire n'était plus à lui. On avait lu jusqu'au matin à la Convention le procès d'Osselin et de la jeune femme qu'il avait cachée. Chacun regardait Bazire. Lui-même se reconnaissait. Lui aussi, il avait essayé de sauver des femmes, entre autres une princesse polonaise qui n'avait nulle pièce contre elle, et qui n'en périt pas moins. Bazire, se croyant perdu, le fut en effet. Avec l'aveugle vertige du mouton qui par peur se jette à la boucherie, lui-même il alla se livrer.

La Terreur gagnait la Montagne. Chabot, il est vrai, était un fripon. Bazire n'était pas sans reproche. Mais nombre de Montagnards, inattaquables sous les deux rapports, n'en étaient pas moins en péril, ceux surtout qui, dans leurs missions, avaient été obligés par la loi du salut public d'agir en dictateurs, en rois, qui avaient fait et dû faire cent choses illégales, qui, sur chaque point de la France, s'étaient préparé des légions d'accusateurs. Maintenant, les faiseurs de discours, les sédentaires, les assis, les *croupions*, qui n'avaient jamais eu occasion de se compromettre avec les affaires, n'allaient-ils pas, à leur aise, recueillir ces accusations, éplucher cruellement la conduite de leurs collègues sacrifiés dans les missions, et dire: « Seuls, nous sommes purs! » Chose facile à qui n'a rien fait.

Mais ceux qui avaient ces craintes étaient, après tout, trop heureux si, en oubliant leurs services, on oubliait aussi leurs fautes. Les comités lurent en eux cette pensée et cette peur. Et, le 18, ils présentèrent hardiment la grande loi gouvernementale qui fondait la monarchie des Comités de salut public et de sûreté générale, brisant à leur profit d'une part le pouvoir de la Commune de Paris, d'autre part celui des représentants en mission.

Cette loi fut présentée par Billaud-Varennes, qui, le 6 septembre, avait été porté au Comité par la victoire de la Commune. On le croyait hébertiste. Mais quelles que fussent ses sympathies pour le mouvement d'Hébert et Chaumette, elles étaient bien moins fortes que ses haines pour les représentants illustrés par leurs missions. Billaud n'avait pas brillé dans la sienne à l'armée du Nord; on plaisantait de son courage. Il satisfit ses rancunes et suivit d'ailleurs l'idéal d'unité gouvernementale, automatique et mécanique, qu'il avait naturellement dans l'esprit.

La loi nouvelle en trois choses était un bienfait: 1° elle créait le *Bulletin des lois,* en assurait la promulgation, la connaissance universelle; 2° *elle resserrait les autorités* diverses dans leurs limites naturelles; 3° *elle supprimait les administrations départementales,* aristocratie bourgeoise, d'esprit girondin, qui s'était montrée infiniment dangereuse pour la liberté.

Cette loi voulait la chose que toute la France voulait: créer l'unité d'action, supprimer les petits tyrans.

Les représentants en mission ne correspondent plus avec l'Assemblée, mais avec *son* Comité de salut public.

Les comités de sections, de communes, ne correspondent plus qu'avec *son* Comité de sûreté générale.

Pour que les deux mots indiqués ne fussent pas un mensonge, il fallait qu'en effet la Convention pût appeler *siens* les deux comités.

C'est-à-dire *qu'ils fussent renouvelés*, en tout ou partie, à époque fixe, et renouvelés *de droit, par la force de la loi*, non par le vote éventuel d'une Assemblée, ou terrorisée ou quasi déserte.

C'est ce que la loi se garde bien d'exiger. Et là est son crime. De temps à autre, ces rois (j'appelle ainsi les comités) viendront dire, ayant derrière eux les clubs et la guillotine: « Voulez-vous nous renouveler? »

Comment se fait-il que les membres des deux comités, qui vraiment étaient patriotes, aient présenté ce piège à la Convention?

Parce que leur vanité leur dit: « Nous sommes les seuls, les seuls purs, les bons citoyens... La Patrie périrait sans nous. »

Qu'ils soient absous pour cette erreur. Nous allons montrer toutefois, d'après les actes authentiques, qu'ils se trompaient absolument. Sans méconnaître l'éminent mérite de ces excellents citoyens qui se chargèrent de régner, il faut dire que *l'originalité spéculative* des hautes et grandes idées qui dominaient la situation sociale et religieuse leur manqua entièrement — et que, d'autre part, les *deux actes pratiques* qui tranchèrent les questions de salut (le Rhin, la Vendée) réussirent précisément parce qu'on ne suivit aucune des idées du Comité de salut public. Sa singulière indifférence à la question polonaise, en 94, témoigne aussi contre lui.

Le Comité de sûreté générale (ses registres le montrent assez) ne fit aucune des choses qu'il ôta à la Commune. Il ne centralisa point l'action de la police révolutionnaire. Il n'osa exercer sur les petits comités la surveillance qu'il interdisait à Chaumette.

Sa faiblesse et sa négligence allèrent à ce point qu'il laissa un des comités, celui de la Croix-Rouge ou du faubourg Saint-Germain, faire la spéculation lucrative d'avoir une prison à lui, où les gens très riches payaient des pensions énormes. Au fond, ils achetaient la vie: le Comité protégeait ses précieux pensionnaires; cette maison fut entamée la dernière, en thermidor.

Si ces petits comités furent ainsi maîtres à Paris, sous les yeux du pouvoir, combien plus partout ailleurs! Ils eurent à discrétion les fortunes et les personnes.

De sorte qu'en détruisant le fédéralisme départemental, *on conserva tout entier le fédéralisme communal,* et la tyrannie locale, si pesante et si tracassière, que la France en est redevenue monarchique pour soixante années.

La loi d'unité gouvernementale au profit des deux comités se vota pendant dix jours, du 18 au 29. Personne n'osa dire *non*.

Mais revenons sur nos pas et suivons Paris.

De grands rassemblements de femmes se faisaient à

Saint-Eustache, sous la protection de dames de la Halle, maîtresses de cette église et très bonnes royalistes; mais elles ne l'étaient pas plus que les filles, contrariées par la Commune, qui frappait d'amende ceux qui les logeaient. Le Palais-Royal s'était fait dévot. Le royaliste Beugnot nous a conservé l'histoire d'Eglé et autres, qui se firent guillotiner pour le trône et l'autel. On vit, vers le 15 novembre, une longue file de ces Madeleine, le rosaire en main, s'acheminer vers Saint-Eustache. Le but était d'expier la profanation de Notre-Dame, où, disait-on, on avait eu l'infamie d'exposer *une femme nue sur l'autel*. Cette belle légende fut répandue dans toute l'Europe, imprimée par les émigrés. D'autres disaient que l'évêque républicain de Cambrai avait eu, à son élection, pour concurrent une femme, et que, sans une voix qu'il eut de plus, l'histoire de la papesse Jeanne se renouvelait dans cet évêché. Dans la Vendée, on faisait mieux; on fabriquait des hosties empreintes de figures d'animaux, pour faire croire aux paysans que la République adorait les bêtes.

L'Assemblée et la Commune apprenaient en même temps les scènes terribles qui suivirent le passage de la Loire. Une lettre portait: « Leurs prêtres *leur ont fait jeter des patriotes dans le feu*, etc. »

Quand l'Assemblée reçut, le 20, les ornements, les costumes de Saint-Roch et de Saint-Germain-des-Prés, elle les vit comme elle eût vu un butin pris sur l'ennemi, les dépouilles des Vendéens; elle s'associa sans réserve à la passion populaire. Un mannequin, couvert d'un drap noir, figurait l'enterrement du fanatisme; les canonniers de Paris, en habits sacerdotaux, exécutèrent une ronde pour célébrer son décès. Tous crièrent: « Plus de culte que celui de la Raison, de la Liberté, de la République! » Un cri unanime partit: « Nous le jurons! nous le jurons! » Un enfant sorti du cortège demanda *que l'Assemblée fît faire un petit catéchisme* républicain. Emotion générale. On décrète que tout le détail sera envoyé à tous les **départements**.

Personne, d'après cette séance, ne douta que le décret obtenu par Cambon, le 16, ne fût mis à exécution, que l'Assemblée ne donnât les églises aux hôpitaux, les presbytères aux écoles, que le culte public du catholicisme ne fût supprimé.

Il ne fallait plus qu'une chose: qu'on en fît la motion.

L'Assemblée s'était montrée déjà fort audacieuse d'agir sans l'aveu de son pédagogue, le Comité de salut public. Irait-elle jusqu'au bout? Ce comité était très mécontent. Il se sentait fort, ayant un Chabot sous la clé, homme perdu, qui, pour plaire, étendait déjà ses accusations.

Dans ce moment où tant d'hommes tremblaient dans la Convention, la démentir outrageusement, c'était une inconvenance, mais ce n'était pas un péril. Robespierre eut ce courage. Le soir du 21, aux Jacobins, il assura froidement *« que la Convention ne voulait point toucher au culte catholique*, que jamais elle ne ferait cette démarche téméraire — que d'ailleurs le fanatisme expirait, qu'il était mort, qu'il n'y avait plus de fanatisme que celui des hommes immoraux, *soudoyés par l'étranger* pour donner à notre Révolution le vernis de l'immoralité ».

La question posée le 16, ou plutôt déjà résolue par le décret de l'Assemblée, était de savoir si le clergé catholique *conserverait la possession des églises*. Robespierre n'en dit pas un mot. Il s'étendit longuement sur *l'existence de Dieu*.

Cela s'entendait de reste. Et quoique Robespierre assurât qu'il avait toujours été mauvais catholique, les catholiques le tinrent quitte des croyances et virent en lui dès ce jour leur défenseur politique.

« La Convention, dit encore Robespierre, n'est point un *faiseur de livres, un auteur de systèmes métaphysiques.* » Dans un de ses discours qui suivent, il parla avec mépris du *philosophisme*. Ainsi l'élève de Rousseau allait s'enfonçant rapidement dans les voies rétrogrades. Le même jour où il opposait à l'Assemblée le *veto* de sa royauté, il fut pris du mal des rois, qui est la haine de l'Idée.

Caractère indélébile de la nature dans l'homme le plus artificiel! véridiques harmonies du dehors et du dedans!... Qui eût rencontré Robespierre, poudré, costumé dans la tenue de l'ancien régime, l'eût déclaré un ci-devant. Eh bien! cet air ne mentait pas. Après tant d'efforts sincères, de progrès réels, d'élans, de nobles aspirations, tel il fut, tel il retombait, pour la question capitale, et redevenait l'espoir de ceux qu'il avait combattus!

Son discours du 21 novembre, justifiable ou louable pour tout ignorant qui n'y voit qu'une thèse générale et ne sait pas le sens précis que lui donnait le moment, fut parfaitement compris de l'Europe. Elle sentit dès lors que tôt ou tard la Révolution traiterait. En décembre 93, en juin 94, à la Fête de l'Etre suprême, les rois, aussi bien que les prêtres, espérèrent en Robespierre.

Quoiqu'en ce discours il eût suivi vraiment sa nature et n'eût point du tout dévié, on crut y voir une grande conversion, un miracle et le doigt de Dieu. Et comme il y a au ciel cent fois plus de joie pour un pécheur qui revient que pour un juste, la joie fut intime, profonde, dans la contre-révolution. Robespierre, sans s'en douter, était rentré dans son discours dans le monde des honnêtes gens. Il n'y eut pas dès lors une femme bien pensante en Europe qui, dans sa prière du soir, n'ajoutât quelques mots pour M. de Robespierre.

CHAPITRE V

Papauté de Robespierre
22 novembre - 16 décembre 1793

Robespierre terrorise ses ennemis par l'attente d'une épuration. Résistance de Chaumette. Robespierre protège contre lui les comités de sections. Chaumette ferme les églises. Danton employé à écraser Chaumette. Robespierre arrache à l'Assemblée la liberté des cultes. Hébert renie Chaumette. Desmoulins employé à écraser Clootz. Robespierre force les Jacobins de chasser Clootz. Ils gardent Camille Desmoulins. Robespierre veut exiger de la Convention un « credo » précis. Il fait maintenir les prêtres dans la Société jacobine.

Le discours de Robespierre finissait par un mot qui jeta la terreur dans les esprits. Il demanda et obtint une épuration solennelle de la société, « l'expulsion des agents de l'étranger ».

Peu après, il demanda l'épuration des suppléants de la Convention, qui eût amené celle des anciens membres de toute l'Assemblée.

Son aigreur était très grande pour la présidence de Clootz aux Jacobins, et sans doute pour celle de Romme à la Convention. Les deux corps avaient porté au fauteuil les fondateurs principaux du culte qu'il proscrivait.

Cependant, aux Jacobins, son autorité était prédominante, pour mieux dire la seule (dans l'absence de Collot-d'Herbois). La société pouvait avoir un moment d'infidélité ; au fond, elle était son épouse et elle lui appartenait. On l'avait vu spécialement au 19 octobre, jour de crise où Robespierre, attaqué de deux côtés, comme patron du modérantisme à Lyon, et des hébertistes en Vendée, atteint en

La menace de l'épuration

deux sens opposés et par Dubois-Crancé et par Philippeaux, aurait péri dans l'éclat d'une telle inconsistance, s'il n'eût été raffermi sur l'inébranlable base de la fidélité jacobine. La société ne voulut rien voir, ni savoir. Elle fut volontairement sourde, aveugle, et garda son dieu.

Elle avait fort changé, mais au profit de Robespierre. Dépouillée de ses grands hommes, recrutée de gens peu connus, elle avait sa force et sa gloire uniquement dans son grand Maximilien. Elle dépendait de lui bien autrement qu'à l'époque où d'autres influences contrebalançaient la sienne. On était très sûr d'avance que l'épuration jacobine serait l'épuration de Robespierre et de lui seul; que sa voix, dans un sens ou l'autre, déciderait, trancherait tout, qu'il ferait rayer qui il lui plairait. Condition vraiment effrayante pour tous ceux qui, comme Danton, Desmoulins, étaient jacobins amateurs, sans assiduité et sans influence. Ce n'était pas petite chose d'être rayé des Jacobins. La redoutable société, en gardant les formes d'un club, était en réalité un grand jury d'accusation. Sa liste était le livre de mort ou de vie. Le sort de Brissot le disait assez. Celui de Bazire parlait plus éloquemment encore. Rayé le 10, le 19 prisonnier. La radiation était le premier degré de la guillotine, une marche de l'échafaud. La route était frayée par Bazire; Danton, Fabre, Desmoulins, allaient suivre, s'ils n'obtenaient quelque répit, en rejetant le péril sur d'autres, en frappant les ennemis de Robespierre. Celui-ci en profita. Par Danton, il tua Chaumette, et par Desmoulins Anacharsis Clootz.

La menace de Robespierre tombait d'aplomb et en premier lieu sur Clootz et Chaumette. Ils ne branlèrent pas. L'orateur du genre humain, l'orateur de Paris, se montrèrent très fermes. Comme Galilée à ses juges, ils répondirent: « Elle se meut... »

Autrement dit: « La situation est la même. Les paroles ne changent pas les réalités. »

Trois réalités crevaient les yeux:

1. dans l'extrême affaiblissement des croyances religieuses, *les églises étaient purement le foyer du royalisme;*

2. dans les misères excessives de la France, spécialement de Paris avec ses cent mille indigents, le décret rendu le 16 par la Convention était l'expression même de la nécessité: *que l'église abrite le pauvre;*

3. enfin, dans l'anxiété universelle où se trouvaient les esprits, la société tout entière ne respirant plus, n'ayant ni pouls ni haleine, *il fallait qu'une autorité puissante, au moins par la publicité, surveillât l'inquisition locale* des comités révolutionnaires, inquisition tantôt haineuse, tantôt inintelligente, qui ne savait rien qu'encombrer les prisons d'hommes enlevés au hasard. Il ne s'agissait pas de supprimer la Terreur, mais de la rendre efficace en dirigeant mieux ses coups.

Ces comités rendaient d'incontestables services en levant les réquisitions, les taxes révolutionnaires. Cambon demandait seulement qu'ils en rendissent compte. Chaumette demandait seulement qu'à Paris du moins ils motivassent les arrestations.

Robespierre couvrit ces comités de sa protection, sous l'un et l'autre rapport. Ils furent censés rendre compte au Comité de sûreté générale, compte secret, illusoire; on n'osa jamais l'exiger.

Qu'arriverait-il pourtant si l'on laissait subsister ce fédéralisme effroyable de quarante mille comités qui ne répondaient de rien? Que la France, désespérée de la tyrannie locale, se réfugierait bientôt dans la tyrannie centrale, je veux dire sous la dictature de ce *Dieu sauveur,* que prédisait en août un prophète jacobin.

L'association jacobine qui remplissait ces comités, l'association ecclésiastique, parties de deux points opposés, allaient se trouver face à face, réunies au même point: la dictature de Robespierre.

Résistance de Chaumette

Le 23, Chaumette agit intrépidement. Il obtint de la Commune: 1° l'organisation immédiate des secours, logement, nourriture, vêtement des pauvres, par taxes levées sur les riches; 2° la répression des mouvements qui se faisaient dans Paris, la fermeture des églises, les prêtres déclarés responsables des troubles, *exclus de toute fonction*. On profita d'une absence de Chaumette pour ajouter: *de tout ouvrage*, disposition inhumaine qu'il fit effacer.

Il montra la même fermeté pour les comités révolutionnaires, leur reprochant d'oublier que la Commune était leur auteur, leur centre et leur unité, disant qu'ils sectionnaient, fédéralisaient Paris en je ne sais combien de communes. « Ils suivent leurs haines personnelles, dit-il; ils s'attaquent aux patriotes autant qu'aux aristocrates... Apprenons-leur que tous les hommes, y compris nos ennemis, appartiennent à la Patrie, et non pas à l'arbitraire. Et quand nous porterions nous-mêmes la tête sur l'échafaud, nous aurions fait un grand acte de justice et d'humanité. »

Il ajoutait ces mots très forts qui tendaient à liguer la Commune et la Montagne: « Rallions-nous à la Convention... Qu'ils sachent, nos ennemis, qu'il nous reste encore une cloche, et que, s'il le faut, elle sera sonnée par le peuple. »

Ce fut de la Montagne même, à laquelle Chaumette faisait appel, que Robespierre tira de quoi l'écraser. Danton, inquiet de l'épreuve qu'il allait subir aux Jacobins (et qui fut terrible, en effet), s'assura par ce service l'assistance de Robespierre. La Convention, étonnée, vit, le 26 novembre, un nouveau Danton, robespierrisé, qui parlait de l'*Etre suprême* (mot tout nouveau dans sa bouche), *des mascarades religieuses* que l'Assemblée ne devait plus souffrir. Au milieu, toutefois, de ce discours, sa nature perçant les mensonges, il ouvrit son cœur, parla de *clémence,* d'Henri IV, et qu'un jour le peuple n'aurait plus besoin de rigueur. Là même, il nuisit encore. Cette échappée irréfléchie d'une *clémence* impossible dépassait tout à coup la mesure de la situation, qui excluait la clémence, demandait *la justice, une justice surveillée*, sérieuse, efficace, celle que la Commune voulait exiger des comités révolutionnaires.

Ce discours, sautant d'un extrême à l'autre, passant par-dessus la raison, pouvait se traduire ainsi: Restons aujourd'hui dans le terrorisme absurde, vague, inefficace où nous sommes; nous serons cléments demain.

Coup terrible pour Chaumette. Il fit, le 20, un discours sur la tolérance, la limitant toutefois à permettre aux croyants de *louer des maisons et de payer leurs ministres* (ce qui réservait tout entier le décret du 16: l'église aux pauvres); faisant, de plus, garantir par la Commune *qu'elle ferait respecter la volonté des sections qui avaient renoncé au culte catholique*. Il fut arrêté que, le 4 décembre, *au soir,* les comités révolutionnaires paraîtraient à la Commune.

Le 4 décembre, *au matin*, dans la Convention, Billaud-Varennes, avec l'aisance et la facilité royale d'un homme qui tient la machine à décrets, *s'égaya sur la sensibilité de Chaumette*, et obtint qu'aucune autorité ne convoquât les comités révolutionnaires, sous peine de dix ans de fers.

La Commune fut écrasée, mais les comités de gouvernement n'eurent pas la victoire entière. Le 6, Merlin de Thionville, Thuriot, Dubois-Crancé, saisirent une occasion pour faire ressortir avec force l'impuissance absolue où était le Comité de sûreté générale de réformer les erreurs des quarante mille comités de France. Le Comité résista. Mais il fut abandonné par le Comité de salut public. Sa puissance, en réalité, se trouva réduite à peu près à l'enceinte de Paris. Il fut accordé que, dans les départements, les comités révolutionnaires motiveraient les arrestations non prévues par la loi des suspects, et que les représentants qui seraient sur les lieux jugeraient, dans les vingt-quatre heures, de la validité de l'arrestation.

La liberté des cultes

Au prix de cette concession apparente (elle n'eut nulle application), Robespierre obtint de l'Assemblée la liberté des cultes.

Le catholicisme, gêné, violenté localement, accidentellement, n'en eut pas moins dès lors la loi pour lui. Il n'osa rouvrir ses églises. Mais qu'importe? Ayant la loi de son côté, et n'ayant contre lui que les violences fortuites du peuple des villes, il attendit patiemment. Il était à l'état solide (je veux dire comme squelette), et la Révolution, comme nouveau-née et vivante, était à l'état fluide, mobile et bien plus attaquable. L'autre, en dessous, avait les femmes, et les politiques en dessus, qui aiment tous la religion de l'obéissance.

Robespierre, préalablement, ne voyait rien de tout cela. Il suivait son instinct gouvernemental; il croyait se rallier le grand peuple qui marchait derrière Grégoire: le *catholique républicain*, le *dévot de l'autorité dans la liberté* (le non-sens le plus complet qu'on ait pu trouver encore).

Comment se fit cet étrange traité du 6 décembre, où la Convention, pour une modification douteuse dans l'arbitraire des comités, subit cet énorme et monstrueux démenti à tout ce qu'elle avait fait?

1. parce qu'elle était légère, indifférente à ces profondes questions;
2. parce que Cambon, se voyant seul, lâcha pied;
3. parce que Danton était mort.

Il était mort aux Jacobins, soutenu, protégé, avili par Robespierre. Il avait reparu le 3, l'indigne, l'infortuné Danton, justiciable d'une société toute changée, abaissée, où personne n'avait plus le sens ni le respect du passé. Devant ces juges imposants, Danton parla, dit-on, avec une éloquence, une véhémence extraordinaires; mais personne n'écouta, et personne n'a écrit. Ce qui est sûr, c'est qu'il fut obligé de faire appel à la sensibilité, à l'amitié, tranchons le mot, à la pitié... Il avait déjà dix pieds dans la terre... Robespierre lui tendit la main; il y eut dix pieds de plus.

Le jour où la liberté catholique fut décrétée à la Convention, Hébert comprit que Chaumette était fini, et le 7, il le fit renier aux Cordeliers, proclamant qu'il était étranger aux tentatives de Chaumette contre les comités révolutionnaires. Le 11, il fit lui-même en personne aux Jacobins la palinodie la plus éclatante, assurant qu'il avait toujours conseillé la lecture de l'Evangile « aux habitants des campagnes », qu'après tout c'était un bon livre, et qu'il suffisait d'en suivre les maximes pour être un parfait Jacobin.

Chaumette trahi par Hébert, justement puni d'avoir subi une telle amitié, courut aux Cordeliers, s'excusa, dit que « s'il avait désiré que les comités donnassent leurs motifs aux gens arrêtés, c'était uniquement pour empêcher les vengeances personnelles; qu'au reste, il n'avait rien fait que *de concert avec Anacharsis Clootz* ». Il se raccrochait à l'apôtre, au prophète des Cordeliers, à l'homme que les Jacobins avaient fait leur président. Et il n'y avait plus ni apôtre, ni prophète, ni président. Ce même soir du 12 décembre, pendant que Chaumette attestait le nom de Clootz aux Cordeliers, Clootz périssait aux Jacobins, conspué, avili, détruit par une furieuse attaque de Robespierre, qui le chassa de la société.

Pour expliquer cette versatilité prodigieuse des Jacobins, il faut savoir que Clootz, miné par le reniement d'Hébert, par la chute de Chaumette, avait été, le 11, percé, transpercé d'un pamphlet de Desmoulins. Portant en lui l'aiguillon de la guêpe envenimée, il arriva, le 12 au soir, faible, chancelant, vacillant, et trouva tous les Jacobins armés du pamphlet terrible; ces choses, les plus aiguës qui soient dans la langue française, peuvent s'appeler d'un nom précis: l'assassinat par la presse. Robespierre trouva son homme mûr pour la mort, suffisamment attendri, mortifié; avec infiniment de grâce et de facilité, il enfonça le couteau.

Il savait que Clootz était tué d'avance; Camille lui avait lu son œuvre. Ce grand artiste, très faible, incarnation misérable de la faiblesse du temps, était dans un accès de peur. Et c'est ce qui lui donnait une force incroyable: la peur de tous était en lui. La violente, l'ignoble séance où Danton faillit périr, mordu des plus vils animaux, avait ébranlé le cerveau du pauvre Camille. Il n'avait de religion que Danton en ce monde; Danton de moins, il périssait. Il se jeta à corps perdu du côté de Robespierre, qui avait défendu Danton, l'embrassa comme un autel. « O mon cher Robespierre! ô mon vieux camarade de collège! etc., etc. » Camille, et Danton peut-être, se figuraient follement, comme on croit ce qu'on désire, qu'ils feraient entrer Robespierre dans leur complot de clémence. La douceur de Couthon à Lyon et quelques autres indices en donnaient un faible espoir. Sur cet espoir incertain, ils lui donnèrent sur-le-champ un gage réel et solide; l'abandon complet de la question religieuse et la mort de Clootz.

Souvenons-nous que Camille, le premier écrivain du temps, était un peu bègue, partant très timide, incapable de plaider sa cause devant cette illustrissime assemblée des Jacobins. Il fallait que quelqu'un parlât pour lui; il espérait, s'il frappait Clootz, que ce quelqu'un secourable serait Robespierre. Il écrivit, imprima « que le Prussien Clootz était cousin de l'Autrichien Proly », fils du prince de Kaunitz, « que Clootz et Chaumette étaient *deux pensionnaires de la Prusse* », etc., etc.

Ce pamphlet était d'autant plus cruel, que, la veille de la publication, on avait guillotiné les Vandenyver, amis et banquiers de Clootz.

La besogne de Robespierre était bien simplifiée. Il fondit comme l'épervier sur un oiseau lié d'avance, mordit la proie par l'endroit tendre, celui qui irritait l'envie, appelant Clootz un baron prussien de cent mille livres de rente (en réalité, il en avait douze, placées en biens nationaux). Du reste, il suivit Desmoulins, se moqua du *citoyen du Monde* de la *République universelle*. Parmi ces basses risées brillait un morceau pleureur dans le genre du crocodile : « Hélas! malheureux patriotes! Nous ne pouvons plus rien faire, notre mission est finie... Nos ennemis, élevés au-dessus de la Montagne, nous prennent par-derrière... Veillons! la mort de la Patrie n'est pas éloignée! »

Ce mouvement calculé, cette voix, visiblement fausse, détonnait horriblement. La société restait morne, inerte comme une pierre. Mais le pauvre Clootz, en véritable Allemand, au lieu de se défendre, était en contemplation de cet étrange événement, en admiration de cet homme. « Il parlait comme Mahomet, dit Clootz (dans la brochure qu'il publia)... Moi, je me disais, pendant qu'il débitait son roman, ce que le juif Orobio, prisonnier de l'Inquisition, disait dans les cachots de Valladolid : « Est-ce bien *toi*, Orobio? » — « Mais non, je ne suis point *moi*... »

Puis, sans aigreur ni rancune, s'adressant à sa patrie d'adoption, à cette pauvre France malade de cet étrange besoin de se faire et refaire des dieux, il lui dit ce mot de génie, dont elle a si peu profité : « France, guéris des individus! »

Les Jacobins montrèrent qu'ils étaient une société bien disciplinée. Croyant ou ne croyant pas le roman de Robespierre, ils suivirent leur chef de file, et sans mot dire, rayèrent Clootz.

Camille avait fait pour Clootz ce qu'il avait fait pour les Girondins. L'enfant terrible leur avait tordu le cou, sauf à les pleurer ensuite. Tout le monde l'avait vu, la nuit du 30 octobre, pleurant, s'arrachant les cheveux. Et voilà pourquoi il avait tant besoin, le 13 décembre, de l'appui de Robespierre.

Il y croyait. Il se trompait. Robespierre le laissa froidement barbouiller dans son embarras, patauger dans son bégaiement. Enfin, comme les femmes qui trouvent de la force dans leurs larmes et leur faiblesse, voilà tout à coup le bègue qui parle rapidement... Un mot qui jaillit du cœur: « Oui, je me suis souvent trompé!... Sept des vingt-deux furent mes amis. Hélas! soixante amis vinrent à mon mariage; tous sont morts ou émigrés!... Il ne m'en reste que deux, Robespierre et Danton. » Un silence général se fit, un silence ému, plein de larmes. Chacun étouffait.

Il avait vaincu. Robespierre vint alors à son secours; il rappela, avec une inconvenance cruelle pour cet homme gracié, « qu'il avait été l'ami des Lameth, des Mirabeau, des Dillon, mais qu'enfin, s'il se faisait des idoles, il était prompt à les briser ».

Clootz fut chassé, Camille admis. Ce qui revenait au même. Tous deux allaient à la mort.

Un pouvoir terrible avait apparu dans ces deux séances, terrible surtout par le vague et l'indécision. On n'avait rien objecté de sérieux à Clootz, *sauf une hérésie...* « Clootz a toujours été *en deçà ou au-delà* de la Révolution. » Et ailleurs: « Rien ne ressemble plus au fédéraliste que le prédicateur *intempestif* de l'indivisibilité. » On pouvait donc errer de deux manières: être hérétique par le degré ou seulement par le temps, par le défaut d'à-propos. Qui pouvait répondre de trouver justement la ligne précise où il fallait se tenir pour marcher droit dans la voie du salut révolutionnaire? La Révolution étant devenue cette chose fine et déliée, la règle étant si délicate, si difficile à déterminer, une casuistique nouvelle commençait, un arbitraire infini sur les cas particuliers. Robespierre n'était pas bien sûr d'être pur. Et comment savoir, dès lors, qui devait vivre, qui devait mourir?

Ces choses étaient de nature à faire songer profondément la Convention. Elles lui prêtèrent le courage de rejeter violemment l'opération analogue que lui proposait Robespierre.

Papauté de Robespierre

On se rappelle qu'Israël, voulant massacrer les Ephaïmites au passage du Jourdain, leur fit prononcer *Shiboleth*, et quiconque prononçait mal était mis à mort. C'est une opération dans ce genre que Robespierre, le 15 décembre, demandait qu'on fît subir à la Convention, aux suppléants pour commencer. Les historiens robespierristes assurent (et je les en crois) que tous les membres auraient subi cette épreuve. Il s'agissait de faire dire à chacun sa profession de foi *sur tous les événements* de la Révolution. Des dissentiments innombrables auraient éclaté, le fractionnement réel de la Convention eût été visible et sa faiblesse palpable; toute coalition pour la République et le droit de l'Assemblée serait devenue impossible.

Romme, irréprochable lui-même et qui eût pu parler haut, sentit le coup et s'empara de la proposition en la resserrant, bornant tout à ces questions: « Que pensez-vous du 6 octobre? du 21 juin? du jugement de Capet? de Marat? » La Convention adopta; puis, sur la demande de Thibaudeau, rétracta l'adoption, déclina toute profession de foi; ce qui signifiait qu'en cas de coalition contre la dictature, la Montagne appellerait à elle les nuances les plus opposées, ce qui eut lieu en thermidor.

La carrière de l'épuration où se lançait Robespierre devait le conduire très loin.

Le 10, Anarcharsis Clootz est indigne d'être Jacobin. Le 12, Camille Desmoulins en est trouvé digne à grand-peine. Le 16, on en exclut les nobles, des nobles comme Antonelle, chef du jury contre la reine et contre les Girondins. Mais on n'exclut point les prêtres.

Robespierre, qui, deux jours avant, dans une adresse à l'Europe « contre le philosophisme », excusait la Révolution: « *Nous ne sommes pas des impies*, etc. » Il ne le dit pas seulement; le 16, il le prouve, *en empêchant que les prêtres soient rayés de la société*.

Et pourtant, combien les nobles généralement formaient

moins un corps! combien ils étaient moins serrés, moins habiles à combiner, à calculer d'ensemble leurs efforts et leurs intrigues!

Les prêtres, ce corps redoutable, gardien fatal, immuable, de toute la tradition contre-révolutionnaire, pour un serment (dont ils sont, par leurs règles, déliés d'avance), les voilà bons républicains, jugés et acceptés tels.

Acceptés au saint des saints. La société épuratrice qui, dans la Révolution, est comme le Jugement dernier, envoyant les uns au pouvoir, les autres à la mort! elle se mêle avec les prêtres... Etrange accouplement des plus hostiles esprits!

Quelle est cette haute puissance qui change la nature des choses, décide que le blanc est noir, que le prêtre est républicain!

Sévérité infinie dans le triage des amis! Et d'autre part, facilité, indulgence pour l'ennemi! N'est-ce pas là l'arbitraire complet et le vague du vieux système de la grâce, du dogme contre lequel précisément s'était faite la Révolution?

Chaumette avait dit, le lendemain du grand discours où Robespierre releva l'espérance des prêtres: « Si vous n'y prenez garde, ils vont faire des miracles. »

Ils les gardèrent pour la Vendée. A Paris, on en fit pour eux. Le Comité de salut public fit cette chose miraculeuse de rétablir la censure en pleine Révolution, d'interdire, sur les théâtres, non seulement l'imitation des cérémonies catholiques, mais les costumes sacerdotaux. Une foule de pièces toutes faites, dans l'attente que donnait le 16 novembre, furent défendues et ne purent paraître. La censure s'étendit aux journaux et l'évêque de Blois obtint qu'on supprimât une feuille intitulée *La Confession*.

Dès ce jour, les communautés se rassurèrent. Il en existait toujours de femmes au faubourg Saint-Jacques. Elles ne furent saisies que le 5 thermidor, en haine de Robespierre.

La confiance du clergé pour son patron allait si loin, qu'en janvier, la messe, les vêpres, chantées à l'Institution de Jésus, s'entendaient non seulement dans la rue, mais au loin, des prisonniers même de Port-Libre, qui, dans leur prison de la rue Saint-Jacques, suivaient commodément l'office chanté à si grande distance. (*Mémoire sur les Prisons*, 23 nivôse, t. II, p. 32.)

Il en était de même dans la rue Saint-André-des-Arts, où tout le monde entendait l'office en passant, et cela près du Pont-Neuf, c'est-à-dire au centre de Paris.

Imprimé en Suisse

TABLE DES MATIÈRES

Robespierre ou l'Histoire coupable, par Claude Mettra . . 7
Préface de la Terreur 23

LIVRE X
La Terreur

Chapitre VII. Comité de salut public. Avril 93 49

Chapitre VIII. Tribunal révolutionnaire. Maximum. Réquisition. Avril-mai 93 67

Chapitre IX. Le modérantisme. Les comités révolutionnaires. Mai 93 83

Chapitre X. Le 31 Mai. Impuissance de l'insurrection . . 105

Chapitre XI. 2 juin. Arrestation des Girondins 133

LIVRE XI
L'Etat et le peuple en juin 93

Chapitre premier. Paris et la Convention 169

Chapitre II. La Constitution de 93 190

Chapitre III. La Constitution de 93 (suite) 204

Chapitre IV. Immobilité, ennui. Second mariage de Danton. Juin 93 217

Table des matières

Chapitre V. Les Vendéens. Leur appel à l'étranger. Mars-juin 93 224

Chapitre VI. Siège de Nantes 235

LIVRE XII
Juillet 1793

Chapitre premier. Efforts de pacification. Mission des dantonistes. Mission de Lindet. Juin-juillet 93 259

Chapitre II. Mission de Philippeaux. Mort de Meuris. Juillet 93 265

Chapitre III. Mort de Marat. 13 juillet 1793 274

Chapitre IV. Mort de Charlotte Corday. 19 juillet 1793 . . 286

Chapitre V. Mort de Chalier. 16 juillet 1793 296

Chapitre VI. Règne anarchique des hébertistes. Danton demande un gouvernement. Juillet-août 93 311

Chapitre VII. Fête du 10 août 1793 324

LIVRE XIII
La mort des Girondins

Chapitre premier. Le gouvernement se constitue. Carnot. Août 93 335

Chapitre II. La réquisition. Victoire de Dunkerque. 11 août-7 septembre 345

Chapitre III. Complots royalistes. Toulon. Août-septembre 93 354

Chapitre IV. Mouvement du 4-5 septembre. Lois de la Terreur 362

Chapitre V. Toute-puissance des hébertistes dans la Vendée. Leur trahison. 6-10 septembre 1793 371

Table des matières

Chapitre VI. Robespierre compromis. Sa victoire. 25 septembre 384

Chapitre VII. Modération des robespierristes à Lyon. Octobre 93 397

Chapitre VIII. Mort de la reine. Victoire de Wattignies. 16 octobre 404

Chapitre IX. Suite de Lyon. Mort des Girondins. 13 octobre-8 novembre 93 413

LIVRE XIV

Robespierre, prêtre de la Révolution

Chapitre premier. La Révolution n'était rien sans la révolution religieuse 431

Chapitre II. Calendrier républicain. Culte nouveau. Novembre 93 441

Chapitre III. Fête de la Raison. 10 novembre 1793 . . . 454

Chapitre IV. La Convention pour le nouveau mouvement. 11-21 novembre 1793 464

Chapitre V. Papauté de Robespierre. 22 novembre-16 décembre 1793 476

Cet ouvrage a été imprimé
par l'Imprimerie Rencontre, à Lausanne.
La reliure est due aux soins
de M. Busenhart, à Lausanne.

℟